¿Te Gustaría Saber Algo Sobre El Islam?

Ahora Es El Momento

Escrito por:

Mohammad Masood Ahmed

Traducio Por:

Dr. Laura Redruello

North American Islamic Foundation

Publicado por

NORTH AMERICAN ISLAMIC FOUNDATION
VIRGINIA, USA

Para contactar al editor:
North American Islamic Foundation
13515 Dulles Tech Drive Suite 1, Herndon, VA 20171
naifcenter@gmail.com
https://naifcenter.org

Para contactar al autor:
Mohammad Masood Ahmed
mmahmed92@gmail.com
www.realmessageofislam.com

Traducido por:
Dr. Laura Redruello

Cover & book designed by MANSOOR AHMED

10 9 8 7 6 5 4 3 2 1

First Edition

ISBN 979-89913534-0-3 (Hardback)
ISBN 979-8-9913534-1-0 (Paperback)

Printed by Mega Print in Türkiye

Por la Gracia de Allah ﷻ, dedico este trabajo a todos
los buscadores de la verdad que [la] encontraron
y adquirieron el éxito definitivo.

A mi madre, que me enseñó a gatear y a dar los
primeros pasos de mi vida;

Y a mis maestros y mentores que me enseñaron a
distinguir entre lo bueno y lo malo, lo justo y lo injusto,
que definieron el valor del conocimiento y las
consecuencias de la ignorancia, y llenaron mi corazón de
amor por todo, y mucho más.

Que Allah ﷻ bendiga sus almas y eleve su
consideración en el Más Allá.

SOBRE LA TRADUCCIÓN EN ESPAÑOL.

Debido a todos los comentarios positivos que he recibido sobre cuánto benefició la versión en inglés de este libro a las personas en el aprendizaje sobre el Islam y sus enseñanzas, decidimos traducirlo al español. El español es una lengua ampliamente hablada en las Américas y es el segundo idioma de los Estados Unidos, razones que nos han llevado a hacer que el conocimiento islámico esté disponible para las personas de habla hispana interesadas en este tema.

Gracias a los esfuerzos de mi querido hijo, Mansoor Ahmed, pudimos contactar a la Dra. Laura Redruello, de la Universidad de Manhattan en Nueva York, y solicitar su experiencia como filóloga y traductora para traducir este libro al español. Hizo una maravillosa traducción, pero desafortunadamente nos tomó mucho tiempo publicarlo. Nos comunicamos con ella nuevamente para que pudiera revisarlo y hacer cambios si fuera necesario antes de imprimirlo. Estamos realmente agradecidos de que completara la revisión en unas pocas semanas y siempre estaremos en deuda con ella.

La intención de publicar este trabajo en español es la misma que se expresó para la versión en inglés: impartir un conocimiento real del Islam, cerrar la brecha entre musulmanes y no musulmanes, erradicar malentendidos sobre el Islam y aclarar conceptos y filosofías islámicas.

Cualquier obra humana nunca está exenta de fallas o imperfecciones, por lo que solicitamos a nuestros lectores que señalen cualquier error que encuentren y nos lo comuniquen para que podamos corregirlo en ediciones posteriores.

Hemos puesto nuestros mejores esfuerzos y sinceridad en este trabajo para beneficiar a la humanidad en general y para establecer la paz y una coexistencia feliz. Permítanme reiterar aquí, que este trabajo no es una idea para ganar dinero o fama, sino para expresar mi amor por las personas y por el Islam.

Mi gratitud a la Dra. Redruello y a todos los que me asistieron de una manera u otra para llevar a cabo este libro. Que el Señor de todos nosotros conceda a todos una vida feliz, pacífica y próspera.

Mohammad Masood Ahmed
20 de junio de 2024

Nota Del Traductor

Cuando se me solicitó traducir este libro, acepté el encargo con gran entusiasmo. Como española, siempre he estado rodeada de la rica herencia cultural islámica, lo cual me llevó a pensar que esta labor me permitiría comprender mejor y profundizar no solo en una religión, sino en toda una comunidad con la que he convivido en muchos de los países donde he residido. He trabajado en esta traducción durante más de un año y medio, esforzándome siempre en ofrecer una traducción precisa y exacta de cada Kalima, cada Dua y cada verso del Qur'an. En todo momento, mi objetivo ha sido ser lo más fiel posible al texto original, que busca ser claro y sencillo. Espero haber logrado este propósito y que el libro que tienen en sus manos ayude a los musulmanes de habla hispana a conocer mejor el Islam, sus normas y regulaciones. También confío en que esta traducción permita a los no musulmanes ver el Islam como una religión de paz y respeto. Creo firmemente que, para lograr una convivencia armoniosa en nuestras sociedades multiculturales e interculturales, es fundamental prepararnos para un conocimiento adecuado del otro, y este libro me pareció imprescindible para alcanzar dicho objetivo. El miedo y la intransigencia surgen del desconocimiento y la desinformación, y espero que este libro contribuya a evitar ambos males.

Quisiera agradecer la colaboración de los amigos y compañeros a los que he recurrido para aclaraciones, revisiones y consejos, en especial a Frank Toro, por trabajar mano a mano conmigo en la traducción de la segunda parte del libro, ayudándome a cotejar algunos versos del Qur'an con la traducción oficial de la Misión Islámica en España. Sin su ayuda, este trabajo habría quedado incompleto. Finalmente, pido disculpas por los pequeños errores que pueda haber cometido, esperando que estos sean mínimos, y les deseo que disfruten leyendo este libro tanto como yo lo he disfrutado traduciéndolo.

Agradecimientos

EL AGRADECIMIENTO ES UNA VIRTUD, y en el Islam, ser agradecido es una obligación religiosa para los musulmanes. Los musulmanes dan las gracias al Señor verbal y físicamente por Sus bondades, y dan las gracias a la gente por su ayuda y favores. El Profeta Muhammad ﷺ e dijo una vez, "El que no es agradecido con la gente nunca podrá ser agradecido con Allah ﷻ ".

No puedo dar suficientemente las gracias al Señor Todopoderoso por Sus bondades y bendiciones, al querido Profeta Muhammad ﷺ por sus sacrificios y dura labor por el Islam, y a los virtuosos eruditos del Islam que lo preservaron y propagaron. Estoy profundamente en deuda con todos mis maestros y mentores, especialmente con Chaudhry Mohammad Iqbal Hameed Suharwardy, Shah Ahmad Noorani Siddiqui, Dr. Profesor Muhammad Mas'ud Ahmed, y con Shaykh-ul-Hadith Allama Mohammad Nasrullah Khan, Mufti Mohammad Athar Naeemi, Mohammad Ibrahim Ashrafi (que Allah ﷻ bendiga sus almas y eleve su consideración), y Shaykh-ul-Islam, Syed Mohammad Madni Ashrafi Jilani (que Allah ﷻ les otorgue larga vida).

Estoy también en deuda con mi esposa Rukhsana por su permanente compañía, y con mis hermanos y hermanas, con sus cónyuges y mis sobrinas y sobrinos por su constante apoyo moral y financiero, especialmente con Fareed por su duro trabajo.

Este libro no habría alcanzado su forma definitiva sin los incansables esfuerzos de mi hijo Mansoor y mi hermano menor Waseem, que lo editaron, mecanografiaron y maquetaron una y otra vez. Mi agradecimiento a Mufti y al Imam Fakhruddin Alvi, que me han proporcionado tantas referencias religiosas y consejos, y a Sharif Patel del

Reino Unido por sus sugerencias y comentarios. Un destacado apoyo financiero y moral para la publicación de este libro ha provenido del Fareed, Tahmina, Hina, Maqsood y Hafiz Muhammad Yusuf

Siendo justos, me corresponde dar las gracias personalmente a todos aquellos que me han ayudado en mis esfuerzos religiosos, incluidos Syed Riaz Ali, Masroor Ali Qureshi, Saleem Ahmed, Sufyan Ahmed Sabbir Ismail Patel y Mufti Mohammad Ayyoub Ashrafi.

Un agradecimiento especial va para el Dr. Jerald F. Dirks por sus sinceras correcciones y aportaciones, que a pesar de que humildemente se considera un devoto estudiante, es sin duda un reconocido estudioso del Islam, un hombre de gran perspicacia y dedicación, y autor de varios libros notables. También le doy las gracias por escribir el prólogo.

Por supuesto, en realidad es Allah ﷻ Quién guía, ayuda y sostiene, pero lo hace a través de las personas y otros medios. Ciertamente, el conocimiento y la experiencia que he adquirido al vivir en Estados Unidos durante los últimos 30 años me han enseñado mucho, y por ello también estoy agradecido.

Finalmente oro por todos y cada uno de los que han contribuido de una forma u otra en este esfuerzo. Que Allah ﷻ los bendiga a todos.

Bendición

Empiezo con el Nombre de Allah ﷻ, Quién creó los Cielos y la Tierra y todo lo que hay sobre ella, de Quién todos venimos y a Quién debemos volver. Le doy las gracias por Su divina ayuda y guía, gracias a la cuál puedo embarcarme en esta gran tarea de proporcionar conocimiento y guía a mi prójimo. Ruego al Señor Sus bendiciones para todos nosotros, que nos asista en la búsqueda de la Verdad y en la adquisición de 'éxito definitivo.' (Ameen)

27ª noche del Glorioso Ramadan, 1430
16 de septiembre de 2009

Contenidos

Sobre el título

EN ESTOS TIEMPOS, en los que la gente desea saber sobre el Islam y los musulmanes, y de hecho la mayoría ya sabe mucho, ya sea a través de las noticias, de los medios de comunicación electrónicos, de los libros u otros medios, mi pregunta "¿te gustaría saber algo sobre el Islam?" puede ofender a algunos. Se podría pensar que ignoro el hecho de que la gente ya sabe mucho sobre el Islam o que realmente creo que la mayoría está desinformada o mal informada sobre el tema.

Pero con este título, lo que realmente quiero preguntar es, "¿te gustaría saber algo verdadero sobre el Islam? Según interpreto, mucha gente no sabe nada verdadero sobre el Islam. Si mi interpretación es correcta, ¿qué puedo hacer para que la gente lo sepa 'todo' sobre el verdadero Islam, cuando, según mi entender, no saben 'nada' al respecto?

El Islam es un océano de conocimiento, no importa cuánto se extraiga de él, siempre queda mucho más por explorar. Por lo tanto, en esta etapa preliminar, sólo puedo aspirar a que el lector sepa 'algo' sobre el Islam. Con toda seguridad, en el momento en que usted termine de leer este libro, se dará cuenta de que incluso ese 'algo' es 'mucho' con lo que empezar. Por otra parte, el lector reconocerá que sus conocimientos previos sobre el Islam, eran incompletos o incorrectos antes de aprender algo *verdadero* sobre el Islam.

Entre otras cosas, el título de este libro también refleja mi sincera intención de invitarle a estudiar el Islam, en lugar de imponer sus creencias.

Dado que nuevas y controvertidas circunstancias están surgiendo casi a diario, mientras encontremos solución a los problemas actuales, de esta forma se logrará la estabilidad en todo el mundo, la paz mundial y la seguridad.

Ciertamente, es el momento de lo esencial. Perder el tiempo con esfuerzos infructuosos sólo ampliará la brecha y creará más división entre las diferentes comunidades del mundo. Una buena comprensión del Islam, entre otras cosas, es un ingrediente esencial para adelantar muchos pasos en la consecución de los objetivos deseados. Por lo tanto, 'ahora es el momento' oportuno para entender el Islam.

Con toda humildad, espero poderles proporcionar una mejor comprensión del Islam y, en consecuencia, de sus seguidores.

En apoyo a mi tesis de que la mayoría de la gente está desinformada sobre el Islam, reproduzco los resultados de diferentes encuestas llevadas a cabo por el Centro de Investigación Pew en el transcurso de nueve años:

Al igual que en anteriores encuestas de Pew Research, la mayoría de los estadounidenses dicen saber muy poco acerca de la religión musulmana. En la actualidad, el 55% dice no saber mucho, el 30% afirma que no saben nada en absoluto, el 25% dice que no saben mucho sobre la religión musulmana y sus prácticas, el 35% dice que saben un poco sobre la religión, mientras que sólo el 9% dice saber mucho. Estas cifras son prácticamente las mismas que en 2007.

¿Cuánto sabe usted acerca de la religión musulmana?

	Nov 2001 %	Marzo 2002 %	Julio 2003 %	Julio 2005 %	Agosto 2007 %	Agosto 2010 %
Mucho	6	5	4	5	7	9
Un poco	32	29	27	28	34	35
No mucho	37	37	39	35	33	30
Nada en absoluto	24	28	24	30	25	25
No sabe	1	1	1	1	1	*
	100	100	100	100	100	100

PEW CENTRO DE INVESTIGACION 19-22 de Agosto de 2010
Las cifras pueden no sumar el 100% debido al redondeo

Prólogo

CON ENTRE 1.500 Y 1.800 MILLONES DE FIELES, el Islam es la segunda religión más extendida del mundo y la religión que crece mas rápido en Europa y América del Norte. Estimaciones actuales indican que el 2% de la población en Canadá es musulmana y que entre un 1% y3% de la población de Estados Unidos es musulmán. El porcentaje de musulmanes es aún mayor en muchos países europeos. Por ejemplo, en Albania el 70% de la población es musulmana, en Austria el 4%, en Bosnia-Herzegovina el 40%, en Bulgaria el 12%, en Chipre el 18%, en Dinamarca el 2%, en Francia el 10,5%, en Georgia el 10%, en Alemania el 4%, en Grecia el 10%, en Liechtenstein 5%, en Macedonia el 17%, en los Países Bajos el 6%, en Rusia entre el 10 y el 15%, en Suiza el 4%, y en el Reino Unido el 3%.

A pesar de los impresionantes números citados anteriormente, los no musulmanes en Europa y América del Norte con frecuencia saben muy poco sobre el Islam. Lo que resulta realmente preocupante, sin embargo, es el hecho de que aquello que los no musulmanes creen saber sobre el Islam es a menudo un poco más que una distorsión o una completa invención. Los siguientes ejemplos deben servir para ilustrar este punto.

En los meses y años después del 11 de septiembre de 2001, numerosos correos electrónicos distribuidos de forma masiva afirmaban que el Corán 9:11 -obsérvese el 9:11- habla de la destrucción de edificios altos y de la ira posterior del águila. Aquellos correos electrónicos relacionaban el versículo 9:11 con el 11 de Septiembre y el águila con los Estados Unidos. Sólo hay un error en ese correo y es que el Corán 9:11 no menciona ni edificios altos ni un águila. De hecho, ese supuesto versículo no se encuentra en ninguna parte del Corán. Todo el correo electrónico es un completo montaje.

Otro correo electrónico difundido de forma masiva afirmaba que mientras que la Biblia se refiere con frecuencia a Dios como 'amor', en ninguna parte del

Corán Allah es descrito como 'amor'. En realidad, uno de los 99 nombres o atributos de Allah ﷻ que se menciona en el Corán es Al-Wadud que significa "El Amor". La afirmación de aquel correo electrónico era una vez más una completa prevaricación, con el evidente objetivo de tratar de engañar a los no musulmanes haciéndoles creer que Allah ﷻ es algo diferente a Dios.

Como tercer ejemplo, considérense las declaraciones de Pat Robertson en el Club 700 durante el primer tercio de 2011. Según el reverendo Robertson, la carne halāl (es decir, la carne sacrificada de acuerdo con las normas islámicas, las cuales estipulan que se pronuncie el nombre de Allah ﷻ frente al animal, que la garganta del animal sea cortada, y que el animal sea desangrado) apoya al terrorismo. En su falsa argumentación, el reverendo Robertson llegó incluso a afirmar que el sacrificio *halāl* no tenía nada que ver con el sacrificio kosher y que los mataderos halāl es a donde los musulmanes llevan sus vacas, ovejas y cerdos para ser sacrificados por su carne. Cuando en realidad, el sacrificio *halāl* es prácticamente idéntico al sacrificio kosher. Además, a los musulmanes, como a los judíos ortodoxos, se les prohíbe comer carne de cerdo y no crían cerdos, ¡no existe nada parecido al cerdo halāl! Resulta como mínimo desconcertante que un ministro ordenado pueda alejarse tanto de la verdad cuando se trata de una religión que no es la suya.

Los ejemplos anteriores ilustran la verdad del famoso lema de Mark Twain: "No es lo que usted no sabe lo que le mete en problemas. Es lo que sabe usted a ciencia cierta que no es así".

En el presente libro, Mohammad Masood Ahmed se enfrenta a "lo que se sabe a ciencia cierta que no es así" sobre el Islam, y llena los vacíos de "lo que no sabemos" sobre el Islam. Su libro es mucho más que una simple introduc-ción al Islam, es el enorme trabajo de un musulmán devoto, que siempre lo ha sido. Se trata de un libro que se ha escrito con un profundo y permanente amor por el Islam. Que Allah ﷻ lo recompense por su tiempo y esfuerzo.

Jerald F. Dirks, M.Div., Psy.D.
Ramadan de 2011

Introducción

HOY EN DÍA EN QUE es tan fácil acceder a prácticamente todo tipo de información, el no tener un conocimiento fundamentado sobre el Islam es una carencia. El Islam ha existido durante más de 14 siglos, y es la religión de 1.600 millones de personas, lo que hace un cuarto de los ciudadanos del mundo musulmanes. Por lo tanto, para estar bien informado, debe saberse al menos algo sobre el Islam.

Además, acontecimientos recientes han creado la necesidad de adquirir conocimientos sobre el Islam, y de comprender y analizar su filosofía. Una adecuada comprensión del Islam ayudará a formular respuestas para los escenarios futuros, tanto a nivel nacional como internacional.

Tales acontecimientos han provocado muchas opiniones contradictorias sobre el Islam y los musulmanes. Algunas personas piensan que el Islam es directamente responsable de esos hechos, mientras que otros culpan a los musulmanes. Además, hay otras suposiciones incorrectas. En mi opinión, estas suposiciones se basan en informaciones incompletas y en conocimientos erróneos, y no es justo formar una opinión sobre el Islam sin tener un conocimiento suficiente del mismo.

Uno de los eventos más importantes de nuestro tiempo fue la tragedia del 11 de septiembre del 2001 -una muestra de lo peor de la naturaleza humana- a partir de la cual se generó, más que nunca, una gran necesidad de entender el Islam y sus principios.

Los hechos del 11 de Septiembre son la tragedia más terrible de la historia moderna, y han dado lugar a cambios sin precedentes en los pensamientos y actitudes, en la formulación de las políticas y de su implementación, para lograr la seguridad global, y en la lucha contra la amenaza a la paz internacional.

Muchas personas, sobre todo en Occidente, conocieron los términos Islam, musulmanes, Corán, Yihad, fundamentalismo, terrorismo y ataques suicidas, a partir del 11 de Septiembre. Los que ya sabían algo sobre el Islam y los musulmanes se sintieron confusos, debido a las nuevas interpretaciones y distorsiones que se unieron a estos términos. El surgimiento de este escenario completamente nuevo y transformado hizo que casi todo el mundo se sintiera por lo menos un poco enojado, pero sobre todo generó inseguridad a ambos lados del pasillo. Como resultado, durante algún tiempo, la paz se ha visto perturbada en todo el mundo.

A medida que las nubes de humo se alejaron y la onda expansiva comenzó a desvanecerse, la gente luchó por volver a la normalidad a pesar de que nunca nada volverá a ser lo mismo, debido a los imborrables recuerdos de ese evento. La necesidad de entender el verdadero mensaje del Islam, el comportamiento y las creencias de los musulmanes, se generalizó. Esa demanda no puede ser ignorada. Reducir la brecha entre musulmanes y no musulmanes se ha convertido en algo vital.

Mucha gente se interesó por aprender sobre el Islam y los musulmanes, ya fuera por curiosidad, por un deseo genuino de aprender la verdad, o el deseo de ampliar su cultura general. Miles de artículos y libros fueron escritos, innumerables discusiones tuvieron lugar, las universidades comenzaron a ofrecer cursos sobre el Islam, aparecieron sitios Web, amigos y enemigos participaron por igual en este proceso, y se abrió un campo completamente nuevo para la exploración y la interrogación.

Desde hacía algún tiempo, pensaba en escribir un libro sobre el Islam, pero los hechos del 11 de Septiembre cambiaron por completo el rumbo de mi pensamiento, y la tarea de escribir un libro así se hizo difícil. Antes de eso, podría haber elegido cualquier camino y estilo para presentar el mensaje del Islam, pero ahora tenía que responder a preguntas concretas, aclarar conceptos e ideas falsas, hacer frente a objeciones justas e injustas, y presentar una imagen clara sobre el Islam y los musulmanes.

Decidí esperar y ver, deseaba que alguien más educado, informado y experimentado pudiera escribir algo mejor para cumplir con las exigencias de la época.

Cualquiera que escriba sobre el Islam puede adoptar uno de dos enfoques para explicarlo y exponerlo. Un enfoque consiste en exponer simplemente los hechos sobre el Islam y los musulmanes y dejar que los lectores los interpreten según su propio criterio. El segundo enfoque consiste no sólo en exponer los hechos, sino en también explicar la verdadera sabiduría y filosofía que se esconden detrás de las enseñanzas y las prácticas islámicas. Yo he elegido esta última opción, porque creo que, a estas alturas, el público no sólo desea ser informado sobre unos hechos, sino que también quiere conocer el significado interno y los propósitos del Islam.

Desde que aprender sobre el Islam se ha convertido en una necesidad, sin duda se han publicado numerosos libros informativos y artículos sobre diferentes aspectos del Islam, pero ninguno de esos libros ha satisfecho mi deseo de una presentación sencilla y exhaustiva del Islam: la forma de vida de aproximadamente la cuarta parte de la población mundial. Algunos libros han sido escritos sobre temas específicos y no presentan una imagen completa del Islam, mientras que otros han sido escritos exclusivamente para un público erudito resultando poco útiles para la población en general. Muchas preguntas se quedan sin respuesta o son contestadas de forma insatisfactoria. El hecho es que las nubes de la confusión permanecen mientras los buscadores de la verdad y el conocimiento aún siguen escarbando más y más, sin una dirección o guía adecuadas.

Finalmente, cargué con esta tarea sobre mis hombros y de todo corazón me embarqué en este proyecto para dar respuesta a esa gran necesidad y responsabilidad. Tengo que admitir que ni soy un escritor experimentado, ni poseo maestría en la lengua inglesa. Sin embargo, estoy seguro de que, con mis intenciones puras, puedo hacer llegar el mensaje y escribir un libro sobre el Islam de algún modo riguroso, en un español simple y fácil de leer, que incluso un laico pueda entender. Espero que otros escritores con más conocimientos y experimentados sigan mi ejemplo en la producción de una literatura similar para proporcionar un mejor entendimiento del Islam.

Voy a tratar de responder a las preguntas planteadas, eliminar los malentendidos, aclarar las objeciones y cerrar la brecha entre musulmanes y no musulmanes en todos los niveles de nuestra sociedad, con el fin de lograr una mayor comprensión, paz, felicidad y prosperidad para todos. He incluido mucho más que simplemente aquellos temas sobre los que la gente pregunta hoy en día, con la esperanza de presentar una visión completa y clara del Islam que mejorará sus conocimientos. Además, mi intención al escribir este libro no es en modo alguno convertir a nadie al Islam o imponer mis sentimientos y/o creencias. En ese sentido, soy un firme creyente en la libertad de religión y en el derecho de la gente a elegir.

Por lo tanto, este libro no es más que un paso hacia la consecución de los fines mencionados anteriormente. La pureza de mi intención y compromiso con este libro me obligan a presentar el Islam y sus enseñanzas de manera veraz, tal y como son, simple y llanamente, y plasmarlas según mis conocimientos, comprensión y creencias. Por lo tanto, al principio, al lector pueden no gustarle algunos conceptos y prácticas del Islam, mientras que muchos otros aspectos pueden parecerle demasiado buenos para ser ciertos. Desde luego, al final, saldrá a la luz una imagen clara. Por todos mis errores y equivocaciones, pido perdón a mi público y al Señor de todos nosotros.

No sé con qué éxito conseguiré presentar el Islam, pero si algo es cierto es que no pretendo condenar a nadie al infierno o asegurar un lugar en el cielo a otros. Esa es una cuestión que depende de las opciones personales de la gente y de lo que el Señor les conceda. Ruego al lector que no culpe al Islam si sus cualidades/enseñanzas no se ven reflejadas en los musulmanes que pueda haber conocido. El Islam invita a *todos* a su reino de paz, pero sólo obliga a sus seguidores a seguir sus enseñanzas y mandamientos. Sus beneficios y recompensas -aquí y en el Más Allá- son para los que creen en él y siguen sus prácticas, y los castigos se reservan sólo para aquellos que niegan la verdad una vez que se les ha mostrado con claridad.

No he reunido ni compilado el conocimiento islámico de una forma ingeniosa, sino que transmito con honestidad el Islam con el fin de dar a conocer a la gente lo que, tal vez, no se encuentre en sus vidas. No he reordenado ni manipulado el Islam en modo alguno para que parezca mejor; sin embargo, sí que lo he simplificado para una mejor comprensión. No he escondido ningún hecho, porque creo firmemente que la verdad no puede ocultarse. No critico a nadie ni ataco a ninguna religión/ideología/sistema, sino que simplemente explico hechos claros sobre el Islam. No he tenido ninguna agenda oculta o propósito que puedan causar el más mínimo daño a alguien. Sin embargo, lo he hecho lo mejor que he podido con el fin de lograr mi objetivo, con la esperanza de que el Todopoderoso pueda aceptarlo como una muestra de gratitud por las bondades que ha derramado sobre mí. Espero que los lectores también se beneficien enormemente de este libro.

Entrar en el redil del Islam fuera de la propia elección y saber sobre el Islam y la forma de vida que promueve y ofrece son dos cuestiones distintas. El hecho de saber sobre el Islam no obliga a nadie a aceptarlo ni a convertirse en musulmán. Si se admiten las ventajas y beneficios de la adquisición del conocimiento del Islam, entonces no se dice "no" cuando se pregunta: "¿te gustaría saber algo sobre el Islam?"

Algunos términos desconocidos y nombres que se utilizan en todo el libro pueden resultar confusos para el lector. Así, listo los términos más utilizados al principio del libro con el fin de que los lectores puedan conocer su contenido. Otros se listan al final del libro.

Cabe señalar en este punto que estoy obligado a agregar los saludos apropiados cuando menciono las personalidades santas. Ya que no puedo pasar por alto esos saludos y mis lectores no musulmanes no están obligados a recitarlos, los he incluido en árabe, en forma caligráfica pequeña. Al hacerlo, cumplo con mi deber religioso de incluir esos saludos, al tiempo que permito al lector evitarlos y seguir leyendo con fluidez. Dado que los saludos no están en inglés, son fáciles de ignorar.

Para demostrar mis argumentos y la sabiduría profunda del Islam que ha aportado cambios positivos en las vidas de la gente, he evitado incluir historias y ejemplos de la vida real para mantener el libro en su extensión actual. Los ejemplos y las historias reales ayudan a comprender la materia presentada, pero estoy seguro de que la mayoría de los lectores comprenderán fácilmente el Islam y su filosofía profunda dado que he procurado hacerlo inteligible en su conjunto.

Por último, pero no menos importante, el lector se dará cuenta de que no he utilizado ninguna referencia para apoyar mis argumentos, ni he criticado ninguna literatura sobre la materia del Islam o cualquier otra religión. Creo firmemente que el sentido común y las verdades absolutas no requieren ninguna referencia o apoyo para establecer su validez. La verdad habla por sí misma y es independiente. Cuando me refiero al sagrado Corán, al sagrado *ahadīth*, o a dichos auténticos de personajes sagrados del Islam u otros, cito la referencia. Gran parte de mi conocimiento proviene de la auténtica literatura islámica en urdu, la mayoría de la cual no ha sido traducida al idioma Inglés.

Si ustedes cree que ya tienen sus razones para conocer el Islam y no quieren saber mis razones para escribir este libro, pueden optar por omitir las dos siguientes secciones, aunque yo preferiría que las leyera. Habiendo dicho lo anterior, con toda sinceridad les presento las enseñanzas del Islam tal y como yo las entiendo. Espero que disfruten de todo este libro.

Principales términos clave

Allah ﷻ – el nombre propio y personal del Señor Todopoderoso, Creador y Amo

Deen – religión, la forma de vida prescrita por Allah ﷻ

***Hadīth* (pl. *Ahadīth*)** – un dicho del sagrado Profeta Muhammad ﷺ

Halāl – lo que está permitido en el Islam

Harām – lo que está prohibido en el Islam

Iblīs – nombre propio de Shaitān (Satanás), el diablo, el enemigo declarado del hombre tal y como nos informa Allah ﷻ

Iman – fe inquebrantable, la creencia en la Unicidad de Allah ﷻ y en Muhammad ﷺ como el Profeta de Allah ﷻ

Islam – lit. significa "sumisión"; rendirse a Allah ﷻ

Jihad – esforzarse en el camino de Allah ﷻ y solo por Allah ﷻ

Kufr – infidelidad, herejía; Allah ﷻ aborrece este acto del hombre

Madinah al-Munawwarah – la segunda ciudad sagrada del Islam y el lugar de descanso del Profeta Muhammad ﷺ

La Meca – la ciudad más santa del Islam ubicado en la actual Arabia Saudita

***Masjid* (pl. *Masajid*)** – lugar de culto para los musulmanes; casa de Allah ﷻ

Muhammad ﷺ – el último Mensajero y Profeta de Allah ﷻ a la humanidad, el nombre de Muhammad significa literalmente: "El que es abrumadoramente elogiado"

Musulmán – "el que se somete por su propia voluntad a la voluntad de Allah ﷻ ; un seguidor del Islam

Corán – el último libro, guía divina y dirección para la humanidad, revelado al Profeta Muhammad ﷺ por Allah ﷻ ; *sólo* el texto en árabe es el Corán, no su traducción/interpretación

Ruh – alma, espíritu; dominio, energía, dominio divino de Allah ﷻ

***Sahaba* pl. *As-hab*)** – los santos y nobles compañeros del Profeta Muhammad ﷺ

Sharia – jurisprudencia islámica, ley

Shirk – equiparar un ente o entes con Allah سبحانه وتعالى ; el pecado más atroz e imperdonable en el Islam

Sunnah – tradición del sagrado Profeta Muhammad ﷺ

Tawhid – la Unicidad de Allah سبحانه وتعالى

Ummah – creyentes del Islam, la comunidad mundial de los musulmanes

سبحانه وتعالى – Un estilo caligráfico de "*subhanahu wata'ala*" que significa "Glorificado y excelso es Él", se debe escribir/recitar sólo con el nombre de Allah سبحانه وتعالى

ﷺ – Un estilo caligráfico de "*sallalahu alaihay wassalam*" que significa "La paz y las bendiciones de Allah سبحانه وتعالى sean con él," se debe escribir/recitar sólo con el nombre del Profeta Muhammad ﷺ

عليه السلام – Un estilo caligráfico de "*alayhis-salām*", que significa "La paz sea sobre él", se debe escribir/recitar sólo con los nombres de los sagrados profetas y ángeles

عليها السلام – un estilo caligráfico de "*alayhas-salām*", que significa "La paz sea sobre ella" se debe escribir/recitar sólo con los nombres de las sagradas personalidades femeninas del Islam

رضي الله عنه – Un estilo caligráfico de "*radhi Allahu anho*", que significa "Que Allah سبحانه وتعالى esté complacido con él", se debe escribir/recitar sólo con los nombres de sagrados personajes masculinos del Islam que no son profetas

Razones para escribir este libro

NORMALMENTE, CUANDO LA GENTE VE UN LIBRO SOBRE LA RELIGIÓN, tienden a pensar que fue escrito para atraer a la gente hacia la filosofía/ideología de la religión discutida en él. En muchos casos, el autor tiene la esperanza de atraer a la audiencia a la filosofía que se presenta. Yo, desde el principio, quiero dejar claro que no es mi intención al escribir este libro convertir a nadie al Islam. Si se siente atraído por el Islam, puede ser debido a la veracidad de los hechos que aquí se presentan, ningún mérito especial debería atribuírseme. Sin embargo, si no es así, entonces es su comprensión y decisión sobre los mismos hechos. Los que sientan curiosidad por saber por qué escribí este libro deberían considerar las siguientes razones:

I. Para expresar gratitud difundiendo el conocimiento del Islam
II. Para mostrar mi amor por todas las personas
III. Para aclarar ideas erróneas y malentendidos sobre el Islam
IV. Para cumplir el deseo/necesidad de la gente de adquirir conocimientos islámicos
V. Para mejorar el conocimiento del Islam
VI. Para cerrar la brecha entre musulmanes y no musulmanes

I. Para expresar gratitud difundiendo el conocimiento del Islam

Me considero afortunado de haber nacido en una familia musulmana y de haber aprendido sobre el Islam al principio sobre el regazo de mis padres, y después a través de mis abuelos y de mi entorno. No tuve que hacer ningún esfuerzo especial para aprender la religión y sus enseñanzas. En segundo lugar, agradezco al Señor que me trajera a América y Occidente, donde aprendí lo que probablemente nunca habría tenido la oportunidad de aprender en mi país de origen, Pakistán.

También me considero un musulmán bendecido al que se le otorgó, entre otras cualidades, la capacidad de comprender la sabiduría interior del Islam y de disfrutar de la compañía espiritual de muchas personalidades santas. Por lo tanto, albergo la esperanza de adquirir el éxito definitivo.

Si me bastara solo con decir por todas estas bendiciones y bondades "Oh Señor, estoy agradecido por todo lo que me has dado", ¿sería dar suficientemente las gracias? No lo creo. Para verdaderamente agradecer al Señor, lo primero que debo hacer es convertirme en un verdadero musulmán según las enseñanzas del Islam y no ser un hipócrita. En segundo lugar, debo transmitir el mensaje del Islam a otras personas. Para cumplir con esta parte de mi deber religioso, debo proporcionar información sobre el Islam de manera objetiva lo mejor que pueda a partir de mis conocimientos y capacidades, y debo dar el mejor ejemplo moral posible. Con eso, mi deber está cumplido. Lo que la gente elija a partir de entonces debe ser en base a su libre albedrío. Sólo el Señor muestra el camino e ilumina los corazones, porque Él siempre recompensa las buenas intenciones de la gente, mi intención es difundir el conocimiento del Islam.

II. Para mostrar mi amor por todas las personas

Existen muchos tipos de relaciones entre las personas: padre e hijo, esposa y esposo, hermanos, otros familiares, amigos, colegas y compañeros de trabajo, empleador y empleado, arrendatario y arrendador, gobierno y ciudadano, etc. Entre otras cosas, sabemos que, si las relaciones se basan en el amor, éstas se convierten en fuertes y duraderas. El amor trae consigo progreso, felicidad, prosperidad y una vida mucho mejor para todos.

Yo sostengo que es posible amar a todos; aunque, el tipo de amor varía en cada caso. Cuando amamos de verdad, lo más habitual es recibir amor a cambio; por lo que el pozo del amor nunca se seca, ya que se repone continuamente. Por lo tanto, no es difícil lograr amor para todos.

En este sentido, no es suficiente con repetir las palabras "te amo". Una prueba sólida o una expectativa futura deben acompañar la demanda de amor. Cuando realmente amas a alguien no sólo lo dices o lo deseas, también estás dispuesto a aportar lo que sea necesario para contribuir al bienestar de esa persona. Estás dispuesto a sacrificar tu tiempo, energía, riqueza, y todo lo que sea necesario.

No solo estoy agradecido al Señor por sus bondades, como he mencionado antes, sino que también albergo el amor por el Señor en mi corazón. Me gustaría agradecer, adorar y servir a Él con ese amor. Esta relación basada en el amor verdadero me obliga a amar Sus creaciones, es decir, me obliga a amar a mis semejantes. Eso significa que debo desear el éxito de mis semejantes y hacer todo lo posible para lograrlo.

Creo en el éxito en la otra vida, es a lo que me refiero con el 'éxito definitivo', que es más grande e importante que cualquier otro tipo de éxito. Por lo tanto, busco el 'éxito definitivo' para todo el mundo y actúo en consecuencia, demostrando que verdaderamente amo a todas las personas.

Hay muchas personas de buen corazón por ahí, y no puedo negarles el conocimiento del Islam. No tengo nada en este mundo para compartir con mis conciudadanos, excepto el conocimiento verdadero del Islam, que comparto a través de este libro. Espero que esto aporte abundantes beneficios al lector y el éxito definitivo a los afortunados. ¡Deseo a todos mucha suerte!

III. Para aclarar ideas erróneas y malentendidos sobre el Islam

La tercera razón más importante para escribir este libro es aclarar ideas erróneas y malentendidos sobre el Islam. Creo firmemente que el Islam y sus principios se basan en la verdad divina y que es el modo de vida supremo a través del cual las personas pueden adquirir el éxito en este mundo y en el Más Allá.

Como fiel seguidor del Islam me corresponde, al igual que muchos otros musulmanes, defender mi religión. Por alguna razón, muchas ideas falsas y malentendidos sobre el Islam han aparecido y están causando un gran daño en todas partes.

Puesto que ningún hombre inventó el Islam, no podemos dar crédito a nadie por ello. Sin embargo, el Profeta Muhammad ﷺ merece muchos elogios y crédito por ser sometido a tanto dolor físico, por trabajar tan duro, con la mayor sinceridad, para predicar el mensaje revelado por Allah ﷻ y por ser el ejemplo vivo para nosotros de cómo ser musulmán, pues fue el primero en poner en práctica a través de su propia vida el mensaje divino. Sus logros a lo largo de toda una vida, su sincera dedicación por salvar a la humanidad del tormento de este mundo y del Más Allá, y su éxito arrollador en su obligación profética, significa que todos los malentendidos y conceptos erróneos sobre el Islam merecen ser corregidos y eliminados. Éste deber recae sobre todos y cada uno de los seguidores del Islam, incluyéndome a mí mismo. Por lo tanto, hago todo lo que puedo para cumplir con esa responsabilidad, así que ayúdame, Señor.

IV. Para cumplir el deseo/necesidad de la gente de adquirir conocimientos islámicos

Como se ha indicado anteriormente, muchas personas, ya sea por curiosidad, para aumentar su cultura general, o debido a un genuino deseo de conocer la verdad, se han interesado en aprender sobre el Islam. Por lo tanto, sería injusto que la información sobre el Islam no resultara fácilmente accesible. Además, dicha información debería ponerse a disposición de los interesados de manera que satisfaga su deseo de un conocimiento islámico completo y exacto. No debe crear más confusión, preguntas, o la necesidad de buscar más allá la verdad. ¿Quién está más obligado a proporcionar esa información y conocimiento que los musulmanes bien informados? Deseo tener ese privilegio para mí.

En las últimas décadas, muchas personas han abrazado el Islam, y ese número está aumentando continuamente, contribuyendo a hacer del Islam la religión de más rápido crecimiento en el mundo. Entre esos conversos al

Islam, muchos lo estudiaron a fondo para satisfacerse completamente antes de abrazarlo, pero algunos, excitados por algún aspecto bueno, rápidamente abrazaron el Islam. Este último grupo ahora desea aprender sobre el Islam en detalle, ya sea por su propio bien, para explicar el Islam a los demás, o tal vez para justificar la toma de una decisión tan importante. Este es otro propósito del libro.

También ha llegado a mi conocimiento que algunos recién llegados al Islam han experimentado experiencias amargas porque entraron con expectativas erróneas que no se han cumplido o por el mal comportamiento de algunos musulmanes. En lugar de culpar a los musulmanes, culpan al Islam y se alejan de él sin darse a si mismos la oportunidad de saber más sobre el Islam. Espero que lo sientan de forma diferente después de adquirir el verdadero conocimiento del Islam a través de este libro, estoy seguro de que su percepción cambiará. Por otra parte, algunos de ellos están buscando más razones para unirse al Islam. En ese sentido, me siento obligado a proporcionarles ayuda a través de este libro.

Creo que no hay que tomar decisiones importantes, como abrazar una nueva fe, sin tener toda la información o estar completamente convencido. Si, por ejemplo, alguien ha decidido abrazar el Islam sin tener toda la información necesaria, le aconsejo que profundice en el Islam y que adquiriera más conocimientos sobre el tema. Espero que este libro también preste un gran servicio en ese sentido.

V. Para mejorar el conocimiento del Islam

Comúnmente, cuando la gente desea aprender sobre el Islam, acude a las traducciones del Corán. Esa es una razón por la que empezaron a escasear los ejemplares de traducciones del Corán después del 11 de Septiembre. Sin embargo, en mi humilde opinión, en una primera fase, no todo el mundo está preparado para aprender de las traducciones del Corán. Las traducciones son simplemente interpretaciones del texto árabe a otros idiomas y a veces no responden a muchas de las preguntas más frecuentes.

Es realmente difícil para cualquier persona estudiar el Corán completo con el fin de encontrar respuestas a algunas de sus preguntas. Al emprender la misión de explorar el Islam, le sugiero que no recurra a las traducciones del sagrado Corán de entrada. Después de familiarizarse con las enseñanzas y prácticas del Islam, como se presenta en este libro, la comprensión del mensaje del sagrado Corán a través de sus traducciones será más fácil. Eso no quiere decir que no debe poseer una traducción en su respectiva lengua del sagrado Corán. Con esta sugerencia, pretendo facilitarle la recolección y obtención de información. Este libro proporciona los conocimientos básicos que le ayudarán a comprender en profundidad el sagrado Corán. No obstante, personalmente, admiro a aquellos individuos que, motivados y dedicados, estudian el sagrado Corán y sus traducciones para aprender lo que desean.

VI. Para cerrar la brecha entre musulmanes y no musulmanes

En Estados Unidos y en todo el mundo, se está desarrollando una amplia labor para reducir la brecha y lograr un mejor entendimiento entre musulmanes y no musulmanes. Este libro es mi aportación a esa noble causa y mi contribución a ese esfuerzo.

Estoy seguro de que a medida que la gente obtenga una base de conocimiento suficiente sobre el Islam y los musulmanes, una mayor comprensión se desarrollará, la paz y la felicidad prevalecerán, y se extenderá un puente para cerrar la brecha social y cultural entre musulmanes y no musulmanes. Si esto sucede, entonces el propósito de este libro se habrá logrado. Dejo a mis lectores decidir si he presentado el tema con el suficiente éxito como para conseguir los objetivos deseados, y espero con interés su respuesta.

Razones para leer este libro

ESTANDO COMPLETAMENTE OCUPADOS haciendo frente a nuestras vidas, nuestras prioridades varían según las situaciones. Nos vemos obligados a ocuparnos de lo más urgente, y después de todo lo que nos afecta a corto plazo. Viviendo el momento, dejamos de pensar en el largo plazo o en los asuntos no terrenales. Como resultado, las lecturas sobre religión atraen mucho menos nuestra atención que otras tareas. Esto sucede especialmente cuando se trata del aprendizaje de una religión que no es la propia.

Además, algunos pueden pensar: "Bueno, usted nos dijo sus razones para escribir este libro, ahora díganos porque deberíamos leerlo". Como respuesta, enumero las siguientes razones para leer este libro.

I. Para contribuir al logro de la paz y la seguridad mundial
II. Para fomentar una sociedad sana y progresista
III. Para obtener respuestas a preguntas específicas
IV. Para satisfacer necesidades personales, privadas o de negocios
V. Para encontrar soluciones a problemas personales
VI. Para considerar los 'Grandes Si…'

I. Para contribuir al logro de la paz y la seguridad mundial

Recientemente hemos sido testigos del deseo y del optimismo en todo el mundo por el cambio. Personas e instituciones de todo corazón están buscando nuevos caminos y estrategias para lograr la paz, la prosperidad y la seguridad mundial. Este deseo y esperanza de cambio jugó un papel crucial en las elecciones presidenciales de 2008 en los Estados Unidos de América, ya que personas de todas las clases sociales y orígenes se unieron para expresar su apoyo a este cambio. Esta muestra de unidad sin precedentes se debía a un solo propósito: lograr el cambio a nivel nacional e internacional.

Casi todos los ciudadanos del mundo miran hacia los países líderes en el ámbito internacional, principalmente los Estados Unidos, debido al deseo de avanzar en la dirección correcta, junto con el entusiasmo por lograr la paz verdadera y eterna, mediante la eliminación de diferencias innecesarias, y a través de la cooperación mundial. Ya que esto se ha convertido en una necesidad y una responsabilidad mundial, ningún país/nación puede lograrlo por sí solo. Todos los países deben unirse para cumplir con esta gran responsabilidad, sin embargo, corresponde a los grandes líderes desempeñar los papeles principales.

En los tiempos que corren, el entramado mundial se ha vuelto tan denso que si alguien o alguna fuerza tira, aunque solo sea de un hilo, el tejido entero se ve afectado y puede perder su equilibrio actual. Para proteger todo el tejido, no sólo los grandes países tienen que promover el cambio dentro de sus propias fronteras, sino que tienen que pensar y planificar más allá de ellas. De lo contrario, cualquiera puede tirar de un hilo desde cualquier parte del mundo destruyendo todo el tejido. Si esto sucede, ya se trate de una nación grande o de una nación no tan grande, ésta se verá sacudida o por lo menos sufrirá los efectos de la onda expansiva.

Realmente necesitamos la clase de coraje, voluntad y determinación necesarios para lograr un cambio perdurable, como se reflejó en las elecciones presidenciales estadounidenses de 2008. No sólo yo, sino casi todo el mundo, admira los sentimientos que aportaron el cambio. Creo firmemente que, si todas las fuerzas positivas se unen, se puede lograr un cambio real. "Sí, podemos", y "Sí, debemos hacerlo." Las grandes naciones como los Estados Unidos están equipadas con las herramientas necesarias y pueden alcanzar esa gran meta a través de la colaboración con otras naciones. Al mismo tiempo, me temo que, si esa oportunidad se pierde, o si el entusiasmo por el cambio se desvanece, no habrá otra oportunidad, y el sueño de lograr la paz y la prosperidad nunca se hará realidad. ¡Por el bien de todos, debemos darlo todo, todo lo que tenemos y todo lo que podamos!

Muchos factores se deben considerar o reconsiderar desde una perspectiva diferente para alcanzar con éxito ese objetivo. Un factor necesario es la unidad entre todas las personas, musulmanas y no musulmanas, especialmente en los países occidentales con una importante población musulmana. Para lograr esa unidad, debemos cerrar la brecha abierta entre musulmanes y no musulmanes, para que todos podamos trabajar mano a mano con el fin de lograr un cambio real. Inicialmente, eso requerirá un conocimiento del Islam por parte de todo el mundo, de arriba a abajo, desde los políticos a sus seguidores, desde los funcionarios electos a sus electores.

Sin duda, los musulmanes, tanto a nivel individual como colectivo, tienen que trabajar extensamente por su cuenta y en colaboración con los no musulmanes para lograr ese objetivo. Los musulmanes deben eliminar todas las concepciones erróneas y malentendidos que existen sobre el Islam y sobre ellos mismos. No deben colaborar con nadie que pretenda aumentar la ya extensa brecha entre musulmanes y no musulmanes. Por otra parte, los musulmanes, a nivel nacional e internacional, deben progresar con sabiduría, con el mayor cuidado, y con la sincera intención de lograr la paz y la felicidad. Deben echar una mano con generosidad por el bien de la humanidad y mostrar la hospitalidad, la tolerancia, la generosidad y el verdadero carácter del Islam.

Por otra parte, un deseo genuino, una estrategia equilibrada y el uso adecuado de los recursos, son algunos de los elementos clave requeridos por ambas partes para lograr esa meta. Para cumplir por mi parte con esa responsabilidad, presento este libro como una pequeña contribución y gesto de ayuda en el esfuerzo. Ahora es su turno. Lea el libro y aprenda algo sobre el Islam.

II. Para fomentar una sociedad sana y progresista

No todas las personas están involucradas en los procesos de formulación de políticas o son capaces de influir de forma notable en esos procesos, pero todo el mundo sin duda puede contribuir en su entorno de forma eficaz en la formación de una sociedad sana y progresista. Cuando musulmanes y no musulmanes viven lado a lado, la comprensión del Islam y de los musulmanes ayudará a generar paz y prosperidad en todos los sentidos. El Islam y el verdadero musulmán son lo mismo, ya que un verdadero musulmán refleja el mensaje del Islam. Por lo tanto, para entender a los musulmanes, en mi opinión, la mejor forma de hacerlo es entender primero el Islam y el modo de vida que presenta.

En general, para formular evaluaciones, para entender y predecir el comportamiento, y para interactuar mejor con alguien, es necesario conocer su personalidad y sus creencias. También es un hecho que, si una sociedad desea ser saludable y progresista, tiene que haber un cierto nivel de comprensión psicológica entre sus miembros. Por ejemplo, si los musulmanes, por un lado, siguen concibiendo América u Occidente como enemigos del Islam y por extensión de los musulmanes, y si, por otra parte, los estadounidenses y los europeos se muestran escépticos con los musulmanes y los consideran como enemigos y enemigos de su sistema, entonces no va a ser fácil para ambas partes interactuar libremente. Por lo tanto, una distancia visible u oculta, física y/o mental siempre estará presente. En consecuencia, el avance de la sociedad, sin duda, se verá afectado negativamente, especialmente donde musulmanes y no musulmanes conviven en gran número.

La comprensión de la cultura del otro, las costumbres, las creencias, las normas y otros aspectos ayuda a las personas a interactuar más de cerca y con libertad, resultando en una amplia cooperación para lograr la paz, la felicidad y la prosperidad para todos. Desde su creación, el Islam ha moldeado la vida de sus seguidores de una forma tan singular que no se puede alcanzar la verdadera comprensión de un musulmán y/o su estilo de vida sin conocer el Islam.

III. Para obtener respuestas a preguntas específicas

Muchas preguntas sobre el Islam han surgido debido a temas de actualidad, la interacción personal, y/o la observación de las actividades religiosas de los musulmanes. Tales preguntas comunes incluyen, pero no se limitan a lo siguiente. ¿Cuál es el verdadero fenómeno que se esconde detrás de la jihad? ¿El Islam apoya o alienta el terrorismo? ¿Es resultado de las enseñanzas islámicas el extremismo? ¿Cuales son los derechos de la mujer en el Islam? ¿Por qué a los hombres se les permite tener más de una esposa a la vez? ¿Cuáles son las justificaciones de la pena de muerte en el Islam? ¿Existe separación entre Iglesia y Estado en el Islam? ¿Es la democracia compatible con el Islam? ¿En que grado están permitidos los avances de la ciencia y la tecnología? ¿Cómo se definen la vida, la libertad y la búsqueda de la felicidad en el Islam? ¿Cuál es el papel del matrimonio, la familia, la educación, el clero, etc.? ¿Qué se entiende por estado de derecho en el Islam? ¿Hay libertad de expresión, de religión, de elección, etc. en el Islam? Aparte, hay muchas otras preguntas similares.

Resultaría fácil simplemente dar una serie de respuestas a las preguntas anteriores, ¿pero qué beneficio aportaría dar respuestas que generarían más preguntas y confusión? Sostengo que sin considerar toda la estructura del Islam, uno no puede analizar correctamente o entender de verdad sus diferentes aspectos. Además, para comprender la verdadera filosofía que reside detrás de cada aspecto, es importante entender las creencias fundamentales y el mensaje subyacente. Sin ello, el propósito de una idea determinada, deber o práctica, no puede ser comprendida por completo y con precisión.

IV. Para satisfacer necesidades personales, privadas o de negocios

Vale la pena adquirir conocimientos del Islam, el modo de vida de aproximadamente 1.600 millones de personas, incluso si uno no tiene preguntas específicas sobre él. Resultará asombroso saber por qué, y cómo, el Islam ha llegado a ser la religión que crece más rápido, especialmente en Occidente. La población musulmana está creciendo rápidamente en las principales ciudades de los Estados Unidos, Canadá, Europa y otras partes del mundo. Hermosas y singulares casas de culto, denominadas *Masajid* se están construyendo, y muchas actividades religiosas tienen lugar en ellas, sobre las cuales todas las personas bien informadas deberían tener algunos conocimientos básicos.

Por ejemplo, es interesante conocer el concepto del mes de Ramadhan y el ayuno diario que se lleva a cabo en el mismo. ¿Cómo los musulmanes se dan tiempo para orar cinco veces al día, y cómo y por qué oran? ¿Por qué los musulmanes comen halāl y se abstienen de comer carne de cerdo? ¿Por qué se prohíbe el consumo de bebidas alcohólicas? ¿Por qué se cubren la cabeza y visten según las normas del hijāb? Todos estos temas son interesantes, y saber acerca de ellos sin duda mejorará su conocimiento sobre el Islam y los musulmanes.

Muchos no musulmanes tienen colegas musulmanes y amigos en las escuelas. Los profesores están enseñando a un mayor número de estudiantes musulmanes, y muchos alumnos empiezan a tener maestros musulmanes. Los médicos están tratando a pacientes musulmanes y los hospitales tienen un número cada vez mayor de médicos musulmanes. Empresarios y centros comerciales se están relacionando cada vez más con clientes, inversionistas y consumidores musulmanes. Los políticos, en muchos lugares, no pueden ignorar la presencia de electores musulmanes, ya sea por votos o apoyo. Cualquiera que sea la situación, sin duda resulta beneficioso saber sobre el Islam y sus seguidores.

Muchos musulmanes han emigrado de sus países de origen y se han establecido en Occidente y otros lugares. La primera generación de musulmanes puede regresar o no a su país de origen, pero sin duda las generaciones posteriores permanecerán donde han nacido. Ellos son ciudadanos respetables y tienen la nacionalidad de sus respectivos países, a los que sus padres y abuelos emigraron una vez, y de los que no se van a mudar a corto plazo.

Si alguien nunca se ha relacionado con un musulmán, con el tiempo, por una razón u otra acabará haciéndolo. Por lo tanto, para crear una impresión perdurable y construir buenas relaciones, amistades, asociaciones, etc., sin duda será un plus saber acerca de su religión.

También ha llegado a mi conocimiento que se están dando relaciones íntimas entre musulmanes y no musulmanes. Por lo tanto, para construir una relación sólida, conocer el Islam beneficiará a ambas partes. Incluso por este tipo de razón privada, es conveniente saber al menos algo sobre el Islam. Después de todo, la historia es testigo de que por amor incluso reyes han llegado a abdicar de su trono.

De todos modos, en mi opinión, ya sea por razones personales, privadas o de negocios, es conveniente saber sobre el Islam. Estoy seguro de que usted estará contento de haber aprendido *algo* sobre el Islam - no tiene nada que perder.

V. Para encontrar soluciones a problemas personales por medio del Islam

Ninguna persona honesta puede presumir de vivir una vida completamente libre de problemas y no tener ningún problema en absoluto. La verdad es que todo el mundo tiene al menos uno o varios problemas en su vida. Hay algunos problemas que la gente ni siquiera puede contar a los demás, ya sea porque no se pueden expresar con palabras o porque simplemente no saben cómo hacerlo. A veces, los demás tampoco pueden ver fácilmente esos problemas, no importa la proximidad de la relación.

Compartidos o no, la realidad es que las personas que se preocupan siempre buscan soluciones a sus problemas. En la búsqueda de tales soluciones, las personas que se preocupan, hoy en día, recurren a la ciencia, la tecnología y la riqueza material, pero no logran encontrar las soluciones adecuadas debido a que muchos de los problemas, de hecho, se deben a las invenciones, a la tecnología o al pensamiento de los tiempos modernos. Por lo tanto, no hay que buscar soluciones en esas fuentes, y buscarlas en otra parte.

En este sentido, sugiero a la gente que recurra a la religión en busca de soluciones a sus problemas sociales, morales y espirituales. En realidad, y de hecho, eso está pasando en estos momentos: muchos están recurriendo a la religión, por propia voluntad o por la fuerza. Algunos están regresando a sus creencias religiosas anteriores, mientras que otros siguen mirando a otra parte.

Solicito a esos sinceros buscadores que consideren el Islam y presten mucha atención para determinar si el Islam contiene las soluciones a sus problemas. Estoy seguro de que el mensaje islámico les va a resultar interesante e incluso pueden encontrar en él una sólida base sobre la cual apoyarse para adquirir el éxito. Al fin y al cabo, uno no tiene que ser musulmán para comer *halāl*. De todos modos, esta es otra razón importante para estudiar el Islam, es decir, la esperanza de encontrar soluciones a los propios problemas.

VI. Para considerar los 'Grandes Si…'

No quiero dejar de lado esta importante razón para estudiar el Islam. Sin embargo, al hacerlo, permítanme volver a subrayar que no estoy tratando de convencer a mis lectores para que se conviertan al Islam. Simplemente tengo la intención de poner los hechos por escrito.

¿Quiénes somos? ¿De dónde venimos? ¿Hacia dónde vamos? ¿Cuál es el propósito de nuestra vida en la tierra? Casi todas las personas se preguntan éstas y otras preguntas similares. Encontremos o no respuestas, o incluso si estamos satisfechos con las respuestas que hemos encontrado, no podemos negar el hecho de que hemos nacido en este mundo. Por lo tanto, tenemos que vivir nuestra vida, y, por supuesto, algún día moriremos.

Ahora, depende solo de nosotros escoger cómo pasamos nuestro tiempo en la tierra. ¿Queremos tener éxito en todas las actividades y vivir una vida saludable? ¿Queremos estar en paz y en equilibrio con la naturaleza? ¿Queremos vivir una vida sin miedo y satisfactoria? Las respuestas a estas preguntas y lo que elegimos querer en esta vida da forma a nuestro comportamiento.

Ahora les presento algunas preguntas sobre los grandes 'Si…', la respuesta a las cuales clarificará y explicará cómo proceder en esta vida y sacar lo mejor de nosotros mismos. ¿Qué pasa si hay vida después de la muerte? ¿Qué pasa *si* hay un Día del Juicio Final? ¿Qué pasa *si* nos damos cuenta el Día del Juicio final que nuestra vida en la tierra solo ha sido una preparación para lograr una vida exitosa y sin problemas en la otra vida? ¿Qué pasa *si* descubrimos que nuestra vida se encaminaba a un propósito superior y no le hemos prestado ninguna atención? ¿Qué pasa *si* tenemos que admitir que Allah ﷻ nos había enviado las claves para nuestra salvación, pero hemos rechazado cumplir Sus mandamientos? ¿Qué pasa *si* en ese día, descubrimos que en realidad nos encontramos entre los perdedores finales?

Sostengo que este es el momento para pensar y prestar atención. A pesar de las diferentes afirmaciones sobre lo que es la verdad última y cómo alcanzar el éxito definitivo, por el bien de los 'Grandes Si…', tenemos que pensar ahora, reunir información ahora, adquirir conocimiento ahora, y tomar la decisión ahora mismo. ¿Qué pasa *si* nos encontramos entre los perdedores finales sólo porque hemos ignorado este importante asunto, perdido el tiempo, y no prestado atención a la finalidad superior de la vida en la tierra?

Sólo nosotros sufriremos las consecuencias de nuestras decisiones, por lo tanto, cualquier camino que elijamos para el éxito, debemos elegirlo sabiamente, tomar nuestra decisión sólo después de obtener la información y el conocimiento completo. No me importará incluso si rechaza el Islam debido a su propio criterio. Sin embargo, humildemente le pido que no rechace el Islam sin saber primero de él. Eso requiere un estudio sin prejuicios del Islam, un compromiso de conocer la verdad, y un deseo genuino de éxito definitivo. Aquí, mi obligación es sólo poner todos los hechos relacionados con el Islam por escrito, simple y llanamente.

Prueba de la veracidad de una religión/ideología

Espero que las razones para escribir y leer este libro, como se describe en las páginas anteriores, hayan despertado en usted el interés por leer más y aumentado el deseo de saber algo sobre el Islam.

La cuestión de la veracidad del Islam puede que precediera el interés y el deseo añadidos por las dos secciones anteriores. Por lo tanto, antes de abordar los hechos sobre el Islam, si a los lectores se les proporciona las herramientas necesarias para analizar críticamente las enseñanzas islámicas, éstos estarán mejor equipados para descubrir la rigurosidad del Islam. Como resultado, se tendrá una mejor comprensión del Islam.

Toda religión afirma ser la verdadera e insiste en que la salvación sólo se puede conseguir a través de ella. Toda ideología dice tener las soluciones a los problemas de la humanidad. El Islam también hace la misma afirmación. En efecto, ¿cómo puede una religión o una ideología existir sin estas y otras afirmaciones similares? Puesto que todas las religiones e ideologías difieren tanto entre sí, se hace difícil decidir cuál conduce al camino correcto, a la salvación, y al éxito definitivo.

Para demostrar la rigurosidad del Islam que garantiza el éxito definitivo de la humanidad, si me refiero a su libro sagrado, el Corán, nada tendrá sentido para aquellos que no creen que es el libro sagrado revelado por el Creador. Por lo tanto, voy a proponer las condiciones a través de las cuales uno puede analizar críticamente la veracidad de una religión/ideología para ver cuál es la posición real del Islam bajo cada condición dada.

Para comprender la verdad de una religión o un código uniforme de vida, y para comprobar si asegura el éxito en esta vida y en la otra, hay que probarla bajo los siguientes principios:

I. Examinar cuidadosamente si el código de vida se adapta a la naturaleza humana.

II. ¿Quién es el fundador, promotor, o el autor del sistema, por el que las personas han de vivir?

III. ¿El carácter moral y las cualidades del defensor/legislador de esa religión/ideología encaja en el sistema propuesto/constituido?

IV. ¿El fundador/profeta afirma que el conjunto de reglas presentadas es universal y válido para todos los tiempos y situaciones?

V. Si se afirma que esa ideología/religión es de otro mundo y ha sido revelada por el Ser Supremo, entonces, ver si podría haber sido forjada por la mente humana.

I. Examinar cuidadosamente si el código de vida se adapta a la naturaleza humana.

¿Ese código de vida demanda o conduce a sus seguidores a hacer algo de lo que no son capaces por naturaleza? En circunstancias normales, ¿las personas pueden obtener beneficios y sacar cosas buenas de él? ¿Es aplicable a la mayoría y puede aportar cambios notables a sus miembros o a la sociedad en general? ¿Exige demasiado, lo que puede ser poco razonable, o concede demasiado poco, de modo que no se justifica el equilibrio entre lo que se ofrece y lo que se demanda? ¿Aporta paz interior y satisfacción? ¿Abarca todos los aspectos de la vida humana, o conduce a sus seguidores al vacío y a la apatía?

Por otra parte, ¿satisface el deseo natural de la humanidad de conectarse con el Ser Supremo? Si estas condiciones no se cumplen, entonces, esa religión/ideología/código de vida no pasa la prueba. Es más, resultará desastrosa para la vida de sus seguidores. Sin duda les privará de cualquier posibilidad de éxito y, por supuesto, del éxito definitivo.

II. ¿Quién es el fundador, promotor, o el autor del sistema, por el que las personas han de vivir?

¿El sistema ideológico o religioso, está planteado u organizado por alguien cuyo intelecto, autoridad y prudencia son cuestionables, cuyas observaciones y justificaciones empíricas son inconsistentes, cuyos deseos y objetivos cambian con el paso del tiempo, cuyos principios son poco convencionales, cuya agenda personal/oculta es engañosa, o cuya credibilidad no es fiable? Si se da alguna de las condiciones anteriores, el código de vida y el conjunto de normas subyacentes propuesto por ese individuo no puede ser exhaustivo ni riguroso, y el código, sin duda, conducirá al fracaso.

III. ¿El carácter moral y las cualidades del defensor/legislador de esa religión/ideología encaja en el sistema propuesto/constituido?

¿Es un materialista, o busca adquirir poder, prestigio, y/o placeres materiales? Si la respuesta es sí, entonces está claro que ese individuo se está aprovechando de la gente y de su necesidad de encontrar algún tipo de comodidad y de algo que dé sentido a su vida. Si es así, entonces la ideología propuesta, sin duda, no aportará ningún éxito perdurable.

IV. ¿El fundador/profeta afirma que el conjunto de reglas presentadas es universal y válido para todos los tiempos y situaciones?

Si así se afirma, se debe examinar la validez de esa afirmación. Si no se afirma o si resulta que las reglas presentadas no son válidas para todos los tiempos y situaciones, entonces la ideología propuesta no pasa la prueba. Si las reglas tienen que ser modificadas constantemente de acuerdo con las necesidades y a cambios temporales, esa ideología es un medio ineficaz para lograr el éxito permanente/final.

V. Si se afirma que esa ideología/religión es de otro mundo y ha sido revelada por el Ser Supremo, a continuación, ver si podría haber sido forjada por la mente humana.

¿Puede la imaginación de un filósofo o intelectual alcanzar la sabiduría de esa propuesta y lo que pretende conseguir para la humanidad? Si no es así, sólo entonces se puede estar seguro de que se originó a partir de la autoridad superior, conocida como el Señor y Creador. Además, uno tiene que saber a ciencia cierta que la complacencia del Ser Supremo está garantizada a través de ella y mediante la observación de las reglas presentadas en la misma, por lo que se puede lograr el éxito definitivo.

Con estos criterios y método, pido a los lectores que analicen el mensaje del Islam de manera crítica y determinen su relevancia para la humanidad. Estoy seguro, sin duda, de que llegará a conclusiones positivas sobre el Islam. De vez en cuando, yo mismo profundizo en detalle y pruebo el Islam bajo estos criterios para demostrar claramente que el Islam se presenta como una religión.

¿TE GUSTARÍA SABER ALGO SOBRE EL ISLAM?

Ahora Es El Momento

CAPÍTULO 1

El Islam

UNA VISIÓN GENERAL

ISLAM ES EL NOMBRE QUE RECIBE EL MODO de vida completo revelado y establecido por el Señor de este universo para los seres humanos, "la Mejor entre sus criaturas".

Sin lugar a duda, el *deen* ante los ojos de Allah es
sólo el Islam. • [Corán: 3:19]

El Islam no es sólo una religión, sino que también es una forma de vida completa que abarca tanto los aspectos religiosos como los otros asuntos comúnmente considerados seculares. De hecho, para el Islam, nada es secular; pues regula todos los aspectos de la vida humana. En resumen, abarca y proporciona guía para cualquier asunto, material e inmaterial.

Puesto que el Ser Supremo creó el universo y todo lo que contiene, incluyendo los seres humanos, también estableció todas las leyes que rigen sus actividades naturales. La creación misma había sido incapaz de formular las leyes para que gobernara un bienestar completo y cumplir con los fines previstos. Por eso, el Omnisciente, Omnipotente, el Todopoderoso, estableció todas las leyes para gobernar a Sus creaciones, de acuerdo con sus necesidades.

El Deen-e-Islam, modo de vida islámico, guía a las personas a vivir una vida exitosa en la tierra y las prepara para el éxito en el Más Allá. La perfección del Islam es tal, que la guía completa está disponible para adquirir el éxito en este mundo y el éxito definitivo en el Más Allá. Ya elijamos ganar la complacencia del Maestro, y en consecuencia alcanzar el éxito definitivo y la felicidad eterna, o por error o de forma intencionada elegir otro camino, convirtiéndonos en perdedores finales por ser merecedores de Su ira, la elección es nuestra [Corán 17:84].

El Islam nos guía por el camino correcto y nos advierte que no nos desviemos de él. Explica en detalle el camino correcto y describe cómo seguirlo de forma adecuada, menciona la recompensa por hacerlo, y designa el Paraíso como destino final de sus verdaderos seguidores. El Islam nos instruye sobre cómo evitar el peligro de desviarnos, de caer en nuestras propias trampas, de convertirnos en esclavos de este mundo, de la traición de Shaitán (Satanás), y de convertirnos en residentes permanentes del infierno por ser merecedores de la ira del Señor.

En el Islam, no hay motivo para preocuparse o sentirse confundido en cuanto a lo que hacer respecto a cualquier asunto, todo está explicado. Sólo tenemos que aprender y seguir. Al hacerlo, el uso de cualquier facultad humana está permitido con el fin de elegir con sabiduría. El Islam anima el razonamiento y la crítica constructiva, si la intención es fortalecer la creencia en él [Corán 6:75-79]. Dado que es nuestra decisión la que nos conduce al éxito o al fracaso en este mundo y en el Más Allá, debemos explorarla profundamente y con sinceridad.

¿El Islam realmente proporciona una forma completa de vida y responde a todas las preguntas de la humanidad? En respuesta, voy a explicar qué es el Islam y a explorar cada rincón y grieta sobre la materia que abarca este libro.

El Islam es una religión divina, revelada por el Señor a la humanidad a través de sus individuos elegidos, es decir, los profetas.

- Es monoteísta creencia en un Creador, el Señor de todos nosotros.
- Es una guía y manual completo que contiene todo lo que necesitamos saber sobre la vida humana y su finalidad.

- No se limita simplemente a un espacio de culto, sino que regula toda la vida de sus seguidores más allá del espacio de culto.
- Se trata de un conjunto completo de códigos que rigen todas las facultades de la vida humana, y no deja de lado el más mínimo detalle que nos pueda preocupar.
- Afecta nuestras vidas privadas y nuestros momentos más íntimos.
- Proporciona orientación, tanto a nivel micro como macro y facilita programas de trabajo viables para las relaciones nacionales e internacionales.
- Proporciona los principios fundamentales para establecer las relaciones entre los individuos y las naciones.
- Marca las reglas para cubrir las necesidades sociales, económicas y políticas.
- Establece lo que está bien y lo que está mal.
- Diferencia entre las buenas y las malas acciones.
- Muestra el camino hacia el éxito y protege del fracaso.
- Menciona el pasado y resalta el futuro.
- Da buenas nuevas de recompensa y amenaza con el castigo.

El Islam es consciente de los problemas con los que se encuentra el hombre en la vida y ofrece soluciones prácticas. Tiene en cuenta todos los aspectos de la vida humana y proporciona orientación en consecuencia. El Islam sincroniza por completo con la naturaleza humana, porque el Creador de ambos es uno y el mismo. ¿Quién puede saberlo mejor que nuestro Señor, Quien elaboró el mensaje que se adapta tan perfectamente a nuestra naturaleza?

Nuestro estado físico y mental no es un enigma para el Islam, y por lo tanto los deberes prescritos y las demandas que plantea son justos y prácticos. Las debilidades del hombre no son ajenas al Islam; las flexibilidades del Islam están diseñadas a la luz de nuestros defectos. Por lo tanto, de la misma forma que el inventor de una máquina está familiarizado con cada uno de sus componentes, nuestro Señor nos conoce bien y provee nuestras necesidades y capacidades de acuerdo con Sus conocimientos sin límites.

El Islam no es una fuerza que separa a la gente, sino que la une. El Islam quiere que las personas construyan entre sí relaciones significativas, fuertes y eternas. Tiene la intención de fortalecer la comunidad humana a través de una variedad de interrelaciones que la mantiene unida por el bien de complacer al Todopoderoso [Corán 41:34]. Ese tipo de relaciones son la base de la sociedad humana que el Islam pretende construir. El Islam promueve una interacción de humano a humano basada en la igualdad, la dignidad, el amor y el respeto mutuo [Corán 49:10-12]. No es partidario de las actitudes individualistas ni egoístas. El cuidado mutuo y la cooperación es la base sobre la que el Islam quiere que la gente construya su estructura de vida. El amor, el sacrificio, el favor, la tolerancia, el perdón, el respeto, la paciencia, la perseverancia, la piedad, la moral, la castidad, la modestia, la sinceridad, la honestidad, la humildad, la pureza de intención, la promoción de la igualdad, el respeto a la privacidad, el mantenimiento de la dignidad, la aplicación de la justicia - esos son algunos de los ingredientes esenciales de la fe islámica que apoyan sus seguidores en el cumplimiento de sus deberes con los hombres y el Todopoderoso. Todas estas cualidades conducen a la interacción amistosa, a evitar el individualismo y el egoísmo, lo que permite a la comunidad humana avanzar hacia su destino.

El núcleo del modelo islámico para la humanidad se compone de relaciones físicas y eternas entre los diferentes segmentos de la sociedad, y se basa en el objetivo común de lograr la complacencia del Señor y el reco-nocimiento de Su Señoría. Por lo tanto, el Islam une la gente en condiciones de igualdad, con un mismo propósito y objetivo: proporcionar bases sólidas para la unidad y la cooperación para lograr el éxito definitivo en el Más Allá. Al mismo tiempo, desalienta las actitudes individualistas que por lo general buscan el éxito monetario y desaprueba la simple persecución de placeres materiales temporales. La búsqueda de la complacencia del Todo-poderoso es siempre la prioridad en el Islam y la mayor preocupación para sus devotos seguidores.

El Islam reprime esa parte de la naturaleza humana que daña a uno mismo y a los demás, crea perturbación en la sociedad, destruye la paz, inflinge lesiones, crea injusticia, viola los derechos humanos, fomenta clases sociales, establece jerarquías, abusos de poder, impone la hipocresía, merma los valores, extiende el individualismo, promueve el egoísmo, elude las responsabilidades, ignora los deberes, cae en la indiferencia, y provoca todo tipo de sufrimiento a la sociedad y a la humanidad. Cuando las personas no pueden suprimir esa parte de la naturaleza humana, se convierten en bestias sin corazón que causan un gran daño a otros seres humanos. El Islam nunca quiere que la gente se degrade y descienda del alto pedestal que Allah ﷻ le otorgó a la "Mejor de todas las Criaturas".

Reconociendo los aspectos intrínsecamente nocivos de la naturaleza nbhgv c humana, el Islam provee las herramientas y la orientación necesarias para reprimirlos y controlarlos. Los que logran con éxito la supresión de los aspectos perjudiciales de la naturaleza humana mantienen su estado más alto, adquiriendo con el tiempo el beneplácito del Todopoderoso y, posteriormente, la vida eterna en el Paraíso.

Para garantizar el cumplimiento de las leyes divinas y para que prevalezca la justicia, el Islam provee castigos severos pero adecuados para todos los delitos, declarados o no, y trata de forma rigurosa, pero de manera equitativa, a los criminales que usurpan los derechos y libertades de sus víctimas. El Islam reconoce intrínsecamente que, sin la protección de la ley y la aplicación de las sanciones pertinentes, mediante el debido proceso, la paz y el orden no pueden prevalecer [Corán 24:2]. Por lo tanto, el Islam provee un esquema para un sistema de justicia que otorga justicia a las personas permitiéndoles vivir en paz en la búsqueda del más alto propósito en la vida. Por otra parte, el Islam exige una gran responsabilidad al gobierno, así como a todos los ciudadanos, para garantizar la seguridad y la protección. El Islam deja claro que nadie está por encima de la ley.

No se dan contradicciones ni enfrentamientos entre las normas establecidas por el Islam. No se permite, ni tampoco se da la necesidad, en ningún momento, de tener que violar una regla con el fin de poner en práctica o cumplir cualquier otra regla. No importa lo 'grande' que pueda parecer el bien obtenido, la violación de cualquier ley islámica no está permitida. La falta de conocimiento tampoco es excusa, sobre todo cuando se violan derechos y se hace daño a los demás. En tales casos, el merecido castigo debe ser administrado, y las víctimas deben ser compensadas.

En el Islam, el creyente nunca está solo. El Islam sabe que los reveses de la vida pueden causar que uno se sienta solo. Por eso, el Islam promueve los lazos familiares, construye amistades verdaderas, fomenta las relaciones cercanas y exige un contacto continuo entre las personas. Es más, al estar estrechamente conectado con el Señor, al recordarlo de forma continua, uno nunca se siente solo y siempre disfruta de su compañía [Corán 50:161]. A través de esa afinidad con el Señor, uno siempre se siente en compañía, con alguien con quien comunicarse y al que consultar. Esa compañía aporta una satisfacción única y verdadera, la felicidad. Sin esa compañía 'interior', uno puede sentirse solo, incluso rodeado de una multitud de millones.

Llegados a este punto, creo haber mostrado un panorama lo suficientemente general del Islam. Para resumir, en pocas palabras, diría que, al ser un sistema de culto integral, el Islam promueve al mismo tiempo los valores humanos, protege los derechos humanos, fomenta el trabajo comu-nitario y dispone los avances científicos y tecnológicos necesarios para la mejora de la sociedad. Habiendo dicho todo esto de forma breve, me propongo explorar en detalle todos y cada uno de los temas mencionados aquí. Con los argumentos presentados, se podrá saber si es posible lograr la felicidad completa en este mundo. ¿Promete el Islam la felicidad completa? ¿Existe la paz completa? ¿Nos enseña el Islam cómo lograr la paz completa? ¿Se puede alcanzar un estado de satisfacción completa? En caso afirmativo, ¿cómo?

Capítulo 2

¿Qué es el Islam?

Antes de continuar, tenga en cuenta que para que uno pueda entender verdaderamente una ideología, religión o sistema, es necesario que la estudie con imparcialidad, tanto como sea humanamente posible. Por lo tanto, el lector tiene que seguir este libro con la mente y el corazón abiertos. La mayoría de las ideologías y religiones poseen o pretenden poseer la clave para lograr el bien de la humanidad, pero al mismo tiempo existen diferencias específicas entre ellas que pueden parecer menores, pero que son fundamentales para cada filosofía. Un estudio parcial puede pasar por alto esas diferencias básicas. Sin embargo, si se entienden correctamente esas diferencias básicas, se puede visualizar la filosofía completa, el propósito y las diferencias de una ideología o religión respecto a otras.

La Filosofía del Islam

El universo entero y todo lo que hay en él, incluyéndonos a nosotros, está creado por el Ser Supremo, nuestro Señor, Allah ﷻ Todopoderoso . Él es el único Amo y Creador de todo. Él nos creó para adorarle. Nuestra estancia en este mundo es temporal. Cada uno de nosotros vive aquí por un tiempo limitado y luego pasa al otro mundo.

Un día, el universo ascenderá y habrá llegado el Día del Juicio. Todo el mundo llevará consigo un 'Registro de Acciones' con todas sus actuaciones en la vida terrenal. Sobre la base de nuestras actuaciones aquí, ganaremos ya sea el *Jannah* (el Cielo) o el *Jahannum* (el Infierno). Los que logren el 'éxito definitivo' y obtengan la complacencia de Allah ﷻ serán enviados al Cielo para vivir allí eternamente disfrutando de sus infinitas bondades. Los que en lugar de ganar la complacencia de Allah ﷻ ganen Su ira serán castigados en el infierno resultando ser los 'perdedores finales'.

Allah ﷻ dio a la gente libre albedrío para escoger entre el bien y el mal. Los seres humanos no son animales ni ángeles, los cuales no tienen libre albedrío. Allah ﷻ ha concedido al hombre un poder a través del cual puede exceder a los ángeles o degradarse a si mismo incluso por debajo de los animales. Allah ﷻ otorgó al hombre el libre albedrío para ponerlo a prueba y ver cómo afronta esta vida [Corán 67:2].

Si el hombre elige sabiamente y utiliza sus facultades para hacer lo que es correcto, mantendrá la altísima consideración que le fue concedida como la mejor 'de entre todas Sus criaturas'. Si no elige sabiamente, hace caso omiso de su voz interior y no sigue los mandamientos de hacer el bien, desciende del estado que le fue concedido originalmente, se degrada a si mismo, fracasa y se gana el descontento de Allah ﷻ. Cualquier uso indebido de las cualidades humanas y de las bondades de Allah ﷻ hará de él un perdedor final. A nadie se le da una segunda oportunidad para volver a la Tierra y hacer el bien [Corán 23:99-100]. Esta es la única oportunidad; aprovéchela o piérdela. Se trata de un billete de ida, y no hay vuelta atrás.

Allah ﷻ no sólo concedió y otorgó cualidades y capacidades al hombre para hacer el bien y abstenerse del mal, también le mostró claramente que es el bien y que es el mal, así como lo que a Él le gusta y le desagrada. Allah ﷻ equipó al hombre con las herramientas necesarias, como la inteligencia, los sentidos, el instinto, y otras, además de los conocimientos necesarios para lograr el propósito de su creación.

Seres escogidos por Allah ﷻ, comúnmente conocidos como profetas y mensajeros, revelaron y entregaron esos conocimientos de forma íntegra estableciendo las normas a ser emuladas por nosotros para adquirir el éxito definitivo. No hay lugar para excusas ni se puede seguir justificando la ignorancia. No hay otro camino. Si bien esto puede sonar imponente y aterrador, y mucha gente puede que no lo quiera oír, no puedo dejar de decir la verdad tal y como se presenta en el Islam. Esta es una clara advertencia para mí, para todos los musulmanes, y para todos los seres humanos.

Las opciones son muy claras. O salvarnos del fuego del infierno optando por seguir el mensaje de los profetas o ser responsables de nuestro destino en el infierno. Todo depende de nosotros. Los castigos resultan más dolorosos cuando somos conscientes de nuestra culpa. Por lo tanto, debemos evitar a toda costa sentirnos culpables por haber perdido el tiempo eligiendo sabiamente, explorando la verdad y siguiendo el camino correcto que se revelará como evidente. Allah ﷻ y Sus profetas no tienen nada que perder. Solo nosotros nos encontramos ante una situación de riesgo porque somos los únicos que están siendo probados.

Uno de los aspectos más importantes del Islam es *Iman bil ghaib,* creencia en lo invisible. Lo 'invisible' incluye, pero no se limitan a:

- La existencia del Ser Supremo
- Los seres angelicales
- El proceso de la creación
- La existencia del alma, después de haber sido creada y antes de ser enviada a este mundo [Corán 7:172]
- El estado de existencia después de la muerte *A'lam-e-Barzakh* [Corán 23:100]
- La resurrección y la rendición de cuentas en el Día del Juicio
- La vida eterna en el Paraíso o en el Infierno
- Otras muchas verdades deliberadamente mantenidas ocultas [Corán 16:8]

Evidentemente, esas y otras verdades ocultas son necesarias para poner a prueba la fe de la gente. Si alguna de esas verdades ocultas se hiciera evidente, no habría necesidad ni de creencias ni de fe. La gente aceptaría de forma automática la verdad y el propósito de la vida terrenal no tendría sentido. La clave está en reconocer la existencia de Dios, creer en Él como nuestro Señor y Creador, seguir su camino y acatar sus mandamientos.

A pesar de que algunas creencias y enseñanzas islámicas se basan en las verdades ocultas que no son visibles, éstas pueden verse o sentirse a través de la lógica positiva y el pensamiento racional. Los seguidores del Islam están obligados a mantener una fe firme e inquebrantable ante lo invisible sin cuestionarlo. Sin embargo, creer en lo invisible después de haber razonado de forma positiva, de haber meditado a fondo, de haber investigado en profundidad, tiene la misma recompensa que haberlo hecho mediante la fe sin cuestionamientos. Allah ﷻ dice:

> Ciertamente en la creación de los cielos y de la Tierra, la sucesión de la noche y el día, el navío que surca el mar para beneficio de los hombres, el agua que Allah hace descender del cielo, para revivir con ella la tierra árida, en la que diseminó toda clase de criaturas, y en la variación de los vientos y de las nubes que están entre el cielo y la tierra hay señales para quienes razonan. • [Corán 2:164]

Es evidente que el Islam invita a todos a prestar atención, a explorar, a analizar y a colaborar para llegar a la verdad y tener éxito. El Islam es la verdad y nada más que la verdad, sin embargo, buscar la sabiduría interior y fortalecer la fe a través de la contemplación es algo siempre bienvenido y recompensado. Aquellos que estudian el Islam con la intención de encontrar defectos, o que tienen poca fe después de reconocer la autenticidad y la divinidad del Islam, no se hacen ningún favor, y disgustan al Todopoderoso.

El Día del Juicio y el concepto de rendición de cuentas son fundamentales para el Islam porque son relevantes para la mayoría de las creencias y prácticas. El miedo a la rendición de cuentas y a la asunción de las consecuencias del fracaso en el Día del Juicio conduce a la justicia, el ejercicio de la moralidad, y el uso de los buenos modales.

Dado que Allah ﷻ es Conocedor-de-Todo y nada se le puede ocultar, el hecho de que Él siempre esté observando impide que un verdadero siervo de Allah ﷻ cometa cualquier tipo de fechoría, visible u oculta. Incluso cuando uno piensa que nadie le está mirando, Allah ﷻ permanece siempre vigilante de sus acciones, las cuales siempre quedan registradas por los ángeles.

En esta vida, es posible evitar una acusación y su castigo debido a las lagunas en las leyes hechas por los hombres, las debilidades inherentes de esas leyes, la inteligencia personal y la falta de pruebas o de testigos oculares, pero lo cierto es que nadie podrá escapar de Allah ﷻ el Día del Juicio. Por lo tanto, es imposible para toda persona eludir su responsabilidad sobre su más mínima acción. Por otra parte, la rendición de cuentas es lo que distingue a los seres humanos de las demás criaturas.

¿Podría Un Hombre Inventar El Islam?

HABIENDO LEÍDO HASTA AQUÍ, PUEDE PASAR por la mente del lector objetivo la idea de que el Islam fue probablemente inventado por una persona inteligente. Con respecto a esa idea, creo que después de desarrollar una verdadera comprensión de las enseñanzas islámicas y después de considerar todos los aspectos del Islam, un lector objetivo tendrá la respuesta a esta pregunta. Los siguientes argumentos le ayudarán a tomar una decisión.

Al estudiar el Islam con detenimiento, se descubre que cubre una amplia gama de temas físicos y metafísicos concernientes a la vida humana en la tierra y que proporciona una guía para cualquier situación, tiempo y época. La universalidad del Islam abarca todos los aspectos de las necesidades humanas, incluso aquellos que el hombre no puede concebir.

¿Cómo podía un hombre, hace unos mil quinientos años, formular una forma de vida integral que abarca todas las necesidades de todos los seres humanos durante todos los tiempos por venir? ¿Cómo podía asegurarse de que sus enseñanzas serían válidas para todos los tiempos y todas las situaciones, incluso hasta el Día del Juicio? ¿Cómo podía predecir el futuro con tanta precisión? ¿Cómo podía desarrollar un sistema de vida que sobreviviría durante siglos sin la más mínima alteración? ¿Cómo podía dejar una huella indeleble en la historia que sigue viva y siendo válida, incluso después de haber pasado siglos?

Tendría que ser un ser sobrehumano o haber recibido la inspiración directa de una fuente sobrenatural. Sin embargo, la historia da testimonio de que fue un solo hombre, por lo tanto, no pudo haber inventado un sistema tan perfecto de la vida. Esa perfección sin duda debía venir de otro lugar, y ¿de dónde más podía venir sino del Señor? Sólo el Señor, el Todopoderoso, conoce todas las debilidades y necesidades de su creación y solo Él podía prescribir un sistema único y trascendente, válido para todos los tiempos y todos los lugares.

Es Islam está tan seguro de sus enseñanzas, que afirma que nadie puede cambiar, sustituir o añadir algo para mejorar o diluir/refutar su perfección. Durante siglos, esa afirmación nunca ha podido ser desafiada. El Islam afirma ser la forma de vida perfecta y esa afirmación aun sigue siendo vigente. Incluso hoy en día, aquellos que lo investigan siguen encontrando lo que buscan. Si no se encuentra algo en el Islam, de entrada, lo único que hay que hacer es seguir profundizando más y más, y al final ciertamente se encuentra. El Islam contiene todos los conocimientos posibles y satisface todas las necesidades humanas.

Todos los retos, afirmaciones y cualidades del Islam son una clara prueba de su absoluta veracidad. Si se tratara de la aportación de un individuo cualquiera, éste nunca habría reclamado su infalibilidad. Por lo tanto, el Arquitecto del Islam debía estar seguro de que nadie iba a poder retar o contrarrestar sus afirmaciones. Si el arquitecto hubiera sido un ser humano, no podría haber estado tan seguro de su sistema. Sin tan solo una sola afirmación del santo Profeta ﷺ del Islam y del sagrado Corán pudiera ser desvirtuada, toda la estructura del Islam se derrumbaría. Esto no ha sucedido hasta ahora y tal y como se afirma nunca va a pasar porque este sagrado sistema no es la creación de un ser humano [Corán 4:82].

Inspirado por unas primeras revelaciones divinas y mandamientos, según órdenes de Allah ﷻ, Muhammad ﷺ comenzó a predicar el mensaje del Islam. Al principio, los que tenían plena confianza en él abrazaron el Islam, debido a sus cualidades personales de confianza y compasión. A medida que eran más y más los testigos de su carácter moral y del poderoso mensaje del Islam que él predicaba, el círculo del Islam fue aumentando.

Si él hubiera sido el arquitecto del Islam, como afirman algunos, después de lograr tanto éxito, ¿por qué preocuparse de acercar la gente al Señor y no a si mismo? ¿Por qué no reclamar esa religión como algo de su propia creación? No lo hizo porque esa no era su creación. Él, de hecho, era sucesor de los profetas anteriores que Allah ﷻ había enviado a la humanidad. El camino divino fue perfeccionado con las revelaciones finales del profeta Muhammad ﷺ.

En las siguientes páginas, vamos a ver en detalle que tanto para un musulmán de nacimiento como para cualquier persona que haya abrazado recientemente el Islam, es necesario certificar su fe en el Islam, no sólo verbalmente, sino también de corazón. Por lo tanto, supongamos por el simple hecho de discutir que el inventor del Islam hubiera sido un ser humano. Si fuera así, éste no podría leer los corazones de la gente para saber si alguien certifica su fe de corazón. Entonces ¿por qué molestarse en requerir un tipo de certificación, que él mismo no podría probar o refutar? Sin duda, eso va en contra de la lógica. Su principal preocupación habría sido aumentar su número de seguidores con el fin de lograr su pro-pósito, fuera cual fuera. Sin embargo, si lo que realmente se está haciendo es transmitir el mensaje del Señor y cumplir con el deber de conectar la creación con el Creador, entonces sí que tiene sentido exigir todos los requisitos para hacer posible esa conexión exigida por el mismo Creador.

La declaración de fe verbal es el requisito para entrar en el Islam y convertirse en un miembro de la comunidad y la fraternidad musulmana. Certificar la fe de corazón está directamente relacionado con ser aceptado por el Señor y lograr el éxito definitivo. El Profeta ﷺ tenía la obligación de garantizar tanto la declaración como la certificación de fe. De haber inventado el Islam, habría sido suficiente con una declaración. Esta es otra prueba de que el Islam no es una invención humana.

A mi juicio, estas pruebas son suficientes, pero los lectores seguirán descubriendo más evidencias que les permitirán llegar a la conclusión de que el Islam no es una invención humana. Manteniendo la divinidad del Islam en mente, espero que el lector pueda alcanzar una verdadera comprensión de este.

El Islam No Deja Ninguna Pregunta Sin Respuesta

CUANDO COMPARAMOS NUESTRA EXISTENCIA física con otras creaciones sorprendentes y acabamos descubriendo que no somos más que una pequeña partícula en el universo, empezamos a hacernos innumerables preguntas. ¿Quiénes somos? ¿De dónde venimos? ¿A dónde vamos? ¿Cuál es el propósito de todas las cosas que existen ahí fuera? Si hay vida después de la muerte, ¿cómo es? Si hay cielo e infierno, ¿cómo son y dónde están? ¿Por qué creemos en la existencia de Dios, el Señor, el Creador o Allah ? ¿Qué aspecto tiene? ¿Por qué no lo vemos? ¿Quiénes son los profetas elegidos? ¿Cuáles profetas fueron auténticos y por qué creemos en ellos? ¿Hay algún libro o un conjunto de reglas reveladas por el Señor, o son todos esos libros simplemente creaciones de la mente humana? ¿Quién tiene razón y quién está equivocado? ¿Cómo podemos lograr la paz, la felicidad, la prosperidad, y así sucesivamente? ¿Que es bueno y que es malo? ¿Quién lo decide y cómo podemos estar seguros? ¿Cómo es posible que al morir y convertirnos en polvo podamos volver a vivir? ¿Existe un mundo espiritual? ¿Cuerpo y alma son dos cosas diferentes? Todo el mundo se pregunta tales cuestiones, algunos meditan profundamente en busca de respuestas, otros apenas arañan la superficie.

Si éstas y muchas otras preguntas no son respondidas de forma satisfactoria, o si no somos capaces de comprender las respuestas, o simplemente ignoramos la voz interior de nuestra curiosidad, no se puede alcanzar verdadera satisfacción y paz interior, la mente y el alma. Incluso alcanzando el éxito material en algún momento de nuestra vida, no nos sentiremos completamente satisfechos. Nos seguiremos sintiendo vacíos y los pensamientos de fracaso eclipsarán nuestra conciencia. En este vasto universo, hasta que encontramos respuestas a esas y otras muchas preguntas que están en nuestras curiosas mentes, tendemos a perder el norte, la sensación de pertenencia y la alegría de vivir.

Si una ideología o religión no ofrece respuestas completas, satisfactorias y racionales, o si las respuestas dejan de ser relevantes, entonces, en mi opinión, esa ideología o religión es incompleta. Puesto que el Islam afirma que es un modo de vida completo, entonces tiene que dar respuesta a todas las preguntas que se puedan plantear. Después de leer este libro, estoy seguro de que el lector llegará a creer que el Islam tiene las respuestas a todas las preguntas y que nada permanece sin respuesta.

Allah ﷻ creó y nos reveló un sistema que explica cómo debemos vivir y prepararnos para lograr el éxito definitivo. Aparte de Él, nadie más podría haber desarrollado este necesario sistema, porque Él es nuestro Señor y es el que mejor conoce nuestras necesidades y deseos, capacidades y deficiencias, psicología, etc. Allah ﷻ es nuestro verdadero Señor y no quiere que vayamos por el mal camino, por lo que nos reveló de antemano las respuestas a todas las preguntas posibles completando el deen del Islam. Por lo tanto, el Islam no esconde ningún misterio.

Sin embargo, para obtener respuestas a preguntas complicadas, deben darse algunos requisitos previos: albergar un deseo sincero de obtenerlas, sed de conocimiento verdadero y una honesta necesidad de buscar la verdad. Además, tenga en cuenta que este mundo es una creación de Allah ﷻ y que se rige por Sus principios, no somos más que Su creación y no poseemos ni conocimientos ni poder ilimitados. A pesar de que Allah ﷻ ha revelado el mensaje completo, no se puede comprender en un instante y puede requerir aunar primero más conocimientos y sabiduría. Cuanto más conocimiento tengamos, más entenderemos la palabra y los mandamientos de Allah ﷻ. Creo firmemente que, si nos esforzamos continuamente en buscar respuestas, al final las encontraremos.

El Islam Se Adapta A La Naturaleza Humana

En primer lugar, es necesario definir qué es la naturaleza humana y luego proceder a establecer su relación con el Islam. La naturaleza humana es el conjunto de cualidades inherentes y los hábitos que son comunes a todas las personas es decir, las cualidades innatas y los hábitos que los seres humanos poseen. Por ejemplo, podemos trabajar, comer, beber, dormir, tener otras necesidades y deseos físicos e íntimos, tener emociones, hacer vida social, luchar y buscar el poder, la autoridad y la fama, etc. Todos estos son sólo algunos ejemplos de lo que es la naturaleza humana.

Los seres humanos están compuestos de un espíritu y de una estructura física, es decir, el alma y el cuerpo. Por lo tanto, tenemos necesidades tanto espirituales como físicas. No somos ni ángeles ni bestias. Según el Islam, es un gran error considerarnos a los humanos simples 'bestias' y excluir el aspecto espiritual de nuestro ser. Del mismo modo, sería un error considerarnos iguales o superiores a los ángeles rechazando los aspectos biológicos y animales de nuestro ser. No somos simples robots como los ángeles, y desde luego somos mucho mejores que los animales. No venimos de los animales, ni somos tan sutiles como los ángeles.

Tenemos la libertad de elegir y podemos distinguir entre el bien y el mal, lo correcto y lo incorrecto, la piedad y la crueldad. Los ángeles y los animales no tienen libertad de elección, ni tampoco nada que elegir. Por ejemplo, si un león desea un plato vegetariano, su deseo no puede materializarse. Del mismo modo, si un ciervo anhela un bistec, su deseo tampoco puede hacerse realidad. De hecho, el león y el ciervo no pueden ni siquiera desear platos vegetarianos o no vegetarianos.

De la misma manera, Dios no concedió a los ángeles libertad de elección. Son como robots que actúan según están programados. Por consiguiente, no son recompensados ni castigados por su conducta. En cambio, Allah ﷻ concedió a los seres humanos libertad de elección, por lo que tienen mucho donde elegir gracias a que pueden utilizar ese privilegio. Por ejemplo, se puede optar por comer lo que se quiera, vegetariano o no vegetariano, saludable o no saludable, caro o barato. Sufriendo al final las consecuencias de lo que se elige.

Para que un sistema, ideología o religión se adapte a la naturaleza humana, debe considerar exhaustivamente todas las cualidades inherentes y hábitos de los seres humanos y debe proporcionar la debida orientación para ayudar a las personas a alcanzar su meta vital. Si rechaza o suprime completamente alguna cualidad inherente o hábito, y/o no contempla alguno, o no proporciona la debida ayuda, ese sistema, ideología o religión no es apto para los seres humanos y resulta incompleto y deficiente.

Es poco probable que el seguidor de una religión busque respuestas puntuales en otra religión para llenar los vacíos de la suya. Si eso ocurre, entonces ¿cómo puede saber uno a qué religión pertenece realmente ese seguidor? ¿Dónde está su lealtad? ¿Qué religión o sistema puede considerar como propio? Mientras tanto, se ve obligado a seguir partes de otras religiones porque su religión no contempla un aspecto determinado. Naturalmente, los seres humanos abrazan y siguen aquello que parece ser más completo, beneficioso y conveniente. Por lo tanto, en presencia de un sistema absoluto de la vida, cualquier otro sistema incompleto está abocado al fracaso.

El Islam no repele, suprime en absoluto o ignora ninguna parte de la naturaleza humana, sino que enseña a sus seguidores cómo controlar y dar forma a su naturaleza de manera más apropiada. Allí donde hay la más mínima posibilidad por parte de los humanos de hacer un mal uso de sus cualidades y hábitos, el Islam interviene y reorienta la naturaleza humana hacia los fines legítimos. Los principios y enseñanzas del Islam no chocan con la naturaleza humana. Permanecen al lado de los seres humanos, cambiando poco a poco el curso de sus acciones para que éstos se adapten fácilmente y aprendan a caminar con confianza por el camino correcto. El Islam acompaña a sus seguidores en la consecución del éxito definitivo en el Más Allá.

Toda religión o sistema de vida secular que intente suprimir una conducta natural del hombre sufrirá golpes devastadores y, finalmente, perderá sus seguidores. Por ejemplo, detener completamente el flujo natural de un río para salvar una ciudad de la inundación es casi imposible, pero, incluso si se logra temporalmente, no supone más que problemas en el futuro. Pero cambiar el curso del río, a pesar de que requiere mucho trabajo, con el tiempo soluciona el problema. Si el curso de las aguas se desvía de la ciudad a la tierra seca, serán muchos los beneficios. La ciudad se salvará de las inundaciones y el agua, al mismo tiempo, regará la tierra seca haciéndola cultivable.

Si sellamos la tapa de una tetera sobre un fogón de combustión, con la presión acumulada, el hervidor estará destinado a explotar. Del mismo modo, si una ideología/religión suprime, ignora, o sacrifica los deseos y necesidades naturales de la gente, aunque sea en nombre de un bien supremo, la gente no podrá funcionar correctamente, y el resultado será devastador. Como se ha señalado anteriormente, los seres humanos no son como los ángeles, y por lo tanto no se debe pretender que se comporten como ángeles. A los humanos hay que dejarles ser humanos prescribiendo un sistema que les permita seguir siendo 'humanos' al mismo tiempo que les evite caer al nivel de los animales o incluso por debajo. Eso es exactamente lo que hace el Islam.

El Islam no está en contra de impulso natural humano de adquirir riquezas, sino que exige que esas riquezas sean obtenidas a través de los medios legítimos que establece y regula. El Islam no está en contra de gastar dinero, sino que anima a sus seguidores a que lo hagan por buenas razones como, por ejemplo, ayudar a los necesitados. Según el Islam, cuando las riquezas y los recursos se emplean para mejorar las condiciones de los menos afortunados o para resolver problemas de la propia comunidad, la riqueza no se reduce, sino que Allah ﷻ, Quien dio primero esa riqueza, con certeza tendrá a bien reponerla y aumentarla. El Islam no toma a la fuerza la riqueza de las personas en contra de su voluntad, ni siquiera por el bien de los demás. Promete grandes recompensas a las personas que de buena gana y con la intención de complacer a Allah ﷻ gastan su dinero con fines humanitarios.

El Islam no está en contra de comer alimentos deliciosos, pero enseña que un estómago medio vacío es más sano que un estómago lleno de comida. El permanecer relativamente hambriento te permite agradecer al Señor sus bondades y ser consciente de los que pasan hambre en todo el mundo. El Islam no está en contra de la ropa lujosa, pero recompensa la sencillez que inclina el alma y la conciencia para que uno se sienta menos atraído por el mundo material y más atraído por propósitos más elevados.

El Islam pide que comas lo que quieras, siempre que sea *ha*lāl, y que bebas lo que quieras, pero absteniéndote de las bebidas *harām*. Que duermas tanto como necesites, pero siempre realizando las oraciones diarias antes y después de dormir. Que permanezcas activo tanto tiempo como necesites, pero cuidando de tu salud. Que ames a tu familia y amigos tanto como puedas, pero sin olvidar al Señor y las obligaciones con Él. Que adores a tu Señor tanto como quieras, con el fin de acercarse a él, pero no a expensas de tu familia que necesita tiempo y atención. En general, hay que mantener un equilibrio en todo, ser moderado, y evitar cualquier extremismo.

Usa tu tiempo y energía sabiamente para ayudar a los demás, responsabilízate solo de aquello que realmente puedes asumir; no puedes cambiar el mundo, pero estás en la obligación constante de primero cambiarte a ti mismo. Se flexible contigo mismo y con los demás. Enseña, pero no impongas.

Es Islam sólo exige a sus seguidores que hagan lo humanamente posible y proporciona una guía para cada situación de acuerdo con las capacidades de cada uno. En esencia, es una forma de vida íntimamente conforme con la naturaleza humana. Por lo tanto, el Día del Juicio, Allah ﷻ juzgará y responsabilizará a cada uno de acuerdo con sus capacidades, conocimientos y esfuerzo, a fin de que prevalezca la justicia.

El sistema de vida islámico pretende que las personas mantengan su condición humana, que se conviertan en devotos seguidores, que no caigan por debajo de la condición de los animales, y que superen las cualidades de los ángeles. Para asegurar el cumplimiento de esa meta, el Islam establece principios adaptados a la naturaleza humana, fáciles de seguir.

Significado de la Palabra 'Islam'

Casi siempre, el nombre de un objeto representa sus cualidades. Elegir un nombre es un proceso importante y creativo, y muchas veces el éxito o el fracaso de un producto o empresa depende de ello. Al buscar un nombre, la gente trata de elegir un nombre que represente de verdad la cualidad del objeto y/o su uso. Cuando más apropiado es el nombre de un producto, servicio, sistema, ideología o lo que sea, más rápido se publicita. A veces, personas o empresas buscan servicios pro-fesionales guiándose por los nombres. Lo más probable es que se elija el nombre más representativo.

El Islam es el nombre dado a la forma más completa de vida en la Tierra para los seres humanos. Ningún hombre eligió ese nombre, fue elegido por el mismo Señor, el Todopoderoso Allah ﷻ . Ahora bien, como fue elegido por el Creador, el Omnisciente, debe significar mucho. El nombre debe identificar el Islam como el sistema de vida integral que es y referirse a sus cualidades, el nombre debe ser digno de lo que realmente representa. Si somos capaces de comprender los distintos significados de la palabra Islam, es fácil entender el significado y el propósito del sistema islámico, su ideología, la definición de culto, su filosofía interna, y el modo de vida completo que representa. Sólo entonces comprenderemos que sólo el Señor pudo revelar un nombre tan apropiado.

Se pronuncia 'Islam'. La 's' en Islam no suena como la 's' en la palabra inglesa '*is*', sino como en las palabras inglesas '*school*' y '*bus*'. En árabe, la palabra raíz de *Islam* es '*salam*' سلم, que significa 'paz' سِلم. Para tener una idea completa, antes de explicar el significado de la palabra Islam, es interesante observar los distintos significados de '*salam*', la raíz de la palabra, cuando se usa de manera diferente – (سلم – سلم – سلم – سلم – سلم).

En general, '*salam*' se traduce como paz, y sus derivados pueden significar lo siguiente: escapar del peligro; estar seguro; estar sano, intacto o ileso; estar libre de fallos, impecable o sin defectos; ceder, entregar o someterse; salvar, rescatar o entregar; proteger, conservar, salvaguardar o mantener alejado de daño, lesión; aceptar o aprobar; dar consentimiento o estar de acuerdo; y reconocer, permitir o conceder. Si seleccionamos cualquiera de los numerosos significados de '*salam*' y lo relacionamos con lo que es inherente al Islam, vemos un paralelismo directo.

El 'Islam' es consecuente con su significado más profundo: paz. Dado que 'salam' significa paz, alguno puede preguntarse si el Islam, como religión, en realidad trae la paz. Vamos a examinar esta cuestión en la siguiente sección, Distintas Categorías de Paz.

El Islam también se define como paz, tratado, tregua, concordia, protección, clemencia, seguridad, inmunidad, misericordia y gracia. También significa obediencia, reverencia, adoración, homenaje, y mucho más. En un contexto religioso, Islam técnicamente significa establecer el *den* exclusivamente con Allah ﷻ, es decir, rendirse a la voluntad de Allah , la sumisión de la propia voluntad a favor de la voluntad Allah ﷻ desde lo más profundo del corazón, y rendir homenaje a Allah ﷻ.

Más aún, el Islam es la forma de vida prescrita por Allah ﷻ, empezando con las enseñanzas del profeta y del primer hombre, Adán ﷺ, y concluyendo con las enseñanzas del Profeta Final y más amado de Allah ﷻ, Muhammad ﷺ de Arabia, el hijo de Abdullah.

Con mucha frecuencia, la gente se refiere al Islam como la paz y nada más que la paz. Algunas personas no entienden completamente la asociación del Islam con la 'paz'. Se preguntan si el Islam es la paz que es el antónimo de "guerra" o si se refiere a otros tipos de paz.

Al abrazar el Islam, el individuo entra en un estado de protección total. El Islam es como un paraguas divino. Cuando uno se aferra con fuerza, lo cubre todo de compasión y produce toda clase de paz: paz interior, paz en la mente, en el alma y en el cuerpo; paz familiar, social y en el mundo; paz ante todo mal; y paz en el Más Allá. Todo tipo de paz es posible en el marco del Islam. No quiero decir que no se puede encontrar muchos de esos tipos de paz en otros lugares, sin embargo, estoy diciendo que no se puede encontrar todos esos tipos de paz bajo el mismo techo, a menos que ese techo sea el del Islam.

Lo tratado hasta ahora sin duda refleja que Islam, a través de sus diversas definiciones, es un nombre propio, dado a la forma de vida completa, que ningún hombre podría haber concebido. Explicaciones posteriores demostrarán este punto y aclararán el asunto.

Distintas Categorías De Paz

Paz Interior

LOS CREYENTES EN EL ISLAM ESTABLECEN FUERTES vínculos con el Creador; por lo tanto, encuentran la paz interior que no se puede alcanzar de otra forma. Un creyente obtiene paz perpetua en el corazón a través de la realización de las actividades de culto, recordando de forma constante a Allah ﷻ y absteniéndose de cometer pecados.

Paz En La Mente

EL CREYENTE ALCANZA LA PAZ MENTAL cuando se entrega y sabe que está haciendo todo lo que está a su alcance para lograr el éxito en este mundo, dejando el resto a la voluntad de Allah ﷻ. Cuando recibe algo, está agradecido al Señor, cuando se trata de una pérdida, acepta que el Señor tiene tanto el poder de dar como de llevarse lo que es Suyo. El verdadero creyente con fe firme está en paz consigo mismo, porque el Islam le ordena emplear sus facultades con prudencia y ejecutar acciones según sus capacidades reales, dejando el resultado a la voluntad de Allah ﷻ. Ante el resultado positivo de sus acciones, está agradecido al Señor, y ante el resultado negativo, es paciente y lo acepta como la voluntad del Señor.

Paz en el Alma

LA PAZ EN EL ALMA ES EL TIPO MÁS IMPORTANTE DE PAZ. Es la paz más profunda en el ser, la paz dentro del corazón de los corazones. En comparación con la paz en el cuerpo, en el corazón y en la mente que se adquiere a través de medios más simples, la paz del alma, sin duda, mucho más preciosa, no se puede adquirir fácilmente. Adquirir la paz en el alma requiere el conocimiento de lo sagrado y el conocimiento de lo que uno es. ¿Cuál es el propósito de la vida? ¿Cuál es el destino final de uno? Las respuestas islámicas a esas preguntas aportan la verdadera paz en el alma.

El dinero y otras posesiones mundanas aportan algo de paz al corazón y a la mente, pero cuando uno se encuentra solo en la cama, mirando con un profundo suspiro al techo o al cielo con millones de estrellas brillantes, se hace preguntas como las señaladas anteriormente. El alma del hombre sigue buscando respuestas, pero la conclusión, por lo general, resulta incompleta e insatisfactoria.

El Islam, por el contrario, guía a la humanidad desde el principio de su viaje, a través de esta vida transitoria, y hasta su destino final en el Más Allá. Proporciona respuestas integrales para satisfacer la curiosidad y estar en paz, con las que poder avanzar pacíficamente hacia el éxito definitivo. La paz en el corazón y en la mente es esencial para que la gente se sienta activa y llena de vida, pero la paz en el alma es sin duda la más valiosa, ya que aporta la satisfacción completa.

Paz En La Familia

LA UNIDAD FAMILIAR ES LA PARTE MÁS IMPORTANTE de la vida humana. La familia es el lugar donde cada miembro encuentra refugio, apoyo e inspiración para vivir y trabajar. Si la vida familiar se altera, sus miembros se sienten desprotegidos, el apoyo mutuo disminuye, se establece un profundo vacío, y la vida en general poco a poco comienza a desintegrarse. El amor, la paz y la tranquilidad son los ingredientes más importantes para lograr una vida familiar feliz y próspera. A veces, incluso la riqueza, el éxito y la fama no pueden dar la alegría y el verdadero sabor de la vida en común no se logra. A pesar de que algunos pueden no admitir que la vida se vuelve miserable sin una familia, lo cierto es que la vida se convierte en un fracaso humano miserable sin una familia. Esto se hace evidente cuando la soledad empieza a provocar sufrimientos insoportables.

En el Islam, cada miembro de la familia se une a los demás para lograr el beneplácito del Señor, y para llevar a cabo su justa parte en los deberes prescritos por el Islam. Al cumplir con estas importantes tareas, cada miembro de la unidad familiar mantiene y goza de paz, felicidad y prosperidad. Para lograr la paz en la familia, el Islam describe con detalle todos los deberes y derechos de un marido con su esposa y viceversa, de padres a hijos y viceversa, y así sucesivamente. Cualquier violación de las reglas, regulaciones y obligaciones islámicas por parte de cualquier miembro de la familia, trae la desgracia a la familia, y cada infractor tendrá que rendir cuentas el Día del Juicio.

En la unidad familiar, no es una elección, sino una obligación que el marido apoye y satisfaga cualquier necesidad básica justificada de su esposa. Los cónyuges tienen que ser leales y fieles el uno al otro y salvaguardar su castidad que es el derecho del otro y la base de la confianza. Uno de los principales deberes de los padres es proporcionar a sus hijos una educación islámica sólida y prepararlos para que sean buenos musulmanes practicantes. Del mismo modo, los hijos tienen iguales o mayores obligaciones con sus padres. Si esas obligaciones no se cumplen, aunque sean perdonados por los padres, provocan la ira irreversible del Señor. Por ejemplo, incluso una simple sonrisa de los hijos al ver a sus padres comporta incontables bendiciones por parte del Señor. Cuando cada miembro de la familia cumple sus funciones, toda la familia se refuerza y la paz, la felicidad y la prosperidad prevalecen en la familia. Cuando las familias, que son los pilares de la sociedad, viven en paz, la sociedad entera se cubre de paz.

Paz En La Sociedad

ADEMÁS DE LA PAZ EN LA FAMILIA, a través de la hermandad islámica, la igualdad, la justicia, el sistema de sanciones, el sistema de bienestar social, los actos de adoración directa e indirecta, y el concepto de rendición de cuentas en el Día del Juicio, una sociedad alcanza la paz completa y duradera. Si los musulmanes no implementan los principios islámicos en la sociedad para establecer el imperio de la ley divina, no es el Islam el culpable de los crímenes que se puedan cometer, de la perturbación, del caos, de la falta de paz y prosperidad, ni de la infelicidad.

Es el culpable el que dice ser musulmán y no aplica los principios islámicos en su vida o en la sociedad en su conjunto, no el Islam. Es un hecho constatado que aquellas sociedades que aplican los principios islámicos en su sistema gozan de los frutos de su aplicación. Los que abusan y explotan el Islam para lograr sus agendas personales son los que fracasan, no el Islam o la forma de vida que prescribe. La historia es testigo de que no hace mucho tiempo, los fieles musulmanes disfrutaron de una era de paz y prosperidad, ya que practicaban el Islam de verdad. Incluso hoy en día, cuando los musulmanes fieles practican el Islam, disfrutan de sus frutos.

Paz En El Mundo

INSTAURANDO LA PAZ EN LA FAMILIA MUSULMANA y en la sociedad a través de los principios del Islam, la paz mundial se logra fácilmente. Basta decir que el Islam contiene principios que conducen a la paz nacional e internacional y a la prosperidad cuando se aplican de forma integra y universal. Conocer los verdaderos principios islámicos y actuar con sinceridad por parte de todos, tanto musulmanes como no musulmanes, son requisitos previos para lograr la paz mundial.

Al fin y al cabo, todos somos la creación de un solo Señor, Él es el Único que prescribe y que nos ha brindado todo un sistema de vida el Islam que se adapta por completo a nuestra naturaleza y propósito. ¿Por qué no bene-ficiarse de él por el bien de uno mismo al mismo tiempo que logra la paz en el mundo?

CAPÍTULO 3

Historia del Islam

La historia del Islam es tan antigua como la historia de la humanidad. Dado que el Islam afirma ser la guía más apropiada, el modo de vida más completo, adaptado a la naturaleza humana, y válido para todos los tiempos, debe ser tan antiguo como la humanidad. Muchas personas creen que el Islam surgió en el siglo VI. Si así fuera, entonces ¿cómo puede pretender el Islam ser la guía para todos los humanos, del primero al último? Esta pregunta se responde a continuación.

Según el *Hadīth-e-Qudsi* (sagrado *hadith* con un estatus particularmente importante porque es un mensaje de Allah ﷻ, al tiempo que el texto es del profeta Muhammad ﷺ).

> Yo era un tesoro oculto, que quise dar a conocer; pues yo lo he creado todo. [Shamaa'il Tirmidhi]

«Todo» significa el universo y todo lo que contiene, incluyendo los seres humanos. De entre todas las demás criaturas, Allah ﷻ ha concedido a los humanos la condición de 'la Mejor de todas las Criaturas'.

El primer ser humano que el Señor Todopoderoso creó fue Adán عليه السلام. Adán عليه السلام y sus descendientes iban a ser Sus vicerregentes en la Tierra. Inicialmente, el cielo se convirtió en la morada de Adán عليه السلام; sin embargo, Adán عليه السلام pronto empezó a sentirse solo. Entonces Allah ﷻ creó a Hawwa عليها السلام, comúnmente conocida como Eva, la primera mujer y el Segundo ser humano. Sorprendentemente, fue creada de la costilla izquierda de Adán عليه السلام; Allah ﷻ hace lo que le place, porque es Todopoderoso. Allah ﷻ creó a Adán عليه السلام sin padres; Hawwa عليها السلام no nació de una mujer madre; Isa عليه السلام, conocido como Jesús, nació sin necesidad de un hombre un padre. Todas esas son muestras claras de Su poder.

Adán y Hawwa vivían en el Paraíso, y Allah ﷻ les permitió comer de donde quisieran, excepto del árbol prohibido. Iblis / Shaytān (Satanás) les engañó para que comieran de ese árbol prohibido. Esto no equivale al 'pecado original', una idea ampliamente difundida en el cristianismo occidental, fue un error inocente. Debido a ese error, ya no pudieron vivir en el Paraíso. Allah ﷻ dice:

> Pero Satanás les hizo caer alejándoles del lugar en el que se encontraban. Y dijimos, "¡Descended! Seréis enemigos unos de otros; y en la Tierra encontraréis una morada y deleite por un tiempo." • [Corán 2:36]

A su salida del Paraíso, Allah ﷻ dijo además:

> ... ¡Descended de él! Cuando sea que os llegue de Mí una guía, quienes sigan Mi guía no temerán ni se entristecerán. • Y quienes no crean y desmientan Mis signos serán los condenados al Fuego, donde morarán eternamente. • [Corán 2:38-39]

Adán عليه السلام y Hawwa عليها السلام, la primera pareja, y los padres de todas las personas por venir, se perdieron en la Tierra permaneciendo separados por un lago periodo. Estaban realmente avergonzados por su error en el Paraíso, por no haber cumplido el mandamiento del Señor. Adán عليه السلام se sintió culpable y lloró profusamente, pidiendo perdón. Entonces, Allah ﷻ lo perdonó, y Adán عليه السلام y Hawwa عليها السلام se reencontraron y continuaron viviendo juntos. Poco a poco, la población del mundo aumentó, y la 'guía' emprendió su camino, tal y como Allah ﷻ había declarado cuando salieron del Paraíso.

A medida que la población crecía y los hombres aprendían cómo vivir en la Tierra, se hicieron necesarias leyes para regir las sociedades y resolver los problemas básicos. Se hizo necesaria una ideología capaz de satisfacer la curiosidad natural de la humanidad sobre su existencia y que al mismo tiempo le permitiera satisfacer su deseo natural de adoración. Para satisfacer esa necesidad, el Todopoderoso reveló su guía de forma progresiva, de acuerdo con las necesidades de los tiempos y la capacidad de comprensión de los pueblos, a través de sus elegidos, conocidos como profetas. De forma general, desde el principio, esa guía es el Islam. Y todos los profetas, incluyendo las personas que eligieron creer en ellos, fueron musulmanes. Con las enseñanzas del profeta Muhammad, la guía se perfeccionó y completó. Allah ﷻ eligió oficialmente el Islam como el *deen* y declaró cuando se completó:

> Hoy os he perfeccionado vuestra religión, he completado Mi gracia sobre vosotros y he dispuesto que el Islam sea vuestra religión. • [Corán 5:3]

Algunos pueden preguntarse, si esas enseñanzas se perfeccionaron en la forma del Islam a través de Muhammad ﷺ, ¿como deben llamarse las enseñanzas de los profetas anteriores? Islam, pero en su forma incompleta. El deen (religión) de esos profetas era el Islam, sin embargo, su sharia (reglas y mandamientos revelados en sus respectivos libros, apropiados para sus respectivos tiempos y lugares) varía. [Corán 5:04 s] Las sharia más importantes recibieron los nombres de judaísmo y cristianismo. En el Islam, los seguidores de aquellas sharias se conocen como Ahle Kitāb (Gente del Libro).

Si el Creador y Aquel que completó Su guía es uno y el mismo, ¿cómo puede variar Su mensaje para la misma creación entre los diferentes profetas que fueron enviados por Él? Las creencias básicas -tales como la creencia en Allah ﷻ, Sus profetas, lo oculto, la abstención del *shirk* y de la idolatría, la adoración de Allah ﷻ, la vida en el Más Allá, el Día del Juicio, y la creencia en el Cielo y en el Infierno- eran las mismas que se encuentran en el Islam de hoy. Todo musulmán debe declarar que,

> ... Creemos en Allah y en lo que se nos ha revelado, en lo que fue revelado a Ibrahim (Abraham), Ismael, Ishāq (Isaac) y Yaqūb (Jacob) y sus descendientes, y en lo que Musa (Moisés), Isa (Jesús) y los Profetas han recibido de su Señor. No hacemos distinción entre ninguno de ellos y nos sometemos a Él. • [Corán 3:84]

Es más, Allah ﷻ revela:

> Quien siga una religión diferente al Islam no se le aceptará, y en la otra vida se contará entre los perdedores. • [Corán 3:85]

Allah ﷻ siguió enviando profetas, uno tras otro, a todas las naciones, dándoles a éstas una justa oportunidad de aceptar y creer. De forma escrita u oral, la guía fue revelada a casi todos. Algunos siguieron el mensaje de los profetas, algunos lo ignoraron, algunos incluso asesinaron a sus profetas, mientras que otros los siguieron durante un corto periodo de tiempo olvidando enseguida las verdaderas enseñanzas; algunos alteraron por completo la guía después de que sus profetas murieran. Todas las esperanzas de aquellos que hicieron caso omiso de la sagrada guía, que la transgredieron, que se burlaron de ella, que no respetaron a los profetas, fueron frustradas; pues sobre ellos Allah ﷻ desató Su ira. Los siguientes versículos del sagrado Corán lo explican más a fondo.

> Sin duda, Allah eligió a Adán y a Nuh (Noé), a la familia de Ibrahim (Abraham) y a la progenie de Imran (Amran) sobre toda la humanidad... • [Corán 3:33]

> Y en efecto enviamos a cada pueblo un profeta para instruirlo... • [Corán 16:36]

> Y todos los profetas que enviamos hablaban el idioma de su pueblo para transmitirles claramente el mensaje y (los mandamientos de Allah) • [Corán 14:4]

> Los hombres constituían un solo pueblo (al principio), pero luego discreparon y se dividieron... • [Corán 10:19]

> Es cierto que enviamos a Nuh (Noé) a su pueblo, y les dijo: ¡Oh, pueblo mío! Adorad solamente a Allah, pues no existe otra divinidad salvo Él... • [Corán 23:23]

La nación de Nuh عليه السلام, dijo de él:

> No es más que un loco ... • [Corán 23:25]

Nuh عليه السلام pidió ayuda a Allah ﷻ y dijo:

> Él dijo: ¡Oh, Señor mío! Socórreme, pues ellos me desmienten. • [Corán 23:26]

Allah ﷻ informó a Nuh عليه السلام sobre la gran inundación y dijo:

> Entonces le dijimos: Construye el arca bajo Nuestra observancia y según Nuestra orden.... • [Corán 23:27]

Y recordó cuando su Señor le dijo: "Oh Abraham Entrégate!" Él exclamó: "Me entrego al Señor del Universo" • Y recomendó Abraham lo mismo a sus hijos y Yaqūb (Jacob) a los suyos diciendo: ¡Oh, hijos míos! Allah os ha elegido esta religión y no muráis sino siendo Musulmanes. • [Corán 2:131-132]

Y recordad que cuando Ibrahim (Abraham) fue puesto a prueba por su Señor con unas órdenes, las cumplió en su totalidad. Dijo Allah: "Haré de ti un guía ejemplar para la humanidad".... • [Corán 2:124]

¡Sin duda! Ibrahim (Abraham) fue un modelo de perfección, fue obediente a Allah, se rindió exclusivamente a la verdad. Y nunca practicó el politeísmo. • [Corán 16:120]

Y concedimos a Lut (Lot) conocimiento y sabiduría, y lo salvamos de la ciudad donde se cometían obscenidades, ciertamente era un pueblo malvado lleno de corruptos. • [Corán 21:74]

El pueblo de Lut (Lot) negó a los profetas… • [Corán 26:160]

... Sometimos a Dawūd (David) las montañas y las aves para que glorificaran a Allah junto a él... • [Corán 21:79]

Y a Sulayman (Salomón), le sometimos el viento tempestuoso, que soplaba por orden suya hacia la tierra que bendijimos.... • [Corán 21:81]

Entonces seguimos enviando a nuestros profetas, uno tras otro... • [Corán 23:44]

Luego enviamos a Musa (Moisés) y a su hermano Harun (Aarón) con Nuestros signos y una prueba evidente al Faraón y su nobleza. Pero se ensoberbecieron y se comportaron arrogantemente. Y dijeron: ¿Acaso vamos a creer en dos mortales iguales a nosotros, que además pertenecen a un pueblo esclavo nuestro? Les negaron, y por ello fueron aniquilados. Y ciertamente le concedimos a Musa (Moisés) el Libro para que se encaminasen. • [Corán 23:45-49]

E hicimos del hijo de Maryam y de su madre (María) un signo (de Nuestro poder), y los refugiamos en una colina fértil, provista de manantiales. • [Corán 23:50]

Cuántos pueblos destruimos por no haber agradecido la prosperidad en que vivían. Observad sus viviendas: no volvieron a ser habitadas después de ellos, y Nosotros fuimos Quiénes las heredamos. • [Corán 28:59]

... transitad por la Tierra y observad cómo fue de ejemplar el final de quienes desmintieron los profetas. • [Corán 16:36]

De ese modo, todos los profetas divinos que se sucedieron entregaron la guía de manera eficiente, pero las naciones de muchos de los profetas nunca acabaron de aceptarlas, siendo solo unas pocas las que lo hicieron con éxito. Pero, al final, esas naciones se extraviaron y las enseñanzas se corrompieron. Luego llegó el momento en que el Último Profeta, el 'Sello de los Profetas', nació en La Meca, Arabia, unos seis siglos después del santo Profeta Isa (Jesús) عليه السلام. Puesto que ningún profeta más iba a venir después de Muhammad ﷺ, Allah ﷻ completó su guía e hizo lo necesario para protegerla de la mano del hombre, ya que se había convertido en una costumbre de la humanidad distorsionar la guía celestial. Llegados a este punto, puedo decir con certeza, que el Profeta Muhammad ﷺ perfecciona a todos los profetas anteriores, que el sagrado Corán perfecciona todas las Escrituras anteriores, y que el Islam perfecciona todas las creencias anteriores predicadas por los verdaderos profetas de Allah ﷻ.

La guía final fue transmitida a la humanidad por medio del Profeta Final, Muhammad ﷺ, que en vida logró con éxito su implementación. Decenas de miles de árabes y no árabes abrazaron el Islam dispuestos a difundirlo por todo el mundo salvaguardándolo a toda costa. En un corto período de tiempo, el mundo no sólo conoció el Islam, sino que gran parte de él cayó bajo su influencia. La guía, la religión, la forma de vida completa, empezando con el primer ser humano, Adán عليه السلام, y completada con las enseñanzas del Profeta Final, Muhammad ﷺ, ha sido adoptado por miles de millones de personas. En la actualidad, se estima que una de cada cuatro personas en el mundo es musulmán. Por otra parte, el Islam sigue siendo la religión que más rápido crece. La historia del Islam es larga, y aquí sólo se puede exponer una versión reducida.

Todos los profetas desde Adán عليه السلام, el primer hombre y ser humano, a Nuh عليه السلام; desde Ibrahim (Abraham) عليه السلام, a Is-haq (Isaac) عليه السلام, a Yaqūb (Jacob) عليه السلام, a Yusuf (José) عليه السلام; desde Musa (Moisés) عليه السلام a Isa (jesús) عليه السلام; desde Ismail (Ismael) عليه السلام a Muhammad ﷺ; y los citados o no en los libros divinamente revelados: el Taurat (Torá), el Zaboor (Salmos), el Injeel (Evangelio), y el sagrado Corán; todos contienen el mismo mensaje, es decir, Islam.

> Dispusimos para vosotros la misma religión que le habíamos encomendado a Nuh, y que te revelamos a ti y que le encomendamos a Ibrahim, Musa e Isa diciendo: "Establecer solo esta religión, y no os dividáis en ella"... • [Corán 42:13]

> ¡Oh, (Nuestros) profetas! Comed de las cosas buenas y obrad con rectitud que Yo bien sé lo que hacéis. Ciertamente la religión de todos vosotros es una sola, y Yo soy vuestro Señor; ser temerosos de Mí y solo de Mí. • [Corán 23:51-52]

> ... seguid la religión de vuestro padre Ibrahim, Él Allah os llamó musulmanes y, en este Corán, de la misma forma, vuestro nombre es el mismo... • [Corán 22:78]

> Abraham no fue judío ni cristiano, sino que fue un recto musulmán sometido a Allah que, apartado de la falsedad, no se contó entre los idólatras. Los más allegados a Ibrahim son quienes le han seguido, así como el Profeta y los creyentes. Allah es el Protector de los creyentes. • [Corán 3:67-68]

> Ellos dijeron: "¡Qué! Cuando muramos y nos convirtamos en polvo y huesos, ¿realmente podremos ser resucitados? • [Corán 23:82]

De acuerdo con las enseñanzas del Islam, el judaísmo y el cristianismo, en su forma original, fueron válidos solo durante su época y hasta que la guía divina de vida, es decir, el Islam, fue perfeccionado y completado. La enseñanza básica de cada profeta giraba sobre el *tawhīd* (Unicidad de Allah ﷻ) y el resto de sus enseñanzas, por ejemplo, las leyes de vida y la creencia en el Más Allá, se derivaban de esa creencia fundamental. Más tarde, esas enseñanzas fueron incorporadas, modificadas o rechazadas por el Islam [Corán 2:154]. Desde entonces cada sharia y cada libro anterior revelado fue declarado nulo o sin efecto. La salvación, ahora, solo es posible a través del Islam. A tal efecto, Allah ﷻ revela en el Sagrado Corán:

> Quien siga una religión diferente al Islam no se le aceptará, y en la otra vida se contará entre los perdedores. • [Corán 3:85]

Si el Islam fuera una religión diferente y/o si fuera una creación de Muhammad ﷺ del siglo VI dC, no hubiera sido necesario reconocer ningún otro profeta, mucho menos profetas anteriores a Muhammad ﷺ, ni cualquier otro libro antes del Sagrado Corán. De hecho, el Islam hace de la creencia en los profetas anteriores y sus libros uno de sus principios básicos porque ellos también fueron enviados por Allah ﷻ y formaban parte de Su guía. Ya que forman parte del Islam, tanto ellos como sus en-señanzas verdaderas, deben ser reconocidos por los musulmanes.

> ... los que creen con toda sinceridad en Allah, en Sus ángeles, en Sus Libros y en Sus profetas y sus proclamaciones), "No discriminan a ninguno de Sus profetas" ... • [Corán 2:285]

Las leyes y los mandamientos revelados por los anteriores profetas fueron o bien borrados de la historia de la humanidad o bien corrompidos por la intervención humana. Un nuevo conjunto de leyes y órdenes divinas se hizo necesario para reemplazar aquellos que habían sido manipulados. Por lo tanto, Allah ﷻ, definitivamente, completó su guía mediante las enseñanzas del profeta Muhammad ﷺ y del sagrado Corán. Allah ﷻ, de forma oficial aprobó el Islam, y desde entonces la salvación sólo se puede obtener a través del Islam.

La "guía" y sus enseñanzas fueron perfeccionadas y completadas con Muhammad ﷺ porque ningún otro profeta iba a venir después de él. La necesidad de una guía celestial por fin había sido satisfecha, por eso Allah ﷻ protegió el Santo Corán de las manos humanas. Ahora, incluso el último alma que llegue a este mundo podrá encontrar guía en él y podrá prepararse para el éxito definitivo.

El sagrado Corán es el conjunto definitivo de los mandamientos del Todopoderoso que muestra la forma de vida completa. Desde el día de la primera revelación hasta el día en que fue completado, Allah ﷻ ha protegido y preservado el sagrado Corán en su forma original. Ni siquiera una sola vocal o letra ha sido omitida, añadida o cambiada desde su revelación hace ya unos quince siglos. Es así y lo seguirá siendo hasta el fin de los tiempos, porque el mismo Señor se ha responsabilizado de su preservación. Allah ﷻ revela:

Ciertamente Nosotros hemos revelado el discurso (Corán) y somos sus guardianes. • [Corán 15:9]

El calvario, que comenzó después de que el Profeta Muhammad ﷺ declarara su profecía en La Meca, Arabia, una vez le fue revelado por Allah ﷻ, a través del Arcángel Jibra'il (Gabriel) ﵇, el primer versículo del sagrado Corán en el que recibía la orden de difundir el mensaje de Islam, es un tema que requiere un libro aparte.

Durante los veintitrés años previos a que se completara la misión divina, ¡cuánto sacrificio fue exigido al profeta Muhammad ﷺ y a sus compañeros! Cómo fueron perseguidos, exiliados y boicoteados. Cuánta oposición, dificultades y sufrimiento padecieron a manos de los Quraish, la tribu árabe que vivía en La Meca. Cuántas batallas tuvieron que luchar para sobrevivir, cuantas heridas y muertes tuvieron que sufrir.

Qué precio tuvieron que pagar para salvaguardar su fe recién adquirida. Cómo logró Muhammad ﷺ entregar la guía a sus seguidores y guiarlos en la dirección correcta manteniéndolos unidos y firmes. Cómo logró implementar la guía de Allah ﷻ mediante el establecimiento de tratados y alianzas con otras tribus, instruyendo a sus compañeros para que difundieran el Islam por todo el mundo, cumpliendo con todas sus obligaciones. Todos esos son aspectos de la historia islámica que requieren largos debates, pero por mucho que quiera discutir esos temas, se escapan al verdadero propósito de este libro.

Los verdaderos seguidores del Islam, los compañeros del Profeta ﷺ y otros a partir de entonces, llevaron el mensaje a todos los rincones del planeta. El mensaje del Islam, junto con el carácter de sus seguidores, asombraba a todos aquellos que lo presenciaban. Nunca habían visto un sistema, una creencia tan completa, pero a la vez tan simple, al mismo tiempo combinada con la humildad, la sinceridad y la veracidad de sus fieles seguidores. Muchos, naturalmente, se sintieron atraídos por el Islam y lo abrazaron. En un corto período de tiempo, el Islam creció rápidamente por todo el mundo cobijando a gentes de todos los orígenes bajo un mismo paraguas.

Es bastante sorprendente saber que hoy en día, incluso cuando tanta gente está mal informada sobre el Islam, ya sea por las campañas negativas de algunos, el mal comportamiento de algunos musulmanes, o por otras razones, el Islam siga siendo la religión que crece más rápido en el mundo. Tengo la esperanza de que al terminar este libro el lector de por satisfecha su curiosidad sobre por qué el Islam continúa creciendo a semejante velocidad.

Algunos datos importantes de la historia del Islam, partiendo de la época del Profeta Muhammad ﷺ, se mencionan a continuación para aumentar los conocimientos del lector.

El Profeta Muhammad ﷺ nació el año 571 d.C. en La Meca, Arabia. El nombre de su padre era Abdullah, y el de su madre Amina. Su padre murió antes de su nacimiento y su madre falleció cuando tenía seis años. Su abuelo se convirtió en su tutor. Tras la muerte de su abuelo, cuando tenía unos ocho años, su tío Abu Talib con amor cuidó de él durante mucho tiempo. Su genealogía se remonta al Profeta Ismail ﵇ el primer hijo del Profeta Ibrahim (Abraham) ﵇. No hay otros profetas entre los descendientes de Ismail excepto el Profeta Muhammad ﷺ, mientras que otros muchos grandes y distinguidos profetas fueron descendientes del Profeta Ishaq (Isaac) ﵇, el segundo hijo de Ibrahim ﵇.

El tío del Profeta Muhammad, Abu Talib, siendo testigo de las cualidades y características especiales de su sobrino, puso especial cuidado en su educación. Nunca lo dejó solo en casa, ni siquiera cuando se iba de viaje de negocios. Su tío nunca le obligó a adorar ídolos, a pesar de que la mayoría de los árabes eran idólatras. Sólo dentro de los límites de la Kaba en La Meca, se ubicaban y adoraban trescientos sesenta ídolos diferentes. El Profeta Muhammad ﷺ nunca se acercó a esos ídolos para adorarlos, ni siquiera durante su infancia. Sin duda odiaba la idolatría.

Después de adquirir experiencia en el comercio en la compañía de su tío y de unos cuantos viajes de negocios al extranjero, Muhammad ﷺ se había ganado el respeto de los demás por su honestidad e integridad sin igual, así como por su comportamiento extraordinario. La gente de la Meca, ante su gran estatura moral, le otorgó los títulos de '*Sādiq*' (digno de confianza) y *Ameen*" (en el que se puede confiar). En una ocasión, condujo al extranjero una caravana de mercancías de una rica dama de la Meca, Khadija رضي الله عنها, obteniendo ganancias extraordinarias por los bienes. Al enterarse, a través del esclavo que acompañaba al Profeta Muhammad ﷺ, de su honestidad, ética, y de los hechos acontecidos durante el viaje, la dama le envió una propuesta de matrimonio.

Tras los arreglos hechos por su tío, Abu Talib, Muhammad ﷺ se casó a la edad de veinticinco años con la Honorable Khadija رضي الله عنها, que tenía cuarenta años y era viuda. Contrariamente a la creencia de muchos, no se casó con ella por egoísmo o para disponer de su riqueza y lograr sus objetivos. Es más, la riqueza no es un factor en la declaración de su profecía que llegó quince años después, cuando tenía cuarenta años. No obstante, eso le permitía disponer de mucho tiempo libre para meditar y permanecer aislado en una cueva en una montaña cercana. Su esposa siempre lo apoyó y estuvo a su lado todo el tiempo. Cuando Muhammad ﷺ declaró su profecía, ella, plenamente confiada, se convirtió en la primera persona y mujer en reconocerlo como el Profeta de Allah ﷻ, abrazando así el Islam de todo corazón.

Mientras meditaba en la cueva conocida como Hira, Allah ﷻ le reveló los primeros versículos del sagrado Corán a través del Arcángel Jibra'īl عليه السلام. En esos versículos, el Profeta Muhammad ﷺ recibió la orden de:

> ¡Recita! En el nombre de tu Señor, Quien creó todas las cosas. • Creó al hombre de un coágulo de sangre. • ¡Recita! Que tu Señor es el más Generoso. • Enseñó la escritura con el cálamo. • Y le enseñó al hombre lo que no sabía.... • [Corán 96:1-5]

Más tarde, Allah ﷻ ordenó a Muhammad ﷺ empezar a llamar a la gente al Islam, y Allah ﷻ le prometió protegerlo y tener éxito en su misión.

Aunque se enfrentó a la oposición de las mismas personas que lo llamaban *Sādiq* y *Ameen*, continuó transmitiendo el mensaje revelado por Allah ﷻ con confianza, dedicación y compromiso. Muhammad ﷺ, exhortó a su pueblo a reconocer la unicidad de Allah ﷻ y a abandonar la adoración de siglos de antigüedad de los ídolos.

Para la tribu de los Quraysh la idolatría no era solo un ritual, sino que también una oportunidad de negocio rentable debido a los ingresos que obtenían vendiendo y comprando mercancías a los peregrinos que iban a la Meca para adorar a los ídolos. De ahí, su evidente oposición al Profeta y a sus enseñanzas.

Inicialmente, sólo unas pocas personas se unieron a él, pero continuó predicando con firmeza y determinación, incluso en las condiciones más adversas. El Profeta Muhammad ﷺ, su familia extensa (algunos de cuyos miembros todavía no habían abrazado el Islam) y los nuevos musulmanes fueron objeto de boicot económico y social viéndose obligados a abandonar sus hogares asentándose en un valle cercano, Shaib Abi-Talib. Allí vivieron durante tres años en circunstancias adversas, sin embargo, eso no debilitó su determinación. Las sanciones económicas y comerciales impuestas contra ellos cesaron cuando las termitas royeron el documento que reflejaba las sanciones establecido por los Quraysh. Ese suceso avergonzó a los Quraysh, que tan mal se habían portado con los miembros de su propia comunidad.

Mientras tanto, la comunidad musulmana crecía y se fortalecía lentamente, a pesar de que la oposición y el salvajismo de los no creyentes iba en aumento. A aquellos creyentes incapaces de resistir más, el Profeta ﷺ les ordenó emigrar a Abisinia (actual Etiopía). Allí los musulmanes se encon-traron con con-diciones más favorables ganándose el favor y la compasión del rey cristiano Al Najashi, el cual, al aprender sobre el Islam y su Profeta ﷺ, reconoció la divinidad del Islam, como Allah ﷻ había revelado previamente al Profeta Isa (jesús) ﵇.

Los musulmanes que permanecieron en La Meca continuaron sufriendo dolor y penurias a manos de los infieles. Poco después, un año de pena sobrevino sobre el Profeta ﷺ, dado que dos de sus grandes seguidores que también eran miembros de su familia, su esposa Khadija رضي الله عنها y su tío Abu Talib, fallecieron, por lo que su tarea aun se tornó más difícil. Ahora, su vida estaba en mayor peligro que nunca. Tras la muerte de Abu Talib, al que los grandes jefes de la Meca temían y respetaban, éstos se reunieron para impedir que el Profeta ﷺ continuara con su misión, planteándose incluso si quitarle la vida.

Fue durante este período de dolor y penurias cuando el Profeta ﷺ fue convocado por Allah ﷻ para reunirse con Él ﷻ en los cielos. El viaje, conocido como *Isra wal Mi'raj*, se desarrolló durante un corto período de la noche. En compañía del Ángel Jibra'il عليه السلام, el Profeta e visitó por primera vez el Masjid-e-Aqsa en Baitul Muqaddas (Jerusalén) y luego ascendió a los cielos. Entre otros, el propósito de aquel viaje era proporcionarle alivio, elevar su moral, fortalecer su resolución, mostrarle el cielo, hacerle testigo de los signos y majestuosidad de Allah ﷻ, al mismo tiempo que se le concedía el privilegio de conocer a Allah ﷻ en persona, privilegio no concedido a ningún otro profeta. Allí se le aseguró el éxito de su misión profética y se le dio el don del *salāh* (las cinco oraciones diarias de adoración) que todo musulmán adulto tiene la obligación de practicar.

Los abusos y persecuciones por parte de los Quraysh se habían hecho insoportables, por lo que el Profeta permitió que muchos de sus seguidores emigraran a Medina, una ciudad a unos cuatrocientos kilómetros al noreste de La Meca, donde se reuniría con ellos en un futuro cercano, cuando Allah ﷻ se lo indicara. Que los musulmanes emprendieran su camino para estar a salvo enfureció a los incrédulos que fortalecieron su persecución. Los jefes de La Meca decidieron por unanimidad atacar al Profeta ﷺ mientras dormía, pero Allah ﷻ informó al Profeta ﷺ y le concedió el permiso para emigrar. El Profeta ﷺ se dirigió a Madinah dejando a su primo Ali رضي الله عنه, que más tarde se convertiría en su yerno, a cargo de sus asuntos. Le mandó a dormir en su casa esa noche y luego, pasado un tiempo, a reunirse con él en Medina.

Viajó con el Honorable Abu-Bakr Siddiq رضي الله عنه, su compañero más cercano y el primer hombre adulto que abrazó el Islam. Los habitantes de la

Meca salieron tras ellos, pero no lograron alcanzarlos. Tras recorrer unos quinientos kilómetros durante quince días bajo el insoportable calor del desierto, finalmente llegó a Medina, donde muchos lo esperaban ansiosamente. En muestra de respeto y honor, fue recibido con una gran celebración. Esa *Hégira* (emigración del Profeta ﷺ) marcó el inicio del calendario lunar islámico y la segunda fase del Islam.

En Medina, el Profeta ﷺ estableció una hermandad común entre los creyentes: entre los Ansār, los residentes musulmanes de Medina, y los Muhaguerin, los musulmanes inmigrantes. Estableció tratados con las tribus locales y con los seguidores de la fe judía para convivir en paz y armonía, con tolerancia y comprensión. Suspirando de alivio, estableció una comunidad musulmana sobre los sólidos fundamentos del Islam, según las continuas revelaciones de Allah ﷻ. La comunidad musulmana creció y prosperó gracias a la ardua labor de los emigrantes y a la desinteresada cooperación sin precedentes de sus hermanos Ansār. El Santo Profeta ﷺ estableció una *masjid* en Medina como centro de la recién formada nación de creyentes.

Mientras tanto, los habitantes de La Meca se sentían desesperados por haber fracasado en su intento de destruir a un puñado de personas pobres y desfavorecidas, pero lo que no sabían es que los musulmanes habían sido bendecidos por el Todopoderoso, lo que les permitió alcanzar el éxito, ser fuertes, autosuficientes, y difundir el Islam por toda Arabia. Los habitantes de la meca se volvieron locos y saquearon las pertenencias y propiedades que los emigrantes habían dejado atrás. Conspiraron con las tribus locales de Medina para debilitar a los musulmanes. Buscaron alianzas para declarar la guerra al Islam y a los musulmanes. Aunque los musulmanes habían salido de la ciudad de La Meca, los habitantes de La Meca nunca les dejaron vivir en paz ni practicar tranquilamente su religión.

Después de sufrir durante casi quince años la persecución de los Quraysh, Allah ﷻ finalmente concedió permiso a los musulmanes para defenderse luchando contra sus enemigos. Se libraron muchas batallas, grandes y pequeñas, y aunque eran minoría, en general, siempre salieron victoriosos. Llegado este punto, ambas partes acordaron firmar un tratado de paz por diez años. Ese período de paz dio a los musulmanes la oportunidad de centrarse en otros asuntos, como fortalecerse para hacer frente a otras tribus y poderes establecidos en Arabia y difundir el Islam más allá de las fronteras árabes.

Esa paz relativa permitió a Muhammad ﷺ, a través de emisarios, enviar cartas invitando a los emperadores de Roma, Persia y otros imperios a adoptar el Islam [Apéndice III]. También fue capaz lidiar a fondo con el mal oculto de los hipócritas que vivían entre los musulmanes. A medida que el Islam crecía y se fortalecía, todos los imperios existentes fueron conscientes de su existencia. Por otra parte, empezaron a sucederse con más frecuencia nuevas revelaciones del sagrado Corán. A los musulmanes se les revelaban nuevos códigos sobre conducta, vida familiar, relaciones personales y públicas, economía y bienestar social, justicia civil y penal, y sobre la declaración de la guerra y el establecimiento de la paz. Al mismo tiempo, el Profeta ﷺ implementaba de forma adecuada las leyes divinas entre la comunidad musulmana de Medina y las tierras colindantes.

Cuando los habitantes de La Meca y sus aliados violaron el Tratado de Hudaibiya, los musulmanes se dirigieron a La Meca conquistándola sin derramar una sola gota de sangre. Muhammad ﷺ se había convertido en un conquistador, pero como era un profeta de la misericordia perdonó a todos los habitantes de La Meca, incluso a sus acérrimos enemigos. Instauró una amnistía general y perdonó a todos, tanto a aquellos que abrazaron el Islam como a los que no lo hicieron. La promesa de Allah ﷻ a Su Profeta ﷺ y a los musulmanes se había cumplido. Entraban en la Meca como vencedores, cuando tan sólo hacía diez se habían visto obli-gados a abandonar sus hogares, pertenencias y todo lo que tenían, a fin de encontrar un refugio donde poder defender sus creencias y su amor por su Profeta ﷺ.

Muhammad ﷺ mostró una generosidad aun no superada. Como resultado, decenas de miles de personas abrazaron el Islam sin necesidad de que se alzara una espada, sin amenazas de muerte, sin matar a nadie y sin ningún tipo de coacción. Los que estaban dispuestos a todo por destruir el Islam ahora se habían convertido en sus defensores uniéndose al resto de musulmanes en la difusión del mensaje del Islam desde La Meca y Medina a todos los rincones del mundo.

El Profeta ﷺ regresó a Medina para permanecer allí el resto de su vida acompañado de aquellos que una vez le hicieron tan grandes favores, los Ansār. Poco tiempo después, el Sagrado Corán se completó con el Último Sermón, en ocasión del Hajj, Allah ﷻ reveló a Muhammad ﷺ que,

> … hoy os he perfeccionado vuestra religión, he completado Mi gracia sobre vosotros y he dispuesto que el Islam sea vuestra religión… •
> [Corán 5:3]

El Profeta falleció a la edad de 63 años, dejando a Sus Compañeros y a las siguientes generaciones de musulmanes la responsabilidad de llevar el Islam a todos los rincones del mundo. Abu-Bakr Siddīq ؓ fue el primer *khalīfa* (califa) de la *ummah* (comunidad) musulmana. El Santo Corán y la *sunnah* (el camino del Profeta ﷺ) se convirtieron en el faro de la *ummah* musulmana. Siglos más tarde, el Islam sigue brillando con intensidad, extendiendo sus rayos para iluminar a aquellos que siguen el camino.

CAPÍTULO 4

الله ﷿

Allah ﷿

El Señor Todopoderoso

¿Quién es Allah ﷿ ?

'Allah' ﷿ es el nombre propio y personal del Todopoderoso, del Señor y Creador, de Quien creó el universo y todo lo que contiene, incluidos nosotros los seres humanos. El Señor, el Todopoderoso, no fue nombrado 'Allah' ﷿ por ningún ser humano, ni por un musulmán. Se presentó a nosotros con ese nombre 'Allah' ﷿ . El primer versículo del sagrado Corán y el primer Artículo Cardinal de Fe lo atestiguan.

بِسْمِ ٱللَّهِ ٱلرَّحْمَٰنِ ٱلرَّحِيمِ

BISMILLA HIR-RAHMA NIR-RAHIM

En el nombre de Allah, el más Clemente, el más Misericordioso

Nota: Los musulmanes lo recitan cada vez que emprenden cualquier actividad. Invocan el nombre de 'Allah' ﷿ para invocar Su bendición, misericordia y ayuda en lo que emprenden, ya sean mayores o menores de edad, evitando así la interferencia de Satanás y sus fechorías. Esto da testimonio de que 'Allah' ﷿ es Su nombre propio.

ٱلْحَمْدُ لِلَّهِ رَبِّ ٱلْعَٰلَمِينَ

AL-HAMDU-LILLAHI RABBIL-ALAMIN

Alabado sea Allah, Señor del Universo

Nota: Este es el primer verso de la primera *surah* (capítulo), conocido como *Sura-e-Fatiha* (El Capítulo de la Apertura), con el que comienza el sagrado Corán. Aquí, el Omnipotente Se presenta a nosotros como 'Allah' ﷻ.

لَا إِلٰهَ إِلَّا ٱللهُ مُحَمَّدٌ رَسُولُ ٱللهِ

LĀ ILĀHA ILLALLĀHU, MUHAMMADUR RASŪLULLĀH

“No hay más dios que Allah Muhammad es el Mensajero de Allah"

Nota: Para seguir siendo fieles musulmanes o para entrar en el Islam, debe declararse verbalmente esta *kalimah* (declaración) de fe, certificándola de corazón, y tener fe inquebrantable en su veracidad.

Otros innumerables versículos muestran que ‘Allah’ ﷻ es Su nombre propio, tal y como Él nos reveló. Allah ﷻ también reveló Sus muchos atributos o cualidades, que son conocidos como los 99 Bellos Nombres de Allah ﷻ. Debemos llamarle ya sea por su nombre propio Allah ﷻ o por cualquiera de sus nombres atributivos. Puesto que ‘Allah’ ﷻ es Su nombre personal y comprende todos los significados de sus atributos, es preferible llamarlo ‘Allah’ ﷻ. El simple hecho de pronunciar ‘Allah’ ﷻ aporta grandes bendiciones y acerca a Él.

Allah ﷻ reveló al profeta Muhammad ﷺ "Yo era un tesoro oculto y quise manifestarme, por lo que creé lo que he creado" [Shamaa'il Tirmidhi]. Sólo Él lo creó todo y a todos. Para comenzar el proceso de la creación, Allah ﷻ creó primero el *nur* (luz) de Muhammad a partir de Su propio *nur* [A1 Mawahibu'l-Ladunniyah]. Allah ﷻ creó a los ángeles también a partir de ese *nur*. Los genios fueron creados del fuego, y Shaytān (Satán) pertenece a esa categoría. Allah ﷻ creó al hombre a partir de la tierra, y la ciencia confirma que los elementos que forman el cuerpo humano también se encuentran en la tierra.

A diferencia del nacimiento de otros seres humanos, la creación de Adán, Hawwa y de Isa (jesús) عليه السلام, como se explicó anteriormente, son signos del poder de la creación de Allah ﷻ. Allah ﷻ bendijo a Maryam (María) عليها السلام y milagrosamente le concedió un hijo sin la necesidad de un padre, el Profeta Isa (jesús) عليه السلام. Ese nacimiento milagroso no hace de Isa Su hijo, ni hace de Allah ﷻ su padre. Allah ﷻ es *Wahid* (solo y único) y todo lo demás es Su creación a Su servicio, que se entrega a Él, y lo adora.

Allah ﷻ no nació de unos padres y no eligió el no tener hijos. No existe ningún otro ente con el que comparta Su ser o Su poder. Allah ﷻ es el único, es solo uno. Nunca se engendró, ni fue engendrado. Nada es como Él, y Él no es como nada ni nadie. Nadie es igual a él. Nadie interfiere con Él o con su obra. Él hace lo que le place. Sus planes y palabras son inmutables. Nadie le cuestiona a Él y no es responsable ante nadie. Allah ﷻ da la vida y la muerte cuando corresponde. Allah ﷻ hace que las nubes liberen el agua donde y cuando quiere. Allah ﷻ fusiona el día con la noche y de la noche trae el día. Él puso en movimiento los cuerpos celestes que viajan de forma constante siguiendo las rutas y los calendarios predeterminados.

Él es Omnisciente. De su conocimiento no se escapa ni una sola hoja que cae sobre la tierra. Él conoce muy bien las necesidades de sus criaturas. Él provee y nutre a todos, ningún ser escapa a sus disposiciones, no importa donde esté, ya sea bajo tierra, en el fondo de los mares, sobre los cielos, o en lugares que ni siquiera podemos imaginar. Aparte de los humanos y de los genios, ninguna de Sus creaciones disfruta de libre albedrío. Todos se someten a Él, (todos Lo adoran a su manera) y se suman en Su recuerdo.

Sólo a los seres humanos y a los genios se les ha dado "poder de decisión" para elegir entre el buen y el mal camino. Allah ﷻ es misericordioso y no ejerce la venganza por motivos personales, sino por el bien y la justicia. Allah ﷻ no destruye una nación sin primero revelar Su mensaje divino, y luego advertir y conceder el tiempo suficiente para seguirlo y sumirse a él. Ninguna criatura es capaz de verlo, sin embargo, Él lo ve todo. A los seres humanos no se les concedió el poder de verlo o la inteligencia para concebirlo, sino a través de su mensaje y guía divina. Lo que se ha dicho hasta ahora no es más que un resumen de como se nos presenta Él mismo. Para una mejor comprensión, cito lo que el sagrado Corán dice sobre Allah ﷻ:

> Di [¡Oh, Muhammad!]: "Él es Allah, la única divinidad". Allah es el Absoluto [de Quien todos necesitan, y Él no necesita de nadie]. No

engendró, ni fue engendrado - No hay nada ni nadie que se asemeje a Él. [Corán 112:1-4]

El siguiente es un *tafsir* (explicación) de un versículo muy famoso, llamado *Ayat-ul-Kursi* (*aayat* - versículo, *kursi* - trono). Las palabras entre paréntesis y negrita son traducciones del Árabe Coránico incluidos dentro de esta explicación única.

AAYAT-UL-KURSI [Corán 2:255]

(**Allah**) Todopoderoso, es auto existente, autosostenible. Él ha existido durante toda la eternidad, es la encarnación de todas y cada una de las excelencias, está libre de toda imperfección, es el único digno de adoración y (**nadie merece ser adorado excepto Él**) que siempre se ha mantenido y (**que existe por Sí Mismo**). No necesita o depende de nadie y seguirá vivo y existirá para siempre.

Él nunca experimentará la muerte, es autosuficiente y es (**para todos**), para todo el universo (**el Sustentador**) y Él es el único responsable de los asuntos de los universos. Y (**no Le toma somnolencia ni sueño**), que es lo que precede el dormir, porque Él nunca experimenta cansancio o fatiga, y por lo tanto también está libre de la inactividad que es el resultado del cansancio o el sueño.

(**Y**) consecuentemente Él (**no duerme**), porque cuando se duerme los nervios de la mente se relajan volviendo ineficaces el conocimiento y la comprensión que se ven suspendidos, quedando de esa forma el estado de alerta y la inteligencia disminuidos. Y es evidente que para Allah Todopoderoso esas circunstancias no son posibles porque Él es el inventor de este gran universo, y es responsable de mantenerlo en todo momento y segundo, ya que en todo momento se producen cambios, siempre bajo su atención y conocimiento. Él es consciente en todo momento de todas las cosas en su estado, nunca se desentiende ni duerme.

(**Suyo es todo cuanto cuanto hay en los cielos y la Tierra**), todas las creaciones en los cielos y en la tierra son Suyas, son Sus bienes, y todo se somete a Su poder y deseo. (**¿Quién podrá interceder ante Él sino con Su anuencia?**) La grandeza de Allah Todopoderoso, alto rango, y majestuosos atributos, hacen que sin Su permiso nadie puede interceder en su presencia.

Allah ﷻ Todopoderoso (**es consciente**) del pasado de todos aquellos que moraron los cielos y la Tierra y de (**todo lo que fue**), es decir, de todos los acontecimientos que han sucedido en el mundo, (**y de todo lo que será**) en el futuro. Es decir, Allah Todopoderoso conoce tanto el pasado como el futuro, (y) en todo el universo (**nadie abarca**) ni alcanza (**salvo lo que Él quiere de**) Su saber y (**Su conocimiento**). En resumen, no se puede aspirar a conocer todo el universo, incluso un ápice del vasto conocimiento de Allah Todopoderoso es inalcanzable para la comprensión humana. Las criaturas solo pueden alcanzar aquellos conocimientos que Él otorga.

(**La autoridad se la concede Su trono**), es decir, Su conocimiento ... Su grandeza... Su poder y su propiedad sobre todas las cosas ... Sus magníficas, poderosas, eternas e inmensas creaciones que están por debajo de Su reino, pero por encima de los cielos y que se conocen como Su trono; todas creaciones de cuya realidad nadie sabe excepto Allah Todopoderoso, tanto las que están (**en los cielos como en la Tierra**). En otras palabras, Su conocimiento, Su magnificencia, poder y sabiduría o Sus hermosas creaciones, llenas de gracia y magnificencia que rodean los cielo y la tierra y cuyos elementos se encuentran en los cielos y en la Tierra (**no agobiándolo la custodia de ambos**). Velar por el bienestar de la Tierra y los cielos no cansa a Allah Todopoderoso, es más, ese cuidado le resulta sencillo y muy fácil. Él es el Sustentador y el Cuidador de todas las cosas, Él hace lo que le place, Sus intenciones son firmes, y cuando Él desea algo, definitivamente hace que suceda.

No podría ser de otra forma porque Él es el que domina y tiene poder sobre todas las cosas, (**Él es**) por encima de todo (**Sublime y Grandioso**), magnífico, y Su reconocimiento es ensalzado. El versículo revelado conocido como Aayat-ul-Kursi es más elevado y grandioso que cualquier otro versículo del Corán.

En el siguiente versículo, Allah ﷻ se describe a si mismo a través de la metáfora de la luz bendita.

Allah es la luz de los cielos y la Tierra. Su luz es como la que surge de una hornacina en la cual hay una lámpara dentro de un recipiente de vidrio tan brillante como un astro resplandeciente. La lámpara se enciende con el aceite de un árbol bendito de olivo procedente de una zona entre oriente y occidente, cuyo aceite alumbra sin haber sido tocado por el fuego: Es luz sobre luz. Allah guía hacia Su luz a quien Él quiere... • [Corán 24:35]

Él es Allah, no hay otra divinidad que deba ser adorada salvo Él, Conocedor de lo oculto y de lo manifiesto. Él es Clemente, Misericordioso. Él es Allah, no hay otra divinidad salvo Él, Soberano, Santísimo, Pacificador, Dispensador de seguridad, Celador, Poderoso, Compulsor y Soberbio. Glorificado sea Allah, Él está por encima de lo que Le atribuyen. Él es Allah,

Creador, Iniciador y Formador. Suyos son los nombres más sublimes. Todo cuanto existe en los cielos y en la Tierra Lo glorifica. Él es Todopoderoso, Omnisciente. • [Corán 59:22-24]

TAWHĪD: LA ONICIDAD DE ALLAH

La creencia en la Unicidad de Allah ﷻ es central en el Islam y todas las demás creencias giran alrededor de ella. Sin embargo, no es solo una cuestión de creencia, sino una firme convicción. A pesar de que Allah ﷻ permanece oculto e invisible a simple vista, es claramente visible para el razonamiento y el sentido común. Dondequiera que miremos y exploremos, nos encontramos ante un sistema unificado y una obra impecable que requiere cálculos y movimientos precisos. El arte de la creación de Allah ﷻ no puede ser más que el reflejo del trabajo de un solo Señor, de un Ser Supremo. Solo puede haber un creador, de lo contrario existirían conflictos entre los sistemas universales. Si hubiera más de un creador no podría existir la simetría natural, el equilibrio y las similitudes que se dan entre las criaturas fundamentales. Incluso la naturaleza humana divergiría en sus aspectos fundamentales, pero ese no es el caso, lo que demuestra que el Creador es uno. Si hubiera más de un dios, habría diferentes criaturas, sistemas de vida, y la misma naturaleza humana no sólo sería muy diferente a como es ahora, sino que sería imposible la convivencia ni siquiera por un solo segundo.

Es por eso que a lo largo de la historia de la humanidad todas las religiones, de una forma u otra, se basan en un Ser Supremo, en un gran Dios, aun cuando algunas de ellas también creen en dioses y diosas menores. La experiencia demuestra que incluso las personas que dicen no creer en dios, en lo más profundo de sus corazones, creen que el universo fenomenológico es obra de un Ser Supremo.

Todos los campos de la ciencia parecen aceptar que el universo y todo lo que existe en él es creación de un poderoso ser supremo, y los resultados de sus investigaciones apuntan en esa misma dirección, es decir, hay un ser supremo. Aquellos que, de forma intencionada o no, intentan refutar la existencia de un ser supremo, irónicamente acaban demostrando su existencia o por lo menos fracasan en su intento de negarla. Cuanto más tratan de refutar Su existencia, más la confirman.

Los seres humanos, de forma natural, están conectados con el Creador. Por lo tanto, no importa cuanto lo han abandonado, todavía lo invocan, en especial cuando necesitan ayuda y cuando nadie más puede ayudarles. Se someten a Él cuando el poder y lainteligencia fracasan y vuelven a Él cuando no hay otro lugar a donde ir y nadie más a quien mirar ni a quién recurrir. Esta y muchas otras experiencias de la vida cotidiana indican que sin duda existe un Señor poderoso y que Él es uno y no puede ser más que uno. Cada revelación divina confirma esa unidad, de la misma forma que lo hacen nuestras facultades naturales.

No es sólo una creencia, sino que es un hecho que cuando declaramos voluntariamente de forma verbal la 'Unicidad de Allah' ﷻ, reconociéndolo/certificándolo de corazón, estamos declarando la Verdad y nos preparamos para entrar en el Islam volviendo a "casa". En el Islam, el *tawhīd* (la Unicidad de Allah ﷻ) es el eje de su sistema de creencias. Lo contrario al *tawhīd* es *shirk*. *Shirk* no es un pecado perdonable, solo es perdonado cuando se abraza la Unicidad de Allah ﷻ junto al resto del Islam en su integridad. La guía celestial de Allah ﷻ dice con claridad que nadie debe cometer *shirk*. Por lo tanto, según el Islam, no hay otro lugar para un *mushrik* (el que comete *shirk*), que el Infierno eterno.

El concepto de *tawhīd* dice que Allah ﷻ es uno y que no se puede asociar con nadie. Asociar un ídolo o un humano con el ser de Allah ﷻ, relacionar a alguien, como pareja, padre, hijo o hija de Allah ﷻ, o considerar a alguien igual en poder y atributos a Allah ﷻ, o creer que alguien tiene el poder personal o la capacidad de interferir o interceder en la voluntad de Allah ﷻ o en Su obra, es *Shirk*.

El objetivo principal de todos los profetas, desde Adán عليه السلام a Muhammad ﷺ, el Profeta Final, incluyendo, pero sin excluir a otros, a Nuh (Noé) عليه السلام, Ibrahim (Abraham) عليه السلام, Dawūd (David) عليه السلام, Saleh عليه السلام, Musa (Moisés) عليه السلام Isa (jesús) عليه السلام, era evitar que su pueblo cometiera *shirk* (politeísmo). Hicieron una llamada a sus pueblos para declarar el *tawhīd* (la Unicidad de Allah ﷻ), para que se condenara el pecado de *shirk* y se dejara de adorar a cualquier otra deidad que no fuera Allah ﷻ. A la luz de los sacrificios de los profetas y del trabajo tan duro que tuvieron que hacer predicando en condiciones tan adversas para instruir a la gente sobre Allah ﷻ y Su Unicidad, estaba justificado cualquier castigo que el Señor pudiera imponer sobre aquellos que continuaron cometiendo *shirk*. Incluso hoy en día, se trata de un asunto de interés real y los hombres deben abstenerse del pecado del *shirk* si no quieren encontrarse entre los perdedores finales.

Las claras y divinas revelaciones acerca de la Unicidad del Señor y las revelaciones que niegan con claridad la existencia de cualquier otro dios concluyen que nadie es digno de adoración excepto Allah ﷻ, Señor Omnisciente y Omnipotente. Adorar a alguien aparte de Allah ﷻ es otra forma de *shirk*. Los musulmanes no adoran a ningún profeta o asocian profetas en la adoración a Allah ﷻ. Aunque los profetas son hombres escogidos, algunos están más cerca de Allah ﷻ que otros y el Profeta Muhammad ﷺ es el más querido. Profetas, ángeles, santos y otros seres son amados, respetados, honrados y recordados, pero no adorados. La adoración se le debe exclusivamente a Allah ﷻ.

El Islam, tal y como lo enseñó el amado Profeta Muhammad ﷺ, sintetiza la descripción del Todopoderoso. Allah ﷻ es el Señor, el Creador, Omnipotente, Omnisciente, Omnipresente, el Sustentador y solo Él provee. Sólo Allah ﷻ es eterno. Él da la vida y Él la quita, perdona los pecados y castiga a los malhechores; a Él que es Omnisciente nada se le escapa. Por lo tanto, solo Allah ﷻ es digno de adoración.

ALLAH ﷻ AMA SU CREACIÓN

Allah lo creó todo de la mejor forma posible y de acuerdo con sus propósitos. Cada criatura vive según las reglas naturales y desempeña un papel específico establecido por Allah ﷻ. En consecuencia, Él proporciona a las criaturas todo lo necesario para que cumplan con su propósito. Dado que los seres humanos tienen un propósito más elevado, los dotó de libre albedrío, inteligencia, moral, sentido común, etc. Él los creó a su imagen y semejanza. Ser creado a Su imagen no significa que los hombres se parezcan a Él, sino que los seres humanos han sido dotados cualidades Suyas de acuerdo con sus capacidades y habilidades [Corán 30:30]. Ninguna otra criatura ha sido galardonada con ese honor. ¿Cómo puede todo esto estar desprovisto de 'amor'?

Amamos las cosas que aparentemente hacemos con nuestras propias manos, a pesar de que en realidad no somos creadores de nada. Simplemente ensamblamos lo que Él nos proporciona como materia prima. Si nos gustan las cosas que hacemos con nuestras manos, nosotros aun le debemos gustar más a Él porque nos concibió como la mejor entre todas Sus criaturas. ¿Cómo es posible para nosotros lograr el propósito de nuestra vida sin Su cariño y amor?

Nada más abrirse el Corán Allah ﷻ se revela como *Ar-Rahman* 'el Compasivo' y *Ar-Rahīm*' el Misericordioso'. ¿Podría ser compasivo y misericordioso sin amor? Podría haber escogido otros atributos en lugar de esos para presentarse, pero escogió *Ar-Rahman* y *Ar-Rahīm* precisamente para mostrar Su amor y misericordia.

Puesto que somos sus criaturas, Él nos concede todo el amor que podamos necesitar sin condiciones. No tenemos que hacer nada especial para recibir Su amor, a todo el mundo le llega por igual. Cuando necesitamos más amor y compasión de Él nos detenemos y suplicamos su misericordia, acto seguido trabajamos duro y nos esforzamos para ser merecedores de esa gracia. Sin duda, el Señor está lleno de amor hacia Sus creaciones. Además de ser caritativo, compasivo y misericordioso, es Al-Wadud, el Más Amoroso. Son muchos más los atributos de nuestro Señor Todopoderoso que reflejan su amor por nosotros.

Él sabía sin duda que en este mundo cometeríamos pecados, por lo tanto, Él dice en el sagrado Corán:

> Pedid perdón a vuestro Señor y arrepentíos, ciertamente mi Señor es Misericordioso, Afectuoso. • [Corán 11:90]

Cuando Él nos advierte, lo hace por nuestro propio bien. Cuando menciona su poder absoluto y absoluta majestad, simultáneamente revela que ama profundamente a todas Sus criaturas. Aunque Él tiene el poder de hacer todo lo que le place, prefiere amarnos. Él revela en el Corán:

> Sin duda el castigo de tu Señor es terrible. Él da origen a todo y lo reproduce. Él es Absolvedor, Afectuoso, Señor del Trono Majestuoso. Él hace lo que Le place. • [Corán 85:12-16]

El Corán también nos dice que Allah ﷻ ama:

- a quienes hacen el bien [Corán 2:195 y 3:148],
- a quienes se arrepienten y purifican [Corán 2:222],
- a quienes son conscientes (de Él) [Corán 3:76],
- a quienes Le aman y siguen al Profeta Muhammad [Corán 3:31],
- a quienes son buenos [Corán 3:134; 5:13; 5:93],
- a quienes perseveran pacientemente [Corán 3:146],
- a quienes confían en Él [Corán 3:159]
- a quienes juzgan con justicia [Corán 5:42],
- a quienes son conscientes (de sus obligaciones) [Corán 9:4 y 9:7],
- a quienes se mantienen puros [Corán 9:108],
- a quienes creen en lo moralmente correcto y actúan en consecuencia [Corán 19:96],
- a quienes se mantienen imparciales [Corán 49:9],
- a quienes son tolerantes [Corán 60:8], y
- a quienes combaten en filas por Su causa [Corán 61:4].

Además de estos testimonios coránicos sobre el amor de Allah ﷻ hacia nosotros, numerosos dichos del profeta Muhammad ﷺ dan testimonio de que Allah ﷻ nos ama.

> El Profeta dijo: "Allah, el Bendito, el elevado, dijo: «Mi amor es obligado para los que se aman el uno al otro en Mí, y para aquellos que se sientan él uno al lado del otro en Mí, y para los que se visitan en Mí, y para los que se dan en Mí el uno al otro con generosidad.»"
>
> [Al-Muwatta del Imam Malik, *hadith* #15.51]

> El Profeta dijo que el Propio Allah dijo: "Mi siervo se acerca a Mí a través de los deberes religiosos que le encomendé. Mi siervo continúa acercándose a Mí con (voluntad buenas acciones) hasta que obtiene Mi amor. Cuando Yo le amo, Me convierto en los oídos que usa para oír, en los ojos que usa para ver, en la mano que usa para sostener y en el pie que usa para caminar. Si entonces el Me pide algo, sin duda se lo concederé, y si pide Mi protección, sin duda se la daré..." [Hadith-e-Qudsi]

Es más, el Profeta Muhammad ﷺ nos informó que Allah ﷻ ama a aquellos en este mundo que practican la abstinencia, son conscientes de Allah ﷻ, no codician posesiones y están ocultos de la vista de la gente:

> Un hombre vino y dijo: "¡Oh Profeta de Allah, indícame una acción que me haga ser amado por Allah y por la gente" Él respondió: "Si practicas la abstinencia en este mundo, Allah te amará, y si te abstienes de las posesiones de los demás, la gente te amará". [Al-Tirmidhi, *hadith* #1350; también comunicado por Ibn Majah]

> El Profeta de Allah dijo: "Allah ama al siervo que es consciente de Allah, no avaricia posesiones y está oculto (de la vista de la gente) ". [Muslim, *hadith* #1384]

El mensaje de amor de Allah ﷻ que se encuentra en el Islam, tanto en el Corán como en los dichos del Profeta Muhammad ﷺ, es claro e inequívoco. Allah ﷻ es Amor, todo ternura y afecto. Él es el Más Compasivo, cada vez que empezamos a extraviarnos es como si nos envolviera en un manto protector con una cuerda de la que tira para salvarnos. Él es el Más Misericordioso, lleno de misericordia para los creyentes, misericordioso con todos, y Su misericordia se extiende sobre todas las cosas.

En el Día de la Resurrección, Su misericordia para con Sus siervos será 99 veces mayor que la que se han mostrado entre si las criaturas de Su creación durante todos los tiempos. Él también es El Perdón, ama perdonarnos y seguirá haciéndolo siempre que le pedimos perdón y nos arrepintamos con sinceridad. Él siempre está dispuesto a correr hacia nosotros siempre que nosotros demos un paso hacia Él. Este es el concepto islámico de Allah.

Allah ﷻ naturalmente nos dotó de sentido común y otras cualidades para poder encontrarlo, comunicarnos con Él, relacionarnos con Él y adorarlo. Sería muy difícil si Él no nos hubiera concedido ese favor. Él nos ayudó y nos salvó de la lucha y el dolor de tener que descubrirlo por nosotros mismos. Esa es otra señal de su amor por nosotros.

Allah ﷻ envió profetas, uno tras otro, para guiarnos correctamente y enseñarnos cómo obrar para lograr el éxito definitivo. Reveló un sistema completo de vida a través de libros divinos para que pudiéramos saber lo que era bueno y lo que era malo para nosotros en esta vida y en el Más Allá. Nos equipó con todas las facultades necesarias para descubrir, conocer y servirnos de Sus bondades, para estar agradecidos a Él y para lograr el propósito de esta vida.

Él creó el amor y el afecto en nosotros, para que, por ejemplo, los padres pudieran criar a sus hijos, los hijos pudieran cuidar a sus padres, los maridos y las esposas pudieran vivir una vida feliz, pacífica y productiva, y para que se pudieran establecer otras relaciones felices.

Nada sería posible sin Su amor. El amor es un requerimiento imprescindible para entender a nuestro Maestro, para conocerlo, para seguir correctamente Su camino, para reconocer Su ser, para adorarle correctamente para Su deleite, y para darle las gracias por todo lo que Él nos ha dado y lo que en definitiva desea darnos: el éxito en el Más Allá.

¿En que otro sitio podemos encontrar un Señor que nos recompense por tratarnos bien a nosotros mismos? Antes de obligarnos a cumplir nuestras obligaciones con Él, nos encomienda cumplir nuestros deberes con los demás. Cuando los verdaderos creyentes cumplen sus deberes con los demás, lo que es Su deleite, Él se considera adorado a si mismo y les recompensa también. Incluso las actividades que forman parte de la adoración directa comportan beneficios ilimitados al creyente y no a Allah ﷻ ¿En que otro sitio podemos encontrar un Señor así? En ninguna parte, pues Él es Uno y Único.

Los 'señores', 'amos' y 'jefes 'de este mundo demandan servicios y favores antes de hacernos un favor a nosotros, pero no el Señor de todos los señores. Él está ahí para dar sin pedir nada a cambio. Es un Señor Compasivo, Misericordioso y Justo. El Islam exige a sus seguidores que inviten a otros a seguir a Allah ﷻ y su camino. Quiere que las personas conozcan este hecho para que así puedan también convertirse en Sus sinceros seguidores y abrirse camino para obtener el éxito, el éxito definitivo.

Puesto que forma parte de la naturaleza humana el tratar de percibir al Ser Supremo, la gente se hace muchas preguntas respecto a Su forma y ser. Las siguientes preguntas y respuestas deberían ofrecer una idea bastante completa sobre Allah , el Señor Todopoderoso.

PREGUNTAS Y RESPUESTAS SOBRE ALLAH ﷻ

1. ¿CUÁL ES EL GÉNERO DE ALLAH ?

El género es para las criaturas, no para el Creador. Allah ﷻ escapa a cualquier categoría de género u otra clasificación. Él no es como nosotros o como cualquiera de Sus creaciones. Allah ﷻ no es hombre ni mujer. Él es el Ser Supremo, por encima, y más allá, de las categorías de género. Cuando empleamos un pronombre para referirnos a Allah ﷻ usamos el pronombre masculino, no para indicar que Él es hombre, sino porque Él mismo lo utilizó en los libros divinamente revelados.

2. ¿SABE ALLAH ﷻ SOBRE NUESTRAS ACCIONES ANTES O DESPUÉS DE QUE OCURRAN?

Uno de los atributos de Allah ﷻ es El Conocedor. Él sabe todo lo que está sucediendo y todo lo que va a suceder en el futuro, incluyendo nuestras acciones y nuestras intenciones. Su conocimiento infinito lo abarca todo, de principio a fin, e incluso aquello que está más allá de nuestra concepción.

3. ¿PODEMOS VER A ALLAH ﷻ?

No se nos concedió el poder de verlo. Si pudiéramos verlo, todo el mundo creería automáticamente en Su existencia, y el propósito de la fe quedaría invalidado. El Día del Juicio, sólo los 'exitosos' serán capaces de ver al Señor, y eso supondrá una gran decepción y un dolor inimaginable para los incrédulos, los perdedores, por no ser capaces de verlo, incluso en ese día. ¡Tan cerca, pero tan lejos!

4. ¿CÓMO SABER SI ÉL ESTÁ SATISFECHO CON NUESTRAS ACCIONES?

Cuando llevamos a cabo un acto , una buena acción, con la pura intención de agradar a Él y de acuerdo con Sus instrucciones, debemos tener la fe inquebrantable de que Allah ﷻ se sentirá complacido con nuestra acción. Una verdadera satisfacción en el corazón y en la mente, una alegría inexplicable en el alma, indican la aceptación de esa buena acción y que el gozo de Allah ﷻ ha sido satisfecho. Por ejemplo, una simple sonrisa en el rostro de nuestros padres, un gesto de pulgares hacia arriba de nuestro entrenador, o un apretón de manos con nuestro jefe son signos de alegría y gozosa victoria. La aceptación de nuestras buenas obras por Allah ﷻ se siente dentro del alma y se refleja en el brillo de las caras.

5. ¿QUÉ IMPORTANCIA TIENE LA CREENCIA EN LA "UNICIDAD DE ALLAH I" PARA LOS MUSULMANES?

La creencia en la Unicidad de Allah ﷻ conduce a la atención plena en el Ser Supremo cuando: nos sometemos a Su voluntad, practicamos actos de adoración directa, seguimos Sus órdenes, mantenemos una conexión espiritual y somos temerosos y responsables. Esa creencia pone fin a la confusión y satisface el alma. Nos asegura que sólo hay un lugar donde podemos encontrar ayuda, justicia y satisfacer el alma. Proporciona fuerza, confianza, sentido de pertenencia, paz en el corazón, en la mente y en el alma, esperanza, dignidad y fe inquebrantable.

Dado que Allah ﷻ es Uno, su mensaje y guía también debe serlo. El modo de vida prescrito por Él también es uno. La Unicidad de Allah ﷻ aporta unidad a todos y la poderosa energía que irradia es inmensa. La Unicidad de Allah ﷻ es la perfección, y todo aquel que se acerca a esa perfección encuentra la satisfacción absoluta.

6. ¿Por qué Allah ﷻ no tiene hijos?

La respuesta corta y simple es que Allah ﷻ no necesita tener hijos. Pero esa respuesta corta y simple no satisface a todos, así que vamos a dar más detalles.

Tener hijos es, por naturaleza, un signo de debilidad y en definitiva el reconocimiento de que el padre/madre morirá y que los hijos se tendrán que hacer cargo. Un padre humano es débil por naturaleza y al final requiere la ayuda del hijo. El hijo satisface las necesidades de su padre para satisfacer las carencias inherentes que éste pueda sufrir. Si un padre es rico necesita un hijo que herede su fortuna para prolongar su nombre o negocio. Todos esos son signos de debilidad.

Pero como Allah ﷻ no es débil, no necesita hijos. Todos Sus atributos son una prueba clara en ese sentido. De acuerdo con el proceso biológico de la reproducción, un macho requiere una hembra para tener hijos. Allah ﷻ nunca ha tomado una compañera, por lo tanto, no tiene hijos.

CAPÍTULO 5

La necesidad y el papel de los Profetas

COMO YA HEMOS VISTO ANTES, Allah ﷻ quiso darse a conocer, por lo que creó todas las cosas. Desde el principio, una criatura después conocida como ser humano formaba parte de sus propósitos en el proceso de creación. También formaba parte de su voluntad que los humanos vivieran durante un periodo de tiempo determinado en la tierra y que disfrutaran de libre albedrío y capacidad de elección. Que se les enseñara a distinguir el bien del mal y que fuera probado si eran capaces de seguir la voluntad de Allah ﷻ por voluntad propia. Entonces, finalmente, sobre la base de los resultados de sus acciones, se les daría la vida eterna en el Paraíso o el Infierno. Todo eso formaba parte de su voluntad desde el principio "Allah ﷻ quiso ser conocido" y, a partir de ahí, comenzó la creación de acuerdo con Su voluntad.

Sólo Allah ﷻ sabe cuántos millones de años pasaron hasta que llegó el momento de crear a Adán عليه السلام, el primer hombre. Poco después, se hizo necesario enviarle una esposa, Hawwa عليها السلام, a la Tierra. A medida que avanzaba el tiempo, surgió la necesidad de enseñar y guiar a los seres humanos para que pudieran distinguir entre el bien y el mal y elegir bien. El proceso de enseñar y guiar a la gente era una necesidad. Aquellos que fueron elegidos por Allah ﷻ para llevar acabo la gran tarea de enseñar, predicar y guiar a la humanidad son los mensajeros y profetas de Allah ﷻ. Esas personas se encuentran entre las mejores de la humanidad.

Al mismo tiempo que fue creado el padre de todos nosotros, Adán عليه السلام, también fueron creadas las almas humanas de todos aquellos que tenían que venir a vivir a la tierra. Allah ﷻ creó todas las almas y les pregunto: “¿Acaso no soy Yo vuestro Señor?" Y todas respondieron: "Sí, lo atestiguamos." Allah ﷻ sabía que las almas lo olvidarían al llegar a la tierra [Corán 7:172].

Por lo tanto, se medió para enseñar, predicar, guiar y recordar a la gente el 'Gran Encuentro' que tendrá lugar al final, en el que sin duda, todo el mundo será testigo o por lo menos sentirá Su presencia responsabilizándose de las propias acciones.

Sin duda, si hubiéramos recordado nuestra respuesta a la pregunta "¿Acaso no soy Yo vuestro Señor?" ahora estaríamos muchísimo mejor. Si la hubiéramos recordado, ¿habríamos podido hacer tanto mal en este mundo? ¿Seguiríamos el mal camino? ¿Habríamos podido negar la existencia de Allah ﷻ? ¿Habríamos cometido los pecados de *kufr* (infidelidad) y *shirk* (politeísmo) desobedecido Sus mandamientos? Pero si siempre hubiéramos tenido en mente a Allah ﷻ, ¿habría sido necesario ponernos a prueba? Si no lo hubiéramos olvidado, nunca nos habríamos desviado del buen camino y alcanzar el éxito no sería un problema. Tampoco hubieran sido necesarios profetas que nos enseñaran, predicaran y guiaran, porque en todo momento tendríamos a Allah ﷻ, nuestro Señor Todopoderoso, presente.

Cuando vinimos a vivir a la tierra y crecimos, se nos olvidó el pacto que habíamos establecido con Allah ﷻ [Corán 9:67]. Sin embargo, tan pronto como nos alejemos de esta vida, nos daremos cuenta de ello. Recordar nuestro pacto previo con Allah ﷻ en el momento de nuestra partida de esta vida no nos servirá para cumplirlo. No hay vuelta atrás, es ahora o nunca.

La esencia del Islam es creer en lo invisible/metafísico/espiritual, en lo que es invisible para los ojos humanos, pero visible para el razonamiento lógico. Es necesario creer en lo invisible/oculto para poder recibir la ayuda, la guía, los signos y los símbolos de Allah ﷻ, que son evidencias de su existencia. También necesitamos satisfacer nuestra curiosidad y dar respuesta a nuestras preguntas para poder creer con confianza en lo invisible. Cada uno de nosotros, por nosotros mismos, no puede recibir esa guía directamente de Allah ﷻ, porque si así fuera, nada permanecería invisible o escondido.

Por lo tanto, era necesario alguien para: recibir y transmitir la guía de Allah ﷻ, aprender de Allah ﷻ y enseñarnos lo aprendido, captar la energía de Allah ﷻ para transmitirla a nuestra alma, ser iluminado por el resplandor de Allah ﷻ y elevarnos desde la oscuridad de la ignorancia a la luz del conocimiento. Esos seres, sin lugar a duda, debían ser dignos y capaces de la gran hazaña de acercarnos al Señor Todopoderoso, al mismo tiempo que recordarnos nuestro propósito y destino mostrándonos los pasos a seguir de forma práctica.

¿Quiénes podían ser esos seres excelsos? ¿Podían ser otros que los escogidos por nuestro Señor? No. Entonces, esos son, obviamente, Sus profetas y mensajeros. Ellos vinieron y cumplieron su cometido con la máxima diligencia, generosidad y constancia. Ahora, todo depende de nosotros, porque esta vida es nuestra única oportunidad; podemos aprovecharla o perderla.

Adán عليه السلام fue el primer profeta. Desde el principio, él fue el primero en enseñar el mensaje de Allah ﷻ a sus hijos. Más tarde, otros profetas fueron enviados a cada nación para guiarlas y entregarles el mensaje de Allah ﷻ. El ultimo de los profetas fue el profeta Muhammad ﷺ.

Todos los profetas fueron seres humanos, los elegidos, personas excelsas. Tenían que ser elegidos entre los hombres porque de no haber sido así no habrían podido relacionarse con nosotros ni hubiéramos podido seguirles. Si no hubiera sido así, habría sido muy fácil para nosotros negarlos a ellos y sus enseñanzas, habríamos podido decir a Allah ﷻ "Oh Señor" ¿Como vamos a emular sus vidas, sacrificios, esfuerzos y tribulaciones si solo somos seres humanos – tan diferentes a ellos?"

> Si hubiéramos enviado un Ángel como profeta, incluso entonces, le habríamos dado apariencia humana y hubiéramos hecho que lo confundiesen.
> • [Corán 6:9]

Es por eso lo que el Omnisciente Allah ﷻ escogió a Sus profetas de entre los hombres, de modo que la gente pudiera seguir sus ejemplos y emular sus vidas. También era necesario conceder a los profetas el poder de obrar Milagros para que la gente que optaba por creerlos pudiera tener fe inquebrantable en ellos, y para que los que decidían negarlos no tengan excusa alguna el día del Juicio alegando que no pudieron verificar que eran profetas de Allah ﷻ. Lo cierto es que, a través de los profetas, Allah ﷻ transmitió Su guía completa a la humanidad. Ahora nos corresponde a nosotros obrar bien o mal, obtener el éxito o el fracaso, vivir la vida eterna en el Paraíso o en el Infierno. La responsabilidad de elegir y actuar recae sobre cada uno de nosotros. Solo a nosotros nos beneficia o perjudica nuestra elección. El Islam nos enseña a elegir sabiamente por nuestro propio bien.

Allah ﷻ envió a cada nación profetas elegidos de entre su propia gente. Todos ellos hicieron un llamamiento a sus pueblos para que conocieran al único Señor y revelaron el propósito de la vida en la Tierra. Enseñaron cómo vivir y adorar a Allah ﷻ, cómo cumplir con los deberes con Allah ﷻ y con sus semejantes. Los profetas hicieron todo lo que se les había asignado y estaban obligados a hacer.

Allah ﷻ exige a la gente, como requisito previo, que tenga fe en Sus profetas y que los reconozcan como seres queridos por Él [Corán 4:80 y 2:253]. Ningún profeta pidió a su gente nada a cambio por revelarles la guía de Allah ﷻ. Los profetas nunca buscaron beneficio económico, poder o adulación, sino que sacrificaron su tiempo y energía, soportaron dolor y sufrimiento, y fueron humillados por salvar a su pueblo de los malos actos, de los pecados graves, del *shirk* y de la desobediencia a Allah ﷻ.

A medida que un profeta moría, Allah ﷻ enviaba a otro. Según un dicho del Profeta Muhammad ﷺ, Allah ﷻ envió unos 124.000 profetas. Durante sus vidas, los profetas y sus seguidores sufrieron mucho a manos de los infieles que muchas veces les obligaban a abandonar su patria o incluso llegaban a matarlos. Pero por muy difícil que se tornaran las circunstancias, los profetas siempre se mantenían firmes y no cedían ni desatendían sus obligaciones divinas.

A medida que los profetas fallecían, sus enseñanzas eran corrompidas, en muchas ocasiones con el propósito de legitimar las élites gobernantes sobre los menos afortunados. Pero los verdaderos creyentes siempre se mantuvieron firmes a las enseñanzas de su respectivo profeta. A los creyentes firmes, Allah ﷻ les concedió innumerables recompensas y bendiciones. Por el contrario, la cólera de Allah ﷻ destruyó a los que desobedecieron a los profetas para que generaciones futuras y de otras naciones supieran con lo que se encontraron y evitaran seguir su ejemplo. Tanto para los que siguieron como para los que no siguieron a los profetas anteriores, Allah ﷻ completó Su guía para la humanidad a través de Su Profeta Final ﷺ.

Su Profeta Final ﷺ, completaba la guía divina. Debía tener éxito y cumplir sus funciones, su nación debía rendirse por completo a la voluntad de Allah ﷻ. Sus enseñanzas debían perdurar para siempre. Su gente, su idioma, su libro sagrado (el Corán), sus enseñanzas/prácticas y sus palabras sagradas debían conservarse para siempre y convertirse en faro y guía para toda la humanidad hasta el fin de los tiempos.

Él no es otro que Muhammad ﷺ, cuyo libro es el Corán, cuyas enseñanzas son el Islam, y cuyos seguidores son los musulmanes. Él reconoció a los profetas del pasado y la autenticidad de sus revelaciones, erradicada el *shirk*, y desde entonces, líder de todos los profetas, reina en los corazones de sus seguidores

El Islam reconoce a cada profeta. De hecho, la negación o falta de respeto a cualquiera de ellos es antiislámico, porque todos son profetas de Allah ﷻ. Todos son queridos por los musulmanes. Algunos de ellos son Adán ﵇, Idrees ﵇ (posiblemente el mismo que Enoch), Nuh (Noé) ﵇, Hud ﵇, Saleh ﵇, Ibrahim (Abraham) ﵇, Isma'il (Ismael) ﵇, Is-haaq (Isaac) ﵇, Yaqoob (Jacob) ﵇, Yusuf (José) ﵇, Ayyoub (Job) ﵇, Shu'aib ﵇, Musa (Moisés) ﵇, Harun (Aarón) ﵇, Lut (Lot) ﵇, Yunus (Jonás) ﵇, Al-Ya'sa (Eliseo) ﵇, Zulkifl (Ezequiel) ﵇, Dawūd (David) ﵇, Sulayman (Salomón) ﵇, Ilyas (Elías) ﵇, Zakaria (Zacarías) ﵇, Yahya (Juan Bautista) ﵇, Isa (Jesús) ﵇ y el 'Sello de los Profetas', Muhammad ﷺ. Han de ser honrados, amados, recordados y respetados hasta el punto de que al decir o escribir sus nombres, los musulmanes deben citar sus atributos propios y saludos al lado de sus nombres, tal como se muestra arriba.

El propósito principal de los profetas no fue enseñarnos lo que podemos aprender por nuestra propia cuenta, sino lo que nunca podríamos comprender por nosotros mismos. Cuando nuestro intelecto fracasa, las enseñanzas de los profetas nos iluminan. Cuando nuestros razonamientos entran en un callejón sin salida, la sabiduría de los profetas nos abre nuevos horizontes para seguir progresando. Cuando nuestras facultades fallan, sus enseñanzas nos liberan de las tinieblas del fracaso. Cada vez que necesitamos un nuevo modelo o ideal, la mejor forma de obtenerlo es recurrir a la fuente de los profetas de Allah ﷻ, que son los mejores modelos e iconos de la sabiduría.

Los santos profetas vinieron para acercarnos al Creador, ya que no podíamos lograrlo con nuestro limitado intelecto. Vinieron para decirnos quién es el Señor, algo que no podíamos saber a ciencia cierta por nosotros mismos. Vinieron a enseñarnos cómo placer al Señor porque nosotros no lo hubiéramos podido averiguar sin que el Señor nos lo dijera a través de ellos. Vinieron a enseñarnos cómo adorar al Señor porque por nosotros mismos no hubiéramos sido capaces de desarrollar un sistema de adoración con el que el Señor se sintiera realmente satisfecho. Vinieron para revelar la Unicidad del Señor impidiéndonos caer en el pecado del *shirk* porque no podíamos haber llegado por nosotros mismos a creer en un solo Señor. Los profetas vinieron a advertirnos sobre el Juicio Final y sobre las implicaciones del Juicio, porque si lo hubiéramos descubierto por nuestra cuenta, habría sido demasiado tarde.

Los profetas nos revelaron: que era *halāl* y que era *harām* (permitido y prohibido), el mal y el bien, las virtudes y los pecados, lo beneficioso y lo perjudicial, cuales eran nuestros derechos y cuales nuestros deberes; y otras muchas más prescripciones y proscripciones. Por nuestra cuenta, hubiéramos tergiversado por completo el sistema de vida, entendido mal la idea de la existencia, hecho un mal uso de los dones concedidos por Allah ﷻ, incrementado los males espirituales y establecido sistemas de justicia inadecuados. Consecuentemente, no alcanzando el éxito definitivo en el Más Allá. Necesitábamos ayuda de nuestro Señor, y el nos la concedió a través de Sus profetas.

Los profetas no vinieron a enseñarnos cómo construir rascacielos, sino a encontrar la paz y la prosperidad en la sencillez. No vinieron a enseñarnos técnicas para convertirnos en millonarios, sino cómo amar a nuestros semejantes y compartir nuestra riqueza. No vinieron a enseñarnos cómo fabricar aviones, sino a elevar la humanidad que sufre. No vinieron a darnos ideas sobre cómo explorar el espacio exterior, sino sobre cómo explorar nuestro interior y descubrir la gran obra de Allah ﷻ.

Nada de lo que pudiéramos aprender, inventar, explorar, diseñar, fabricar, pensar, formular y descubrir por nosotros mismos estaba en la agenda de los profetas. Con el tiempo, era natural que acabáramos haciendo esas cosas cuando fuera necesario, y la historia de la humanidad es testigo de que lo hicimos.

Por el contrario, los profetas nos instruyeron con suficiente antelación sobre todo aquello que éramos incapaces de descubrir por nosotros mismos. Cumplieron con su deber de guiar a las personas y no son responsables de nada que esté más allá de eso. No van a ser cuestionados por nuestras malas acciones, por el peso de nuestros errores, por nuestro *kufr* (infidelidad) o *shirk* (politeísmo), ni por nuestras desviaciones del buen camino. Ellos ya fueron elegidos, recompensados y bendecidos. Hicieron bien su trabajo y por lo tanto no tienen nada que perder.

CAPÍTULO 6

Las Fuentes de Conocimiento Islámico

EXISTEN DOS FUENTES PRINCIPALES de conocimiento islámico: El sagrado Corán y la *sunnah* del Profeta Muhammad ﷺ, que es lo que él dijo e hizo. Las fuentes secundarias de conocimiento, *ijma, qiyās* y *ijtihād*, las cuales se explican al final de este capítulo, se basan en el Corán y la *sunnah* no pudiendo negar ni contradecir el Corán o la *sunnah*. Estas fuentes secundarias primero provenían de los nobles compañeros del Profeta ﷺ y posteriormente de eruditos y juristas islámicos.

Las Dos Fuentes Primarias

EL SAGRADO CORÁN ES LA VIVA PALABRA DE ALLAH ﷻ revelada letra a letra, versículo a versículo, al profeta Muhammad ﷺ a través del Arcángel Jibra'il (Gabriel) عليه السلام. Gran parte de los versículos del Corán son claros: los mensajes, las reglas y las regulaciones contenidos en ellos se entienden con facilidad. Aunque no siempre es así, el Corán también contiene versículos con expresiones que pueden interpretarse de diferentes formas e incluso expresiones cuyo significado real nunca podrá ser interpretado por completo. En referencia a esos versículos, los exegetas han llegado al consenso de no interpretarlos para evitar controversias sobre sus definiciones. En aquellos casos en que se hace necesario explicar que quieren decir, el acuerdo es interpretarlos de forma que su definición no entre en contradicción con otros versículos del Corán. En cualquier caso, la vía más segura es dejar su significado subyacente al Mismo Revelador.

Para comprender el verdadero mensaje divino del sagrado Corán y entender sus mandamientos en la práctica, tenemos que centrarnos en la vida del santo Profeta ﷺ. Si ignoramos el ejemplo del Profeta ﷺ y su explicación sobre el sagrado Corán, si interpretamos el Corán por nuestra propia cuenta estableciendo nuestros propios precedentes, sin duda, nos equivocaremos. Por eso los musulmanes se basan en la *sunnah,* el relato de lo que dijo e hizo el Profeta Muhammad ﷺ. Para conformar la *sunnah*, los musulmanes recurren a los testimonios de los compañeros del Profeta ﷺ que son la *sunnah* en sí. Esos testimonios se conocen como *ahadīth* (sing. *hadīth*). Por lo tanto, los *ahadīth* y la *sunnah* son la segunda fuente principal de conocimiento islámico.

El Sagrado Corán

CUANDO MUHAMMAD ﷺ TENÍA CUARENTA AÑOS, Allah ﷻ le reveló los primeros versículos del sagrado Corán. Después Allah ﷻ le ordenó proclamar la profecía y empezar a llamar a la gente alrededor de un Solo Dios, Allah ﷻ. Durante los siguientes veinte y tres años, a medida que se hacían necesarias, Allah ﷻ siguió haciendo revelaciones al santo Profeta Muhammad ﷺ. Una vez revelado el Corán completo al Profeta ﷺ, éste falleció a la edad de sesenta y tres años.

Cada palabra con su correcta pronunciación fue revelada por Allah ﷻ al Profeta Muhammad ﷺ que después de recibirlas las memorizaba al instante por la gracia de Allah ﷻ. Acto seguido, el Profeta ﷺ comunicaba cada palabra y el mensaje del sagrado Corán a sus compañeros. Los que sabían leer y escribir las escribían, otros las memorizaban. Dado que las revelaciones se producían a medida que se necesitaban, siguiendo las indicaciones de Allah ﷻ, el Profeta ﷺ designó e instruyó a diecisiete de sus compañeros para que las compilaran. A pesar de que sus capítulos y versículos fueron revelados en un orden diferente, el Corán fue compilado de acuerdo a como está escrito en el *Lauh-e-Mehfūz* (las Tablas Sagradas de los Cielos) de las que el sagrado

Corán es solo una pequeña porción. El sagrado Corán se compone de 114 capítulos que contienen unos 6.600 versículos. Desde su creación no solo se conserva su texto, sino que también la forma original en que fue escrito y pronunciado.

El tercer califa, Uthman compiló en papiro una copia completa del sagrado Corán (*Mas-hafe Uthmāni*) hace mil cuatrocientos años y que actual-mente se encuentra expuesta al público en el Museo de Topkapi en Es-tambul, Turquía. Pero el Corán no solo se conserva en forma de libro, millones de musulmanes han memorizado todo el Corán, palabra por palabra. Su conservación memorística se extiende desde los primeros días de su revelación hasta el día de hoy. Aunque todas las copias escritas del Corán fueran destruidas (Allah ﷻ no lo quiera), algo muy poco probable, no existiría fuerza ni individuo capaz de borrarlo de los corazones de los millones de *Huffaz-e-Kirām*, los honorables musulmanes -adultos y niños- que lo han memorizado.

Un milagro del Corán es que Allah ﷻ hizo que fuera fácil de memorizar para cualquier persona con la intención de hacerlo. [Corán 54:17]. En la *ummah* (comunidad) musulmana, millones memorizan todo el Corán en árabe independientemente de su lengua materna, algunos incluso desde los diez años de edad. Este es uno de los grandes milagros del Corán y la mejor manera de preservarse y protegerse a si mismo. Ningún otro libro sobre la faz de esta tierra, celestial o no, puede igualar la cualidad divina o emular el milagro del afecto de los seguidores del Corán.

Allah ﷻ reveló el sagrado Corán en árabe, la lengua del santo Profeta y de los árabes. Los libros sagrados anteriores no fueron protegidos de la interferencia humana y el idioma en que se preservan ha quedado obsoleto. Esos libros sólo se conservan en la forma de manuscritos posteriores, por la cual no se puede verificar la autenticidad de su contenido. Sin embargo, el sagrado Corán está protegido y se mantiene en su forma original: el árabe que se conserva y se habla ampliamente en todo el mundo.

Prácticamente todo musulmán, independientemente de su lengua materna, aprende desde su infancia a recitar el sagrado Corán en árabe. Durante el *salāh* (las oraciones diarias), el Corán se recita en árabe. Para entender el significado de los versículos coránicos existen traducciones en casi todos los idiomas. Sin embargo, es preferible conocer el árabe coránico para poder concentrarse y captar la sabiduría profunda del sagrado Corán. Además, resulta muy beneficioso y gratificante.

El árabe es un idioma complejo. Un pequeño error en la pronunciación y/o el extravío de las marcas diacríticas puede cambiar el significado de una palabra. Según el contexto en que se utilizan, las palabras árabes pueden significar cosas diferentes y en pocas palabras se puede decir mucho.

Allah ﷻ reveló en el sagrado Corán que éste contiene toda la sabiduría necesaria para alcanzar nuestra meta final. Allah ﷻ eligió la lengua árabe para revelar el sagrado Corán porque es la única lengua con capacidad para abarcar de forma compacta semejante océano de sabiduría. No existe otra lengua que pueda abarcar el amplio conocimiento y sabiduría del Corán. Ésta puede ser la razón por la que fue revelado en árabe. A medida que progresa el conocimiento humano, especialmente en los campos de la ciencia y la tecnología, continuamente se desprenden nuevas y sorprendentes informaciones del sagrado Corán, lo que prueba su universalidad, la divinidad del libro de Allah ﷻ y el porque de Su elección de la lengua árabe.

El significado literal de la palabra Corán es "leer mucho". Eso también explica por qué el Corán es el libro más leído en el mundo. Decenas de millones de musulmanes recitan el sagrado Corán cinco veces al día durante el *salāh* y muchos millones recitan una parte considerable del Corán durante sus tareas diaria. El sagrado Corán es recitado constantemente en todo el mundo en millones de *masajid* (mezquitas), especialmente en los dos lugares más sagrados del Islam: (La Meca y Medina). Se recita en miles de lugares islámicos sagrados e instituciones educativas. Desde sus inicios, esta práctica ha sido constante y continua. Cuando un musulmán muere, amigos y miembros de la familia recitan el sagrado Corán continuamente para transmitir sus bendiciones al difunto. En el mes sagrado del Ramadan, el noveno mes del calendario islámico y el mes del ayuno, casi todos los musulmanes recitan el Corán entero al menos una vez, y algunos lo hacen muchas veces más.

Las personas que leen constantemente el sagrado Corán sienten un placer, una paz y una alegría indescriptibles. Eso hace que quieran leer más y más. Ningún otro libro ha despertado tanto interés: El privilegio otorgado al sagrado Corán es único. El nombre de 'Corán' lo dice todo. Un nombre propio que no puede ser elegido por hombre alguno, sino por su propio autor, Allah ﷻ el Omnisciente. La prueba de su santidad está en él, y la atracción natural que produce en el hombre muestra que el creador de la humanidad y del Corán solo es Uno. Más allá de la recitación y la contemplación, simplemente tocar con las manos limpias el Corán aporta muchas bendiciones.

El sagrado Corán es un milagro. Los milagros son muestras de cualidades sobrenaturales. Allah ﷻ Todopoderoso, concede la capacidad de hacer milagros a Sus profetas, para que demuestren la autenticidad de las profecías. Allah ﷻ reveló el Corán al santo Profeta Muhammad ﷺ. Es, por lo tanto, su milagro. Ningún hombre podría haber producido un solo capítulo o versículo como los del Corán, eso demuestra que es el libro de Allah .

Para derrotar y vencer a los incrédulos, Allah ﷻ concedió la capacidad de hacer milagros a casi todos los profetas. Los profetas hicieron los milagros que mejor se adecuaban a cada momento. A Ibrahim (Abraham) عليه السلام, Musa (Moisés) عليه السلام, Isa (jesús) عليه السلام y otros profetas se les concedió la capacidad de hacer milagros para confirmar sus profecías.

Los tiempos de Muhammad ﷺ fueron tiempos de excelencia literaria y elocuencia para la lengua árabe. Para demostrar su profecía, entre otros milagros, se requería un milagro de elocuencia y habilidad lingüística. La revelación del sagrado Corán cumplía la necesidad de ese milagro proporcionando de forma milagrosa orientación eterna a la humanidad. Fue revelado de forma verbal al Profeta Muhammad ﷺ que no había adquirido ningún tipo de educación formal y no sabía leer ni escribir.

El sagrado Corán fue escrito a medida que fue revelado en el orden establecido por el Profeta ﷺ siguiendo las instrucciones de Allah ﷻ. Más tarde, poco después de la muerte del Profeta ﷺ, se compiló en forma de libro siguiendo el mismo orden. Años después, bajo el liderazgo del tercer y justo *khalīfa* (califa) *Uthman,* se copiaron y enviaron más copias del original a diferentes partes del mundo islámico, para que se hicieran más copias a medida que fuera necesario. Para facilitar la lectura y pronunciación precisa sin errores de los musulmanes que no hablaban árabe, se añadieron marcas diacríticas en el texto coránico.

Los versados en la lengua árabe se sintieron fascinados al oír la singular coherencia y el estilo de la prosa del sagrado Corán. La forma en que el sagrado Corán se había compilado, su coherencia, retórica, elocuencia, el perfecto orden de las palabras y las frases y los significados profundos eran completamente inéditos en la prosa y la poesía árabe del momento. Oradores y maestros del lenguaje se quedaron atónitos ante el milagroso Corán.

La forma en que el sagrado Corán narra la verdadera historia de las naciones previas, en especial la de *bani Israīl* (la nación de Israel), y la historia de los profetas anteriores sorprendió incluso a los estudiosos de *Ahle Kitāb* (principalmente Judíos y Cristianos). Ellos mismos no conocían con certeza el verdadero relato de aquellas historias y barajaban diversos puntos de vista.

Por otra parte, los acontecimientos futuros revelados por el sagrado Corán sucedieron tal y como estaban descritos, lo que una vez más confirma el milagro del libro de Allah ﷻ. Es imposible que un hombre fuera capaz de desarrollar tanta creatividad de aunar tantas palabras y significados inusuales, más ciento de otras cualidades, con tanta maestría.

A lo largo de la historia del Islam, los eruditos musulmanes han dedicado toda su vida, con amor y afecto, sin pretender fama o dinero, a servir de todas las formas posibles al sagrado Corán. A lo largo del tiempo, miles de traducciones han llegado a los musulmanes para guiarles y explicarles las enseñanzas del sagrado Corán.

Muchas personas han servido al sagrado Corán de una forma única. Algunos lo traducen de forma poética, otros lo trascriben con letras de oro. Algunos lo graban en planchas de oro, algunos lo inscriben en pergaminos enormes, dando lugar a las ediciones más grandes y pesadas. Algunos lo escriben con letras tan pequeñas que obtienen las versiones más pequeñas legibles. Algunos se convierten en expertos en caligrafía coránica para copiarlo con miles de diseños diferentes. Los musulmanes crearon y perfeccionaron el arte de la recitación del sagrado Corán. En resumen, los musulmanes han servido y siguen sirviendo al libro de Allah ﷻ de cualquier forma imaginable para ganarse la complacencia de Allah ﷻ. Ningún otro libro, aparte del sagrado Corán, ha logrado tanto amor y afecto por parte de sus seguidores.

El Corán es diferente a cualquier otro libro. Es la palabra de Allah ﷻ y debe ser respetada a toda costa por todos. Hay reglas y reglamentos uniformes sobre su custodia, transporte, e incluso sobre la forma en que debe colocarse sobre un estante. Su cuidado y protección comporta muchos beneficios espirituales, e incluso el más leve gesto de atención al Corán agrada a Allah ﷻ. Pero la simple idea de desecharlo con el resto de los desperdicios diarios, de colocarlo en los pasillos o en el suelo, despierta la ira de Allah ﷻ con terribles consecuencias. Las copias antiguas y desgastadas del Corán, o de cualquiera de sus versículos, sin importar el material en que están escritas, deben ser recicladas con otros materiales sagrados, enterradas en el suelo o sumergidas en una masa de agua, es decir, en un estanque, río o en el mar. Las copias del Corán nunca deben estar en baños, debajo de las camas, o en cualquier lugar con suciedad. Los musulmanes deben encontrarse en estado de *tāhara* (pureza) antes de tocar el sagrado Corán. En cualquier caso, siempre debe observarse gran cuidado al manipular los versículos del sagrado Corán, evitándose cualquier falta de respeto.

En comparación con otros libros, sagrados o seculares, el sagrado Corán los supera a todos en todos los sentidos. Es el libro más publicado, decorado, leído, investigado y analizado del mundo. Hoy por hoy se siguen extrayendo de él nuevos conocimientos y sabiduría. Sus misterios se van descubriendo a medida que progresan los diferentes campos de la ciencia. La ciencia está sacando a la luz conocimientos que el Corán nos reveló ya hace 1.400 años. En este libro se pueden encontrar numerosos ejemplos de este hecho.

Los Contenidos Del Sagrado Corán

Según el Corán, Allah ﷻ dice:

> ... y os hemos revelado este libro que lo explica todo con detalle... • [Corán 16:89]

> No hay ni un solo grano en el más oscuro recoveco de la tierra, ni nada mojado o seco, que no se encuentre escrito en este Luminoso Libro. • [Corán 6:59]

Allah ﷻ se revela a si mismo en el sagrado Corán, nos dice cómo y por qué creó el universo y, lo más importante, a los seres humanos. [Corán 41:9-12 y 51:56] El Corán subraya el propósito básico de nuestra vida terrenal, es decir, cómo y por qué pasamos a la otra vida, cuáles son las próximas etapas y el final de la vida humana. Nos guía para que podamos vivir una vida exitosa en la Tierra y nos enseña cómo lograr el éxito definitivo en el Más Allá. Nos dice cómo obtener el beneplácito de Allah ﷻ. Nos informa sobre cuales son nuestros enemigos internos y externos, sobre nuestras características físicas y espirituales, y sobre las fuerzas positivas que nos ayudan a progresar y las fuerzas negativas que entorpecen nuestras vidas.

El Corán establece normas y reglamentos para cada aspecto de la vida humana, desde el más personal y privado a los que afectan a la sociedad en su conjunto. Explica las formas de adoración directas e indirectas. Desvela lo que gusta y disgusta Allah ﷻ. Describe las recompensas y castigos a los buenos y malos comportamientos. Nos recuerda que las naciones que desobedecieron a los profetas de Allah ﷻ despertaron Su ira. Relata cómo los profetas lucharon para llevar el mensaje de Allah ﷻ a la humanidad. Describe la naturaleza humana y de todo lo demás, la creación, los poderes del Todopoderoso, la relación entre el Creador y Su creación, y así cualquier otro detalle que pueda requerir el hombre en su viaje desde este estado temporal al estado de eternidad.

Por un lado, para los creyentes el Corán es la guía divina que permanece a su lado durante todo el camino hasta el destino final. Por otro lado, para aquellos a los que informa, el Corán también es una guía; aunque *no* les acompañe hasta el final de sus vidas. No es lo mismo acompañar a alguien hasta su destino que darle unas simples directrices. El Islam es la forma completa de vida y toda la información, conocimientos, sabiduría y directrices necesarios para seguir su camino se encuentran revelados en el Corán.

A continuación, reproduzco la traducción del capítulo inicial del sagrado Corán que en unos pocos versículos, se cree, contiene todo el mensaje del Corán [*Tibrani*]. Muchos estudiosos han escrito volúmenes enteros sobre este preámbulo del sagrado Corán:

> En el nombre de Allah, el Más Clemente, el Más Misericordioso
>
> Todas las alabanzas son para Allah • Sustentador de todos los mundos • el Más Compasivo, el Más Misericordioso • Soberano absoluto del Día del Juicio • Sólo a Ti adoramos y sólo de Ti imploramos ayuda. • Guíanos por el recto camino, • el camino de quienes agraciaste, • no el de los execrados ni el de los extraviados. • [Corán 1:1-7] (¡Ameen!)

¿Qué Dice el sagrado Corán Sobre Sí Mismo?

En varios pasajes, el Corán da testimonio de su propia auten-ticidad y divinidad absoluta. Los siguientes versículos ilustran este hecho.

> Este libro, del cual no hay duda alguna, es la guía para los piadosos. • [Corán 2:2]
>
> Y éste es un libro bendito que revelamos en confirmación de los libros anteriores... • [Corán 6:92]

Diles: Si los hombres y los genios se unieran para hacer un Corán similar, no podrían lograrlo, aunque se ayudaran mutuamente. • Hemos expuesto a los hombres en este Corán toda clase de ejemplos. Pero la mayoría de los hombres no creen y rechazan la Verdad. • [Corán 17:88-89]

Y a este Corán te lo hemos revelado en partes para que se lo recites a los hombres gradualmente. Te lo hemos ido revelando poco a poco. • [Corán 17:106]

Si hubiéramos hecho descender este Corán sobre una montaña, la habrías visto temblar y derrumbarse por temor a Allah... • [Corán 59:21]

Éste es un Corán glorioso, • en una Tabla Sagrada. • [Corán 85:21-22]

Si dudáis de lo que le hemos revelado a Nuestro siervo [Muhammad] traed un sura similar, y recurrid para ello a quienes tomáis por salvadores en lugar de Allah, si es que decís la verdad. • Si no lo hacéis, y ciertamente no podréis, guardaos del fuego que ha sido preparado para los infieles y cuyo combustible serán hombres y piedras. • [Corán 2:23-24]

Este Corán no puede provenir de nadie más que Allah... • [Corán 10:37]

Y sin lugar a duda, hemos explicado a la gente en este Corán de todas las formas posibles para que puedan abrazar la guía. • [Corán 39:27]

A quienes no creyeron en el Corán cuando les llegó van a perder), y éste es sin duda un Libro protegido • no se puede encontrar falsedad alguna en ninguna parte – es una revelación del Sabio, el Loable. • [Corán 41:41-42]

"¿Acaso no reflexionan sobre el Corán y sus significados?" Si no procediera de Allah habrían encontrado en él numerosas contradicciones. • [Corán 4:82]

INTERPRETANDO EL SAGRADO CORÁN

LA MAYORÍA DE LOS QUE ESTÁN INTERESADOS EN APRENDER SOBRE EL ISLAM, recurren al sagrado Corán. Quizás esto se deba a su accesibilidad, a que no conocen ningún otro libro que pueda satisfacer su necesidad de saber sobre el Islam, o tal vez a que simplemente prefieren el sagrado Corán. Dado que el sagrado Corán está en árabe y no todo el mundo sabe árabe, la gente elige una traducción en el idioma que conoce. Llegados a este punto, es importante tener en cuenta la diferencia entre una traducción y una interpretación del sagrado Corán.

Traducir significa simplemente pasar de un idioma a otro e interpretar explicar una materia de forma que resulte fácil de entender. El Corán es la Palabra sagrada de Allah ﷻ en lengua árabe, por lo tanto, es imposible traducirlo con fidelidad. Por eso, seguir el significado literal de cada palabra del sagrado Corán no solo crea confusión, sino que hace que el mensaje subyacente del Corán no se comprenda. Para entender los significados subyacentes del texto coránico, necesitamos contar con la ayuda de una interpretación legítima, una traducción no es suficiente.

El término árabe correcto para "explicación del sagrado Corán" es *tafsir*. Toda persona que realmente desee estudiar el sagrado Corán debe recurrir a un *tafsir*. También es importante tener en cuenta que no todo el mundo está capacitado para hacer un *tafsir* del sagrado Corán, incluso siendo un experto en lengua árabe. Una persona no cualificada o poco cualificada que escribe un tafsir solo interpreta lo que entiende pero no saca a la luz el significado real profundo; por lo tanto, nunca debería confiársele el trabajo de un *tafsir*.

Muchas personas no cualificadas han tratado de explicar el sagrado Corán con muy poco criterio, causando un gran daño a la religión y dividiendo la *ummah* (comunidad) musulmana en muchas facciones. En la actualidad, muchas personas y grupos se aferran al significado literal del texto y a sus propias interpretaciones coránicas para promover sus agendas personales/políticas dentro de las comunidades musulmanas y no musulmanas. Me temo que si esta práctica continúa, la paz y la armonía sufrirán un daño irreparable.

Por lo tanto, antes de formarse opiniones o tomar decisiones a partir del sagrado Corán o cualquiera de sus versículos, es necesario estudiar a fondo una explicación legítima. Sólo un *tafsir* escrito por un *mufassir* (aquel que hace *tafsir*) cualificado puede explicar con claridad el significado real del texto coránico.

Como ya se ha dicho anteriormente, el sagrado Corán es un océano de conocimientos y sabiduría, y es una guía completa. Por lo tanto, hasta el Día del Juicio, de él seguirán surgiendo conocimientos de acuerdo a las necesidades de los tiempos. Este flujo de conocimientos continuará, como ha sido siempre, gracias a los adecuados *tafsir* del sagrado Corán. Toda interpretación no cualificada no hace más que daño y provoca malentendidos sobre el Islam, el Profeta del Islam ﷺ y sobre el propio Corán.

Existen pautas establecidas sobre como traducir/interpretar el sagrado Corán y unos requisitos determinados para que una persona pueda ser certificada como *mufassir*. Allah ﷻ reveló el sagrado Corán al sagrado corazón del profeta Muhammad ﷺ ordenándole enseñar la palabra de Allah ﷻ a sus compañeros para que éstos posteriormente la difundieran a toda la humanidad. Allah ﷻ lo verifica en el sagrado Corán:

> Ciertamente Allah concedió un gran favor a los musulmanes alzando un profeta entre ellos que les recitó las revelaciones de Allah purificándolos y enseñándoles el Corán y la *sunnah*, cuando antes habían estado sumidos en un error manifiesto. • [Corán 3:164]

El Profeta Muhammad ﷺ completó su misión. Enseñó el Corán en su totalidad a sus compañeros de la mejor manera que se podía hacer. Por lo tanto, él fue el primer *Mufassir-e-Corán* (comentarista autorizado del Corán) y, al mismo tiempo, estableció las normas para llevar a cabo nuevos trabajos de *tafsīr*. ¿Cómo no iba a ser el primer *mufassir* habiéndole sido revelado el Corán por el Mismo Allah ﷻ? [Corán 55:2] ¿Y como no iba a establecer mediante sus dichos las normas para promover las labores de *tafsir* salvaguardando así el libro final y guía de Allah ﷻ? Si alguien se desvía del camino marcado por el Profeta ﷺ e intenta escribir *tafsīr* siguiendo su propio criterio y opiniones, dando explicaciones según su propia elección o conveniencia, no sólo se convertirá en un pecador, sino que el auténtico mensaje de sagrado Corán nunca será comprendido. En este sentido, un *hadīth* dice que si alguien cita erróneamente al Profeta ﷺ de forma inten-cionada, se asegura un lugar en el *Jahannum* (Infierno) [Bukhari y Muslim].

A continuación, se enumeran algunos de los requisitos básicos para convertirse en un experto *tafsīr* certificado. Sólo una vez que alguien llega a dominar esas habilidades y campos de conocimiento puede comenzar el arduo proceso de explicación del Corán. ¿Imaginas que pasaría si "Joe el fontanero" tuviera que analizar y explicar el significado de una tesis o argumentación filosófica? Del mismo modo, ¿qué pasaría si una persona no cualificada intentara definir la viva palabra de Allah ﷻ?

Una persona tiene que ser experta en las siguientes áreas para poder emprender la tarea *de tafsīr* coránico: [al-Icqan]

1) Para empezar tiene que ser un devoto creyente
2) Conocer el léxico del árabe y su etimología (origen)
3) Conocer la sintaxis del árabe (gramática)
4) Conocer la morfología árabe (construcción interna de las palabras)
5) Conocer la retórica árabe, su elocuencia y modos de oración
6) Conocer la recitación coránica
7) Conocer los principios del Islam (dogmas, axiomas)
8) Conocer los principios de la *fiqh* islámica (jurisprudencia)
9) Conocer la *fiqh* (jurisprudencia - interpretar las leyes)
10) Conocer la razón por la que se revelaron los diferentes versículos (conocer el contexto adecuado; *Makki*, *Madni*, *Muhkam* y *Mutashabih*)
11) Conocer los versículos que anulan (otros versículos o han sido anulados)
12) Conocer los principios de los *hadīth*
13) Conocer los *hadīth* (por los menos los relacionados con el *tafsir* de un versículo)
14) Conocer la historia (de los profetas, naciones y pueblos precedentes)
15) Conocer la cultura árabe (normas y prácticas vigentes)

16) *Ilm-e-Ladunni* - conocimientos divinos concedido por Allah ﷻ normalmente sólo a unos pocos elegidos
17) Conocer los fundamentos del Islam (creencias)
18) Para algunos, el ingrediente principal es el amor por Allah ﷻ, Su Profeta , el sagrado Corán y la propagación del Islam - ese amor trae la luz necesaria para adquirir y difundir el conocimiento del Corán
19) *Ikhlās* - La pureza de intención - a través del cual se otorga la ayuda de Allah ﷻ.

Aun con estas cualificaciones, hay que embarcarse en la tarea con la máxima precaución, sentido común, cuidado y con un completo conocimiento y dominio de la lengua en que se escribe el tafsīr. El intento no consciente de guiar con un trabajo no cualificado de tafsīr a unos pocos desorientando a otros muchos es desastroso e inaceptable. Cualquier persona que insista en hacer un tafsīr sin cumplir con todos los requisitos básicos, no se está tomando en serio el prestar servicio al Corán y al Islam; además de estar violando claramente las reglas de Allah ﷻ y del Profeta ﷺ. Por lo tanto, antes de elegir una traducción/interpretación/explicación del sagrado Corán, es importante verificar las cualificaciones del autor. No debe aceptarse un tafsīr sólo porque sea de fácil acceso, tengamos vagas referencias o resulte gratuito.

El sagrado Corán es la palabra de Allah ﷻ y Muhammad ﷺ es el completo reflejo del mensaje del sagrado Corán. Por lo tanto, la *sunnah* del Profeta (dichos y acciones) se convierte en la segunda fuente principal de conocimiento islámico.

Sunnah Del Santo Profeta ﷺ

La serie de acciones y prácticas del profeta Muhammad ﷺ se conoce como su sunnah. Los musulmanes están obligados a seguirla.

La *sunnah* también se emplea para explicar los versículos coránicos y el mensaje y guía de Allah ﷻ. Lo que dijo e hizo forma su *hadīth* (pl. *ahadīth*). La *sunnah*, además, incluye acciones notorias emprendidas o realizadas por los compañeros del Profeta ﷺ que no fueron invalidadas u objetadas por él.

Durante la revelación del sagrado Corán, era práctica común entre los musulmanes la memorización; sin embargo, a algunos compañeros se les asignó la tarea de la transcripción. En los primeros días, el Profeta ﷺ prohibió que se escribieran sus palabras (*ahadīth*), a excepción de los versículos revelados del Corán. Más tarde, cuando la diferencia entre el texto coránico y los *ahadīth* quedó establecida por completo, siendo comprendida por los nobles compañeros, el Profeta ﷺ permitió la redacción de sus *ahadīth* separados del sagrado Corán.

Llegados a este punto, permítanme una pequeña digresión para mostrar que el sagrado Corán es la palabra de Allah ﷻ. Si el Corán no fuera la palabra de Allah ﷻ, sino una recopilación de las palabras de Muhammad ﷺ, entonces ¿qué sentido tendría distinguir entre Corán y *hadīth*? Si ambos tuvieran su origen en la misma fuente, conteniendo las enseñanzas de la misma persona aceptadas incondicionalmente por los compañeros del Profeta ﷺ, entonces esa distinción sería innecesaria. La separación de los *ahadīth* del Corán muestra claramente que el Corán es la palabra de Allah ﷻ tal y como le fue revelada al Profeta Muhammad ﷺ a través del ángel Jibra'il (Gabriel) ؑ y que el Corán no fue escrito por el Profeta Muhammad ﷺ.

Está escrito en la historia y demostrado con pruebas auténticas provenientes de fuentes contrastadas, que algunos compañeros del Profeta ﷺ escribían continuamente, aparte del sagrado Corán, *ahadīth* sobre el Profeta ﷺ con su permiso mientras éste vivía. La nación islámica estaba surgiendo, por lo que todas las personas cercanas al Profeta ﷺ se ocupaban de ese trabajo esencial. Tras el fallecimiento del Profeta ﷺ, el surgimiento de la nueva nación islámica, que se extendía de este a oeste, seguía ocupando a casi todos los compañeros en actividades tales como asuntos gubernamentales, la enseñanza y predicación del Islam o la resolución de otros problemas relacionados con la defensa del Islam. En esas circunstancias, la única prioridad era lograr la compilación del sagrado Corán en un solo volumen. En esos momentos, no se daba la urgencia de compilar todos los *ahadīth*.

A medida que pasaba el tiempo, y debido a la difusión de falsos *ahadīth*, los compañeros del Profeta y después otros rigurosos estudiosos empezaron a compilar los *ahadīth* siguiendo diferentes criterios de ordenación. Desarrollaron métodos rigurosos para verificar la autenticidad de los relatos y para probar la credibilidad del narrador con el fin de evitar la proliferación de dichos falsos. Siguiendo esos estándares más la aplicación de otros procedimientos muy rigurosos, de forma individual o colectiva, los estudiosos compilarían el tesoro de los *ahadīth*. Surgía un nuevo campo de conocimiento, compuesto por numerosos subcampos relacionados, que ocupó de forma extensiva a miles de investigadores a partir de la segunda mitad del primer siglo del Islam. Esa tarea continuó hasta que por fin se perfeccionó y completó.

Este asunto en sí requeriría un libro aparte para ser explicado por completo. Basta con decir que, gracias a los grandes esfuerzos de los compañeros y de los estudiosos posteriores, el gran tesoro de los auténticos *ahadith* fue compilado y publicado. Hoy en día cualquier persona interesada en el saber islámico puede recurrir al tesoro de los *ahadith* y descubrir todo lo que contienen. Muchos de los versículos del sagrado Corán son ahora comprensibles a través de los relevantes *ahadith* del Profeta ﷺ. Gracias a los esfuerzos realizados, disponemos de grandes obras sobre los *ahadith* en las que cada *hadīth* se presenta ordenado por categorías/temas.

Los famosos y auténticos libros de *ahadith* se conocen como *Al-Sihah al-Sittah* ("Los Seis Auténticos") e incluyen Sahih Bukhari, Muslim Sahih, Sunan un Nasa'i, Sunan Abu Dawud, Jami al-Tirmidhi e Ibn Sunan Majah. Han sido traducidos del árabe a los principales idiomas, y su *shuruh* (aclaraciones/comentarios) están disponibles en todo el mundo. Excepto el Profeta Muhammad ﷺ, no existe otra personalidad cuya vida pueda ser explicada con tanto detalle, se conservan todas sus acciones y dichos. Sus *ahadith* son la segunda fuente fundamental de conocimiento islámico.

Los compañeros y los eruditos religiosos que les sucedieron, no solo transmitieron los *ahadīth* en su versión más auténtica, sino que también los comentaron y ubicaron en su contexto histórico, es decir, en ocasión de que, en que circunstancias y con que propósito el Profeta ﷺ dijo o ejecutó el acto descrito. Con el fin de mejorar el conocimiento islámico, se han escrito muchos libros sobre los *ahadith,* junto con explicaciones extras e incluso con explicaciones de las explicaciones para aclarar aun más sus significados.

Allah ﷻ establece que los musulmanes, además de seguir las enseñanzas del sagrado Corán, sigan la *sunnah* (los dichos y las acciones) del Profeta Muhammad ﷺ. Allah ﷻ dice:

> Y obedeced a Allah y a Su Profeta para que se os tenga misericordia... • [Corán 3:132]

Allah ﷻ afirma, además:

> Sin duda, encontrareis un excelente ejemplo para vuestra guía en (la vida de) el Profeta de Allah... • [Corán 33:21]

Como ya se ha dicho, la *sunnah* del Profeta Muhammad ﷺ es la segunda de las dos fuentes principales de conocimiento islámico. Si no somos capaces de localizar o entender algo en el Corán, entonces tenemos que consultar la sunnah del Profeta ﷺ. Por ejemplo, el sagrado Corán obliga a los musulmanes a practicar el *salāh* (oraciones diarias de culto), pero no explica cómo hacerlo. Sólo en la *Sunnah* los musulmanes pueden encontrar la forma de llevar a cabo el *salāh.* En la *sunnah* encontramos la forma correcta de llevar a la práctica nuestros deberes religiosos. Según un *hadīth*:

> Ibn Abbas narró que el Profeta ﷺ dijo en su último sermón: "Dejo dos cosas entre vosotros. Si os aferráis con fuerza a ellas, nunca iréis por mal camino. Una de ellas es el libro de Allah (el Corán), y la otra la *sunnah* del Profeta de Allah. [Al-Muscadrak]

Esto muestra la importancia de la *sunnah/ahadīth* para los musulmanes. Los conocimientos contenidos en ella son esenciales para entender y llevar a la práctica el mensaje del sagrado Corán. Sin la *sunnah* el Islam sería comprendido de forma parcial y el sagrado Corán resultaría incomprendido o sería mal interpretado

Al enviar al honorable compañero Muaz رضي الله عنه al Yemen para resolver un asunto relacionado con la distribución de limosnas a los pobres, el Profeta ﷺ le preguntó: "¡Oh Muaz, ¿mediante que criterio obrarás?" El compañero respondió: "Por el de la ley del Corán." El Profeta ﷺ añadió: "¿Y si no le encuentras el sentido?" Él respondió: "Entonces obraré de acuerdo con la *sunnah* del Profeta." El Profeta ﷺ dijo: "¿Y si tampoco le encuentras el sentido?" a lo que respondió: "Entonces obraré según la *ijtihad*". Dando la aprobación a su respuesta, el Profeta ﷺ le dijo adiós y, levantando las manos, añadió: "¡Alabado sea Allah ﷻ, que guía a Su Profeta ﷺ!". La aprobación por parte del Profeta ﷺ de la *ijtihad* aplicación del mejor criterio a partir del Corán y la *sunnah* sentó un precedente marcando ese camino como el prescrito para la toma de decisiones. De acuerdo con los preceptos coránicos, todo aquello que aprueba el Profeta ﷺ de Allah pasa a ser legítimo convirtiéndose en ley. Mientras que lo que desaprueba pasa a estar prohibido y es ilegal.

Ijma, Qiyās y Ijtihād

EL ACTO DE DEDUCIR Y FORMULAR MANDAMIENTOS judiciales basándose en el Corán y la *sunnah* recibe el nombre de *ijtihād* (cuando se basa en criterios personales) y *qiyās* (cuando se emite por lógica o analogía). El que emite un *ijtihād* se conoce como *mujtahid* (pl. *mujtahidūn*). El mandamiento judicial que emite por mayoría una asamblea *mujtahidūn* es un *Ijma*. Estas tres normas se consideran indistintamente fuentes secundarias de conocimiento islámico.

Cuando los sabios eruditos del Islam no encuentran las bases para emitir un juicio religioso específico, porque el sagrado Corán y la *sunnah* no definen con claridad una línea de acción, se les permite aplicar su criterio personal y formular un plan de acción adaptado a las nuevas circunstancias/ problemas. El mandamiento de un *mujtahid* es ampliamente aceptado, ya que emerge de las fuentes primarias. Si un mandamiento judicial, individual o colectivo, entra en contradicción con el Corán y la *sunnah*, automáticamente se rechaza. No importa lo justo o adecuado que pueda parecer.

Tras la muerte del Profeta ﷺ, el *ijtihad* y el *qiyās* se convirtieron en prácticas habituales entre sus compañeros siempre que se surgía un nuevo problema. Las primeras y segundas generaciones de estudiosos que sucedieron a los compañeros constituyeron auténticos *mujtahidūn* porque eran descendientes directos de los compañeros que aprendieron directamente el Islam del Profeta ﷺ.

El notable Imam Abu Hanīfa defendió firmemente el *qiyās* como medio para emitir nuevos juicios cada vez que se da una situación poco usual o surge una nueva circunstancia. Dado que siempre surgen nuevas situaciones, se sigue recurriendo al *qiyās*. Por ejemplo, cuando un musulmán quiere saber si el Islam permite o no un trasplante de riñón, o desea obtener una *fatwa* (pronunciamiento religioso) de un *mufti* (jurista musulmán) sobre lo que dice el Islam sobre la venta de cerveza. Es el deber religioso del *mufti* emitir una *fatwa* basada en la *sharia* islámica que oriente al solicitante. En el Islam, ningún ser humano tiene autoridad para añadir nuevas ideas al Islam. Así se preservan el mensaje original y la guía de Allah ﷻ.

Algunas de las cualidades esenciales en un *mujtahid* son servir al Islam con piedad, tener conocimientos religiosos y espirituales, poseer sabiduría interior, sentir compasión y afecto por el Profeta ﷺ y mostrar *Ikhlas* (pureza), dedicación y determinación.

Llegados a este punto, con el fin de preservar y mantener la validez de las auténticas enseñanzas de Islam, es justo decir, dado que cada vez escasean más esos seres santos y desinteresados al servicio del Islam, que se hace más necesario que nunca mantener alejados de la práctica del *ijtihad* a aquellos musulmanes no capacitados para ejercerla.

El sagrado Corán, la *sunnah* del Profeta ﷺ, el *ijma* y el *qiyās* cubren todos los aspectos de la vida humana. Los musulmanes no tienen necesidad de buscar respuestas religiosas y éticas en ningún otro lugar. La tradición *mujtahidūn* ha establecido un sistema sólido de conocimientos y las bases para legislar. Todo erudito en jurisprudencia musulmana debe seguir esa tradición cuando se formulan nuevas leyes destinadas a regular las necesidades siempre cambiantes de la sociedad musulmana.

CAPÍTULO 7

El Propósito de la Vida Humana

Es comúnmente sabido que la vida humana es un don precioso. Lo que es precioso no es la vida en general, sino la vida humana en concreto. ¿Qué es lo que hace tan especial la vida humana?, ¿qué es tan precioso en ella que no lo es en los animales? Al igual que los animales, de forma más o menos parecida, nacemos, comemos y construimos nuestros refugios. Trabajamos para comer y cubrir otras necesidades de la misma forma que los animales buscan comida o cubrir otras necesidades. Los animales satisfacen sus necesidades sexuales de la misma forma que lo hacemos nosotros. Se protegen y defienden a si mismo salvaguardando sus territorios de la misma forma que lo hacemos nosotros. Se preocupan por su descendencia, envejecen, caen enfermos, sufren heridas y mueren. Esas mismas cosas también nos suceden a nosotros. Entonces, ¿qué es lo que hace tan especial la vida humana?, ¿qué es tan precioso en ella?

Si le regalara una roca de diez toneladas para que la colocara en su patio trasero que ya está lleno de rocas, ¿lo consideraría un regalo precioso? Lo más probable es que ni siquiera lo considerara un regalo, mucho menos un regalo precioso, porque para usted no tendría ninguna finalidad, ningún propósito. Puesto que no tendría propósito alguno, no tendría valor ni sería precioso. Pero si le regalara un anillo de diamantes o un reloj Rolex, sin duda, usted lo consideraría un regalo precioso. El propósito que usted le da al anillo de diamantes y al reloj Rolex es lo que les concede valor haciéndolos dignos de ser llamados preciosos. Sin duda, usted encontraría un propósito o finalidad para esos objetos: embellecerían su apariencia, aumentarían su riqueza, serían reflejo de su personalidad, etc.

Ahora sabemos que lo que da valor a algo haciéndolo precioso es *el propósito que se le da* – a mayor propósito, más valor y preciosidad. Por otra parte, el propósito y el valor de algo varían según el gusto, la elección y el destino que le da cada persona. Uno debe conocer el propósito de algo para concederle un valor. Por lo tanto, es *el propósito de la vida humana* lo que hace que sea un regalo valioso y precioso de nuestro Señor. Si nuestro propósito fuera el mismo que el de los animales, entonces sus vidas deberían ser tan valiosas y preciosas como la nuestras. Si la vida humana es más valiosa que cualquier otra vida y se dice que es preciosa es porque se le ha otorgado el *mayor de los propósitos.*

El Islam dice que Allah ﷻ creó el universo para servir al hombre y el hombre para servir a Allah ﷻ. Los hombres tienen todas las cualidades y hábitos de los animales, pero a diferencia de éstos a los hombres se les concedió *un propósito especial* en la vida, que es adorar y complacer a Allah ﷻ. Para cumplir con ese propósito especial, el ser humano debe controlar y reprimir las cualidades animales que le impiden cumplir con su propósito, desarrollando, depurando e incentivando al mismo tiempo las cualidades que le asisten en el logro de su propósito. Llegado a este punto, el hombre se convierte en merecedor de la consideración de mejor de entre todas Sus criaturas, y sólo entonces su vida se convierte en preciosa. El cómo elegimos vivir esta vida determinará nuestro destino en el Más Allá.

Allah ﷻ dice en el sagrado Corán:

> Y que he creado a los genios y a los hombres para que Me adoren. • [51:56]

> Ciertamente creamos al hombre con la más bella conformación. • [95:4]

> ¡Juro por los tiempos! Que ciertamente los hombres están perdidos - salvo aquellos que creen, obran rectamente, se aconsejan mutuamente cumplir cabalmente y ser pacientes y perseverantes. • [103:1-3]

El Señor nos ha creado de la mejor forma posible y nos ha dotado con todas las cualidades necesarias para vivir como seres humanos y prepararnos para el éxito en la otra vida. El que cumple el gran propósito de la vida –adorar al Señor como Él nos enseñó– obtiene la guía y el éxito; el que no, acaba siendo un perdedor. La elección es nuestra.

De Hombre a Máquina

Olvidar el propósito más grande para el que fue creado ha llevado al hombre a pensar en este mundo como su morada permanente. Al hacer las adaptaciones necesarias para vivir en esa casa supuestamente permanente, el hombre se ha convertido en una máquina, y ha dejado de controlar su vida.

Voluntaria o involuntariamente, de forma deliberada o no, se ha convertido en esclavo, ya sea de la sociedad o de su autocreada vida artificial. La carrera por el éxito, la riqueza, el lujo, la fama y otros deseos materiales ha convertido al hombre en una máquina. Ha perdido el tan necesario en-canto que esconde la vida real. De hecho, la tierra y todo lo demás fue creado para servirle, pero en lugar de ser el amo de todo se ha convertido en el esclavo. Se suponía que el hombre utilizaría todo lo que les rodea para cumplir su propósito divino, pero sin embargo, ha acabado entregándose al entorno convirtiéndose en un subordinado. Esa servidumbre le conduce a preguntarse: "¿Por qué esto?" y "¿por qué lo otro?" cuando en realidad debería mirarse a si mismo y preguntarse: "¿Por qué yo?" y "¿Para qué?". En lugar de apreciar la perfección de la creación de Allah ﷻ e invocar Su buen nombre, ha olvidado su *propósito principal*, dejándose perder por el encanto temporal de un mundo engañoso.

Los que se han perdido en este mundo se han vuelto como máquinas que no ven ni razonan, sin corazón, que no rinden cuentas por sus acciones. Las máquinas no son conscientes de su "muerte" ni reflexionan sobre lo que les va a pasar después. No necesitan pensar en su creador, ni en su objetivo, ni en lo que les pasará (cuando sean desechadas o destruidas). Los humanos, sin embargo, deberían preocuparse por esas cuestiones.

Tomando el mismo ejemplo, pero desde un punto de vista diferente, observaremos que las máquinas, que son la creación del hombre, nunca se desvían de su propósito. Siguen las órdenes de su dueño y, a pesar de no ser conscientes de su función, cumplen de forma correcta las tareas que se les encomienda de acuerdo con las intenciones de su inventor/propósito. Los seres humanos, en cambio, incluso cuando se convierten en máquinas, no acaban de comportarse como máquinas. Eso es debido, por supuesto, a que los seres humanos disfrutan de libre albedrío. A pesar de que pueden pensar, observar, reflexionar y tener conciencia propia, no consiguen fun-cionar bien, se desvían de su curso, no actúan de acuerdo con las órdenes de su Creador y Señor.

La caída del hombre, de la humanidad a la barbarie, es un fenómeno global que no se limita a un área o a una sociedad específica. Mientras que la mayoría de los animales no matan a los de su propia especie, los hombres, escudándose en razones y propósitos injustificables, individual o colectivamente, de una manera u otra, matan a otros seres humanos sin piedad y sin ningún tipo de remordimiento. En un lugar, hay reyes que usan inodoros forjados en oro, mientras que en otros lugares hay personas que apenas tienen lo suficiente para cubrir sus necesidades más básicas. En algunos lugares, se tira a la basura tanta comida que, si se aprovechara, fácilmente podría alimentar a millones de personas que pasan hambre en otras partes del mundo.

Dejemos de lado a las otras criaturas, ¡en que se ha convertido el hombre! Incluso rodeado por millones de personas, está solo. Independientemente de las relaciones y amistades que pueda tener, se siente solo. Las amistades de verdad ya no existen y han sido substituidas por otras artificiales para pasar el rato. A veces, incluso los que poseen más riquezas, parecen indigentes incapaces de comprar lo que realmente necesitan, como el amor y el afecto. Incluso los seres más cercanos, como el cónyuge y los hijos, parecen estar por debajo del dinero y de la riqueza. El hombre ha perdido el respeto por la vida y el trabajo duro. Podemos ser seres inteligentes, pero nos engañamos a nosotros mismos. Engañar a los demás es una ocu-pación diaria para algunos, pero el más tonto entre los tontos es el que se engaña a si mismo.

Incluso con todos los avances científicos y tecnológicos que se han producido en todos los aspectos de la vida humana, no somos capaces de reconocer nuestro verdadero lugar en el universo. Incluso a pesar de nuestro inmenso poder, somos incapaces de gobernar nuestros corazones y de resolver nuestros propios problemas. Esta situación parece empeorar día a día. Incluso rodeado por todos los lujos del mundo, el hombre no se siente en paz consigo mismo y con frecuencia siente miedo.

El hombre ha pisado la luna y ha viajado por el universo, algo que ninguna otra criatura podría ni siquiera haber imaginado. En mi opinión, y perdóneme que diga esto, los hombres ni siquiera han aprendido a vivir bien en la tierra, en su propio hábitat. Si un hombre encontrara a un ser vivo en la luna éste le diría "Si ni siquiera has aprendido a vivir correctamente en la tierra, ¿cómo te atreves a inmiscuirte en el espacio de los demás?" ¿Qué respondería el hombre?

Tenemos todo el derecho a explorar lo que consideremos y lo que necesitemos, a saber el propósito de cada cosa, pero primero debemos conocer *nuestro propio propósito*. El preguntarse "¿por qué esto?" y "¿por qué lo otro?" solo es justificable una vez descubierto el "¿por qué yo?" y "¿para qué?"

En lugar de utilizar nuestras facultades y aplicar nuestros conocimientos para determinar nuestro verdadero lugar en el universo, nuestro propósito y nuestro destino final, nos hemos extraviado empeñándonos en negar nuestras verdades fundamentales. Esas verdades indican que la vida humana tiene un propósito y que existe un destino final al que todos nos dirigimos.

Algunos creen que la muerte pone fin a la vida, pero en realidad es sólo una forma de transporte para que el alma llegue al otro mundo. Con la muerte, el alma y el cuerpo se separan temporalmente hasta el Día del Juicio, cuando todo el mundo resucitará. Ese día, las almas se reincorporarán a sus cuerpos y todos tendrán que rendir cuentas por sus acciones. La justicia divina será administrada, y será necesario rendir cuentas incluso por la más mínima injusticia cometida sobre uno mismo o sobre los demás.

Después de todo, los seres humanos no son máquinas sin responsabilidad. Los seres humanos son seres creados con un propósito específico. Que los humanos elijan de forma voluntaria cumplir o no con su propósito específico determinará el permio o el castigo de Allah ﷻ en el Más Allá.

Es imposible que las personas alcancen el éxito definitivo oponiéndose a las fuerzas de la naturaleza. La voluntad de Allah ﷻ, a través de las fuerzas de la naturaleza, siempre prevalecerá. ¿Por qué? Porque Él es el creador de esas fuerzas. Este es su mundo y su universo, nadie tiene autoridad alguna sobre sus planes. La gente puede idear planes para moldear el mundo a su conveniencia y ponerlos en práctica, pero al final esos planes acabarán causando problemas y disturbios. El deber de todo ser humano es seguir Sus mandamientos y aplicar las reglas que Él ha establecido.

Las personas no deben interferir con las fuerzas de la naturaleza, el mundo físico debe permanecer tal y como está. Deben aprender cuales son sus obligaciones y averiguar cuál es el papel que tienen que jugar. El estudio del Islam muestra con claridad que papel deben de jugar las personas como seres humanos que son y cómo evitar una colisión frontal con la voluntad de Allah ﷻ, tanto en la esfera individual como en la colectiva. El Islam también da respuesta a preguntas tales como: ¿Cuáles son los límites humanos? ¿Cuándo hay que someter la propia voluntad a la voluntad de Allah ? ¿Cuáles son las opciones posibles? ¿Hasta donde llega la libertad? ¿Qué comporta una elección equivocada? ¿Cuáles son las consecuencias del exceso de libertad que a veces exigen/demandan las personas? Una verdadera comprensión del Islam ayuda a moldear el proceso de toma de decisiones, a elegir de forma adecuada los pasos a seguir, individual y colectivamente, para lograr la paz, la prosperidad y la felicidad para todos.

CAPÍTULO 8

El amplio significado de Adoración en el Islam

LOS HUMANOS ALBERGAN UN DESEO INNATO de adoración que les hace proclives a buscar una autoridad superior a la que adorar. Ese deseo natural de adorar a una autoridad superior les obliga a indagar quienes son en realidad. Sea cual sea esa autoridad superior, el hecho natural de adorarla, de forma individual o colectiva, siempre aporta algún tipo de satisfacción mental y/o física, dado que satisface un deseo inherente. Sin embargo, a menudo, otras necesidades y deseos personales nos mantienen tan ocupados que reprimimos ese deseo innato de adoración. En nuestra búsqueda, a menudo no encontramos o alcanzamos a entender quién es ese ser superior, o como debería ser, ni cómo podemos realmente adorarlo de forma que satisfaga nuestro deseo innato de adoración.

No sólo se trata de satisfacer una necesidad de adoración, sino también de buscar la complacencia de un ser superior tratando de construir una conexión con él para obtener su protección, asistencia, favor y seguridad. Pero si no se está seguro de quién es ese ser superior del que obtener tales bendiciones, la adoración es una adoración equivocada, inútil e improductiva que no aporta ninguna satisfacción. Por lo tanto, es fundamental, ante todo, saber quién es ese ser superior.

Con el paso del tiempo, a medida que el intelecto humano avanzaba, la gente llegó a darse cuenta de que había un Ser supremo, que es el Creador, el Que-Todo-Lo-Controla, el Todopoderoso, el Omnipotente. Nuestros conocimientos, comprensión y sentido común nos han llevado a la conclusión de que sólo puede existir, y de hecho solo existe, un Ser Supremo.

Seamos o no seamos religiosos, creemos que existe un Señor Todopoderoso al que algunos llaman Dios y otros Allah ﷻ. Las religiones fortalecen nuestra fe en Él al mismo tiempo que ofrecen una guía y un camino para llegar a Él. Los musulmanes creen en un solo Señor Allah ﷻ al que otros llaman de otra forma. Reciba el nombre que reciba, llegamos a la conclusión de que creemos en un solo Señor. Entonces la pregunta pasa a ser: ¿Cómo debemos adorar al Señor de modo que resulte satisfecho nuestro deseo innato de adoración al mismo tiempo que logramos Su complacencia? ¿Quién decide cómo hay que adorarle? ¿Cómo podemos fortalecer nuestra relación con Él?

Con toda honestidad, si no sabemos lo que le agrada y desagrada a alguien, es difícil fortalecer una relación con esa persona, incluso tratándose de nuestros propios amigos, familiares y colegas. Del mismo modo, si no sabemos que complace a Allah/Dios, entonces, ¿cómo podemos complacerle y no disgustarle? Por lo tanto, si queremos complacer a alguien primero tenemos que descubrir, saber, y estar bien seguros de que le agrada y desagrada sin dar nada por sentado.

Toda religión presenta algún tipo de prácticas religiosas y rituales a través de las cuales sus seguidores pueden satisfacer su deseo interno adoración tendiendo puentes con el verdadero Señor. Mediante esas prácticas se establecen las reglas, los tiempos y los lugares sagrados para que poco a poco sus seguidores se encarrilen en su camino y propósitos. Algunos encuentran satisfacción en esas prácticas y continúan con ellas. Otros no, por lo que no encuentran razón para seguir practicando.

Hoy en día, la mayoría de las religiones han acabo limitándose a una serie de rituales confinados a los espacios de culto. Muchos ven la religión como un aspecto más de su vida, como cualquier otro, que apenas gobierna sobre alguna de las facetas de su vida secular. Sus seguidores simplemente viven sus vidas de acuerdo con las normas sociales vigentes sobre la cuales la religión no tiene voz. Esto puede ser debido a que la religión no proporciona directrices sobre los asuntos seculares o porque sus seguidores no son realmente conscientes de sus enseñanzas. Otra razón puede ser que simplemente no quieren que la religión interfiera en sus vidas seculares (excepto en el espacio de culto). Para esas personas, la religión juega un papel mínimo en sus vidas y la reservan para ocasiones especiales o festividades. En esos casos, la línea trazada entre lo religioso y lo secular es clara.

Sin embargo, el Islam es una forma de vida completa. Proporciona una guía para todas las facetas de la vida y no es ni puede limitarse a un espacio de culto. No permite que sus seguidores deambulen fuera de su sistema o espacio de culto. El Islam provee y gobierna la vida de sus seguidores, desde la cuna hasta la tumba y, espiritualmente hablando, desde el útero hasta la tumba, e incluso más allá. Esto es debido a que el Islam no es sólo una religión, sino la *deen* (modo completo de vida) prescrita por Allah ﷻ. La adoración en el Islam no se limita a una masjid (lugar de culto) o a unos días u ocasiones especiales. Al contrario, la adoración en el Islam juega un papel fundamental en la vida del musulmán adquiriendo un significado más amplio.

Dado que los actos islámicos y el resto de los aspectos relacionados con la adoración no provienen del hombre, sino que fueron revelados y establecidos por el mismo Todopoderoso, proporcionan la plena realización y satisfacción de nuestros deseos naturales. Cuando los musulmanes cumplen con todos sus mandamientos y obligaciones, adquieren paz, armonía y plenitud. Establecen una fuerte conexión con Allah ﷻ. Por eso, los musulmanes no tratan de agradar al Señor a su manera o según su entendimiento, sino que lo hacen siguiendo las reglas establecidas por el mismo Todopoderoso. Por lo tanto, adquieren la completa complacencia de Allah ﷻ, una vida feliz en este mundo, y finalmente, el éxito definitivo en el Más Allá.

Toda norma y actividad en el Islam está relacionada con 'el propósito real de la vida humana', que es buscar la complacencia de Allah ﷻ y la preparación para la vida en el Más Allá. En el Islam, el culto y todo lo que implica, engloba cualquier aspecto de la vida humana. Da igual si un acto es religioso o laico, obligatorio o voluntario, si está directamente relacionado con el Señor o con Sus criaturas, si es físico o solo mental, si es moral o un tema de negocios – todo lo que hacen lo musulmanes lo hacen con la intención de complacer a Allah ﷻ convirtiéndolo en un acto de adoración. Las buenas acciones e intenciones de los musulmanes se convierten en actos de continua adoración que son recompensados por Allah ﷻ.

Como se mencionó anteriormente, Allah ﷻ revela en el sagrado Corán:

> Y he creado a los genios y a los hombres para que Me adoren. • [51:56]

Este sagrado versículo revela que el propósito de nuestras vidas es adorar a Allah ﷻ.

Pero si la adoración, como se entiende comúnmente, se limita a los confines de un espacio de culto, ¿deberíamos permanecer toda nuestra vida sentados allí, adorando al Señor, porque es *el* propósito de nuestras vidas? ¿Quién haría entonces el resto de las tareas necesarias para nuestras vidas? Ciertamente, Allah ﷻ debía referirse a la adoración en un sentido más amplio de forma que podamos llevar a cabo nuestras tareas diarias al mismo tiempo que adquirimos, a través de ellas, Su complacencia. Este es precisamente el sentido más amplio de adoración en el Islam, que es para lo que Allah ﷻ nos creó. El Islam convierte cada acción del hombre en un acto de adoración si se realiza de acuerdo al Islam.

El Corán llama a los seres humanos *abd* y Allah ﷻ es nuestro *Ma'bood. Abd* significa esclavo y *Ma'bood* significa a Quien 'este *abd* adora'. Así, la relación del hombre con Allah ﷻ es como la relación entre un esclavo y su amo. Al reconocer a Allah ﷻ como nuestro Amo, debemos mantener con Él la mejor relación posible y jamás sobrepasar sus límites ni romper la relación. Es imperativo mantener esa relación de *abd* y *Ma'bood* aceptando por completo el hecho de que Allah ﷻ es nuestro Amo y nosotros sus esclavos. Hay que cumplir con todos los deberes que Él ha establecido para que esa relación se mantenga en buenos términos. A través del amor, la lealtad y la realización de buenas obras, además de cumplir con las obligaciones requeridas, fortalecemos nuestra relación con Él.

Debemos probar nuestra relación con Él derrotando todas las fuerzas del mal que residen en nuestro interior *nafs*, (es decir, las internas y a *Satan*) y las que residen fueran en (el mundo material), es especial cuando nuestra fe es puesta a prueba. Nunca debemos cruzar los límites de la relación violando Sus mandamientos, relajando la relación *'abd* y *Ma'bood*, desatendiendo los deberes que Él ha establecido, abrogando los derechos de terceros o causando daño a los demás, sobrepasando los límites claramente definidos por Él, descuidando las normas de conducta establecidas por el santo Profeta ﷺ, o de cualquier otra forma.

En resumen, el Islam considera y recompensas como acto de adoración a Allah ﷻ cualquier esfuerzo físico y/o mental que hacemos para mantenernos dentro de los límites de la relación *'abd* y *Ma'bood*. Cumplir con los derechos de Allah ﷻ y del resto de seres humanos forma parte del concepto más amplio de adoración en el Islam. Allah ﷻ considera adoración toda acción de Sus criaturas que se ejecuta con la intención de complacerle, tanto si se trata de un acto de adoración directa como indirecta. ¿Dónde podríamos encontrar un Señor más generoso y clemente? Allah ﷻ acepta nuestras acciones positivas y el bien que hacemos a los demás como acto de adoración y nos recompensa por eso. Incluso los actos de adoración directa que forman parte de Sus derechos no comportan beneficio para Él, sino que benefician a nuestro cuerpo, mente y alma. Él nos recompensa por esos actos sólo porque seguimos sus mandamientos con la intención de complacerle manteniendo la relación *'abd* y *Ma'bood*.

El Islam pide a sus seguidores que satisfagan dos tipos de derechos para así poder cumplir con el gran propósito para el que fueron creados. Los musulmanes deben de respectar los *Huqūq-ul-Allah* (derechos de Allah) y los *Huqūq-ul-Ibād* (derechos de las personas). Deben respetarse esos derechos si se quiere aspirar a complacer a Allah ﷻ y lograr el éxito definitivo. Cumplir con esos derechos y las obligaciones que implican se convierte, por lo tanto, en 'el significado más amplio de adoración' en el Islam.

Derechos y Obligaciones

El Islam hace más hincapié en el cumplimiento de deberes que en la demanda de derechos predisponiendo así a sus seguidores para que cumplan con sus deberes. Existe una diferencia importante entre demandar derechos y demandar que se cumplan obligaciones. La demanda de cumplir obligaciones crea un tipo de sociedad diferente, en la que la visión social y moral y la mentalidad de sus ciudadanos se diferencian de forma decisiva.

El Islam pretende que sus seguidores sean responsables inculcándoles la idea de que hay unas obligaciones que cumplir. Por el contrario, la idea de la continua demanda de derechos puede hacer que la gente se vuelva exigente e incluso que se sienta insatisfecha. El Islam dice que lo primero es cumplir con las propias obligaciones y ser contenidos y pacientes. Sólo después, el Islam permite que los individuos exijan de forma activa el cumplimiento de sus derechos, en especial aquellos que han sido denegados de forma deliberada. Esto no significa que la gente tenga que ser cobarde y no exija nunca sus derechos. Esto sólo significa que el Islam hace más hincapié en el cumplimiento de deberes que en la demanda de derechos. Pero lo cierto es que si las personas cumplen sus deberes con los demás, cada uno recibe lo que le corresponde por derecho. No obstante, el Islam ofrece todos los medios para reivindicar los propios derechos y luchar contra los opresores y su opresión.

En la medida que todos los miembros de una sociedad musulmana cumplen de forma voluntaria sus deberes con Allah ﷻ y con los demás, el gobierno pasa a jugar un papel limitado en esa sociedad. Sin embargo, cuando los derechos sólo se satisfacen a través de la demanda activa, el gobierno debe convertirse en un supervisor global y asegurarse de que los derechos del pueblo son respetados. En el Islam, el cumplimiento voluntario de las obligaciones con los demás con la intención de complacer a Allah ﷻ convierten cada acto en una buena acción, en cambio, hacer cumplir los derechos a la fuerza no proporciona los mismos frutos ni se obtiene el mismo éxito. Por eso, el Islam hace más hincapié en el cumplimiento voluntario de deberes que en la demanda activa de derechos.

El Islam quiere que sus seguidores sean siempre conscientes del Día del Juicio, cuando Allah ﷻ ejecutará su justicia de acuerdo con las acciones de los individuos. Cuanto más voluntaria y humildemente llevemos a cabo nuestros deberes, más amor y armonía, más paz y felicidad, prevalecerán. Por el contrario, si no cesamos de exigir derechos de forma egoísta, incluso legalmente, poco a poco la gente se volverá más arrogante, infeliz y egoísta. Eso hará que la gente se distancie cada vez más aumentando los sentimientos de soledad y depresión. Por eso, uno puede sentirse solo incluso rodeado por una multitud de millones. La ley es fría, el amor es cálido. Las relaciones basadas en el amor son eternas y fructíferas.

Todo el mundo se supone que debe cumplir con los deberes prescritos en función de sus circunstancias, capacidades y posibilidades. El Día del Juicio, Allah ﷻ juzgará a cada persona según sus circunstancias personales. Nadie va a responder por otro o hacerse responsable de las faltas de otros, excepto cuando las responsabilidades se superpongan. El Corán revela:

> Allah no exige a nadie por encima de sus posibilidades... • [2:286]

Los Derechos de Allah ﷻ

Los derechos de Allah ﷻ incluyen, pero no se limitan a, los siguientes. Debemos:

- Tener una fe inquebrantable, reconocer la *tawhid (* la Unicidad de Allah ﷻ), y no practicar nunca *shirk* (politeísmo)
- Reconocer Allah ﷻ como el Señor y reconocer todos sus atributos

- Adorar solo a Allah ﷻ
- Someter nuestra voluntad a la voluntad de Allah ﷻ
- Tener a Allah ﷻ siempre presente
- Temer la ira de Allah ﷻ
- Glorificar la majestuosidad y sublimidad de Allah ﷻ
- Invocar a Allah ﷻ en nuestras súplicas
- No buscar nunca el arrepentimiento sino en Allah ﷻ

Adorar a Allah ﷻ significa rendirle el máximo homenaje posible, expresarle la más profunda humildad y gratitud, inclinarse ante Él en reconocimiento de su grandeza y gloria, tenerle siempre presente y seguir Sus mandamientos. Se deben dar todos los pasos necesarios para lograr Su complacencia, especialmente cuando empleamos nuestra riqueza, tiempo y energía. En la adoración, ciertas prácticas son de carácter obligatorio - como, por ejemplo, los cinco pilares del Islam – y otras se clasifican como deseables y voluntarias. Esas tareas pueden ser de carácter diario, semanal, mensual, anual, o realizarse solo una vez en la vida, según se prescriba en cada caso.

Algunas de esas obligaciones consisten en actos físicos, otras requieren el desembolso de dinero o ambas cosas a la vez ver (Capítulo 9). El creyente puede cumplir esas obligaciones de forma individual y/o colectiva, en privado y/o en público, en una masjid (mezquita) o fuera de ella. El Islam define con claridad las recompensas y los castigos que se obtienen al cumplir o no una obligación. Permítanme que les recuerde que esas acciones no aportan ningún beneficio a Allah , sino al practicante. Seguir de forma estrictas Sus mandamientos conduce al éxito, tanto aquí como en el Más Allá.

LOS DERECHOS DE LAS PERSONAS

LOS SEGUNDOS DERECHOS QUE DEBEMOS observar son los derechos de las personas. En el Corán y en la sunnah, se advierte a los musulmanes que violar los derechos de los demás despierta la ira de Allah ﷻ [Bukhari]. El Día del Juicio, Allah ﷻ no perdonará esas violaciones. Los violadores de esos derechos solo podrán recibir el perdón de Allah ﷻ si primero obtienen el perdón de sus víctimas. En muchos casos, los infractores tendrán que renunciar a sus buenas acciones a favor de sus víctimas, lo que se traducirá en el descuento de esas buenas acciones de su activo [Bukhari]. Podrán haber realizado muchas buenas acciones, pero si no han cumplido con los derechos de los demás podrán acabar en el infierno, hasta completar su castigo.

En el tribunal de Allah ﷻ, las víctimas tendrán la potestad de perdonar a sus agresores decidiendo si toman o no buenas acciones de sus opresores en compensación del mal causado. El Día del Juicio, cuando todo el mundo busque la salvación y se encuentre con la necesidad de contar con buenas acciones, solo unos pocos, lo suficientemente generosos como para perdonar el daño que se les ha infligido, no pedirán esas buenas acciones como compensación. En los tiempos que corren, en que nadie perdona a nadie sin más, ¿cómo se puede esperar que alguien no pida algo a cambio en esa situación crucial?

En muchos casos, Allah ﷻ puede perdonar las carencias y deficiencias relacionadas con nuestros deberes con Él. Los únicos pecados que no puede perdonar son los pecados de *kufr* (infidelidad) y *shirk* (politeísmo). El propósito del Día del Juicio será administrar justicia a favor de los oprimidos y de los que han sufrido a manos de otros castigando a delincuentes, pecadores, y violadores. La obligación de respetar los derechos de las personas tiene prioridad por encima de otros asuntos y forma parte del corazón de la filosofía islámica y de la adoración en su sentido más amplio.

Las personas cuyos derechos deben ser satisfechos incluyen padres, cónyuges, hijos, hermanos, parientes paternos y maternos, vecinos, viandantes, parientes lejanos, amigos y compañeros de trabajo, empleadores y empleados, personas dependientes, y en especial, aquellas personas que puedan depender directamente de usted, huérfanos, viudas, personas mayores y discapacitadas, refugiados, indigentes, enfermos y personas no musulmanas que viven bajo gobiernos islámicos. El Islam obliga a los musulmanes incluso hacer efectivos los derechos de los animales.

Se dice que, "El Cielo está a los pies de la madre". Cuidándola con toda la dedicación, los musulmanes pueden ganarse fácilmente el cielo. Una madre se merece todo el amor, respeto, cuidado y asistencia de sus hijos porque ella les dio a luz, sufrió los dolores del parto, sacrificó muchas horas de sueño para darles calor y bienestar, y mucho más.

Honrar al padre tal y como se merece asegura el gozo de Allah ﷻ. Los padres trabajan de forma desinteresada para criar a sus hijos, se ganan con esfuerzo el pan de sus hijos, trabajan duro para formar a sus hijos de forma que se integren en la sociedad. Es decir, el éxito de los hijos depende del duro trabajo y sacrificio de su padre. Según el Profeta ﷺ, el padre que consigue casar a dos de sus hijas con éxito tiene el Cielo asegurado. [Mishkat]

Los padres son alabados y exaltados en el Cielo si crían a sus hijos para ser buenos musulmanes de corazón equipándolos con los recursos necesarios para librarse del fuego del Infierno. Allah ﷻ ordena de forma directa en el sagrado Corán:

> ¡Oh, creyentes! Guardaos a vosotros mismos y a vuestras familias del Fuego, cuyo combustible serán los hombres y las piedras... • [66:6]

Por otra parte, se le garantiza el Cielo a la esposa leal y sincera que cumple sus deberes con su marido. Al marido se le otorga abundantes recompensas por ser digno de confianza y justo con su esposa cuidando de ella y cumpliendo con sus necesidades. Un esposo y una esposa son el uno para el otro y deben satisfacer los derechos del otro.

La ira de Allah ﷻ nunca recae sobre aquellos que dan a los necesitados por amor a Allah ﷻ, es más, son bendecidos. Son muchas y grandes las recompensas que reciben los musulmanes que cumplen con sus deberes hacia los demás sin mirar a quién y de forma altruista. Ni una sola buena acción, por insignificante que parezca, pasa desapercibida [Corán 99:7-8].

Desde realizar las oraciones diarias a ofrecer un vaso de agua al sediento, desde erigir una *masjid* (mezquita) a alimentar a los hambrientos, desde gobernar un país con honestidad y justicia a dar refugio a los huérfanos, desde donar millones de dólares a la caridad a dar una sonrisa, todo forma parte del concepto más amplio de adoración en el Islam. ¿En qué otro sitio podría encontrarse un Señor que guía las interacciones de la gente y recompensa por adorarle? ¡En ninguna parte! Allah ﷻ es el Señor de todos, el Más Compasivo, el Misericordioso.

ESPIRITUALIDAD EN EL ISLAM

LOS SERES HUMANOS SE COMPONEN DE CUERPO Y ALMA. El alma por si sola no puede ser referida como humano y un cuerpo sin alma es un cadáver que no tiene otro lugar en la tierra que debajo de ella. El Islam se ocupa de ambos, de cuerpo y alma. Sus enseñanzas se adaptan a lo corporal y enseñan cómo elevarse espiritualmente. Por ejemplo, la comida alimenta el cuerpo, tener siempre presente a Allah ﷻ nutre el alma.

De acuerdo con los principios de espiritualidad islámica, el alma, mientras vive en el cuerpo, procura acercarse a Allah ﷻ. El objetivo de la espiritualidad islámica es buscar la purificación total del alma y del ser interior con el fin de sumergirse en la Fuente Suprema [Kashful Mahjoob]. Sin embargo, hasta la muerte del cuerpo, de ninguna manera se permite al buscador espiritual escapar de la esclavitud de esta vida y de los deberes inherentes a la misma.

En otras palabras, los buscadores espirituales - sabios, santos y místicos - viven en este mundo, pero no permiten que el mundo viva en ellos. Sus famosas frases y enseñanzas son auténticos reflejos de la espiritualidad islámica. Por ejemplo, los dichos, "Permite que el barco esté en el agua pero no que el agua esté en el barco" o "Permite que el corazón viva en el mundo pero no permitas que el munda viva en el corazón". En vida, mantienen su corazón vacío de deseos mundanos y se purifican para recibir las señales del Ser Supremo y la luz de la verdad definitiva. Adquieren un estado superior de cercanía al Todopoderoso y disfrutan del verdadero sabor de la existencia y de la vida.

La espiritualidad islámica no permite que los buscadores espirituales eludan sus obligaciones mundanas, ni siquiera una vez alcanzado el placer de la cercanía con Allah ﷻ. Solo apartan su corazón de este mundo para albergar en él a Allah ﷻ en todo momento mientras siguen viviendo entre la gente cumpliendo con todos los deberes de la vida. El Islam dio un nuevo significado al monacato que el mundo no conocía previamente.

Alguien puede decidir vivir en una cueva o en el pico de la montaña, separado del mundo, pero si es negligente con el Señor, entonces, de acuerdo con el Islam no está viviendo una vida monástica y no adquiere el estado de espiritualidad. Por el contrario, si alguien vive en la sociedad con Allah ﷻ siempre en el corazón, haciéndose cargo de sus responsabilidades mundanas y cumpliendo con sus deberes con los demás, aun no estando separado físicamente del mundo, estará viviendo una vida monacal pudiendo adquirir el estado de espiritualidad.

El modo de vida monacal que presenta Islam no solo es práctico y conveniente, sino que es el que mejor se adapta a la naturaleza humana. De esa forma, al no separar a sus practicantes del mundo físico, el Islam está recordando y reiterando que el mundo ha sido creado para los seres humanos pero que los humanos no han sido creados para este mundo, sino para el mundo de Allah ﷻ. Los humanos deben trabajar y hacer uso del mundo y de sus bendiciones según lo prescrito por el Islam para alcanzar la espiritualidad. Si el Islam no permite que sus seguidores supriman por completo sus deseos y necesidades naturales, por algo será.

En resumen, el ser humano es la encarnación tanto de características animales como de cualidades espirituales. El Islam no aboga por la supresión total de nuestras necesidades e instintos para adquirir la elevación espiritual. Debemos cumplir con ambas facetas para obtener el estado más alto y luminoso de nuestra alma.

¿DE DÓNDE SACAN ENERGÍA LOS VERDADEROS MUSULMANES?

ES DIFÍCIL PARA UNA PERSONA VIVIR UNA VIDA SIEMPRE PIADOSA absteniéndose de todo acto perjudicial y lograr el avance espiritual. En otras palabras, es difícil nadar sin mojarse, jugar con fuego sin quemarse, sumergirse en toda la inmundicia de este mundo y salir limpio *en la otra orilla.* Repeler los deseos mundanos requiere mucho coraje y energía, paciencia para perseverar, resistencia para mantenerse firme y mucho trabajo duro para seguir siendo piadoso. Pero la recompensa por superar ese desafío espiritual es tan fructífera y profundamente satisfactoria y la adquisición de energía divina tan inmensa que el hombre deber de hacer todo lo posible para superarlo.

Los fieles musulmanes tienen presente a Allah ﷻ en cada latido de su corazón y tratan de imitar cada acción del amado profeta Muhammad ﷺ. Moldean sus vidas de acuerdo con la voluntad de Allah ﷻ y construyen su carácter sobre el modelo mostrado por el Profeta y aunque viven entre la gente, en lo más profundo de sus mentes y corazones siempre está presente la compañía del Todopoderoso y de Su Profeta ﷺ. Reciben un placer único de esa compañía espiritual, adquiriendo el estado de paz eterna y felicidad que solo se puede lograr con esa compañía y que no se puede describir con palabras.

Los fieles musulmanes reciben continuamente placer y felicidad espiritual tanto por la compañía del Señor como por vivir entre la gente. No se ven afectados por el dolor o la opresión que se inflige sobre ellos. Se sienten repletos de energía y siempre están dispuestos a hacer lo que sea necesario para mantener ese estado de estrecha conexión con su Señor. Sacrifican sus deseos y no desean posesiones materiales que puedan perturbar ese estado. Cumplen puntualmente con sus obligaciones y no harían nada que pudiera disgustar a Allah ﷻ, ni le desobedecen de modo alguno. Nunca se desvían del recto camino y tampoco caen en la hipocresía. Y lo más importante es que, por humildad, nunca revelan el elevado estado de espiritualidad en que se encuentran,

Siguiendo de corazón el Corán y la *sunnah*, prueban que han alcanzado el propósito para el que fueron creados, convirtiéndose, por lo tanto, en encarnación del sentido más amplio de la adoración. En tal estado de purificación, son personas que viven la verdadera vida en la Tierra, mientras que otros solo deambulan.

Tenga en cuenta me he estado refiriendo a los *mominīn* (los fieles) que verdaderamente comprenden el significado más amplio de la adoración en el Islam y lo aplican a sus vidas. No estoy hablando de los santos del Islam, cuyo estado de bienestar es mucho más elevado, al igual que sus logros, placeres, alegrías y recompensas. Ciertamente, sus deberes y obligaciones son mucho mayores también.

CAPÍTULO 9

Actos Obligatorios en el Islam

EN EL CAPÍTULO ANTERIOR, hemos aprendido el significado más amplio de la adoración en el Islam, que es que los musulmanes deben cumplir con sus deberes con Allah ﷻ y con las personas. Por lo tanto, ahora corresponde saber cuáles son esas obligaciones para esas dos categorías. No es necesario describir de forma detallada esas obligaciones, pero el siguiente resumen ayudará a comprender mejor el Islam y a los musulmanes.

Inicialmente, al abrazar el Islam, los musulmanes declaran verbalmente y aceptan de corazón que: "No hay más dios que Allah ﷻ, Muhammad ﷺ es el profeta de Allah ﷻ". Mediante esa declaración se firma un contrato con el Señor. Reconocen a Allah ﷻ como el Señor, el concepto de *tawhīd* (la Unicidad de Allah ﷻ), a Muhammad ﷺ como el profeta de Allah ﷻ y sello de la Profecía lo que equivale (a decir que no vendrá ningún otro profeta de Allah ﷻ), y que el sagrado Corán es la palabra final de Allah ﷻ. A través de este contrato, los musulmanes someten por completo su voluntad a la de Allah ﷻ, garantizando que no le desobedecerán o inmiscuirán sus propias ideas en los asuntos religioso y que seguirán Sus mandamientos.

Si los musulmanes no someten por completo su voluntad a la de Allah ﷻ, entonces no han entrado por completo en el Islam. ¿En ese caso, cómo deben ser considerados? ¿Cómo deberían ser llamados y cómo no deberían ser llamados: musulmanes a medias; infiltrados en el Islam; los que se engañan a si mismos o los que intentan "engañar" a Allah ﷻ; o sencillamente hipócritas que entran en el Islam? En cuanto a esto, Allah ﷻ exige en el sagrado Corán:

> ¡Oh, creyentes! Entrad todos en la religión del Islam y someteros a Allah apartándoos de los pasos de Shaytān; ciertamente él es para vosotros un enemigo manifiesto. • [2:208]

Para que un contrato sea válido, no es suficiente con escribir las iniciales, es necesario que figure también la firma completa. Cuando se firma un contrato de forma libre y voluntaria, se presume que se respetará y que cualquier incumplimiento del mismo será sancionado según lo establecido. Los errores pueden ser perdonados pero las violaciones del contrato serán sancionadas según corresponda. Por otra parte, si se hace caso omiso del contrato éste se anula y deja de tener efecto. Por supuesto, la parte que incumple no puede reclamar ningún tipo de beneficio o compensación.

Recientemente, me he encontrado con términos tales como "practicante" y "no practicante" para determinar el grado de religiosidad de una persona Incluso algunos musulmanes manifiestan: "somos musulmanes pero no practicantes". Además, cada vez es más común que algunos musulmanes se pregunten entre si mismos: "¿Eres musulmán practicante?" o "¿Eres musulmán no practicante?" o "¿Eres un musulmán no muy practicante?". Expresiones tales como "No soy *esa* clase musulmán" o "Oh, usted es de *esa* clase de musulmán" se han vuelto comunes. Cualquiera que sea la respuesta, se dice con valentía, sin ningún tipo de remordimiento, y a veces con orgullo.

Permítanme señalar con toda claridad que, islámicamente hablando, no existen términos como "musulmán no practicante" o "musulmán no tan practicante". Uno es musulmán o no lo es, no hay término medio. Sin embargo, sí existen términos para referirse a los que violan directamente el Islam, como *fājir* (pecador), *fāsiq* (transgresor), *munāfiq* (hipócrita) o *murtad* (apóstata). Allah ﷻ ha categorizado a las personas en el Corán según revela:

> Entre los hombres hay quienes dicen: "Creemos en Allah y en el Último Día", pero en verdad no creen. Pretenden engañar a Allah y a los creyentes, pero sin saberlo, sólo se engañan a si mismos. Sus corazones

están enfermos y Allah agravará aún más su enfermedad. Sufrirán un castigo doloroso por haber mentido. • [2:8-10]

Recitando de forma intencionada y voluntaria el siguiente artículo Cardenal de Fe, uno se convierte en musulmán:

> Tengo fe en **Allah**, en Sus **ángeles**, en Sus **libros sagrados**, en Sus **profetas**, en el Día del Juicio, (en el hecho de que ambos) **lo bueno y lo malo proviene de Allah** , y en la *resurrección* (después de la muerte).

He hablado con detalle acerca de Allah ﷻ en el capítulo 4.

Los **ángeles** son criaturas de Allah ﷻ que fueron creadas a partir de *nur* (luz) y no tienen *nafs* (base propia). No desobedecen a Allah ﷻ ni se desvían de su propósito que es servir a Allah ﷻ. Tienen un propósito pre-definido en el reino de Allah ﷻ y lo cumplen sin más. Su alimento es la memoria de Allah ﷻ. No procrean. A los musulmanes se les exige que tengan fe en su existencia. Los ángeles más importantes y alabados son Jibraīl (Gabriel) عليه السلام Mekaīl (Miguel) عليه السلام, Izraīy عليه السلام e Israfīl عليه السلام.

Tener fe en los **libros sagrados** significa que los musulmanes deben creer en la Tora (Torá), en los Zabūr (Salmos), en el Injīl (Evangelio) y en el sagrado Corán, que fueron revelados por Allah ﷻ a Sus profetas y que no fueron escritos por hombres. Según el Islam, la Tora, los Zabur y el Injil no se conservan en su forma original y por lo tanto no son válidos. Sólo el sagrado Corán sigue siendo válido como la guía de Allah ﷻ, ahora y por los tiempos por venir. El sagrado Corán fue brevemente descrito en el capítulo 6.

Tener fe en los **profetas** de Allah ﷻ significa reconocer a todos los hombres que Él eligió y envió para guiar a la humanidad. Según el Islam, los musulmanes no pueden creer solo en uno de ellos. Deben creer y respetarlos a todos, desde Adán عليه السلام a Isa (jesús) عليه السلام, y por supuesto, a Muhammad ﷺ, el Último Profeta y Sello de la Profecía. Los musulmanes deben añadir los saludos apropiados siempre que dicen o escriben sus nombres, con el fin de rendirles el máximo homenaje con todo el afecto del corazón. Ya me referí a la necesidad y el papel de los profetas en el Capítulo 5.

Creer en el **Juicio Final** es fundamental en el Islam. La rendición de cuentas, el miedo al castigo, la expectativa de la recompensa, todo impulsa a seguir los mandamientos de Allah ﷻ en esta vida. Creer en el Juicio Final y todo lo que comporta produce cambios únicos y de gran valor en la conducta de una persona. Consulte el siguiente capítulo para más (detalles).

Aceptar el hecho de que **lo bueno y lo malo proviene de Allah** ﷻ implica que Él es Todopoderoso, Omnipotente y Omnisciente, nadie puede aportar bendiciones excepto Él y nadie puede traer la desgracia excepto Él. Cuando nos sucede algo bueno, es debido a Su bondad, gracia y gozo. Cuando sufrimos desgracia o dolor, aun proviniendo de Él, es a consecuencia de nuestras faltas, malas acciones, mal comportamiento y delitos y pecados por los que debemos pagar. En cierto modo, es mejor recibir dolor y castigo por los pecados que se nos perdonan en esta vida y que son temporales, que recibir el dolor y el sufrimiento insoportables del castigo eterno en la otra vida.

Que lo bueno y lo malo proviene de Allah ﷻ no quiere decir que Allah ﷻ decida infligir dolor a unos y placer a otros. Sólo significa que tanto el bien como el mal proviene de Allah ﷻ. Allah ﷻ es justo y jamás comete una injusticia.

Tener fe en la **resurrección** significa creer en la vida después de la muerte. Desde luego, sin vida después de la muerte, no sería posible rendir cuentas para establecer la recompensa o el castigo. Por lo tanto, los musulmanes, en consecuencia, creen en la vida después de la muerte.

De vez en cuando, vemos cadáveres de nuestros seres queridos, amigos, compañeros de trabajo u otros. De un modo u otro, cuando los cadáveres se desechan, es cierto que resulta difícil entender y creer que esos cuerpos muertos, después de haber sido enterrados, de haber sido convertidos en polvo o cenizas, de haberse mezclado con la tierra, puedan volver a la vida.

Es fácil creer que la muerte es una realidad permanente, pero el hecho es que la muerte es temporal, al igual que lo es nuestra vida en la Tierra.

Allah ﷻ lo aclara en el sagrado Corán:

> Toda alma probará la muerte, y recibiréis vuestra completa recompensa el Día de la Resurrección. Quien sea salvado del Fuego e ingresado en el Paraíso habrá triunfado. La vida mundanal no es más que un placer ilusorio. • [3:185]

En este sagrado versículo, sólo se menciona que la muerte se "probará" y "probar" algo no lo hace permanente. Para Allah ﷻ es tan fácil dar la vida de nuevo como le fue darla por primera vez. Él puede y dará la vida por segunda vez. Es una cuestión de creencia. Sin embargo, si este procedimiento fuera fácil de demostrar, no habría ninguna recompensa por tener fe en él.

La Declaración de Fe es lo que integra a un individuo en el seno del Islam. Seguidamente, se inicia todo el ritual de adoración. La cadena de derechos y obligaciones y el contrato entre el hombre y Allah ﷻ pasan a ser vigentes de forma inmediata. De entre las obligaciones con Allah ﷻ, la primera y la más importante para un adulto musulmán es practicar el ***salāh*** (diario oraciones de adoración que se realizan cinco veces al día), la segunda es observar el ***saum*** (ayuno durante el mes del Ramadan), la tercera es donar el ***zakāh*** (caridad obligatoria) y la cuarta es el **Hajj** peregrinaje (a la Meca). Incluyendo la **Declaración de Fe** en primer lugar, éstos son los cinco pilares del Islam.

El ***salāh*** se realiza cinco veces al día, a unas horas determinadas; es obligatoria para todo musulmán adulto mientras se mantenga cuerdo. La edad adulta comienza a diferentes edades para niños y niñas. Los niños deben comenzar a realizar su *salāh* a partir de los doce años y las niñas aproximadamente a partir de los nueve. No está permitido saltarse intencionadamente un *salāh*. Pero por si algún motivo casual no ha podido realizarse es necesario realizar tan pronto como sea posible la *qaza* (sustituto del *salāh*). Es importante realizar cada *salāh* cuando corresponde. El *Fajr Salāh* tiene lugar antes del amanecer, el *Zuhar Salāh* al mediodía, el *Asr Salāh* por la tarde, el *Maghrib Salāh* inmediatamente después de la puesta del sol, y la *Isha*, quinta y última de los *salāh* obligatorios, unas dos horas después de puesta del sol.

En el Día del Juicio, la primera pregunta que se formulará a los musulmanes será si han practicado el *salāh*. Según el Profeta Muhammad ﷺ, el *salāh* distingue al creyente del no creyente; es el escudo que salva a los musulmanes del pecado, la llave para entrar en el Cielo, la cumbre en la que el esclavo se encuentra con su Señor, Allah ﷻ [Bukhari y Muslim]. Llueva o haga sol, los musulmanes deben realizar su *salāh*.

El *salāh* implica una actividad física al mismo tiempo que alimenta el espíritu. Su práctica no solo satisface una obligación de los musulmanes con Allah ﷻ sino que también aporta paz interior y muchas bendiciones de Allah ﷻ. Durante el *salāh*, el acto de postración es el punto más cercano a Allah ﷻ, es cuando se muestra mayor humildad, que es uno de los propósitos fundamentales del *salāh*. Es más, la cercanía con Allah ﷻ, la paz en el corazón y en la mente, la elevación del alma, la demostración de fe, la seguridad de estar alejado de pecado, la purificación del cuerpo, el corazón y la mente, y otros muchos más beneficios, físicos y espirituales, no son más que algunas de las bendiciones que aporta el *salāh*.

Cientos de millones de hombres y mujeres musulmanes realizan todos los días su *salāh* sin ningún tipo de problema o interferencia en sus rutinas diarias. Los que se saltan de forma intencionada su *salāh* no son musulmanes de confianza, independientemente de lo eruditos, piadosos, o elevadamente espirituales que puedan parecer. De acuerdo con la *sharia* (ley) islámica, esos musulmanes se clasifican en la categoría de *fāsiq* (violadores) [Bukhari y Muslim]. No tienen derecho a enseñar o predicar el Islam y jamás deberían ser considerados autoridades del Islam. ¿Cómo pueden enseñar o predicar aquellos que no han sabido primero aprender y practicar de forma correcta?

Observar ***saum*** significa ayunar en Ramadhan, el noveno mes del calendario lunar islámico. El Ramadhan es un mes importante y bendito en el que hay una noche conocida como *Lailatul-Qadr* (Noche de Poder). En general, se cree que es la noche veintisiete del Ramadhan, la noche en que Allah ﷻ comenzó a revelar el sagrado Corán al profeta Muhammad ﷺ. La recompensa por orar durante toda esa noche es equivalente a la recompensa por orar durante mil meses.

Durante el ayuno, los musulmanes no comen, no beben, no inhalan nada que no sea aire ni consumen sustancia alguna desde el amanecer hasta el anochecer. El ayuno se rompe al atardecer. Los enfermos y los que viajan están excusados del ayuno, pero deben compensar los días perdidos, siempre que su condición física lo permita. Los que están débiles o no pueden ayunar deben proporcionar por lo menos dos comidas completas a una persona hambrienta por cada día de ayuno perdido. No cumplir o violar las reglas del *saum* de forma intencionada disgusta a Allah ﷻ.

Según un *Hadīth-e-Qudsi*, Allah ﷻ dijo: "Yo mismo soy la recompensa por el *saum*". Sin duda, ésta es una gran bendición del mismo Allah ﷻ que se convierte a Sí mismo en recompensa. Esto significa que Él se siente muy satisfecho de que aquel que ha observado el *saum* se haya abstenido de comer y beber resintiendo el sufrimiento del hambre durante todo el día para complacerle cumpliendo Sus normas y mandamientos. Casi todos los adultos musulmanes del mundo observan *saum* en el sagrado mes del Ramadhan, Allah ﷻ revela:

> ¡Oh, creyentes! Se os prescribió el ayuno de forma obligatoria al igual que a quienes os precedieron para que alcancéis la piedad. • [Corán 2:183]

Este versículo también nos dice que el ayuno se hizo obligatorio, de una forma u otra, a las naciones anteriores. De acuerdo con este versículo, el propósito principal del ayuno es lograr la piedad. No sólo se trata de abstenerse de alimentos durante un período determinado y luego comer sin control. Durante el ayuno, también es necesario permanecer especialmente cauteloso en lo que se refiere a no cometer actos pecaminosos y llevar a cabo tantos actos de culto y otras buenas acciones como sea posible con el fin de obtener las máximas bendiciones. Este mes es para los musulmanes básicamente un periodo de entrenamiento para ser piadosos y mantenerse piadosos durante todo el año. Si los musulmanes no se vuelven más piadosos o alteran sus horarios de ingesta de alimentos durante el Ramadhan, entonces el propósito del Ramadhan se habrá pedido por completo. El propósito del Ramadhan también se pierde si durante el resto del año los musulmanes no actúan como se supone que deberían actuar.

Desafortunadamente, un número creciente de musulmanes celebran el fin del Ramadhan de forma no islámica, lo que indica claramente que no han aprendido nada durante el mes sagrado y no han adquirido un nivel superior de piedad. El Islam no permite las celebraciones que violan sus enseñanzas básicas anulando así por completo todo su propósito. Las bendiciones y bondades de Ramadhan sólo son para aquellos que se esfuerzan durante el mismo. En cuanto a aquellos que ignoran o violan de forma indiscriminada los mandamientos de Allah ﷻ, uno sólo puede orar para que sean guiados antes de que su tiempo se acabe.

Durante el ayuno, los musulmanes no solo experimentan el sufrimiento del hambre, sino que también aprenden a apreciar el valor de los alimentos y lo que realmente sienten los pobres que normalmente no tienen suficiente para comer. Como seres humanos, nunca deberíamos dar por sentada la abundancia de alimentos y tener siempre presentes a los menos afortunados. A medida que somos más conscientes del sufrimiento de los demás a través de la experiencia, más solidarios nos volvemos. Cuanto más solidarios nos volvemos, más compartimos los dones de Allah ﷻ con los demás. Y cuanto más compartamos, más amor habrá en la sociedad resultando en verdadera paz y felicidad. El camino para obtener la verdadera paz y armonía están ahí, sólo tenemos que tomarlo.

Durante el mes de Ramadhan, Allah ﷻ es más tolerante y amable. Perdona fácilmente a cualquier persona que se arrepienta de verdad. Bendice con generosidad a aquellos que buscan sus bendiciones. La recompensa por una buena acción en el mes de Ramadhan se multiplica por setenta y en algunos casos incluso por setecientos. En todo el mundo, los musulmanes tratan de cosechar recompensas durante el Ramadhan rezando mucho, recitando el sagrado Corán, donando dinero a los necesitados, alimentando a los hambrientos y disfrutando de cada momento del Ramadhan con auténtico espíritu islámico. Muchos musulmanes incluso lloran cuando llega el mes bendito porque temen no poder vivirlo el siguiente año. Son creyentes genuinos que obtienen bendiciones, alcanzan la piedad, completan su formación y se mantienen fieles durante todo el año. Por supuesto, también recibirán la "recompensa de Allah ﷻ" el Día del Juicio.

Entre las obligaciones de los musulmanes se encuentra la de donar ***zakāt*** (caridad obligatoria islámica) correspondiente a su riqueza. La norma es que cualquier persona que disfruta de una determinada riqueza durante un año completo está obligada a donar el 2,5% del valor de esa riqueza en forma de *zakāt*. En el sagrado Corán, Allah ﷻ describe con claridad quienes son los ocho posibles beneficiarios de *zakāt*:

> Ciertamente que el Zakāt es para los pobres, los menesterosos, los que trabajan en su recaudación y distribución, aquellos que se desea ganar sus corazones, la liberación de los cautivos, los endeudados, la causa de Allah y el viajero insolvente. Esto es un deber prescrito por Allah, y Allah es Omnisciente, Sabio. [9:60]

Esta obligación monetaria incumbe a todos los musulmanes con capacidad para cumplirla, de esa forma los musulmanes necesitados reciben ayuda. Dado que es una obligación que atañe a los relativamente ricos, los derechos de las personas necesitadas se satisfacen fácilmente de forma automática. La adecuada distribución del *zakāt* proporciona progreso y prosperidad social. Donar *zakāt* purifica la riqueza de uno.

Cuando los musulmanes donan *zakāt* de forma voluntaria, sus corazones son purificados del apego material a este mundo porque su intención es complacer a Allah ﷻ. Esto demuestra que creen realmente en Allah ﷻ y en la rendición de cuentas el Día del Juicio. Donar *zakāt* no solo ayuda a otros musulmanes, sino que también es otra forma de adoración. El Profeta dijo:

> Aquellos musulmanes que donan *zakāt* correctamente, nunca pierden su riqueza ganada de forma honrada; de hecho, la aseguran y saben que nunca será destruida porque Allah ﷻ la protege. [Abu Dawud]

La institución del *zakāt* aporta muchos beneficios profundos y espirituales. Uno de sus beneficios explícitos es que crea la base perfecta para un sistema económico sólido. El *zakāt* beneficia a todos los miembros de la sociedad y conduce a una relativa igualdad económica. Se puede administrar directamente a los musulmanes beneficiarios (entre las categorías citadas anteriormente) o se puede confiar a un gobierno islámico o cualquier otro administrador designado para su correcta distribución. Por cierto, los musulmanes que deciden administrar personalmente *zakāt* de forma justa y equitativa adquieren mayores recompensas y satisfacción [Muslim].

Hasta ahora, hemos hablado acerca de los actos de culto islámicos del *salāh* diario y el ayuno, que son de naturaleza física, y del *zakāt*, que es un acto monetario. Ahora nos ocupamos de una obligación que abarca tanto aspectos físicos como monetarios - el Hajj.

Hajj es la peregrinación sagrada a la Meca y es obligatoria una vez en la vida para todos aquellos musulmanes que disponen de la capacidad física y los recursos monetarios para hacerla, siempre que las circunstancias permitan hacer ese viaje con seguridad. Además, los peregrinos deben proveer a su familia y a aquellas personas de las que son legalmente responsables con suficiente dinero y provisiones mientras dura el viaje. Por otra parte, aun pudiendo financiarlo, si no se cuenta con las capacidades físicas para realizar el viaje, éste será delegado a otro musulmán capaz de cumplir por delegación esa obligación. Las mujeres musulmanas sólo pueden llevar a cabo el Hajj acompañadas de su esposo o un *mahram*, un hombre con el que legalmente no puedan casarse (por ejemplo, el padre, un hijo, un hermano ...) [Bukhari].

El Hajj se lleva a cabo durante *Zul Hijjah* (el duodécimo y último mes del calendario islámico). Hoy en día, alrededor de tres millones de musulmanes emprenden el Hajj y el número aumenta cada año. La experiencia de la peregrinación es única y está tan repleta de bendiciones, espiritualidad y satisfacción interior que no se puede describir con palabras. Los peregrinos no desean dejar esos lugares sagrados; sin embargo tienen que hacerlo, aunque con el profundo deseo de volver. El musulmán que completa el Hajj se vuelve puro, como un niño recién nacido sin pecados.

Sólo a los musulmanes se les permite entrar en los confines de las ciudades santas de La Meca y Medina. Al ver la peregrinación Hajj a través de los medios de comunicación, incluso los no musulmanes atestiguar su singularidad que refleja la sencillez de los principios islámicos y la igualdad y la unidad de los musulmanes.

Además de los *faraidh* (actos obligatorios) que practican todos los musulmanes, existe una serie de actos - la jihad, la adquisición del conocimiento *fiqh* (jurisprudencia islámica), formar parte de los cortejos fúnebres musulmanes y el *a'tikāf* (reclusión durante los últimos diez días del Ramdhan) - que sólo son de obligatorio cumplimiento para una pequeña porción de la comunidad musulmana, quedando libre de esas obligaciones el resto de la comunidad. Sin embargo, si nadie se responsabiliza de esas obligaciones, la comunidad entera comete pecado. Esas obligaciones se conocen como *Fardh-e-Kifayah.* Existe una gran recompensa para aquellos que asumen personalmente esas responsabilidades aliviando así a su comunidad. Además de los *faraidh*, existen otros muchos actos que se clasifican en las siguientes categorías:

- *Wajib* - obligatorio, se diferencian poco de los *fardh* que son más obligatorios
- *Sunnah* - tradición del Profeta
- *Mustahab* - recomendado
- *Nafil* - supererogatorio por encima de lo requerido
- *Mubah* - ni prohibido ni obligatorio
- *Makruh* - impropio/no deseable no es ilegal, pero se desaprueba
- *Haram* - prohibido es obligatorio abstenerse

Una vez completados los actos obligatorios, los musulmanes que llevan a cabo actos *nafil* se acercan más a Allah ﷻ recibiendo generosas bendiciones.

Como resultado, acaban dotados de mayor sabiduría y espiritualidad. A lo largo de todo el sagrado Corán y los *ahadith*, se ordena a los musulmanes que lleven a cabo buenas acciones, algunas de las cuales son:

¡Oh, justos creyentes! Entrad por completo en la religión del Islam... • [2:208]

¡Oh, justos creyentes! Dad en caridad parte de lo que os hemos concedido... • [2:254]

¡Oh, justos creyentes! No hagáis vanas vuestras caridades haciendo alarde de ellas u ofendiendo, como aquel que contribuye con sus bienes para que los hombres lo vean... • [2:264]

¡Oh, justos creyentes! Dad en caridad parte de lo hayáis ganado y de lo que os hemos hecho brotar de la tierra, y no elijáis lo deteriorado para dar caridad, así como no lo tomaríais para vosotros mismos... • [2:267]

¡Oh, justos creyentes! Temed a Allah como es debido y no muráis sino sometidos a Él. • Aferraos con fuerza a la cuerda que tiende Allah y no os dividáis... • [3:102-103]

¡Oh, justos creyentes! No os apropiéis los bienes ajenos injustamente.... • [4:29]

¡Oh, fieles creyentes! Sed realmente equitativos cuando deis testimonio por Allah, aunque sea en contra de vosotros mismos, de vuestros padres o parientes cercanos... • [4:135]

¡Oh, fieles creyentes! Cumplid con vuestras obligaciones... • [5:1]

¡Oh, fieles creyentes! Sed firmes con los preceptos de Allah, dad testimonio con equidad, y que el rencor no os conduzca a obrar injustamente. Y no permitáis que la rivalidad con otra nación os excite a no hacer justicia, haced justicia... • [5:8]

¡Oh, fieles creyentes! Si algunos de vosotros llegarais a ser apóstatas del *deen* religión), Allah os sustituiría por otros a quienes amaría y ellos Le amarían... • [5:54]

¡Oh, fieles creyentes! No toméis como amigos) a aquellos que no se tomaron en serio vuestra religión... • [5:57]

¡Oh, fieles creyentes! El alcohol, las apuestas, adorar ídolos y la adivinación son obras inmundas de Satanás. Absteneos y así obtendréis el éxito... • [5:90]

Quienes crean y no desacrediten su fe con el mal serán quienes estarán a salvo, y son ellos los encaminados... • [6:82]

¡Oh Profeta!) Mi Señor ha prohibido las obscenidades, tanto en público como en privado, los pecados, la injusta opresión... • [7:33]

¡Oh, los que tenéis fe! Temed a Allah, y contaos entre los veraces. • [9:119]

¡Oh, fieles creyentes! No sigáis los pasos de Satanás, y quien siga los pasos de Satanás sepa que él induce a cometer obscenidades y actos reprobables... • [24:21]

¡Oh, musulmanes! No entréis en ninguna casa que no sea la vuestra sin antes pedir permiso y saludar a su gente con *salam* ("paz"). Eso es lo mejor para vosotros, recapacitad pues. • [24:27]

¡Oh, fieles creyentes! Recordad constantemente a Allah. • Y glorificadle mañana y tarde. • [33:41-42]

¡Oh, fieles creyentes! Temed a Allah, y hablad sólo con conocimiento de causa. • [33:70]

¡Oh, fieles creyentes! Si se os presenta a alguien como corrupto con alguna noticia corroborad su veracidad, no sea que perjudiquéis a alguien por ignorancia, y luego os arrepintáis por lo que habéis hecho. • [49:6]

¡Oh, fieles creyentes! No os burléis de otros hombres, pues es posible que sean mejores que vosotros. Que las mujeres no se burlen de otras mujeres, pues es posible que sean mejores que ellas... • [49:11]

¡Oh, fieles creyentes! Evitad sospechar demasiado los unos de los otros, pues ciertamente algunas sospechas son un pecado; y no os espiéis, ni habléis mal del ausente, pues ello es tan repulsivo como comer la carne de un hermano muerto. ¿Acaso alguno de vosotros desearía hacerlo? • [49:12]

¡Oh, fieles creyentes! Temed a Allah, y que cada alma considere cuánto ha realizado de cara al mañana.... • [59:18]

¡Oh, fieles creyentes! ¿Por qué decís lo que no hacéis vosotros mismos? • Es muy aborrecible para Allah que digáis lo que no hacéis. • [61:2-3]

¡Oh, fieles creyentes! Que vuestros bienes y vuestros hijos no os distraigan del recuerdo de Allah. Y sabed que quienes obren así serán perdedores. • [63:9]

¡Oh, fieles creyentes! Guardaos a vosotros mismos y a vuestras familias del Fuego, cuyo combustible serán los hombres y las piedras... • [66:6]

¡Oh, fieles creyentes! Arrepentíos ante Allah de forma sincera, y vuestro Señor borrará vuestras faltas y os introducirá en los jardines del Paraíso... • [66:8]

Y por último pero no menos importante:

Y quienes hayan creído y obrado rectamente - Y sabed que no imponemos a nadie una carga mayor de la que puede soportar - serán recompensados con el Paraíso donde morarán eternamente. • [7:42]

¿Qué Quiere Allah ﷻ Que Sean Los Musulmanes?

ALLAH CORONÓ A LOS SERES HUMANOS COMO "la mejor entre todas Sus criaturas" y espera que seamos dignos de esa consideración. Él nos proporcionó todas las herramientas y conocimientos necesarios en la forma del libro conocido como el sagrado Corán y en la encarnación del mismo en la figura del Profeta ﷺ. Eso hace que resulte fácil alcanzar nuestra meta. Allah ﷻ cumplió con Su parte del "contrato" y ahora nos toca a nosotros decidir si cumplimos con la nuestra sometiendo nuestra voluntad a la voluntad de Allah ﷻ.

Allah ﷻ quiere que el creyente talle la figura de un *momin* (creyente) a partir de ese trozo de carne llamado "humano" que es. Solo cuando un ser humano consigue tallar con éxito un verdadero creyente, alcanzado así el propósito de la vida, es entonces, y solo entonces, cuando se puede considerar digno de ser llamado "la mejor entre todas Sus criaturas". Finalmente, se convierte en un reflejo de la imagen de Allah ﷻ, su creador. Allah ﷻ nos proporciona las herramientas y los conocimientos necesarios, de la misma forma que un escultor cuenta con las herramientas y los conocimientos adecuados para poder forjar una hermosa escultura a partir de un pedazo de piedra o madera. Además, el creyente no parte de cero a la hora de esculpir la talla, cuenta con el modelo y ejemplo de la vida y obra del Profeta Muhammad ﷺ, algo que facilita el trabajo.

Gracias a la **Unicidad de Allah** ﷻ, el musulmán evita caer en pensamientos divergentes y puede concentrarse en la realidad final. Su concentración se enfoca y gira solo en torno a un centro fijo. Gracias a la ***sālah*** diaria, se dota de humildad, mansedumbre y modestia. Gracias al **ayuno**, aprende a apreciar su vida y a agradecer a Allah ﷻ sus bendiciones, preocupación por los menos afortunados y cuidado hacia los demás. Aprende a controlar sus deseos, a fortalecer su cuerpo y a alimentar su alma. Vive una vida monacal sin apartarse de la sociedad. Se fortalece y vuelve más resistente pudiendo afrontar así las circunstancias más adversas.

Gracias a la donación de ***zakāh***, purifica su corazón del apego a la riqueza material. De esa forma reprime la codicia y la avaricia. Se libera de la esclavitud del mundo material mientra se reafirma en la creencia de que no existe más riqueza que la recompensa en la otra vida. Gracias al **Hajj**, se da cuenta de que no es diferente a los demás y que su dinero, e incluso su propia persona, no son más que bienes al servicio de Allah ﷻ. Se concentra en acercarse a Allah ﷻ y en complacerle. De forma sincera se encamina hacia el éxito definitivo y se ofrece a si mismo a Allah ﷻ y a Su Profeta ﷺ.

Gracias a la ejecución de los diferentes tipos de ***jihad***, se salva y se protege a si mismo de los males del hombre y de Satanás, estableciendo paz y justicia para todos. Perfecciona su ser interior por medio de la introspección continua. Se esfuerza por el éxito de otros congéneres, que es lo que más importa en el tribunal de Allah ﷻ, por encima de las energías, el tiempo, las riquezas e incluso el propio ser. Por lo tanto, se convierte en un verdadero amigo de la humanidad y en portador de la antorcha del éxito.

Gracias al perdón y a la humildad supera la arrogancia y el orgullo. Mediante la paciencia construye resistencia. Mediante la creencia y la confianza en Allah ﷻ alcanza la rectitud. Mediante el agradecimiento, se vuelve consciente de los favores de Allah ﷻ y de los demás. Gracias al control de la ira, los deseos impuros y los impulsos sexuales, se salva de caer por debajo de la condición animal. Gracias a la simplicidad, se salva de competir con los demás y evita la esclavitud de la sociedad, disfrutado así del verdadero sabor de la vida. Gracias al cumplimiento de promesas y contratos, se hace digno de respeto y confianza.

Gracias a que cumple con los derechos de los demás, es justo y erradica las injusticias, se alía con los justos, condena la crueldad, la opresión, la tiranía y otras prácticas similares; alcanza el estatus más elevado en la sociedad y se convierte en su salvador. La simpatía, la amabilidad, la predisposición, la compasión, el cariño y el respeto, hacen que sea querido por la gente. En última instancia, gracias a la excelencia en la comisión de buenas acciones, se acerca más y es más querido por Allah ﷻ.

Cuando la gente ve a ese *momin* (creyente), que tan delicadamente ha tallado esa escultura encarnación de cualidades superiores, lo distingue de los otros trozos de carne. Inmediatamente se siente atraída por él, comienza a imitarlo, a ofrecerle lealtad y a seguir su ejemplo. Se convierte en líder y comienza a gobernar los corazones, por encima de lo físico.

Llegar a ser *momin* es el verdadero propósito para el que el hombre fue creado. El *momin* es vicegerente de Allah ﷻ en la tierra, tal y como dice el sagrado Corán. Se gana el favor de Allah ﷻ y finalmente es colocado en un pedestal en el Más Allá. A través del Islam, es lo que Allah ﷻ quiere que seamos.

Llegados a este punto, usted puede preguntarse con sorpresa, ¿todos los musulmanes obran así? Bueno, ¿qué puedo decir aparte de que este libro no versa sobre los musulmanes, sino sobre el Islam? De esa forma, tras leerlo, usted podrá decidir por si mismo. Sólo puedo decir, a partir de mi experiencia personal, que cientos de millones de musulmanes siguen el Islam de la mejor manera que permiten sus conocimientos, creencias y habilidades. Allah ﷻ sólo los juzgará según sus intenciones y posibilidades. Por supuesto que hay "ovejas negras" en todas partes. Entre los musulmanes, los hay que no sólo violan de forma evidente los principios islámicos y chocan frontalmente con los mandamientos del sagrado Corán, sino que también lo desfiguran y manipulan por razones personales y políticas. Esos hipócritas lo hacen bien en nombre de la moderación, del revivalismo, del fundamentalismo o cualquier otro –ismo.

La presencia y el comportamiento de esas ovejas negras, hipócritas, *fāsiqs* (transgresores) y *fājirs* (pecadores) en todos los extractos de la sociedad no debe ser motivo para no practicar o rechazar el Islam. Hasta cierto punto, puedo entender la "islamofobia" que originan ciertos individuos que se autoproclaman musulmanes, pero estoy seguro de que no existen ninguna justificación para esa "islamofobia". Ciertos asuntos requieren un conocimiento real del Islam y la asimilación de sus principios para ser juzgados con propiedad.

Un aspecto singular del Islam es que todo el mundo tendrá que responder de sus actos y de cualquier daño que haya podido causar el Día del Juicio. Nadie se hará responsable de terceros ni podrá escaparse culpando a otros de sus decisiones y elecciones. Qué Allah ﷻ nos bendiga a todos.

CAPÍTULO 10

El Concepto Islámico del Más Allá

A LO LARGO DE ESTE LIBRO, hasta el momento, usted ha encontrado expresiones como "Más Allá", "día del Juicio Final" y "el otro mundo", y probablemente esos conceptos ya le resultaban familiares. En este capítulo, vamos a entrar en detalle en el porque esos conceptos son fundamentales para el Islam. El momento inmediatamente posterior a la muerte, el Día del Juicio, la rendición de cuentas, la vida eterna en el Cielo o en el Infierno y todo lo que viene después forma parte del Más Allá.

Según el Islam, cuando una persona deja este mundo entra en el otro mundo. El cuerpo se queda aquí, de una forma u otra, y el Malak-ul-Maut (Ángel de la Muerte) extrae el *ruh* (*alma*) para llevarlo al *A'lam-e-Barzakh* (estado/punto/lugar transitorio).

Tanto si el cuerpo es enterrado como eliminado por otros medios, los conocidos como ángeles Munkir-Nakir conducen al difunto al *A'lam-e-Barzakh* donde le formulan tres preguntas relacionadas con sus creencias. Si la persona responde a las tres preguntas correctamente, la estancia en el periodo/lugar transitorio se hace cómoda, si las respuestas son incorrectas la estancia estará acompañada por el dolor y el sufrimiento. Sólo se pueden recordar las respuestas correctas si se ha vivido de acuerdo y se han puesto en práctica las creencias sobre las que se pregunta.

No importa si el cuerpo ha sido enterrado bajo tierra o si se encuentra en cualquier otro lugar, independientemente de su estado permanece conectado con el alma que se encuentra en el *A'lam-e-Barzakh*. Si el alma está en paz, el cuerpo permanece tranquilo y siente placer; si el alma está atormentada, el cuerpo siente un terrible dolor y sufrimiento.

La muerte es el proceso de separar el alma del cuerpo y no es más que la forma de transportar el alma al estado transitorio que dura hasta el Día del Juicio. El cuerpo humano se desarrolla en la tierra y tras la muerte, se queda en la tierra, en un estado u otro. El alma tiene su origen en el *A'lam-e-Arwah* ("el mundo de los espíritus" donde las almas permanecen desde su creación). La hora de la muerte está prefijada y el Malak-ul-Maut (Ángel de la Muerte) nunca llega tarde o antes de lo previsto, pudiendo estar en muchos lugares al mismo tiempo. Las tres preguntas que formula en la tumba son:

1) ¿Quién es tu Señor?

2) ¿Cuál es tu religión?

3) ¿Qué dices de este hombre? (señalando al Profeta Muhammad ﷺ) [Mishkat]

El que responde a las dos primeras preguntas con "Allah ﷻ " y el "Islam" y en respuesta a la tercera pregunta reconoce en el hombre que se señala al Profeta Muhammad ﷺ, pasa la prueba y permanece en paz. Al que no responde correctamente las preguntas se le deja sufriendo dolor.

Toda alma permanece en el *A'lam-e-Barzakh* hasta el Día del Juicio. Cuando llegue ese día, el Ángel Israfil ؑ soplará su *sūr* (trompeta) con lo que todos los que están vivos morirán y los demás serán "elevados". El sagrado Corán dice:

> Será soplada la trompeta y todos los que estén en los cielos y en la Tierra perecerán – excepto quien Allah quiera; luego será soplada por segunda vez y entonces se pondrán de pie y mirarán... • [39:68]

Entonces, todos se reunirán en el Mahshar frente al trono divino. A todos se les dará el registro de sus acciones para que sean sopesadas. Aquel cuyas buenas acciones pesen más que las malas se encontrará entre los exitosos y entrará en el Paraíso. Aquel cuyas malas acciones pesan más que las buenas se encontrará entre los perdedores y será arrojado al infierno.

En el Islam, para que un buen acto sea considerado una 'buena acción' y pueda ser recompensado en el Más Allá se requiere tener *iman* (fe) como requisito previo. Es más, tal y como explica el Islam, *iman*, en si mismo, es lo más virtuoso y lo que más cuenta, mientras que los actos más pecaminosos son los de *kufr* (infidelidad) y *shirk* (politeísmo). En el Más Allá, no existe la muerte. De hecho, "la muerte" morirá y el concepto de muerte desaparecerá. Por eso, la vida en el Cielo y en el Infierno será eterna e infinita. El sagrado Corán dice que el Día del Juicio durará el equivalente a 50.000 años terrestres [70:4].

La creencia en el Día del Juicio y en el concepto de Más Allá, incluyendo la resurrección, es fundamental para el sistema de creencias islámico. El concepto de Más Allá y de rendición de cuentas, tal y como se presenta en el Islam, asegura que los valores espirituales y morales son preservados y respetados por los creyentes. El miedo a las dolorosas consecuencias de un comportamiento criminal reduce la criminalidad y las posibilidades de que se cometan actos delictivos. Mientras exista la más ligera posibilidad de eludir un castigo o una pena de prisión, las personas con mentalidad criminal seguirán cometiendo delitos. Pero como nadie puede eludir la justicia de Allah ﷻ ni escapar de la rendición de cuentas el Día del Juicio, los buenos musulmanes bien se cuidan de no violar los mandamientos de Allah ﷻ.

Las leyes hechas por los hombres no garantizan una protección eficaz ante el crimen, simplemente porque las autoridades no pueden tener vigilados a los infractores en todo momento. Las leyes hechas por los hombres son intrínsecamente débiles y debido a las inevitables lagunas legales no siempre son efectivas, dando como resultado una aplicación parcial de la justicia. Además, a diario se comenten muchos crímenes, que salen a la luz o permanecen ocultos, que escapan a leyes hechas por los hombres; eso por no hablar de las debilidades en la aplicación de los castigos. En ocasiones, aquellos que violan los derechos humanos son tan poderosos que ni tan solo pueden ser llevados ante la justicia.

Sin embargo, el Día del Juicio, se administrará justicia divina y todas aquellas víctimas de un delito a las que se le privó de justicia serán compensadas. Allah ﷻ es el mejor de todos los legisladores, y nadie puede escapar de su jurisdicción. Sus leyes son para todos y no hay lagunas en ellas. Por lo tanto, nadie podrá escapar al justo castigo por sus crímenes o pecados. Allah ﷻ es Todopoderoso. El día del Juicio, todos serán desprovistos de su poder y nadie podrá impedir que Él ordene los castigos y justas compensaciones que correspondan. Él es Todo-Conocedor y registra cada acción. No habrá prueba que pueda ser impugnada en Su corte. En resumen, prevalecerá la justicia y el que no recibió justicia o no fue llevado ante los tribunales en vida recibirá justicia el Día del Juicio.

> El día que cada alma, frente a frente, vea el registro del bien y el mal que haya cometido, deseará que se interponga una gran distancia entre sus malas acciones y ellos ... • [Corán 3:30]

Pero el Día del Juicio no sólo está para que las almas rindan cuentas, si no también para compensar a los fieles. Los que siguieron el camino correcto, reprimieron sus deseos impuros para complacer al Señor, sacrificaron sus deseos mundanos por amor al Señor, sirvieron a la humanidad siguiendo las normas establecidas por Allah ﷻ, cumplieron todas sus obligaciones con el Señor y con Sus criaturas y realmente observaron Sus mandamientos serán compensados en ese momento.

Los siguientes son algunos versículos del sagrado Corán sobre el Día del Juicio y el Más Allá.

> "¿Acaso creíais que os creamos sin ningún propósito, y que no ibais a comparecer ante Nosotros?" • [23:115]

> Y no invoques nada ni a nadie junto con Allah. No hay más divinidad que Él. Todo ha de perecer excepto Su ser. Suyo es el juicio y ante Él compareceréis. • [28:88]

> Reuniremos a los creyentes con sus descendientes que les siguieron en la fe. No les desmereceremos sus obras en nada. Toda alma será responsable de sus propias acciones. • [52:21]

Conocer lo que Allah ﷻ, nuestro Creador, nos ha revelado sobre la rendición de cuentas nos causa temor, lo que a su vez nos lleva a hacer lo justo y correcto conduciéndonos así al éxito y al reconocimiento. Efectivamente el conocimiento islámico nos hace temer, pero ese miedo nos conduce a actuar de forma correcta y, en última instancia, a alcanzar el éxito definitivo. Por ejemplo, detenemos nuestro coche ante un semáforo en rojo porque tememos la ley – tememos que nos hagan pagar una multa y que nos quiten puntos de nuestro carné. Sentimos temor porque somos conscientes de las consecuencias que acarrean nuestras acciones. Cuando la aplicación de la ley es laxa, la gente no se detiene ante la luz roja de los semáforos porque no teme las consecuencias. Sin duda, no escasean aquellos ciudadanos –mejores ciudadanos– que se detienen ante las luces rojas y respetan las normas guiados por el deseo de proteger a los demás. Pero el resto de los ciudadanos, necesitan temer las consecuencias de sus acciones para respetar la ley.

El Islam hace una labor estupenda interponiendo la gran barrera disuasoria que implica el Día del Juicio. De esa forma mantiene a la gente en los límites del camino correcto. Desafortunadamente, muchos musulmanes hoy en día no se sienten disuadidos y eso no ha hecho más que provocar mucha inquietud entre ellos mismos y los demás. Pero los musulmanes tampoco podrán escapar de la justicia de Allah ﷻ el Día del Juicio en que se impartirá justicia para todos sin tratos especiales para nadie, aun menos para aquellos que han sido injustos con los demás. Allah ﷻ dice en el sagrado Corán:

> ¡Oh, fieles creyentes! Temed a Allah, y que cada alma considere cuánto ha realizado para el mañana. Temed a Allah, porque Allah está bien informado de cuánto hacéis. • [59:18]

> ¿Acaso no es hora de que los creyentes subyuguen sus corazones a la memoria de Allah y a la Verdad que ha sido revelada y de que no se asemejen

a quienes recibieron el Libro anteriormente? A éstos, a medida que transcurría el tiempo se les endurecía el corazón. Y por cierto que muchos de ellos eran corruptos. • [57:16]

[Éstos] estarán en los jardines, y se preguntarán • de los pecadores, • "¿Qué es lo que os condujo al fuego del Infierno?" • Ellos responderán: "no nos contábamos entre los que oran • no dábamos de comer al pobre, • discutíamos y refutábamos injustamente • y desmentíamos que llegaría el Día del Juicio, • Hasta que nos llegó la muerte" • A éstos no les beneficiará intercesión alguna. • [74:40-48]

Algunas personas tienen dificultad para creer que puedan revivir después de haberse convertirse en polvo y en otras partículas dispersas en la tierra. Esas personas no deberían olvidar que Allah ﷻ nos creó una vez de la nada, pero la segunda vez por lo menos contará con nuestras partículas. Hacer algo por primera vez es más difícil que hacerlo por segunda vez. Él es nuestro Señor, es Todopoderoso y posee un poder ilimitado.

Él puede y sin duda nos traerá a la vida de nuevo para impartir justicia y administrar justos castigos el Día del Juicio. Allah ﷻ revela:

Y nos propone ejemplos olvidando cómo ha sido creado y dice: "¿Quién dará vida a los huesos cuando estén ya carcomidos?" • Dile: "Les dará vida Quien los creó por primera vez; pues Él tiene conocimiento de todo" - • Él es Quien hace que podáis encender fuego del árbol verde • - ¿Acaso Quien creó los cielos y la Tierra no podrá crear (un ser humano) nuevamente? ¿Por qué no? Él es el Creador, Omnisciente. • Ciertamente cuando decide decretar algo dice: ¡Sé!, y es. • Glorificado sea, pues, Aquel en Cuya mano recae la soberanía de todas las cosas, y ante Él compareceréis. • [Corán 36:78-83]

Cientos de versículos del sagrado Corán advierten que nos tomemos en serio este importante asunto y que no lo pasemos por alto. Allah ﷻ nos ha hecho un gran favor y nos muestra su bondad al advertirnos sobre el Día del Juicio. Él no es cruel ni un tirano. Miles de signos y profecías que se están cumpliendo demuestran que en Fin del Mundo se acerca. Todo lo que tiene un principio tiene un fin. Pero si todo terminara sin más, este universo entero no sería más que un gran desperdicio. Sin un propósito final, semejante creación sería un absurdo. Allah ﷻ no crearía nada sin razón alguna.

Detrás de lo "oculto" se esconde sabiduría, una gran recompensa aguarda a aquellos que creen en lo invisible. En el momento de la muerte, nada quedará oculto – adquirir la fe en ese momento resultará inútil e inaceptable. Es más, admitir la verdad el Día del Juicio no servirá absolutamente para nada.

El Cielo es la morada de los creyentes y el infierno la de los no creyentes. Ésta es la ley del Señor, que no comete injusticia con nadie. Él no tiene nada que ganar o perder. Él nos ha dado todas las opciones y nos ha equipado con todas las herramientas y conocimientos necesarios para elegir y tomar nuestras decisiones con sabiduría. Nuestro destino está ahora en nuestras propias manos. Nadie será víctima de la injusticia. Al fin y al cabo, cada uno de nosotros es Su criatura y Él es nuestro Señor.

CAPÍTULO 11

El Rol y la Importancia de la Intención en el Islam

LAS INTENCIONES TIENEN GRAN IMPORTANCIA EN EL ISLAM, según un *hadīth* muy famoso, "las acciones se basan en la intención", es decir que los actos son juzgados por Allah ﷻ en base a la intención con la que se ejecutan. La acción tiene una importancia secundaria. Es decir, la intención pesa más que el acto en sí y Allah ﷻ es, precisamente, consciente de las intenciones de cada uno.

Muchos estudiosos del Islam confirman ese *hadīth* y creen que es medio Islam: de lo que hay en el Islam la mitad está contenido en ese *hadīth*. Algunos incluso afirman que ese *hadīth* resume toda la filosofía del Islam y lo llaman *Ummul-Ahadīth* (La Madre de Todos los *Hadīth*) [Bukhari]. Por lo que yo sé, no existe otra religión con una declaración que diga tanto en tan pocas palabras.

La intención es la idea o el conjunto de ideas que se nos ocurren antes de llevar a cabo una acción. Por ejemplo, la idea de difundir los conocimientos del Islam y de defender mi religión que se me ocurrió antes de comenzar a escribir este libro con la intención de complacer a Allah ﷻ. Según el Islam, todo lo que se emprende con la voluntad de complacer al Señor se considera una forma de culto a Allah ﷻ y se convierte en una buena acción. El objetivo final del *momin* (fiel musulmán) es buscar la complacencia de Allah ﷻ a través de todas sus acciones. Por lo tanto, dada mi sincera intención de complacer a Allah ﷻ tengo la esperanza de que se me conceda esa recompensa al escribir este libro.

Si mi intención con este libro fuera ganar fama y/o dinero no podría aspirar a obtener Su complacencia, porque ni tan sólo tendría la intención de obtenerla. Podría ganar fama y dinero como consecuencia de mi deseo de fama y riquezas, pero entonces no merecería recompensa alguna en el Más Allá, esta acción no contaría como una buena acción y no sería aceptada por Allah ﷻ.

Un famoso ejemplo para explicar esto es el del musulmán que un día, de forma boba, pero con buena intención, clavó unas estacas frente a un *masjid* (mezquita) para que los fieles pudieran atar sus caballos y así rezar en paz sin preocuparse por sus animales. Pero en lugar de eso, la gente comenzó a tropezar con ellas. Aunque podía haber pensado en la posibilidad de que la gente se hiciera daño, fue recompensado por su buena intención. Por otro lado, alguien a quién no le gustaban los musulmanes puso estacas en otra entrada con la intención de que los fieles se hicieran daño. Pero los fieles ataron sus animales a ellas y nadie salió herido. Esa persona, sin embargo, no merecía recompensa alguna debido a su mala intención, aunque esa acción beneficiara a los fieles.

La persona con intención de complacer al Señor durante su corta vida lo hará y continuaría haciéndolo si se le permitía vivir para siempre. La persona sin esa intención continuará viviendo sin complacer al Señor por mucho que viva. La recompensa o castigo en la vida eterna en el Más Allá es un reflejo del tipo de vida que se vive aquí en la Tierra. Por ejemplo, como estudiantes, estu-diamos durante un semestre o un año entero, pero los exámenes que mar-can nuestro futuro, determinado nuestro éxito o fracaso, apenas duran unas horas.

Esta vida es la prueba para los seres humanos. Todas las instrucciones necesarias han sido proporcionadas. Si nuestra intención durante los pocos años de vida con los que contamos es agradar al Señor, pasaremos la prueba. Las recompensas por nuestras buenas acciones durante esos pocos años serán eternas. Si nuestras intenciones no son buenas, entonces estaremos eternamente condenados. La intención es el factor decisivo que determina nuestro lugar en la eternidad. Por supuesto, nadie va a ser puesto a prueba eternamente para decidir si es recompensado o castigado en la eternidad.

Un ejemplo, un millonario puede donar millones a caridad, pero si su intención no es complacer a Allah ﷻ no obtendrá recompensa alguna de Allah ﷻ. En cambio, la persona pobre que dona aunque sólo sean unos pocos dólares, si es con la intención de complacer a Allah ﷻ recibirá abundantes recompensas por su intención.

Los seres humanos poseen una inteligencia singular y pueden engañar con éxito a los de su propia especie. Con demasiada frecuencia, con gran habilidad, pueden ocultar las verdaderas intenciones de sus sucias mentes, secretos y agendas egoístas. Con las palabras y los gestos saben como presen-tarse a si mismos de forma convincente comunicando su mensaje de forma que nadie se de cuenta de que es erróneo. Creemos que esos grandes oradores y líderes trabajan a favor de nuestro beneficio y los coronamos como salvadores, pero sólo al final, y eso si tenemos suerte, descubriremos sus verdaderas intenciones.

Las intenciones están profundamente arraigadas en la mente, y sólo Allah ﷻ las conoce de verdad. Por eso, a pesar de que las intenciones son cruciales en el Islam, no se permite juzgar a nadie a menos que esas inten-ciones sean obvias. Los musulmanes sólo deben prestar atención a las acciones de las personas. Deben apreciar el buen trabajo, aceptar aquello que parece bueno, y dejar el juicio de las intenciones a Allah ﷻ, el Omnisciente. Él se encargará de juzgar las intenciones de la gente premiándolas o castigándolas según corresponda. Lo único que debemos saber es que en el Islam un buen acto se convierte en una buena acción sólo cuando se lleva a cabo con la intención de complacer a Allah ﷻ aplicando lo mejor que pueden ofrecer nuestros conocimientos y creencias.

El Islam exige a sus seguidores que ejecuten cada deber con el Señor y con las demás personas guiados por la más sincera intención de complacer a Allah ﷻ. Dado que las intenciones se arraigan en lo más profundo de la mente humana, no es posible reconocerlas al instante, sin embargo, pueden deducirse a partir del estudio minucioso de las acciones, las conductas y sus resultados.

El criterio islámico es que una buena acción debe ir precedida por la intención de complacer a Allah ﷻ para ser incluida en la lista de buenas acciones. Igualmente, muchos errores pueden ser perdonados si no se cometieron con la intención de violar los mandamientos de Allah ﷻ. Si realmente hubiera sido un ser humano el que inventó el Islam, no habría requerido la condición de la intención porque no la habría podido verificar. Sin embargo, dado que existe

Allah ﷻ con todos Sus atributos, y dado que el Islam es Su guía para la humanidad, esa condición es absolutamente esencial para poder premiar o castigar.

La demanda de la intención de complacer a Allah ﷻ que exige el Islam a los musulmanes es una de las pruebas evidentes que demuestran que el Islam es una religión celestial que no pudo ser propuesta o inventada por un ser humano. Una personalidad como Muhammad ﷺ no tenía la necesidad de incluir el concepto de que las acciones debían partir de la intención. Si el Islam hubiera sido una creación suya le habría bastado con que los musulmanes lo siguieran y difundieran. No habría sido necesario exigir la intención de complacer a Allah ﷻ. Pero la intención del Profeta ﷺ era unir a los seres humanos con Allah ﷻ. Por lo tanto, era necesario hacer hincapié en el concepto esencial de que sus seguidores complacieran a Allah ﷻ para que así pudieran alcanzar el éxito definitivo.

Una de las grandes ventajas de actuar con la intención de complacer a Allah ﷻ es que si nuestros esfuerzos (a través de nuestras acciones) resultan exitosos, no nos volvemos arrogantes o ingratos, no acabamos envueltos en actividades ilícitas ni exigimos recompensas a nuestros semejantes, porque lo hicimos con la única intención de complacer a Allah ﷻ. Por otro lado, si por alguna razón fallamos en la consecución de nuestras ambiciones o en nuestras luchas no nos sentiremos desanimados o deprimidos. Aun no habiendo sido capaces de lograr aquello por lo que luchábamos, ya sea debido a nuestras limitaciones, a circunstancias imprevistas o a que, tal vez, aquello por lo que luchábamos no formaba parte de los planes de nuestro Señor, Él nos recompensará por nuestra intención de buscar su complacencia a través de nuestros esfuerzos. Allah ﷻ recompensa las buenas intenciones, incluso cuando las acciones no se materializan.

Luchar por nuestros objetivos y alcanzar nuestros objetivos son dos cosas diferentes. Nuestro único deber es luchar, el triunfo o el fracaso está en manos de nuestro Señor.

CAPÍTULO 12

Libre Albedrío y Compulsión en el Islam

HUMANOS Y GENIOS SON LAS ÚNICAS CRIATURAS a las que el Creador concedió "libre albedrío" El libre albedrío es una herramienta muy poderosa y el hecho de que los humanos lo posean demuestra claramente que a los humanos se les encomendó un propósito especial que no se encomendó a otras criaturas. El hecho de que ninguna otra criatura, a excepción de los humanos y los genios, posea libre albedrío hace que los humanos sean muy superiores y dominen sobre el resto de las criaturas. Se dice que el universo, de una forma u otra, está al servicio del hombre y el propósito especial del hombre es servir a Allah ﷻ. Sin duda, tal y como ya se ha expuesto, la adoración es el servicio a Allah ﷻ.

Según muchos diccionarios, "albedrío" se define simplemente como la facultad de tomar una elección o decisión o la capacidad mental deliberada de decidir el curso de una acción. El libre albedrío se define como la capacidad de tomar decisiones sin la participación de condicionantes previos o de la intervención divina.

El hecho de que Allah ﷻ dotara al hombre con la facultad del libre albedrío es prueba suficiente de que Allah ﷻ no obliga a los hombres a nada. Si no se hubiera concedido a los hombres libre albedrío, no tendría sentido alguno ponerlos a prueba ni sería necesario del Día del Juicio para premiarlos o castigarlos. Al dotarlo de libre albedrío para poder decidir, Allah ﷻ justifica el hecho de ponerlos a prueba. Es sobre esa base que Él premia o castiga.

Uno de los principales propósitos del Día del Juicio es determinar cómo empleó cada individuo su libre albedrío. Si el libre albedrío de los hombres fuera intervenido, aunque solo fuera por un minuto, o si a los hombres se les obligara a seguir un camino preestablecido, entonces no sería posible "probarlos" ni "compensarlos o castigarlos". Por lo tanto, no hay coerción, coacción o interferencia con la voluntad humana.

Allah ﷻ transmitió Su guía a la humanidad por medio de los profetas y finalmente la completó en la forma del Islam, a través de Muhammad ﷺ, Su último profeta. Allah ﷻ da a los hombres la oportunidad de elegir entre el bien y el mal haciendo uso de su libre albedrío sin ningún tipo de coacción. Pero aquel que elige sabiamente creer en la verdad definitiva, encaminarse al éxito definitivo, complacer al Todopoderoso, reconocer a Sus profetas, convertirse en musulmán, someter su voluntad a la volunta de Allah ﷻ y lucir la medalla de la servidumbre al Todopoderoso, se beneficia a si mismo eternamente.

'Islam' significa rendirse e inclinarse ante, no las piedras o los árboles, no las estrellas o el sol, no los animales o el fuego, sino ante Allah ﷻ Todopoderoso, el Creador de todas las cosas. No podemos ver a Allah ﷻ , ser testigos de Su majestuosidad u observar de forma directa Su ilimitado poder y cualidades. Por lo tanto, es difícil rendirse a Él a no ser que sea través de actos de fe y desde lo más profundo de nuestros corazones. Ni la compulsión ni la coerción resultan eficaces en el proceso de rendición.

Diciendo "no hay más dios que Allah, Muhammad es el profeta de Allah", los musulmanes firman por voluntad propia un contrato con Allah ﷻ. Entonces, al estar sometidos a un contrato, renuncian voluntariamente a su libre albedrío y eligen consagrase a la complacencia de Allah ﷻ. Se acaba el egoísmo y el "a mi manera". A partir de ese momento deben cumplir todas las reglas del Islam, y si no lo hacen, sufrirán el castigo por haber incumplido el contrato que firmaron por voluntad propia. El resto de la humanidad aún conserva su libre albedrío para decidir si elige o no el Islam. Pero, según el Islam, la única decisión sabia es no rechazar la llamada de los profetas y la guía de Allah ﷻ. Eso al final solo comporta sufrimiento. Creo que es justo, pero ¿quién podría ser más justo que nuestro Señor?

El tipo de obediencia que merece Allah ﷻ y que conduce al éxito definitivo no puede alcanzarse a no ser que se abrace el Islam por voluntad propia. Si alguien abraza el Islam presionado por la espada, o por cualquier otro tipo de coacción, no se dará la verdadera sumisión que requiere el Islam. Y en caso de producirse algún tipo de sumisión, ésta no perdurará.

A diferencia de los animales, los humanos requieren valores morales para sobrevivir. El tipo de sociedad que el Islam pretende construir y los valores morales que defiende no se pueden lograr mediante la coacción. Por ejemplo, el amor, la fraternidad, la unidad, la piedad, la generosidad, el perdón, la bondad, la sencillez, la cooperación, la abnegación, la caridad, la castidad y la tolerancia son valores que no se consiguen mediante la coerción. En realidad, la coerción choca frontalmente con el propósito del Islam.

El abuso de poder y la coacción no suelen ser efectivos por mucho tiempo. Los corazones de la gente sólo pueden conquistarse de forma permanente con amor y compasión. Una persona inteligente no espera obtener nada material de los demás después de su muerte, menos aun siglos más tarde. Por lo tanto, no fue por un motivo personal que el Profeta ﷺ conquistó los corazones de la gente con amor. Por eso la gente se unió por propia voluntad al 'gran propósito'. La misión principal de Muhammad ﷺ era conectar la humanidad con Allah ﷻ. Eso sólo podía lograrse con amor. Él nunca recurrió a la fuerza o la coerción sino el poder del amor y de la verdad, lo mismo que hicieron sus auténticos seguidores.

El Islam no pretende simplemente aumentar su número de seguidores, sino que lo que quiere es que la gente alcance el éxito tanto aquí como en el Más Allá. El hecho es que el Islam no nos necesita, nosotros necesitamos el Islam. Para que los cambios sean perdurables en la vida humana se requiere la aceptación voluntaria de corazón. A través de la coerción, lo único que se puede conseguir es una aceptación verbal. Pero lo más importante que exige el Islam que es la aceptación y certificación de corazón no se puede conseguir así [Bukari].

De acuerdo con las enseñanzas del Islam, Allah ﷻ desaprueba las acciones de los alborotadores y maliciosos. Eso muestra claramente que Allah

ﷻ desaprueba la coacción y la imposición. Él quiere que la gente elija de acuerdo con su propia voluntad en lo que se refiere a la aceptación del Islam. Cientos de versículos del sagrado Corán permiten deducir claramente ese mensaje.

En el comienzo mismo del Corán, los musulmanes son dirigidos a iniciar su recitación con:

> "En el nombre de Allah, Clemente, Misericordioso."

En otro versículo, Allah ﷻ dice:

> ... No imponemos a nadie una carga mayor de la que puede soportar... • [6:152]

Según dos *ahadīth* del Profeta ﷺ:

> Allah no derramará Su misericordia sobre nadie que no sea amable con los demás. [Bukhari]

> La marca de un *momin* (fiel creyente) es que se comporte bien con sus vecinos (tanto musulmanes como no musulmanes). [Bukhari]

En otro versículo, Allah ﷻ ordena:

> ... sed benevolentes con vuestros padres, con vuestros parientes, con los huérfanos, con los necesitados, con los vecinos que son parientes y con los que no lo son, con el compañero y el viajero insolvente... • [4:36]

En otro punto del Corán, Allah ﷻ describe un *momin*:

> Y los siervos del Misericordioso son aquellos que caminan sobre la Tierra con serenidad y humildad, y cuando son increpados por los ignorantes responden: "Que la paz sea contigo" • [25:63]

Estos versículos y *ahadīth* son sólo algunos ejemplos que indican claramente que la bondad es la mejor virtud: ser bondadoso es muy deseable en el Islam. Si una persona es bondadosa, ¿cómo va a ser coercitiva? Si alguien predica la bondad, no hay lugar para la coerción. La guía de Allah ﷻ está llena de bondad; por lo tanto, el Islam está libre de coacción. Lo cierto es que la compulsión y la coerción suprimen el libre albedrío. Entonces, si Allah ﷻ nos dotó con libre albedrío, ¿por qué iba a suprimirlo?

Uno de los mandamientos más importantes revelado por Allah ﷻ es:

> Convoca al sendero de tu Señor con sabiduría y bellas palabras. Arguméntales de la mejor manera... • [16:125]

Dado que Allah ﷻ ordena a sus creyentes que llamen a la gente a seguir Su camino con las mejores maneras, no está llamando a que se imponga Su guía a la fuerza.

En un versículo muy hermoso, Allah ﷻ dice:

> Nadie está forzado a seguir la *deen* (modo de vida). Sin duda, la guía se ha diferenciado del desvío... • [2:256]

Nadie está forzado a seguir el Islam. Esto significa que las personas que viven en un país o sociedad islámica no están obligadas a abrazar el Islam.

La Cuestión de la *Irtidad* en el Islam

Irtidad significa apostasía. Un *murtad* es un apóstata, alguien que regresa a estado de *kufr* (infidelidad) después de haber sido musulmán. Muchos han oído hablar del duro castigo para la *irtidad* que además es cierto. El propio Allah ﷻ proporciona un severo castigo al *murtad*, tanto en este mundo como en el Más Allá. Por supuesto, nadie está obligado a entrar en el Islam, pero una vez que se entra la historia cambia. Al abrazar el Islam, la persona reconoce a Allah ﷻ, somete su voluntad a la de Allah ﷻ y, literalmente, firma un contrato en el que promete cumplir Sus mandamientos. Cualquier violación de los principios islámicos es una violación de dicho contrato y Allah ﷻ castiga esas violaciones.

Llegados a este punto alguien puede preguntarse, dado que existe el libre albedrío, ¿cómo puede ser alguien castigado por apóstata? No se condena a la pena capital al *murtad* porque no existe la coerción en el Islam. Pero si el *murtad* denuncia el Islam públicamente, difama el Islam a propósito, causa disturbios o declara la guerra al Islam sin arrepentirse tras repetidas advertencias, entonces puede ser condenado a la pena capital. Todo aquel que de forma intencionada maquina para provocar la inestabilidad y comete actos de tracción declarando la guerra al estado islámico es punible mediante la debida aplicación de la ley.

El hombre dispone de libre albedrío y cuando entra en el redil del Islam, que es algo que se hace por el propio bien, se beneficia de él. Por el mismo acuerdo, si decide abandonar el Islam por propia voluntad, decide contarse entre los perdedores finales según el decreto divino. Puesto que no hay coacción en el Islam, nadie puede ser forzado a abrazarlo, a permanecer en él o a salir de él. Uno ni siquiera puede ser castigado por abandonar el Islam. El ex-musulmán no es castigado por *irtidad* sino por traición en el caso de que llegue al extremo de cometerla.

No existe ningún registro histórico que testifique que el Profeta Muhammad ﷺ ejecutara a alguien por *irtidad* (apostasía). Sin embargo, un *hadīth* dice que el *murtad* que declara la guerra al estado islámico merece la pena capital [Bukhari]. El crimen aquí es la traición al estado, no la apostasía. La pena de muerte por el delito de traición a la patria no es exclusiva del Islam, se aplica en todo el mundo, incluso en los Estados Unidos.

Según el Islam, cuando la gente lo abraza despierta a la vida, regresa a casa y se cobija bajo la gracia del Todopoderoso, pero cuando se abandona, se pasa a ser un *murtad* sin vida que pierde el cobijo de la paz y la gracia del Sparaguas de Allah ﷻ. El Islam no es indiferente cuando se trata de llevar ante la justicia a los traidores. Sin embargo, el camino del arrepentimiento siempre permanece abierto para todo el mundo hasta el último aliento de vida. Por lo que concierne al Islam, el arrepentimiento es posible hasta que el ángel de la muerte es claramente visible. En ese momento las puertas del arrepentimiento se cierran para todos.

¿Qué Sentido Tiene el Libre Albedrío?

ALGUNOS SE PREGUNTARÁN, ¿qué sentido tiene el libre albedrío si al final la única elección es elegir entre el Islam o sufrir en el Más Allá? Puesto que no hay más alternativa, ¿dónde está realmente la libertad de elección? ¿No es una imposición el Islam?

La libertad de elección implica que somos libres para elegir una de estas dos opciones: seguir el camino de Allah ﷻ que conduce al cielo o seguir el otro camino que conduce al Infierno. No es posible elegir el camino del *kufr* (infiel) y ganar el Cielo en la otra vida. No se pueden tomar los caminos a medias. Es obligatorio quedarse con todo el conjunto, no sólo con lo que más nos gusta. Allah ﷻ no revela el concepto del Infierno para que la gente elija el Islam en esta vida. Simplemente muestra los dos caminos posibles y sus respectivos destinos.

La misericordia y bondad de Allah ﷻ es que nos informa de los dos caminos para que podamos elegir con sabiduría. Allah ﷻ no pone obstáculos en nuestro camino, ni siquiera en el de aquellos que eligen el camino que conduce al Infierno. Dado que conocemos bien los dos caminos y sus destinos, está más que justificado que Allah ﷻ nos juzgue de acuerdo con lo que elegimos por propia voluntad. El Islam reconoce nuestra capacidad para tomar decisiones y sugiere que tomemos una decisión bien informada.

Allah ﷻ no tiene nada que perder, tanto si elegimos el camino correcto que lleva al cielo como si elegimos el mal camino que conduce al Infierno. Somos nosotros los que ganamos o perdemos.

Perdón y Tolerancia en el Islam

EN TODA LA HISTORIA DE LA HUMANIDAD NO EXISTE NINGÚN PARALELISMO con el concepto de perdón y tolerancia como se define y practica en el Islam. A continuación, se presentan algunos ejemplos que ilustran esta afirmación

Después de anunciar su profecía en La Meca y hasta su migración forzada desde allí a Medina, Muhammad ﷺ soportó todo tipo de sufrimientos y martirios a manos de los infieles, la mayoría de los cuales eran miembros de su propia tribu. Pero él nunca se defendió, nunca se levantó en armas contra los infieles y nunca permitió que sus seguidores tomaran represalias. Ante la adversidad, él y sus compañeros practicaron una política de perdón y tolerancia. Incluso bajo esas condiciones tan penosas, continuó difundiendo la guía de Allah ﷻ con paciencia, perseverancia, fe absoluta y determinación.

El perdón y la tolerancia se encuentran entre las grandes cualidades profesadas y perfeccionadas por el Islam que practicaba el Santo Profeta ﷺ. Él dejó huellas indelebles que atrajeron a millones de personas en un periodo de tiempo muy corto, de Oriente a Occidente, al cobijo del paraguas del Islam. Entre otras cosas, el rápido crecimiento del Islam se debió a sus enseñanzas fundamentales sobre la tolerancia y el perdón.

Allah ﷻ revela:

> ... y ¡(Oh hombres!) si podéis perdonar, esto es lo más próximo a la piedad.... • [2:237]

El Islam considera el perdón y la tolerancia cualidades muy deseables y loables. Allah ﷻ perdona a aquellos que saben perdonar y toleran. El sagrado Corán ordena:

> ... permitirles que perdonen y pasen por alto. ¿Acaso no amáis ser perdonados por Allah?... • [24:22]

A pesar de las continuas penurias y dificultades que sufrieron el Profeta ﷺ y sus seguidores, Allah les instruyó:

> Ante todo, perdonad y ordenad el bien y apartaros de los ignorantes. • [Corán 7:199]

En otro punto, el Corán dice:

> Y nunca se podrá equiparar el obrar bien con el obrar mal. Si eres maltratado responde con una buena actitud... • [41:34]

De la misma manera, el rencor es algo que el sagrado Corán y la sunnah desaprueban por completo. Una vez, un compañero del Profeta ﷺ le pidió que maldijera a un habitante de la meca. Al oír esto, el Profeta ﷺ, que era un hombre de tolerancia, se enfureció [Tirmidhi y Bukhari]. En otra ocasión, mientras predicaba en la ciudad de Taif, la gente empezó a tirar piedras al Profeta ﷺ. Apareció un ángel y le pidió permiso para aplastar la ciudad con las dos montañas limítrofes. Él respondió: "Yo he venido a la humanidad como la misericordia y no como la ira [Tirmidhi y Bukhari].

Él pidió a sus seguidores que facilitaran las cosas a los demás, no que las complicaran, para que todos fueran felices y no guardaran rencor. Además, dijo:

El que no es bondadoso no recibe bondad. [Bukhari] El Profeta ﷺ también declaró que

> Si eres amable con la gente en la Tierra, Allah se compadece de ti en el Más Allá. [Tirmidhi]

Una vez, el Profeta se puso de pie (en señal de respeto) mientras pasaban unas personas con un ataúd. Sus compañeros le informaron que se trataba del funeral de un hombre judío. Él respondió: "¿Acaso no era una persona?" recordando que era un ser humano, como lo somos todos, creado por Allah ﷻ de la misma forma que nos creó a nosotros.

De hecho, hay tres elementos comunes que unen a todas las personas. El primero es que todos somos esclavos de Allah ﷻ. El segundo es que todos descendemos de Adán عليه السلام. Y el tercero es que todos, musulmanes y no musulmanes, formamos parte de la *ummah* (comunidad) del Profeta Muhammad ﷺ. Aquí, *ummah* significa comunidad a la que es enviado un profeta, tanto si la comunidad tiene fe en él como si no la tiene.

El querido Profeta ﷺ siempre respetó esos elementos comunes. De hecho, incluso durante las batallas, oraba por sus enemigos [Bukhari]. ¿Alguien más ha orado por el enemigo? Esto refleja la bondad y misericordia del Profeta ﷺ. El nunca dañó y mucho menos mató a nadie. Nunca empleó lenguaje grosero ni se ensañó con la gente que estaba a su servicio. Una vez, en el campo de batalla, mientras alineaba a sus compañeros, accidentalmente pinchó en el pecho a un compañero con un palo. Inmediatamente, se puso en manos del compañero para que éste se vengara. El Profeta ﷺ, con ésta exhibición de igualdad, justicia, tolerancia y misericordia, asombró a todo el mundo iluminando corazones y mentes, cambiando vidas para siempre.

Durante la migración de Medina a la Meca, su lugar de nacimiento, el Profeta ﷺ, junto a su más querido compañero, Abu-Bakr Siddiq ﵁, fue perseguido por un no creyente llamado Surāqa bin Malik al que se le había prometido una gran recompensa a cambio de su captura. A medida que se acercaba a ellos, su caballo fue milagrosamente sepultado hasta las rodillas por la arena y no podía moverse. Entonces pidió al Profeta ﷺ misericordia y perdón. El Profeta ﷺ de la Misericordia le perdonó. Es más, pidió el perdón por escrito para mostrárselo a su gente cuando regresara. ¿Podría ser igualada semejante muestra de misericordia hacia el enemigo acérrimo?

El Profeta ﷺ no sólo le concedió el indulto, sino que informó a Surāqa que pronto podría lucir los brazaletes de oro del rey de Persia. Esa profecía se cumplió apenas dos décadas más tarde, cuando el segundo *khalīfa* (califa) del Islam derrotó el Imperio persa. El califa tomó las pulseras de oro del rey, las puso en mano de Surāqa y le dijo: "¿No es esto de lo que te informó el Profeta?"

Cuando el Profeta ﷺ llegó a Medina, redactó la Constitución de Medina (Anexo I) que incluía a todas las tribus, también las de fe judía. Éstos son algunos artículos de dicha carta:

1. Todas las partes de este acuerdo tendrán libertad de religión.
2. Todos podrán practicar su religión sin ningún obstáculo.
3. Todos los lugares de culto serán protegidos.
4. Nadie podrá engañar, ser injusto o conspirar contra el otro.

Cada artículo de la Constitución expresa y define con claridad la filosofía fundamental del Islam y sus principios de tolerancia y respeto mutuo, tal y como los practicaba y predicaba el Profeta ﷺ. Aquel nuevo marco se basaba en la igualdad, la justicia y la libertad de religión y elección, con la tolerancia como elemento principal.

Incluso después de su migración de La Meca a Medina, los líderes de La Meca / idólatras siguieron esforzándose por socavar el Islam y a sus seguidores. Conspiraron en contra de los musulmanes y se aliaron en secreto con otras tribus de Medida y de fuera de ella. Durante la primera década de la migración del Profeta ﷺ se libraron muchas batallas entre ellos y los musulmanes. A lo largo de aquel período, algunas tribus violaron sus tratados con los musulmanes y cuando los musulmanes regresaron a La Meca sus casas y propiedades fueron saqueadas.

Con el tiempo, los musulmanes conquistaron La Meca de forma pacífica y entraron victoriosos en la ciudad que se habían visto forzados a abandonar hacía una década. Los habitantes de La Meca temían una reacción devastadora como respuesta al trato brutal que habían dispensado a hombres, mujeres y niños musulmanes inocentes, pero en cambio el Profeta ﷺ decretó una amnistía general y perdonó a todo el mundo. El Profeta ﷺ dijo: "Hoy, todos son libres, sin pedir nada a cambio" [Bukhari, Muslim, y Tirmidhi].

Entre los liberados se encontraba una mujer llamada Hind, uno de los más acérrimos enemigos del Profeta ﷺ. Para vengar a su padre y a su hermano, que murieron en la batalla de Badr, había abierto el pecho del querido tío del Profeta ﷺ, Ammer Hamza, y mordido su corazón en la batalla de Uhud. El Profeta ﷺ también la perdonó. En consecuencia, todos pasaron de ser enemigos del Islam a ser sus protectores y fieles seguidores. Nadie antes ni después ha igualado esa muestra de perdón y tolerancia.

En referencia a la tolerancia sin par y a la pureza del corazón de Muhammad ﷺ, Stanley Lane Poole, un orientalista y arqueólogo británico del siglo XIX, escribió:

> Pero ¿qué es esto? ¿No hay sangre en las calles? ¿Dónde están los cuerpos de los miles que han sido masacrados? Los hechos son difíciles de discutir y es un hecho que el día del mayor triunfo de Muhammad sobre sus enemigos fue también el día de su más grandiosa victoria personal. Perdonó a los Kureysh (Quraysh) por todos aquellos años de dolor y desprecio cruel infligidos; concedió la amnistía a todos los habitantes de La Meca. La lista de proscritos de Muhammad se limitó a cuatro criminales a los que la justicia había condenado; ninguna casa fue saqueada; ninguna mujer fue insultada. Fue así como Muhammad entró

de nuevo a su ciudad natal. En todos los anales de la conquista, no se encuentra una entrada tan triunfal como esta.

Cuando Jerusalén fue conquistada por el segundo califa Umar, éste pactó un acuerdo con los ciudadanos conquistados de esa ciudad cuyas cláusulas no tienen parangón en la historia por la generosidad de corazón y la tolerancia que muestran con los opositores y enemigos. [citado en la introducción a la Apología a Mohammad de Higgin, pp ixxi]

Existen numerosas opiniones, comentarios, artículos y libros escritos por historiadores no musulmanes que reconocen como características del Islam el perdón, la generosidad y la tolerancia. Desafortunadamente, sin embargo, otros han dedicado toda su vida a urdir malentendidos sobre el Islam y sus enseñanzas. Uno de los mayores malentendidos de nuestro tiempo es que el Islam se extendió con la espada. Por lo tanto, éste es un tema que debe ser abordado.

El Papel de la Espada en el Islam

PARA PONERLO FÁCIL, PARA UTILIZAR UNA ESPADA, se necesitan dos cosas. En primer lugar, tener una espada, en segundo lugar, saber cómo usarla. Para obtener los mejores resultados con la espada es necesario llegar a ser un experto. Se puede tener una espada, pero si no se sabe esgrima, con solo agitarla en el aire, poco se hace.

Como norma general, si alguien se propone ser científico lo primero que tiene que hacer para lograr su meta es estudiar ciencias. Del mismo modo, para llegar a ser un experto en cualquier otro campo se requieren unos estudios y una formación adecuada. No obstante, ésta es una regla general, y puede haber excepciones.

Según algunos, Muhammad ﷺ era "sólo un hombre inteligente" con grandes cualidades, pero no un profeta. Para ellos, su profecía no se puede verificar de forma empírica. Por el simple placer de argumentar, vamos a suponer que hubiera sido "sólo un hombre inteligente" que gracias a su inteligencia y otras cualidades inventó el Islam. Entonces, si somos justos, tendríamos que admitir que no fue "sólo un hombre inteligente", sino que tuvo que ser un hombre "extraordinariamente inteligente", porque el sistema que desarrolló, si es que lo desarrolló, fue un gran sistema que "sólo un hombre inteligente" no podría haber desarrollado. Por otra parte, ese hombre extraordinariamente inteligente debería haber ideado, con suficiente antelación, todos los elementos necesarios para inventar una religión global.

Si la afirmación de que el Islam se extendió con la espada fuera cierta, entonces tendríamos que suponer que Muhammad ﷺ fue un gran maestro de la espada para poder propagar esa ideología. Sin duda debería haber planeado lograr un dominio sin igual en el uso de la espada. Por otra parte, debería haberse entrenado para ser un gran espadachín y haber reunido a otros muchos maestros de la espada con el fin de lograr su objetivo final.

El problema es que no existe ninguna referencia que apoye el argumento de que el Profeta ﷺ o los primeros conversos del Islam fueran expertos en esgrima o que la practicaran. Tampoco existe referencia alguna de algún grupo que fuera adiestrado con la espada para unirse luego con ellos. Es más, aun asumiendo que él hubiera sido entrenado o fuera un experto con la espada, la pregunta sería, ¿quién o qué le impidió defenderse a si mismo cuando, por ejemplo, los habitantes de La Meca le lanzaron inmundicias, en concreto intestinos de camello, mientras oraba completamente en paz a la Kaaba? ¿Por qué no protegerse a si mismo si era un espadachín cuando se incitó a los niños en Tā'if a tirarle piedras? ¿Por qué sufrir toda clase de penalidades a manos de los habitantes de la Meca durante trece años continuos sin tomar represalias con su espada? ¿Por qué, incluso esa noche, cuando todos los jefes de La Meca, a través de sus representantes, allanaron su casa en un intento de acabar con su vida, no se defendió con su espada?

Dicho en pocas palabras, él era un profeta del Señor y no inventó el Islam; tan sólo nos comunicó el mensaje y la guía del Señor. Nunca se entrenó ni se plateó usar la espada. No vino a pelear sino a difundir el conocimiento y la sabiduría del Islam advirtiendo de lo que sucede realmente en la otra vida. Para hacerlo no necesitó una espada porque para conseguir lo que se le había encomendado no hacía falta una espada.

En cuanto a lo que se refiere a su seguridad personal y protección, el Señor que lo envió prometió su protección. Si las espadas nunca desempeñaron un papel, ni siquiera durante los primeros tiempos del Islam, que es cuando su uso pudo haber parecido necesario y justificado para aumentar el número de seguidores, ¿que papel iban a jugar en la cima de su éxito? Sin embargo, incluso después de emigrar de La Meca con el fin de practicar en paz el Islam en Medina, los musulmanes no se libraron de la persecución de los Quraysh. Poco después la situación se volvió beligerante, aumentaba la necesidad de los musulmanes de defenderse de la inminente amenaza a la que estaban sometidas sus vidas y propiedades. Fue entonces cuando se permitió el uso de la espada. La espada entraba en el Islam sólo como medio de defensa. Hay que tener en cuenta que, incluso entonces, no se usó para promover o imponer el Islam, sino para protegerlo. En lo que se refiere a la propagación, el Islam contiene suficientes virtudes y beneficios inherentes como para atraer a la gente hacia él: las espadas no son necesarias y no pueden desempeñar ningún papel en la propagación del verdadero Islam.

La primera persona que abrazó el Islam cuando el Profeta ﷺ declaró su profecía fue una mujer, Khadija رضي الله عنها, la primera esposa del Profeta ﷺ. Aceptó el Islam sin espadas. El segundo musulmán, el primer hombre adulto que lo aceptó, fue un exitoso hombre de negocios/comerciante que abrazó el Islam sin ningún tipo de coacción. Muchos otros en La Meca abrazaron el Islam durante esos primeros tiempos, siempre por propia voluntad y sin necesidad de que una espada pendiera sobre sus cabezas. Es un hecho que si alguna espada cernía sobre sus cabezas era con la amenaza de que abandonaran el Islam, pero la fe bien arraigada nunca tiembla y esos nuevos conversos se mantuvieron firmes en su compromiso con el Islam.

Por ejemplo, el cuadragésimo musulmán y segundo *khalīfa* del Islam, el famoso Umar ibn al-Khattab, un hombre fuerte y valiente temido por muchos, maestro de la espada, tenía la espada en sus manos cuando abrazó el Islam entregando su voluntad a la voluntad de Allah ﷻ en presencia de Muhammad ﷺ.

El famoso general Khalid bin Waleed ؓ, que fue un gran guerrero y espadachín, libró muchas batallas contra el Islam causado graves heridas a los musulmanes. Pero aun siendo también utilizada en su contra, es evidente que no fue la espada lo que consiguió que se convirtiera al Islam. Cuando abrazó el Islam lo hizo por propia voluntad poniendo su espada a los pies del Profeta ﷺ entregándose para siempre al Islam. Estos dos ejemplos testifican cómo las espadas fueron desterradas antes de abrazar el Islam. Durante la vida del Profeta, nunca el temor a la espada convirtió a alguien al Islam, sino que fue siempre al revés. Las espadas nunca fueron utilizadas para propagar el Islam, aunque más adelante fueron necesarias para protegerlo.

Supongamos que se utilizara la espada para propagar el Islam, en ese caso lo único que se podría obtener es una sumisión verbal pero nunca la convicción sincera que exige el Islam. Las espadas podrían hacer que alguien se convirtiera temporalmente, pero no que permaneciera para siempre en el Islam. Si uno no se convierte de corazón, ¿qué sentido tiene obligarle a aceptar el Islam? La aceptación forzada no aporta ningún beneficio al individuo ni a nadie. Por cierto, ¿cuántas espadas serian necesarias en la actualidad y cuantas personas para sostenerlas para controlar y subyugar a los 1.600 millones de musulmanes que hay en todo el mundo? Es más, ¿cuántos espadas más se necesitarían a diario en todo el mundo para los recién llegados? En ese caso la fabricación de espadas sería un negocio muy próspero.

Una espada puede cortar un corazón, pero no puede iluminarlo. Puede cortar una cabeza, pero no puede inclinarla de forma voluntaria para las oraciones diarias. Puede arrancar a alguien de este mundo, pero no puede conducirlo al éxito en el otro mundo. Puede llenar un corazón de miedo, pero no puede librarlo de la inmundicia de este mundo. Puede cerrar unos ojos para siempre, pero no puede abrirlos a la verdad. Puede hacer que alguien entregue todo lo que posee, pero no que entregue su voluntad.

Puede robar a una persona, pero no puede hacerla generosa. Puede hacer que una persona se vuelva orgullosa y arrogante, pero no humilde y modesta. Puede excluir a una persona de la sociedad, pero no puede hacer que alguien se vuelva considerado y solidario.

El Islam pretende erradicar la *kufr* (infidelidad) pero no el *kafir* (infiel). Pretende erradicar el *shirk* (politeísmo) pero no al *mushrik* (politeísta). Pretende erradicar el mal que reside en las personas pero no a las personas. Su objetivo es construir sociedades, no llevarlas al cementerio. Pretende que la gente alcance el estatus más elevado, no erradicar a la gente de la faz de la tierra. La imagen de un musulmán sosteniendo el Corán en una mano y la espada en la otra no sólo es una tergiversación del Islam, sino que ha sido deliberadamente elaborada para engañar y ocultar la verdad a la gente. Espada e Islam no son sinónimos.

CAPÍTULO 13

El Valor de la Vida y su Preservación en el Islam

ACONTECIMIENTOS RECIENTES Y SU COBERTURA EN LOS MEDIOS de comunicación han dejado la impresión de que los musulmanes ignoran el valor de la vida. Debido a su falta de conocimientos, algunos piensan que el Islam no concede valor a la vida o que no se cuida de preservarla. En este capítulo aclararé algunos conceptos erróneos y hablaré sobre el valor de la vida y su preservación en el Islam.

Es una realidad, como veremos más adelante, el Islam es una religión tan preocupada por la vida que no sólo le da valor a la vida humana, sino que también a la vida animal. El Islam proporciona una guía a los musulmanes en la que la preservación de la vida es primordial. Se protege la vida humana desde el estado embrionario hasta el momento final en que se parte de este mundo. El Islam no sólo se preocupa de la vida en su dimensión física, sino también en el plano espiritual.

Dado que Allah ﷻ concibió la existencia para los seres humanos creando la tierra y todo lo demás e hizo todo lo necesario para que las personas alcanzaran su propósito en esta vida, ¿cómo no iba a ordenar a los seres humanos que salvaguardaran y preservaran sus vidas? ¿Cómo no iba a conceder valor a la vida humana? Si la vida no tuviera ningún valor, ¿qué sentido tendrían la moral, los valores, los derechos y los deberes? Además, no habría razón para proteger la vida. Si perdiera su valor la vida pronto dejaría de existir.

El Islam otorga un gran valor a la vida y ordena a sus seguidores que la preserven a toda costa. No solo promueve que las personas respeten sus vidas en la Tierra, sino que también lo hagan en el Más Allá. La sangre humana no es algo sin valor en el Islam. El Islam promueve la filosofía de "vive y deja vivir" [Corán 4:29]. Si no fuera así, el Islam no podría crear el entorno necesario para lograr su objetivo final. El Islam castiga a aquellos que dañan la vida humana o violan el principio básico de la vida. El milagro del Islam es que en poco tiempo restauró por completo el respeto a la vida humana en el seno de una sociedad que había dejado de valorar y respetar la vida de las personas. En el Islam, uno de los peores pecados es sesgar una vida sin un "motivo justo". El Profeta dijo:

(i) Los mayores entre los mayores pecados son asociar a alguien con Allah ﷻ (*shirk*), matar, desobedecer a los padres y mentir.

(ii) Un creyente permanece dentro de los amplios límites del Islam, hasta que sesga una vida sin un motivo justo, la sangre es sagrada.

(iii) El Día del Juicio, los musulmanes serán responsables de sus *saláh* (oraciones obligatorias de culto) y sobre lo primero que se juzgará será sobre la sangre derramada. [Mishkat]

No fue un hombre cualquiera el que dijo esto, fue el Profeta del Señor ﷺ, respaldado por completo por Allah ﷻ y Sus mandamientos. Allah ﷻ instruye a sus sirvientes:

> ... y no os autodestruyáis con vuestras propias manos... • [Corán 2:195]

Está terminantemente prohibido llevar a cabo cualquier acción que pueda dañar nuestra propia vida o que conduzca a la destrucción de la vida humana. El Islam no permite sesgar la propia vida y mucho menos aún la de los demás. El Islam quiere que vivamos nuestra vida en plenitud. El suicidio es harām (estrictamente prohibido) en el Islam y quienes lo cometen son condenados al infierno eternamente. Allah ﷻ dice:

> ... no os matéis los unos a los otros. Allah es Misericordioso con vosotros. • [Corán 4:29]

Nuestra vida no nos pertenece, Allah ﷻ nos la ha confiado. El Día del Juicio, si abusamos de ella seremos castigados. El suicidio es una clara muestra de extrema desesperación. En el Islam, la más mínima falta de esperanza es un pecado, por no hablar del suicidio. Una persona sin esperanzas es, de hecho, es una persona que niega el poder de Allah ﷻ, que ha perdido la fe en el hecho de que Él es Todopoderoso y que puede cambiar cualquier situación en un segundo. Por lo tanto, debemos proteger y preservar la vida a toda costa sin perder nunca la esperanza o la fe. Un verdadero musulmán nunca se siente desesperado. Y si los musulmanes no pueden quitarse su propia vida, ¿cómo van a poder quitar la vida a otras personas, excepto cuando es por un "motivo justo" y en ese caso siguiendo siempre el proceso legal correspondiente? En el Sagrado Corán, Allah ﷻ ordena:

> No matéis al prójimo, pues Allah lo ha prohibido, salvo con motivo justo.... • [Corán 17:33]

Por lo tanto, el Islam prohíbe estrictamente el suicidio, los crímenes pasionales, la eutanasia o cualquier otra forma de matar injustificada. El Islam también prohíbe el aborto, aunque muchas personas no lo consideran el asesinato de un ser humano. En ese sentido, Allah ﷻ revela:

> ... no mataréis a vuestros hijos por temor a la pobreza, Nosotros Nos encargamos de vuestro sustento y el de ellos... • [Corán 6:151]

A menudo, la razón para abortar es la carencia de medios económicos para mantener al niño. Allah ﷻ, con el fin de preservar y proteger la vida, incluso la de los no nacidos, aparte de prohibir el aborto asegura que proveerá los medios necesarios [Corán 6:151]. Allah ﷻ garantiza el sustento, por lo que nadie tiene la necesidad de tomarse la justicia por su mano y abortar. Si el Islam no permite el asesinato de un no nacido por miedo a la pobreza, aun menos lo permite en aquellas sociedades en las que los alimentos y otros lujos se dan por sentado. El Islam prohíbe por completo el aborto. Sin duda, preservar la vida es una sabia decisión mientras que arrebatarla no lo es, porque Allah ﷻ revela:

> Que ciertamente creamos al hombre con la más bella conformación. • [Corán 95:4]

Allah ﷻ creó esta hermosa vida, que es lo más preciado. De ninguna manera nadie puede despreciarla o destruirla. Él creó la vida para preservarla, para que los seres humanos pudieran disfrutar plenamente de las bendiciones de la Tierra y prepararse para la vida eterna en el Más Allá. Este mandamiento no podía ser más simple y completo. En cuanto a la valoración y el respeto que el Islam otorga a la vida humana, Allah ﷻ dice:

> ... quien mata a una persona sin que ésta haya cometido un crimen o sembrado la corrupción en la Tierra es como si matase a toda la humanidad. Y quien salva una vida (humana) es como si salvase a toda la humanidad... • [Corán 5:32]

No existe otra sociedad o constitución que coloque tan alto el valor de la vida humana como lo hace la constitución del Islam, el sagrado Corán. El poder de los hombres para castigar o premiar a alguien por matar o por salvar vidas es limitado. Por ejemplo, alguien puede matar a diez personas, pero la pena capital sólo se puede aplicar una vez dejando así a las otras nueve víctimas sin vengar. Del mismo modo, las recompensas por actos y logros nobles también son limitadas. Sin embargo, para el Señor Todopoderoso no hay límites. Puede castigar o recompensar hasta hacer justicia por completo. ¿Cómo podría el Islam, que concede un valor tan elevado a la vida, permitir el asesinato indiscriminado y no fomentar y recompensar la preservación de la vida? El sagrado Corán dice:

> Aquellos que no invocan a nada ni a nadie junto con Allah, no matan a nadie salvo con justo motivo y no cometen fornicación ni adulterio; y quienes cometan eso recibirán un terrible castigo, • el Día de la Resurrección se les atormentará incesantemente, y permanecerán en el castigo despreciados; • salvo quienes se arrepientan, crean, y obren correctamente. A éstos, Allah les perdonará sus pecados y en su lugar les registrará buenas obras; y Allah es Absolvedor, Misericordioso. • [25:68-70]

Aparte de prohibir el asesinato indiscriminado/injusto y de anunciar severos castigos para los asesinos, en defensa de la importancia de la vida, el Islam se preocupa igualmente de los problemas físicos, mentales y espirituales de la gente. El Islam quiere que las personas se encuentren bien física y mentalmente para que sea posible un entorno de paz y armonía. Protege a las personas de cualquier daño y las guía por el buen camino que conduce al éxito.

Cuando se estudian en detalle las enseñanzas y el culto islámico, se hace evidente que, de una manera u otra, todo acto por la causa de Allah ﷻ beneficia la mente y el cuerpo humano, tanto en el plano físico como espiritual. Llevar a cabo con obediencia tales prácticas conduce a la conclusión de que la vida humana es el don más precioso del Señor Todopoderoso. Consecuentemente, se empieza a respetar, honrar y proteger la vida humana de todo mal.

La salud mental y una buena condición física son importantes para el bienestar y la preservación de la vida. Sorprendentemente, en el Islam, las prácticas cotidianas ordinarias de culto conducen automáticamente a un cuerpo y una mente sanos. Según el Islam, el tiempo de vida en este mundo está prefijado por Allah ﷻ, nadie muere antes ni después de lo previsto. Sin embargo, uno debe esforzarse en mantenerse sano hasta el último momento. El Islam es muy exigente lo que se refiere a la preservación y protección de la vida humana. El sagrado Profeta dice:

> A la humanidad no se le concede nada superior que el perdón, la salud y el bienestar. [Nisa'ī]

En materia de salud, el Profeta ﷺ estableció una serie de directrices que si se siguen aportan muchos beneficios físicos y mentales. Por ejemplo, muchos *ahadīth* hablan sobre la ingesta de alimentos (es decir, cuándo comer, qué comer y cómo comer y beber) o sobre cómo mantener una buena higiene personal (por ejemplo, lavándose las manos antes y después de comer, lavándose las manos después de usar el baño, recortándose las uñas, eliminando el vello púbico, duchándose frecuentemente, cepillándose los dientes, etc.). Por otra parte, muchos *ahadīth* hablan sobre cómo curar enfermedades con la medicación y los alimentos adecuados, sobre cómo vivir una vida ordenada, de cuando despertarse e ir a dormir o recomiendan desayunar y cenar temprano. En otros *ahadīth* se encomienda a mantener un estilo de vida sencillo para lograr la paz mental.

La siguiente lista muestra la importancia que da el Islam a mantener un cuerpo y una mente sanos, al mismo tiempo que explica como vivir de acuerdo con la forma prescrita por Allah ﷻ que ejemplariza el mismo Profeta ﷺ.

- El Islam prescribe comer sólo alimentos *halāl* (permitidos por el Islam)
- Los animales *halāl* debe ser *zabīha* (sacrificados según el método islámico, como se describe en el Corán)
- La carne de cerdo y todos sus derivados son *harām* (estrictamente prohibidos)
- Las bebidas alcohólicas son *harām*
- El vacuno se tolera, pero no es la opción preferida
- No se recomienda comer hasta saciar el estómago
- Masticar bien los alimentos antes de ingerir
- Las carnes deben cocinarse por completo y comerse con mucha salsa
- Beber agua antes o durante las comidas, pero no después
- No se recomienda hablar mientras se come
- Emplear la mano derecha para comer en lugar de utensilios
- Aunque a algunos les pueda parecer extraño, lamer ligeramente la parte de los dedos que han entrado en contacto con los alimentos es una parte importante en el proceso de ingestión de alimentos; esto aporta sus beneficios
- Comer sentado en el suelo es una *sunnah* del Profeta ﷺ
- No se recomienda beber/comer de pie o caminando

El minucioso detalle que prestan las enseñanzas del Profeta ﷺ al consumo de alimentos maravilla al estudioso. Uno de los principales objetivos del Profeta ﷺ era informar sobre todo aquello que puede resultar beneficioso o perjudicial para vivir una vida cómoda y sin problemas.

Si cuerpo y mente se encuentran en paz, se puede vivir la vida de forma segura y sencilla. El Islam, la religión que aborda cualquier detalle, sin duda tiene como objetivo la preservación de la vida, otorgándole el valor más elevado.

CAPÍTULO 14

Jihad: un Concepto

ANTES DE EXPLICAR LA JIHAD, pido que tenga en cuenta que cuando Adán عليه السلام descendió a la Tierra, Allah ﷻ le dijo que Su guía iría llegando a la humanidad; el que la siguiera obtendría el éxito y entraría en el Paraíso; en cambio, el que no la siguiera moraría en el Infierno [2:38-39]. Esto deja claro que guiar a la humanidad formaba parte de los planes de Allah ﷻ.

Los profetas elegidos por Allah ﷻ trajeron esa guía y la extendieron por sus respectivas comunidades. Finalmente, la guía de Allah ﷻ se completó y perfeccionó con el Profeta Muhammad ﷺ. Puesto que él iba a ser el último profeta y ningún otro profeta más iba a venir tras él, difundir esa guía a las generaciones venideras pasó a ser una obligación para los musulmanes. De esa forma, se cumplía la promesa de Allah ﷻ a Adán عليه السلام.

Por otra parte, como otras muchas cosas, parece ser que luchar, matar y derramar sangre, por una razón u otra, forma parte de la naturaleza humana. Si esos aspectos malignos de la naturaleza humana no son controlados y regulados, no es posible lograr paz y felicidad en la Tierra. Pero dado que siempre habrá alguien dispuesto a combatir y matar, no parece justo no dar permiso a la gente para que defienda o prepare la defensa de su propia persona, familia y propiedades. Los opresores y los tiranos nunca dejan vivir a los demás en paz; en realidad, desearían ver a los demás enterrados bajo tierra. Cuando a las personas se les concede permiso para defenderse, éste debe ir acompañada de unas reglas claras y completas que prevengan que los oprimidos se conviertan en opresores una vez que triunfan sobre sus opresores. Por el contrario, si no se permitiera a la gente defenderse, no quedaría mucha gente con vida. Por lo tanto, parece natural y necesario conceder permiso legal a la gente para que se defienda.

A los musulmanes, como seguidores del Islam, se les asigna el deber de la jihad para propagar el mensaje del Islam. Se les permite practicar la *qital* (matar) para defenderse a si mismos y defender sus tierras, propiedades y medios de vida superando a aquellos que obstaculizan su lucha en el "profético" deber de difundir el Islam, aunque, por supuesto, sólo a través de los medios religiosamente estipulados.

Si los conceptos de jihad y *qital* no se entienden de forma correcta y completa, el resto de las enseñanzas y filosofías del Islam resultan contradictorias entre sí. Por supuesto, no puede haber contradicciones en la guía del Señor. Cuando se entienden de verdad y de forma correcta los demás conceptos del Islam, los conceptos de jihad y *qital* pasan a comprenderse con facilidad.

Jihad, según varios diccionarios, se define literalmente como lucha, contienda, guerra religiosa, guerra santa para (los musulmanes), esfuerzo supremo, etc. Sin embargo, jihad es un término que no puede ser entendido a partir de sus definiciones literales e incluso ni siquiera partiendo de su significado literal en árabe. Jihad es un concepto que abarca muchos aspectos físicos y espirituales, efectos temporales y eternos, y las dimensiones de lo mundano y del Más Allá. Así, sobre la base de las enseñanzas del Islam, sería más correcto que la jihad se denominara "el esfuerzo supremo que realizan los musulmanes siguiendo el camino de Allah ﷻ y ciñéndose a todas las reglas y regulaciones establecidas con la intención de proporcionar el mayor bien posible a musulmanes y no musulmanes y otorgar la máxima prominencia al *deen* (religión) de Allah ﷻ - *Deen-e-Islam*". Por lo tanto, las luchas y dificultades que afrontan legalmente los musulmanes para difundir el mensaje del Señor a la humanidad pueden ser definas como jihad. [Corán 29:69]

Dado que *Deen-e-Islam* es la forma completa de vida que cubre todos los aspectos de la vida, entonces diversos conceptos del Islam, como la jihad, debe comprender también otros muchos aspectos. De acuerdo con la anterior (más apropiada) definición, basada en los preceptos coránicos, el principal objetivo de la jihad es lograr la prominencia del *deen* de Allah ﷻ. Ahora uno se pregunta: "¿hay diferentes formas de lograr esa prominencia?". Si hay varias formas de lograrla, como de hecho sucede, entonces debe haber también diferentes tipos de jihad. Así que la pregunta pasa a ser: "¿hay diferentes tipos de jihad?"

Si prestamos atención a los mandamientos de Allah ﷻ y analizamos con cuidado la tradición del Profeta ﷺ descubriremos que la principal preocupación de la jihad es, sin duda, alcanzar la prominencia del Islam y que la jihad seguirá siendo un deber para los musulmanes hasta que se alcance esa meta. El Profeta dijo: "... la jihad continuará hasta el Día del Juicio ..." [Bukhari y Tirmidhi]. Ahora bien, para lograr esa prominencia, supongamos que solo hubiera un camino, que es matar a todos los infieles o convertirlos al Islam a la fuerza, algo que es imposible dada la configuración actual del mundo y a la luz de las expectativas del futuro, pero supongamos que, de todos modos, fuera así. En ese caso, la jihad no continuaría hasta el Día del Juicio, contradiciendo lo que dijo el Profeta ﷺ. Por lo tanto, al contrario de lo que piensan muchos erróneamente, la intención y el propósito de la institución de la jihad no es matar infieles o convertirlos al Islam por la fuerza. Así que, claramente, hay muchas maneras de alcanzar la prominencia del Islam, por lo que hay muchos tipos de jihad.

Antes de continuar, permítanme explicar que se entiende por "prominencia del Islam." Allah ﷻ podría haber dejado solos a Adán ﷺ y a su progenie, haberles dejado que vivieran en la Tierra como ellos hubieran determinado, sin Su guía. En tal caso, no cabe duda que todos se habrían extraviado. De hecho, incluso con Su guía, muchos siguen por el mal camino. Es difícil imaginar entonces que habría pasado sin Su guía. Pero Allah ﷻ no quiere que eso suceda. Él quería que la "mejor entre todas Sus criaturas" logre el éxito en el Más Allá. Por eso informó a Adán ﷺ sobre el envío de una guía para la humanidad, como resultado, la humanidad, podría tener la posibilidad del éxito.

Si una religión es puesta en duda, mal entendida, o no llega a la gente, ¿cómo puede ser practicada por la gente y proporcionar la salvación? Allah ﷻ se impuso a Sí mismo enviar su guía a través de Sus profetas y sus seguidores. Transmitir el Islam con éxito a todas las personas de forma que se entienda su verdadero mensaje, filosofía y prácticas para que las personas puedan seguir el camino del Islam tal y como fue revelado por Allah ﷻ para salvar a la humanidad; eso es la prominencia del Islam.

Esta es una misión importante y necesaria que deben alcanzarse. Sin duda, se trata de una misión muy difícil que se emprende por el bien y el éxito de la humanidad. A veces, es difícil conseguir que la gente se de cuenta, incluso aunque sea por su beneficio. Sin duda, este esfuerzo requiere una dura lucha física, mental, económica y espiritual. Se puede llevar a cabo de forma individual o colectiva en el momento y lugar adecuados. Todo esfuerzo, por pequeño que sea, vale la pena porque puede acabar conduciendo a millones de personas al éxito definitivo. Es por eso que el concepto en su conjunto de luchar siguiendo el camino de Allah ﷻ, es decir, la jihad, se establece para lograr la prominencia del Islam, para que todas las personas tengan la oportunidad de beneficiarse de su guía.

Permítanme aclarar aquí que el logro de la prominencia del Islam a través de la jihad no significa que todo el mundo deba convertirse al Islam. Por supuesto, eso sería excelente, pero si eso fuera lo que quiere decir la prominencia del Islam, entonces ¿por qué Allah ﷻ dijo?:

> Y si Allah hubiera querido habría hecho de vosotros una sola *ummah* (comunidad)... • [Corán 16:93]

Ya que Él no nos hizo una sola *ummah*, la conversión forzosa no puede ser el propósito de la jihad. Allah ﷻ quiere que la gente elija voluntariamente el Islam y no como resultado de una coerción. La prominencia del Islam significa simplemente que debe darse la oportunidad a la gente de que tome consciencia de lo que es el Islam de forma que se de cuenta que el Islam es la única religión verdadera para la humanidad y que sólo a través de ella es posible la salvación. Una vez transmitido el mensaje, cada uno es libre de elegir si desea aceptarlo o no. Lo que la gente elija será el resultado de su elección.

El musulmán debe practicar la jihad con la única intención de buscar la prominencia del Islam, nunca para lograr objetivos personales. Para lograr la prominencia del Islam, son necesarias tres cosas: preservar el Islam, proteger a los musulmanes y propagar el Islam. No es posible difundir el mensaje del Islam a otras personas e invitarlas a entrar en él sin antes preservar y proteger a los musulmanes. Si el Islam no se conserva en su forma original y los musulmanes no están bien protegidos, ¿cómo es posible difundir el mensaje y hacer que la gente se de cuenta de que el Islam es la religión verdadera e invitarla a adoptarla? Todo esto forma parte de la meta que tiene como fin lograr la prominencia del Islam y, puesto que la jihad es la manera de hacerlo, debe haber diferentes tipos de jihad. Solo así la conservación, protección y predicación del Islam continuarán y, como decía al principio, esto es por lo cuál la jihad continuará hasta el Último Día.

Los musulmanes ya han entregado su voluntad a la voluntad de Allah . La jihad no es algo creado por ellos mismos, es Allah quien ha ordenado la jihad a los musulmanes. Es la voluntad de Allah y los musulmanes no tienen más remedio que obedecer la voluntad y los mandamientos de Allah. Sobre la base de las enseñanzas islámicas, los musulmanes han de participar en diferentes tipos de jihad, de las cuales las principales categorías son:

- "Jihad con Uno Mismo", conocida como *Jihad bin Nafs*. Según el Profeta, *Jihad al-Akbar*, es decir, "la Gran Jihad".
- "Jihad con los Demás" Para sorpresa de muchos, la "Jihad con los Demás" se denomina *Jihad al-Asghar*, es decir, "la Jihad Menor".

Jihad bin Nafs significa luchar para purificarse. El ser primario tiene tendencia a centrarse en el mundo material y en los deseos ilícitos; es decir, en todo aquello que aparta a la persona del propósito real de la vida: el culto al Señor y la entrega incondicional de la propia voluntad. La *Jihad bin Nafs* también incluye la *Jihad bish Shayta'n*, "la Jihad contra Satanás", que es la lucha interna contra el diablo, de forma que no pueda engañarte ni apartarte del *Sirāte Mustaqīm* (El Recto Camino). La "Jihad con Uno Mismo" nunca cesa, no hasta el último aliento de vida.

La Jihad con los Demás es "la Jihad Menor". Se puede llevar a cabo con la espada, la pluma o aportando recursos económicos. Comúnmente estos tipos de jihad se conocen como *Jihad bis Saif*, *Jihad bil Qalam* y *Jihad bil Maal* respectivamente. Pueden ejercerse por separado o simultáneamente.

La jihad con la pluma y la jihad consistente en aportar recursos económicos, en general, están asociadas con la preservación y propagación del Islam. La jihad con la espada y la jihad aportando recursos económicos suelen estar asociadas con la protección y defensa de los musulmanes, sus territorios y la eliminación de cualquier obstáculo que impida la propagación del Islam. La jihad con la espada sólo se aplica como último recurso cuando el enemigo ha adoptado la postura más extrema y/o con el fin de proteger la *ummah* musulmana y la *dhimmis* (comunidad de los no musulmanes que viven bajo un régimen islámico),

Antes de proseguir con la jihad con la espada, "la jihad armada", que es "la Jihad Menor", me gustaría dar a conocer en detalle la *Jihad bin Nafs* (Jihad con Uno Mismo). Librar esa jihad es un requisito previo antes de emprender los otros tipos de jihad, por eso se conoce como *Jihad al-Akbar* ("la Gran Jihad")

Jihad bin Nafs (La Jihad con Uno Mismo)

Jihad bin Nafs SIGNIFICA LUCHAR con la propia *nafs* (ser primario). La *nafs* humana se siente intrínsecamente atraída por este mundo y por los deseos mundanos, si embargo, el Islam tiene la intención de preparar a sus seguidores para que logren el éxito en el Más Allá – lo que implica que los creyentes deben eliminar de su *nafs* el amor por este mundo de sus corazones. Este mundo y nuestra estancia temporal en el mismo no son el fin sino el medio para adquirir el éxito definitivo, que es lo que complace a Allah ﷻ. Debemos suprimir todo aquello que nos entorpece en ese sentido. La *nafs* es una poderosa entidad que, por cuenta propia y con el apoyo de Satanás, interfiere en la realización de buenas acciones, en la obediencia de los mandamientos de Allah ﷻ y en la búsqueda de Su complacencia.

Dado que la jihad se lleva a cabo sólo para complacer a Allah ﷻ y por el bien de la gente, especialmente de los no musulmanes, se requiere que los que participan en ella tengan cualidades como la generosidad, la sinceridad, la pureza de intención y que obedezcan todos los mandamientos divinos. Dado que la *nafs* siempre está interfiriendo en esas cualidades humanas, no resulta fácil practicarlas si no se lucha contra las tentaciones ilícitas del ser primario. Por lo tanto, la *nafs* requiere ser reprimida constantemente, y esto es lo que se entiende por *Jihad bin Nafs*.

Desde el principio, de hecho inmediatamente después de la batalla de Badr (la primera batalla y la más importante que se libró entre los musulmanes y los habitantes de la Meca), el Profeta ﷺ estableció la *Jihad bis Saif* (Jihad con la espada) como la "la Jihad Menor" y la *Jihad bin Nafs* como "la Gran Jihad" [Bukhari y Muslim]. Es importante mantener siempre en mente esta distinción.

La mayoría de las veces, la gente sólo habla de la Jihad Menor ignorando la Gran Jihad. Desgraciadamente, algunos que se autoproclaman musulmanes matan gente de forma indiscriminada, pensando de forma errónea que están llevando a cabo la jihad armada, cuando, en realidad, no están practicando ninguna forma de jihad islámica legal. Debido a las acciones ilegales de algunos "seguidores" ignorantes, a veces miles de hombres, mujeres y niños inocentes pagan el precio. Esos asesinos ignoran la esencia de la *Jihad bin Nafs* y, de forma obstinada y errónea, llaman a su lucha armada "jihad islámica", y muchas personas incluso lo creen debido a su ignorancia sobre el Islam. La *Jihad bis Saif* sin *Jihad bin Nafs* conduce al caos y a la anarquía.

La superioridad de la *Jihad bin Nafs* sobre la *Jihad bis Saif* también puede entenderse por el hecho de que no importa cuánto bien hace un *mujāhid* (el que lleva a cabo la jihad) al Islam y a los musulmanes con su 'espada', si su conducta personal y comportamiento son cuestionables y contradicen las enseñanzas del Islam y su filosofía, sus buenas acciones son rechazadas y no cuentan. Es más, será castigado por su mala conducta y no se le perdonará el castigo simplemente por los servicios prestados al Islam [Zia-un-Nabi, vol. 4, pág. 261-2]. Si un musulmán no ha librado con éxito la jihad consigo mismo, no puede pretender librar la jihad armada y alcanzar su verdadero propósito. Por lo tanto, la jihad con uno mismo es prioritaria y es mucho más importante que la lucha por la prominencia del Islam a través de las armas.

Si uno no puede luchar contra su ser primario para complacer al Todopoderoso, entonces ¿cómo puede luchar contra los demás con el mismo objeto? En tal caso, su lucha contra los demás será una lucha en su propio beneficio o para lograr sus metas personales, pero no una lucha por la causa de Allah ﷻ digna de ser llamada jihad. Si uno no puede derrotar sus propias tentaciones, lo que le impide convertirse en un buen musulmán, ¿cómo puede pretender o sentirse con el derecho de convertir a alguien al Islam y hacer votos para lograr la prominencia del Islam? Si uno no puede controlar su ser primario, ¿cómo puede pensar que puede controlar el de los demás? Si uno no puede embarcarse en el camino que conduce al éxito definitivo, ¿cómo puede llamar a los demás para que rindan su voluntad a la voluntad de Allah ﷻ? No importa el tipo de jihad que se desee emprender, si primero no se ha podido librar con éxito la *Jihad bin Nafs*, cualquier otra jihad que se emprenda no fructificará.

Abu Musa رضي الله عنه narró:

> Un hombre se acercó al Profeta y le preguntó: "Un hombre lucha por el botín de guerra, otro lucha por la fama, y un tercero pelea para presumir. ¿Cuál de ellos lucha por la causa de Allah?". El Profeta respondió: "El que lucha para alcanzar la prominencia del Islam, es el que lucha por la causa de Allah". [Bukhari]

Por eso es importante que antes de emprender la jihad armada se emprenda la jihad con uno mismo, así se evita la violación de las reglas islámicas de la guerra y la paz y no se sobrepasan los límites establecidos por el Islam. [Zia-un-Nabi, vol. 4, pág. 365]. La jihad armada nunca debe estar motivada por razones o deseos personales, eso incluye las motivaciones nacionalistas y geopolíticas. Sólo cuando se cumplen esas condiciones puede librarse la jihad islámica, la guerra santa por la paz, siguiendo el camino de Allah ﷻ. Por lo tanto, la jihad con uno mismo es el requisito previo. Ésta prepara a los musulmanes para que sean justos, actúen de acuerdo con lo legalmente establecido y sean conscientes de sus obligaciones religiosas, incluso durante la locura que es la guerra. Los musulmanes que practican con éxito la jihad con uno mismo se mantienen fieles al verdadero propósito de la jihad armada que no es arrebatar la vida al infiel, sino luchar para difundir el mensaje del Islam entre la gente [Zia-un-Nabi, vol. 7, págs. 572-3].

Durante la Batalla de la Trinchera, un guerrero invencible desafió a los musulmanes a luchar contra él. Ali ؓ, primo y yerno del Profeta ﷺ, aceptó el desafío. Durante el duelo, Ali ؓ inmovilizó a su oponente en el suelo. Convencido de su muerte, el guerrero escupió a Ali ؓ en el rostro. En lugar de matarlo por la rabia que ese gesto le produjo, Alí ؓ dejó en libertad a su oponente y le dijo: "Si te matara guiado por la rabia que siento ahora, no lo estaría haciendo por la causa de Allah". La reacción del honorable Ali ؓ y su comportamiento no podría haber sido posible si primero no hubiera librado con éxito la jihad consigo mismo.

El lector se estará preguntando qué es realmente esa *nafs* contra la que un musulmán debe luchar primero con el fin de reprimirla y domarla. Para el cuerpo humano, la nafs (ser primario) es como un rey cuyos deseos mundanos son sus soldados. La *nafs* es ciega, no sabe distinguir entre el bien y el mal, es incapaz de ver lo que causa la muerte y la destrucción del alma humana. Cuando la *nafs* inclina al hombre hacia el mal subyugándolo a éste, el hombre se encuentra en el estado de *ammara*. Al musulmán se le ordena desobedecer el estado de *Nafs-e-Ammara*, a luchar contra él, a suprimirlo y a controlarlo [Corán 12:53]. Cuando se logra controlar ese estado, Allah ﷻ bendice la *nafs* y la ilumina. Llegados a este punto, las características negativas de la *nafs* se tornan visibles y el creyente reconoce los enemigos del alma y del cuerpo, comienza a limpiar y a eliminar los vicios, las causas del mal y las enfermedades espirituales. Una vez que un creyente limpia su *nafs*, la embellece con tributos divinos y se vuelve digno de ser llamado “la mejor de entre Sus criaturas”. Este estado de *nafs* recibe el nombre de *Nafs-e-Mutma'inna* "el alma satisfecha e iluminada"

La *Jihad bin Nafs* es necesaria para pasar del estado de *Nafs-e-Ammara* al estado de *Nafs-e-Mutma'inna*, de esa forma esa estructura de carne y huesos que es el hombre pasa del estado animal al estado humano que le permite alcanzar el fin para el que fue creado. Eso permite, tanto en el campo de batalla como en otras partes, que los musulmanes mantengan su humanidad sin acabar reducidos a bestias salvajes. Por eso, el Profeta ﷺ declaró la *Jihad bin Nafs* "La Gran Jihad". El Islam exige que el hombre se transforme en un auténtico ser humano antes de pisar el campo de batalla. El Islam sabe que una mente humana sin restricciones, sin temor a la responsabilidad divina, conduce al desastre. La historia está llena de monstruos descontrolados que causaron un daño irreversible a la humanidad.

Cuando el pensamiento se subvierte y la fuerza de la razón se corrompe, el mal pasa a ser interpretado como el bien y el bien como el mal. Ese es el peor estado en el que puede caer la mente humana y marca un punto de no retorno en lo que atañe a la justicia y la humanidad. La jihad con uno mismo es la herramienta más eficaz para evitar caer en ese estado. Esa es la razón por la que la jihad con uno mismo es “la Gran Jihad”. Cuando se anula lo peor de uno mismo, resulta fácil vencer sobre los demás.

Es algo muy importante y bien vale la pena destacar que hoy en día muchos musulmanes, con gran ignorancia por su parte, creen estar involucrados de forma activa en algún tipo de jihad legítima mientras que lo que dicen y hacen demuestra claramente que todavía no han podido controlar su *nafs*. Esto tiene como consecuencia que su "lucha" difame el Islam en lugar de promover su prominencia. Esos musulmanes se equivocan al adjetivar como islámicas sus acciones. Otro punto importante a tener en cuenta es que cada vez que se menciona la jihad en el sagrado Corán o los *hadīth*, se hace acompañado de las palabras *fi sabilillah*, "siguiendo el camino de Allah ﷻ" o "por la causa de Allah ﷻ", no en nombre propio.

Jihad bil Qalam (La Jihad con La Pluma/Escribiendo)

El primer y principal objetivo de la *Jihab bil Qalam* es preservar y propagar el Islam a través de la escritura. Este tipo de jihad demuestra que la lucha no es la única opción y que la *Jihad bis Saif* no es la única jihad o forma de alcanzar la prominencia del Islam.

> No sigas a los infieles, y practica la jihad contra ellos usando (la lógica) este (Corán) denodadamente • [Corán 25:52]

También aquí, se guía a los musulmanes para que recurran a la lógica y la sabiduría del sagrado Corán, confiriendo a la espada un papel secundario. La aplicación de los diferentes tipos de jihad varía en función de las circun-stancias. Como se dijo anteriormente, antes que propagarlo a otras personas, lo primero es preservar el Islam en su forma original para las futuras gene-raciones de musulmanes.

La guerra entre el bien y el mal ha existido desde los albores de la historia de la humanidad, por lo que continuará hasta el fin de los tiempos. Es la misma guerra que enfrentó el Islam contra sus enemigos y que no acabará hasta que se logre la prominencia del Islam. Miles de eruditos musulmanes han dedicado toda su vida a la *Jihad bil Qalam* con el fin de preservar y explicar el Islam y sus diversas filosofías. Ellos proporcionaron respuestas a las preguntas planteadas sobre el Islam y sus enseñanzas, los eruditos musulmanes de hoy en día siguen haciéndolo.

A través de la *Jihad bil Qalam*, los musulmanes han interpretado, traducido y explicado en los principales idiomas la sabiduría y los conocimientos contenidos en el sagrado Corán y en los *ahadīth* del Profeta ﷺ. Las enseñanzas del Profeta ﷺ y su tradición se han conservado y comentado de tal man-era que sorprende a todo el mundo. Los eruditos han extraído conocimientos espirituales y científicos que ayudan a comprender el mensaje del Islam.

La *Jihad bil Qalam* popularizó el Islam en todo el mundo, y muchos que no conocían la religión del Islam la conocieron y la aceptaron a partir de la lectura. Si los musulmanes no hubieran practicado este tipo de jihad, muchas personas habrían permanecido en la oscuridad. Los seguidores de otras religiones no han hecho ni mucho menos lo que han hecho los musulmanes por conservar y propagar el Islam por todo el mundo. La importancia de la *Jihad bil Qalam* sobre la *Jihad bis Saif* se refleja en las siguientes palabras del honorable Profeta ﷺ:

> La tinta de la pluma de un verdadero erudito del Islam es más sagrada que la sangre de un mártir. [Tibrani]

El que aún sigue culpando el Islam de violento o de incitar a la violencia, no está siendo justo. Mientras tanto, los musulmanes deben seguir enseñando el Islam hasta que el Señor lo decida.

JIHAD BIL MAAL (LA JIHAD APORTANDO MEDIOS ECONÓMICOS)

Hacer la *Jihad bil Maal* significa luchar aportando medios económicos. Es un hecho que para emprender cualquier proyecto es necesario contar con dinero. Los musulmanes que ofrecen sus riquezas para llevar a cabo otras formas jihad están practicando la *Jihad bil Maal*. Por supuesto, no todos pueden llevar a cabo todos los tipos de jihad. Por eso, existen diferentes tipos de jihad que permiten participar a todos los musulmanes según sus capacidades y posibilidades. La riqueza, como todo lo demás, viene dada por Allah ﷻ. Para el verdadero creyente, no es una carga aportar sus bienes en defensa de la causa de Allah ﷻ siguiendo Sus mandamientos. De hecho, los musulmanes sólo aportan lo que Allah ﷻ les ha concedido siguiendo el camino de Allah ﷻ y, a cambio, reciben generosas recompensas.

Jihad bis Saif (La Jihad con la Espada)

Como se señaló anteriormente, el propósito de toda jihad es procurar la prominencia del Islam. La jihad con la espada, es decir, la jihad armada, no tiene como objetivo convertir a nadie a la fuerza al Islam ni matar a alguien si se niega a convertirse en musulmán. Tampoco significa matar o morir para conseguir conversiones a la fuerza. Significa proteger la vida de los musulmanes, sus tierras, sus bienes, sus intereses, sus medios de vida y su libertad para practicar el Islam. También significar liberar a aquellas personas que piden ayuda a los musulmanes y despejar de obstáculo el camino para poder predicar y propagar el Islam. Todas esas razones forman parte del gran objetivo que es conseguir la prominencia del Islam.

La jihad armada nunca se dirigió contra un conjunto de personas, porque en general no suponen un obstáculo para la propagación del Islam. Siempre han sido las autoridades públicas, aristócratas y élites, y lo ricos y poderosos, los que se han resistido y han impedido y obstaculizado que el mensaje del Señor llegara al pueblo dándole la oportunidad de abrazarlo. La jihad armada se dirige a los señores y tiranos que utilizan su poder, autoridad y dominio para oponerse a los mandamientos y la autoridad absoluta del Señor. En todo caso, opositores del Islam que no hacen ningún bien a su pueblo, sino que lo oprimen impidiendo que se acerque a la realidad absoluta.

De hecho, la jihad armada favorece a la gente en general. Libera a las personas de la tiranía de unos pocos y las conecta con el verdadero Señor. Debido a unos pocos individuos egoístas y a sus partidarios, a millones de personas no se les da más opción que la de encontrarse entre los perdedores finales. Esta es una de las principales razones por la que Allah ﷻ instituyó la obligación de la jihad entre los musulmanes. La jihad armada, más que a favor de los musulmanes, fue instituida a favor de los no musulmanes. Salva a los no musulmanes del daño eterno del fracaso siempre que decidan abrazar el Islam. Mediante sus fieles siervos, Allah ﷻ cumple su promesa de hacer llegar su mensaje a todas las personas.

A lo largo de la historia, en todas partes y en todos los sistemas, han existido personas que se resisten al cambio; ya sea porque están satisfechas con su status quo o por motivos e intereses personales que desean perpetuar. Por lo tanto, a pesar de que el cambio pueda ser bueno para la sociedad, algunas personas se resisten. Donde algunos ven beneficios en guiar a la gente, otros encuentran beneficio en mantenerla equivocada. Por lo tanto, luchan para asegurar sus intereses personales. Algunos incluso se resisten al cambio porque se siente orgulloso con el sistema en el que viven.

Cuando Allah ﷻ quiso hacer llegar su mensaje a través de Sus profetas y de sus respectivos seguidores, les ordenó la misión de luchar por Su causa y por el bien de todas las personas. Al igual que con las otras naciones anteriores a Muhammad ﷺ, Allah ﷻ obligó a los musulmanes a llevar a cabo la jihad armada siguiendo el camino de Allah ﷻ con los fines de proteger el Islam, proporcionar refugio y seguridad a todas aquellas personas cobijadas bajo el paraguas del Islam, y lograr la prominencia del Islam. En ese sentido, el sagrado Corán recuerda y advierte de forma constante a sus seguidores que eviten la transgresión y que respeten el imperio de la ley en todos los aspectos de sus vidas, especialmente en lo que se refiere a la jihad, de lo contrario, sus esfuerzos no serán *fi sabilillah* (por el bien de Allah ﷻ), que es lo requerido.

Dado que no van a venir más profetas después de Muhammad ﷺ, los musulmanes deben cumplir con la obligación de predicar y proteger la causa del Islam. Si este mundo fuera un lugar más tranquilo y luchar no formara parte de la naturaleza humana, cumplir esa obligación sería fácil y los musulmanes podrían difundir el mensaje divino sin problemas por todas partes. Pero ese no ha sido ni es el caso. Los seres humanos pelean por cualquier cosa por la que se pueda pelear. El deber de difundir el mensaje del Señor sólo se asocia a la lucha, siempre y cuando se convierta en un requisito inevitable para poder predicar el mensaje del Islam con libertad.

Ha habido ocasiones en el pasado en que la jihad armada ha sido necesaria, y aun lo sigue siendo en algunas partes del mundo donde la vida, las propiedades y las libertades de los musulmanes corren peligro. Pero, en general, las cosas han cambiado mucho, y la gente disfruta de libertad para elegir, practicar e informar sobre su religión. Así que, en mi humilde opinión, en esos lugares la jihad armada no es necesaria. Está contraindicada y no sirve para lograr el propósito de eliminar los obstáculos que se interponen en el camino de la propagación del Islam. Si en nombre del Islam o de la jihad se inflige dolor a las personas, sea a través de los medios que sea, sin duda, esa conducta es antiislámica y no puede ser etiquetada como jihad.

Cuando una persona abraza el Islam y se embarca en el camino del éxito, Allah ﷻ hace que también le concierna la lucha para lograr el éxito de los demás. Allah ﷻ desea el éxito para todos sus siervos y gracias a la jihad posibilita que todos puedan tener éxito. Se reservan grandes recompensas para los *mujāhids* (los que llevan a cabo la jihad) del Islam. Y dado que Allah ﷻ les encomendó esa tarea, estableció todas las reglas y regulaciones de la jihad, y el *mujāhid* está al servicio de Allah ﷻ, éste no debe permitir que su *nafs* se entrometa y viole alguna de las reglas establecidas. Si lo hace, entonces deja de ser un *mujāhid* y puede pasar a ser llamado extremista, terrorista o cualquier otra cosa. Para librar la auténtica jihad con la espada, el *mujāhid* primero debe librar la jihad consigo mismo y tomar el control sobre su ser primario.

De forma más precisa, la jihad es todo esfuerzo que se hace para erradicar los pecados, la impiedad, la maldad y la injusticia. Esfuerzos que se concretan en actos honorables, desinteresados y justificados, nunca guiados por el por lucro personal, sino en beneficio de la humanidad tal y como se refleja (en el *hadīth* citado anteriormente). La Jihad se hace para resolver los problemas de la gente, para liberarla y acabar con los estados opresores. Más importante aún, la jihad acerca las personas a su Creador mostrándoles el verdadero propósito de la vida.

El primer y más importante propósito de la jihad no es matar o causar derramamiento de sangre, tampoco adquirir ganancias mundanas, incluyendo riquezas, territorios, etc. Su propósito es invitar a la gente a acercarse al Señor. Una vez que las personas reciben el mensaje del Islam, si deciden no aceptarlo, los musulmanes deben dejarlas en paz, pues no puede haber coacción en la aceptación del Islam [por ejemplo, 2:256; 10:99; 15:2-3; 18:29; 42:48 y 50:45]. Las personas que no aceptan el Islam pero deciden vivir bajo el dominio y la protección musulmana están obligadas a pagar la *jizyah*, que es la tasa/ impuesto que se paga a cambio de la protección proporcionada. Los *dhimmis* (no musulmanes que viven bajo la protección de los musulmanes) disfrutan de todos los derechos ciudadanos, pero a diferencia de los musulmanes, están exentos de donar la *zakāh* (caridad obligatoria) y del servicio militar. En cuanto a los *dhimmis*, el Profeta ﷺ advirtió a los musulmanes:

> Cuidad los derechos de los dhimmis porque el Día del Juicio allí estaré, defendiendo cualquier injusticia cometida contra ellos. [Kanzul-Ammal]

En los mandamientos del Sagrado Corán y en las enseñanzas del santo Profeta ﷺ se dice con claridad que antes de iniciar la jihad armada, primero debe invitarse a las personas a aceptar el Islam. Antes de continuar, me gustaría presentar en la siguiente sección algunos versículos coránicos y *ahadīth* con el fin de evitar malentendidos comunes y ofrecer una imagen más precisa de la jihad.

PERMISO PARA RESPONDER CON LA LUCHA

TRAS UNOS QUINCE AÑOS de dolor y sufrimiento, Muhammad ﷺ proclamó su primera profecía y finalmente Allah ﷻ permitió a los musulmanes defenderse con las armas. Allah ﷻ reveló:

> El permiso para luchar contra aquellos que habían iniciado la guerra les fue concedido; porque eran los oprimidos. Sin duda, Allah tiene el poder para ayudarlos - • aquellos que fueron expulsados injustamente de sus hogares sólo por haber dicho: "Nuestro Sustentador es Allah..." • [Corán 22:39-40]

En este sagrado versículo, por primera vez, se concede permiso a los musulmanes para luchar. Desde hacía casi quince años, los primeros musulmanes sufrían a manos de los habitantes de La Meca, que saqueaban sus riquezas y bienes, y mataban y desterraban a las familias. Incluso después de la migración a las zonas circundantes, ya en la ciudad de Medina, los enemigos del Islam no dejaban vivir en paz a los musulmanes. Estaba más que justificada la defensa por todos los medios del Islam y de los musulmanes, eso sin contar que el Todopoderoso había concedido su permiso. La jihad contra los infieles tiranos y opresores garantizaba un futuro pacífico para los musulmanes y establecía el Islam como el poder divino opuesto a la idolatría y el politeísmo. A partir de los dos versículos anteriores, es fácil deducir los motivos por los que fue concedido el permiso para defenderse.

A pesar de que nadie planteó objeciones durante los 15 años en que los idólatras e incrédulos causaron dolor y sufrimiento a los musulmanes, Allah ﷻ el Omnisciente sabía que una vez que concediera permiso a los creyentes para defenderse de la descarada persecución e injusticias a la que se veían sometidos, surgirían objeciones y denuncias por todas partes. Por eso, Allah ﷻ aclara en el sagrado Corán:

> ... y si no hubiera hecho que los creyentes vencieran a los incrédulos, sin duda se habrían destruido santuarios, iglesias cristianas, lugares de culto judíos y *masjid* (mezquitas) en donde se recuerda frecuentemente el nombre de Allah. Ciertamente Allah socorre a quien se esfuerza denodadamente por seguir Su *deen* (forma de vida, religión). Allah es Poderoso, Dominante. • [22:40]

Esto también indica que ese permiso divino no era nuevo, ya que se había concedido anteriormente a otras naciones a las que se había enviado un profeta. Por lo tanto, ese permiso no es una herramienta de transgresión, sino un medio para evitarla. Otra de las razones que justifica la jihad es:

> ¿Por qué no combatís por la causa de Allah, cuando hay hombres, mujeres y niños oprimidos que dicen: "¡Oh, Señor nuestro! Sálvanos de los habitantes opresores que hay en esta ciudad. Envíanos quien nos proteja y socorra. • [Corán 4:75]

Este versículo refleja con claridad que la jihad es un medio para liberar a las personas, especialmente a los hombres débiles y oprimidos, a las mujeres y a los niños. También muestra que el mandamiento de la jihad se concede en respuesta a una llamada al Señor, cuando se ora pidiendo el fin de la opresión de los tiranos. Obviamente, en respuesta a esa llamada, Allah ﷻ no desciende Él mismo a la tierra, sino que envía a Sus siervos en respuesta a la llamada de los oprimidos. Esta es una de las razones y finalidades de la jihad. Otro aspecto importante de la jihad se refleja en los siguientes versículos. Allah ﷻ ordena:

> Y combatidlos hasta que cese el terror y sea el *deen* (forma de vida, religión) de Allah la que prevalezca. Y si desisten, Allah ﷻ ien verá lo que hacen. • Y si se niegan sabed que Allah es vuestro Protector. ¡Qué excelente Protector y qué excelente Defensor! • [Corán 8:39-40]

En estos versículos y en algunos anteriores, se revela la actitud de los idólatras de la Meca y se dan órdenes sobre las medidas apropiadas a tomar. El Todopoderoso concede Su permiso sólo para eliminar el mal y los malhechores y establecer la prominencia del Islam. Ese permiso no tiene otro propósito y no debe ser corrompido o malinterpretado para causar más daño y caos. Tan pronto como los incrédulos cesan su ofensiva, se retiran o dejan de causar daño, los musulmanes también deben detener su lucha armada y dejar el asunto en manos de Allah ﷻ.

Otro versículo importante con respecto a matar no musulmanes es citado aquí debido a las malas interpretaciones que se han hecho de él.

> Mas cuando hayan pasado los meses sagrados matad a los idólatras dondequiera les halléis, capturadles, cercadles y tendedles emboscadas en

> todo lugar, pero si se arrepienten y cumplen con el *salāh* (oraciones prescritas) y dona la *zakāh* (caridad obligatoria) dejadles en paz. Ciertamente Allah es Absolvedor, Misericordioso. • [Corán 9:5]

Este versículo sólo se refiere a la *mushrikin* (idólatras) de La Meca y a ningún otro incrédulo. Además, la orden contenida en él queda cancelada en el siguiente versículo:

> Y si se inclinan por la paz, acéptala tú también y encomiéndate a Allah; ciertamente Él es Omnioyente, Omnisciente. • [Corán 8:61]

También según en versículo 9:5, no había motivo para matarlos, tanto si entraban en el Islam como si se limitaban a buscar refugio. Este versículo estaba destinado específicamente a ellos con la intención de acercarlos al Islam, no de matarlos. Este versículo no debe interpretarse fuera de su contexto. En el siguiente versículo, se observa con claridad la tolerancia del Islam y la ausencia de coerción. Allah ﷻ dice:

> Si alguno de los idólatras te pidiera protección, ampárale para que escuche la Palabra de Allah, luego ayúdale a alcanzar un lugar seguro; esto es porque son gente ignorante. • [Corán 9:6]

Esto significa que los idólatras no debían ser asesinados, aunque no abrazaran el Islam después de escuchar el mensaje de la verdad. Los musulmanes debían escoltarlos a un lugar seguro pero no matarlos. ¿Qué más puedo decir a aquellos que aun siguen pensando que el Islam es una religión intolerante que promueve el derramamiento indiscriminado de sangre? El Islam es una religión de paz aunque no abogue por el pacifismo absoluto. Esa es una distinción importante. El Islam exige a sus seguidores que sean valientes, no cobardes. Allah ﷻ revela en el sagrado Corán:

> Ciertamente Allah recompensará con el Cielo a los creyentes que sacrifican sus vidas y bienes combatiendo por la causa de Allah hasta vencer o morir. Ésta es una promesa verdadera que se menciona en la *Taurat* (Torá), el *Injīl* (Evangelio) y el Corán; y Allah es Quien siempre cumple Sus promesas. Alegraos pues, por este sacrificio que hacéis por Él, y sabed que así obtendréis el triunfo más grandioso. • [9:111]

Son muchas las recompensas reservadas a aquellos que hacen el gran esfuerzo de luchar por el Islam. También es cierto que no es fácil matar o morir por una causa. Este versículo recuerda que los anteriores libros sagrados (es decir, la Torá, los Salmos y la Biblia) también contenían versículos similares sobre la jihad a los que se encuentran en el sagrado Corán. A los musulmanes se les ordena hacer la jihad contra los politeístas e incrédulos, de la misma forma que se le ordenó al resto de la Gente del Libro (principalmente judíos y cristianos). Sin embargo, en ausencia de opresión y persecución, la jihad con la espada no tiene lugar.

El sagrado Corán dedica muchos versículos a la jihad. Si esos versículos no se entienden bien o no se interpretan en el contexto adecuado, la práctica de la jihad resultará incorrecta. No se pueden formar juicios de valor partiendo de una información incompleta, incorrecta o distorsionada. Para aclarar más las cosas, permítanme citar otro versículo que dice sobre quién no se debe practicar la jihad.

> Allah no os prohíbe ser benevolentes y equitativos con quienes no os han combatido por causa de la religión ni os han expulsado de vuestros hogares, pues ciertamente Allah ama a los justos. • Allah sólo os prohíbe que toméis como aliados a quienes os han combatido por causa de la religión y os han expulsado de vuestros hogares o han contribuido a vuestra expulsión. Y sabed que quienes les tomen como aliados también serán considerados opresores. • [Corán 60:8-9]

Esto muestra claramente que en lo que se refiere a los no musulmanes que no se han declarado enemigos de los musulmanes, que no han declarado la guerra en materia de religión y que no han expulsado a los musulmanes de sus casas, los musulmanes han de ser buenos y no declarar la guerra.

Muchos otros versículos contienen mensajes similares que impiden a los musulmanes declarar la jihad armada a aquellas personas que no interfieren en la predicación del Islam, no dañan ni causan el caos entre los musulmanes, no oprimen a los pueblos, etc. Independientemente de la religión, la raza a la que pertenecen o de cómo se oponen sus creencias religiosas a las del Islam, los musulmanes no deben albergar ninguna animosidad contra las vidas y las pertenencias de nadie. Esta es una decisión divina y taxativa. Un mandamiento importante sobre esta cuestión es el que dice "No hay coacción en lo que se refiere al *deen* (modo de vida, religión), y desde luego, la guía se encuentra muy lejos de de la senda del mal ..." [Corán 2:256]. El que opta por seguir la guía divina recoge los frutos, y el que opta por lo contrario, tendrá que responder frente a Allah ﷻ.

Otros versículos del Corán, además de los citados anteriormente, muestran claramente que los malentendidos actuales sobre el Islam y los musulmanes son falsos. El Islam no permite a los musulmanes matar indiscriminadamente, ni tampoco hace que los musulmanes sientan sed de sangre no musulmana. Los versículos que habitualmente se citan para apoyar la teoría de que el Islam es una religión violenta que incita a sus seguidores a ser violentos, sencillamente están sacados de su contexto sin otro fin que el de difamar el Islam y confundir a las personas. Esos mandamientos fueron revelados en circunstancias especiales, durante la lucha en el campo de batalla. No estaban destinados a ser aplicados fuera de ese contexto, lejos de su época y circunstancias. Esto es como cuando un comandante da órdenes a sus soldados en el campo de batalla; esas órdenes no son aplicables fuera del campo de batalla.

En la tradición del Profeta ﷺ también hay enseñanzas muy claras respecto a este tema. Las presento a continuación.

> Un compañero del Profeta ﷺ, Abdullah bin Masud, preguntó: "¡Oh, Profeta, ¿cuál acto es el más importante?" Él respondió: "El *salāh* (oraciones de adoración) a las horas señaladas". Después preguntó: "¿Y después de eso?" El Profeta respondió ﷺ, "Servir a los padres". El compañero siguió preguntando: "¿Y después de eso?" Él Profeta ﷺ respondió: "La jihad siempre que se lleve a cabo siguiendo el camino de Allah." Entonces el compañero dejó de preguntar. [Bukhari]

> Alguien preguntó al Profeta ﷺ "¡Oh, Profeta! ¿Qué hago primero: la jihad o abrazo el Islam?" El Profeta respondió: "Abraza el Islam, luego haz la jihad". Así que se convirtió al Islam, hizo la jihad, y fue martirizado. [Bukhari]

Alguien preguntó al Profeta ﷺ "¿Quién puede ser considerado soldado de Allah, el que lucha por el botín, el que lucha por la fama o el que lucha para demostrar su valentía?" El Profeta, respondió: "El que lucha para alcanzar la prominencia de la fe correcta del Islam siguiendo el camino de Allah." [Bukhari]

Durante los preparativos de una batalla, el Profeta Muhammad ﷺ dijo: "Entregaré la bandera a la persona que conquistará la fortaleza". Entonces llamó al honorable Alí رضي الله عنه, le entregó la bandera y le dio instrucciones: "Luchamos para que se conviertan en musulmanes como nosotros. Cuando llegues allí, invítales a entrar en el Islam y explícales sus obligaciones con Allah. Y juro por Allah, que si gracias a tu invitación, una sola persona se acerca y acepta seguir el camino correcto, la recompensa que obtendrás será mucho mayor que recibir cien camellos [rojos]". [Bukhari]

También se cuenta que si el misericordioso Profeta ﷺ hubiera llegado al campo de batalla por la noche, nunca habría atacado al enemigo y habría esperado hasta la mañana siguiente. Durante una batalla, el Profeta declaró: "Yo, el Profeta de Allah, Muhammad, establezco la tradición de amar la causa de Allah ﷻ y sólo albergar animosidad por el bien de Allah " (nunca por el bien de uno mismo). [Bukhari]

La excelsa ejemplaridad de su carácter y de los musulmanes pudo ser comprobada cuando perdonaron a sus acérrimos enemigos el día que conquistaron La Meca sin derramamiento de sangre. Los musulmanes habían sufrido durante más de quince años a manos de los habitantes de La Meca. Pero el Profeta Muhammad ﷺ siempre perdonó a aquellos que le habían agredido personalmente. A quienes nunca libró de su justo castigo fue a aquellos que no respetaban los santos mandamientos de Allah ﷻ. Él dedicó toda su vida a procurar la prominencia de Allah ﷻ y del Islam. Nunca permitió que sus necesidades, deseos y prioridades personales interfieran en su labor por Allah ﷻ.

La lucha por la paz forma parte integral de la vida. Defender el bien y condenar el mal, apoyar lo correcto y rechazar lo incorrecto, luchar por imponer la justicia y erradicar la injusticia, etc., son luchas que nunca cesarán. Es un hecho que ninguna sociedad civilizada prefiere la guerra a la paz, pero también es un hecho incontestable que las naciones valientes y honorables siempre lucharán contra los agresores y los enemigos de la paz. Cuando los enemigos de la paz desafían a las naciones pacíficas no es momento de cortesías, sino de demostrar poder y valentía. Es el campo de batalla el que acaba decidiendo quien es relegado a las cavernas y quien emerge como el líder victorioso.

Evidencias empíricas e históricas demuestran hasta que las naciones que no se enfrentan entre sí no progresan y se perfeccionan. Si las naciones no se defienden no pueden garantizar y promover sus causas. El Islam ha sido culpado de haberse difundido mediante el poder de la espada, argumento que no es cierto. Sí, los musulmanes se defendieron con la espada y recurrieron a ella cuando el enemigo quiso negar la universalidad del Islam tratando por todos los medios de destruir el *deen* religión, (forma de vida) del Todopoderoso. Pero el Islam, como religión, nunca se extendió con la espada, sino por el buen carácter de sus seguidores en las diferentes épocas. A medida que más personas se convertían en musulmanes, el mensaje de Islam se difundía por todos los rincones del mundo, y desde luego, nunca con la espada.

Muchos eruditos bajo la sombra del prejuicio relacionan la expansión del Islam con la guerra y el derramamiento de sangre. Desde luego, la guerra y el derramamiento de sangre forman parte de la naturaleza humana y la historia está salpicada de sangre. Pero lo que pudieron hacer unos pocos que se autodenominaban musulmanes no puede atribuirse al Islam. Debido a la opinión sesgada de algunos, no se puede ignorar la labor de miles de santos musulmanes, sufíes y grandes eruditos, que dedicaron toda su vida a propagar el Islam de forma pacífica sin empuñar nunca una espada. Cualquier estudio riguroso sobre cómo se extendió el Islam por el mundo destierra la tan repetida aseveración de que el Islam se extendió con la espada.

De hecho, el misericordioso Profeta ﷺ nunca mató a nadie con sus manos. El no sesgó vidas humanas como lo hicieron algunos sanguinarios protagonistas de la historia. Sólo recurrió a la guerra cuando fue inevitable y despertó a la humanidad de su letargo. Era respetuoso incluso con los cadáveres y prohibió desfigurarlos o mutilarlos. Para él, un ser humano era un ser humano, y en ese sentido no distinguía entre amigos y enemigos.

Vale la pena mencionar aquí las instrucciones dadas por el Honorable Abu Bakr ؓ al enviar un ejército a Siria (632 dC).

> Allí encontrará monasterios con monjes de clausura. Tenga cuidado de no enfrentarse a ellos; también de no matar a mujeres, niños y ancianos, ni de talar los árboles en flor o cualquier otro árbol, ni de destruir ninguna construcción/propiedad. [Bukhari]

Cualquier persona con capacidad oratoria o habilidad con la pluma puede distorsionar el significado de los versículos del Corán y las enseñanzas del Profeta ﷺ en apoyo de su agenda oculta. Algunos han distorsionado el verdadero significado de la jihad y la han presentado de forma opuesta a como realmente es. Sin embargo, ninguna interpretación errónea de la jihad cambia el hecho de que uno de los significados de jihad es "guerra santa".

En cuanto a lo que se refiere a la jihad, yo personalmente no estoy de acuerdo con la palabra "santa". Hoy en día, casi todo se ha tergiversado y cualquier cosa puede ser etiquetada como "santa", aunque no refleje ninguna santidad. Sin embargo, la jihad con la espada es una "guerra islámica", es decir, "santa" en su significado más profundo. Como he explicado antes, cualquier musulmán que no practique la jihad consigo mismo para erradicar sus males interiores no debe participar el la jihad armada para lograr la prominencia del Islam. Si lo hace, entonces su guerra no puede ser llamada "guerra islámica".

En mi opinión, en estos tiempos, la jihad con la pluma es la jihad prioritaria, pero por supuesto sólo debe ser llevada a cabo por aquellos que primero hacen la jihad consigo mismos. Al fin y al cabo, uno de los mandamientos del sagrado Corán es:

> Convoca al sendero de tu Señor con sabiduría y bellas palabras. Arguméntales de la mejor manera... • [16:125]

Es más fácil hacerlo a través del habla/escritura/literatura.

Permítanme resumir diciendo que el objetivo de la jihad armada no es matar o aterrorizar a los no musulmanes. El propósito general de la jihad es acercar a las personas al Islam, para que así puedan aceptarlo voluntariamente, entrar en el reino espiritual del Islam y encontrar la paz interior que buscan en otros sitios. ¿Y a quién les corresponde esa misión sino a los musulmanes?

Diferencias Entre Jihad y Terrorismo

La diferencia más importante entre jihad y terrorismo es que sólo el *ameer* (líder) de un gobierno islámico puede declarar la jihad armada. Cuando la declara una autoridad es una declaración oficial de guerra. La declaración de guerra no se oculta. Además, la autoridad gubernamental que declara la jihad se asegura de que se cumplen todas las normas de la jihad y supervisa cualquier posible violación de las mismas. Sin duda, nada de esto es aplicable al terrorismo ni a los terroristas.

En pocas palabras, con la jihad, el *mujāhid* complace al Señor. Con el terrorismo, el terrorista busca de forma grosera y despreciable complacerse a sí mismo, satisfaciendo sus intereses personales y políticos. El terrorismo, de ninguna manera y en ninguna de sus formas tiene cabida en el Islam.

Al enviar a su primo Ali ﵁ a una batalla, el Profeta Muhammad ﷺ dijo:

> ... primero invítales a entrar en el Islam ... si a partir de tu invitación una sola persona se acerca y abraza el Islam, la recompensa que obtendrás será mayor que todas las riquezas del mundo. [Bukhari]

El terrorismo y aterrorizar a la gente no es una invitación al Islam. Los terroristas no se proponen someter a nadie a la voluntad de Allah ﷻ; solo borrar a la gente del mapa.

El *mujāhid* se entrega a Allah ﷻ y según el Corán: "Allah compra su vida a cambio de los Cielos ..." [Corán 9:111]. De ninguna manera, a ningún precio, pondrá en peligro la sublime recompensa por satisfacer sus deseos personales, violando las normas divinas, o rompiendo el pacto sellado con Allah ﷻ. Por otra parte, el terrorista, por definición, no ha sellado un pacto con Allah ﷻ. Eso implica que no recibirá recompensa divina por sus acciones y que no se encuentra sujeto a las reglas del Señor. La feroz y bárbara persecución de objetivos personales que guía a los terroristas no tiene nada que ver con el Islam ni con sus principios y metas. Los terroristas sólo buscan satisfacer su locura personal perturbando la paz social mediante actos terroristas. El Islam condena enérgicamente todos esos actos.

De ninguna manera el terrorismos forma parte del Islam y la jihad no puede ser equiparada con el terrorismo. El Islam no apoya ni aprueba ninguna definición personal de jihad, nadie puede defender el Islam y a los musulmanes a su manera y etiquetarlo como jihad.

Un musulmán sólo puede ser considerado *mujāhid* si sus intenciones, desde el momento en que se prepara para la batalla hasta que combate a sus oponentes, no son otras que la prominencia del Islam y complacer a Allah ﷻ. Si se desvía de esas intenciones, por poco que se desvíe, automáticamente viola los principios de la jihad abandonando su servicio al Islam. A partir de ese momento, sus acciones ya no son *fi sabilillah* (por el bien del Todopoderoso).

El terrorismo es una lacra y un ataque a la paz, mientras que la jihad es un medio para prevenir y erradicar la maldad, la injusticia y sus autores. Allah ﷻ ordena:

> Y combatidlos hasta que cese el terrorismo y sea el *deen* (forma de vida, religión) de Allah la que prevalezca; y si desisten, Allah ﷻ ien ve lo que hacen • [Corán 8:39]

Este versículo muestra claramente que la orden de combatir se refiere a erradicar el terrorismo. Cuando los terroristas se dan por vencidos y abandonan los actos terroristas, cesa la jihad contra ellos. Sin duda, asesinar forma parte del terrorismo y de la lucha contra el terrorismo, pero hay una gran diferencia entre esas dos formas de homicidio. Por ejemplo, un cirujano corta el cuerpo de su paciente y un sanguinario terrorista la garganta de su víctima. Ambos actos no pueden ni equiparse, el primero tiene como fin salvar una vida y el segundo arrebatarla. Eso mismo distingue la jihad del terrorismo.

Allah ﷻ dice en el sagrado Corán:

> ... quien mata a una persona sin que ésta haya cometido un crimen o sembrado el terror en la Tierra es como si matase a toda la humanidad. Y quien salva una vida es como si salvase a toda la humanidad.... • [5:32]

Es lo que se esconde detrás del hecho de salvar o matar a alguien lo que importa; salvar vidas hace que alguien sea mejor, asesinar hace que alguien caiga por debajo de la condición humana, mucho más bajo que los animales.

Lo que importa es la filosofía que se esconde detrás del acto de salvar vidas o matar; salvar vidas hace que alguien sea superior, matar hace que alguien caiga por debajo de la condición humana, muy por debajo de la condición animal. El terrorismo decepciona a Allah ﷻ que priva al terrorista de Su misericordia y bondad en este mundo y el Día del Juicio [Corán 11:85], mientras que la jihad es recompensada con la misericordia, la bondad y las bendiciones de Allah ﷻ.

Allah ﷻ revela en el Sagrado Corán:

> Sin duda, aquellos que creyeron, emigraron e hicieron la jihad siguiendo el camino de Allah son quienes anhelan la misericordia de Allah, y Allah es Absolvedor, Misericordioso. • [2:218]

El Profeta ﷺ dijo:

> El que se pasee con armas por un mercado aterrorizando a la gente, mañana en el Día Juicio, será el aterrorizado, porque a Allah no le gusta que Sus criaturas sean aterrorizadas sin razón. Para el que así se comparta se reserva un terrible tormento en el Infierno. En cambio, el que hace la jihad disfrutará de las bondades de los Cielos. [Bukhari]

El terrorismo es cruel, opresivo, tirano e injusto. En cambio, la jihad beneficia a los oprimidos y tiene como fin establecer la justicia y vencer la tiranía y la crueldad. La jihad se basa en ayudar a los oprimidos, no en causar más opresión.

Allah ﷻ revela en el sagrado Corán:

> ¿Por qué no combatís por la causa de Allah, cuando hay hombres, mujeres y niños oprimidos que dicen: "¡Oh, Señor nuestro! Sálvanos de los habitantes opresores que hay en esta ciudad. Envíanos quien nos proteja y socorra. • Los que han abrazado la fe combaten por la causa de Allah. Los incrédulos en cambio combaten por Satanás. Combatid contra los secuaces de Satanás. Sabed que las artimañas de Satanás son débiles. • [4:75-76]

La jihad está ideada para ayudar a los hombres débiles, mujeres y niños que no pueden defenderse. Tiene como fin liberar a los pueblos oprimidos, proporcionales la independencia, librarlos de la injusticia y conectarlos con su Señor. No se puede relacionar terrorismo con jihad ni llamar terrorismo a ninguna forma de jihad. La diferencia entre jihad y terrorismo es como la diferencia entre libertad y tiranía. Confundir el terrorismo con la jihad es absurdo y se basa en la ignorancia del significado de jihad en el Islam.

El terrorismo se basa en el odio, la arrogancia, la insolencia, etc., mientras que la jihad tiene sus raíces en la modestia, la humildad y la sumisión. Allah ﷻ quiere ver el *mujāhid* (el que lleva a cabo la jihad) comportándose como un verdadero siervo de Allah ﷻ en el campo de batalla, alejado de toda arrogancia, repleto de humildad y desprovisto de cualquier pretensión. En cambio, el terrorista se muestra como una bestia feroz orgullosa, arrogante, ebria de poder, rebosante de malicia y dispuesta a destruir de forma indiscriminada todo lo que se le ponga por delante. Allah ﷻ ordena a los fieles que emprenden el camino de la jihad:

> No seáis como aquellos que salieron de sus hogares con arrogancia y ostentación ante su gente... • [Corán 8:47]

El terrorismo carece de fe, mientras que la jihad es signo de la fe inquebrantable. Las proclamaciones de fe deben pasar por una prueba decisiva para demostrar hasta que punto son sinceras. Lo habitual, es que antes de pasar un examen uno se matricule en la asignatura correspondiente. Del mismo modo, el *mujāhid* primero está obligado a 'matricularse'/abrazar el Islam. Luego certifica su proclamación de fe a través de una prueba/examen – esa prueba/examen es la jihad.

Por el contrario, el terrorista no tiene fe alguna, ni tampoco cree en la necesidad de pasar pruebas/exámenes. Espera una gran recompensa, pero sin embargo, ni siquiera se ha convertido en un verdadero musulmán. El terrorista no cree en Allah ﷻ, solo cree en lo que le dicta su propio juicio, y dado que no tiene fe no teme a Allah ﷻ ni tampoco acata Sus mandamientos. Un terrorista no se apoya en la fe y basa sus ideas en ideologías alejadas de la fe que él mismo fabrica. El *mujāhid* está bien arraigado en la religión celestial, lucha por una causa justa y cuenta con el apoyo, la misericordia y las bendiciones del Señor Todopoderoso.

El terrorismo es ilegal, inmoral, indisciplinado y destructivo, mientras que la jihad es legal, disciplinada y constructiva. La jihad está codificada y regulada por las leyes celestiales, no por leyes hechas por el hombre. En el sagrado Corán, Allah ﷻ ordena a los *mujāhideen* (pl. de *mujāhid*):

> ¡Oh, creyentes! Cuando salgáis a combatir por la causa de Allah, aseguraos de comprobar bien (con quién estáis combatiendo, no cometáis injusticias)... • [4:94]

Allah ﷻ además les instruye que deben creer y no matar a aquellos que saludan con *salām* (el saludo de "paz") y dicen ser musulmanes [Corán 4:94].

Con esto queda bien claro como el Islam ordena a los *mujāhideen* que observen todas las reglas de la jihad y que obren siempre con el máximo cuidado. Tan solo que exista la posibilidad de que el uno por ciento de lo que dice alguien sea verdad, aunque el resto no pueda ser verificado, hay que aceptarlo y dejar el resto a Allah ﷻ.

El terrorista no se encuentra sujeto a ninguna ley y no ha sido instruido para preocuparse de los demás; su única misión es provocar el caos. Cuanta más sangre derrama, más feliz se siente. Cuanta más gente aterroriza, más éxito cree tener. Cuantas más vidas inocentes arrebata, más satisfacción obtiene de su comportamiento cobarde. Visto esto, ¿tiene algún sentido que equipare la jihad con el terrorismo?

> Un compañero del Profeta le preguntó una vez: "¿Qué pasa si un *kāfir* (un incrédulo) me ataca durante una batalla y después de cortarme un brazo, cuando trato de contraatacarlo, afirma ser creyente, recita la *kalimah* (declaración de fe) y abraza el Islam? ¿Qué tengo que hacer entonces?" El Profeta respondió: "Debes retirar tu espada. Si usas la espada después de que él recite la *kalimah* será evidente que estás usando la espada para vengarte y no para alcanzar la prominencia del Islam a través de la *Jihad fi Sabīlillah* (jihad por la causa de Allah). Entonces tu pasarás a ser como él y él como (tú musulmán) antes de que usaras la espada." [Muslim]

Espero haber dejado clara la diferencia entre jihad y terrorismo. Les aseguro que la jihad se rige por principios claros. El ejemplo anterior demuestra que es falsa la afirmación propagandística que dice que "el Islam permite el derramamiento de sangre y que los musulmanes disfrutan con él". El propósito del *mujāhid* con la jihad es completamente opuesto al del terrorista con el terrorismo: el terrorista es un criminal y debe ser clasificado como tal, mientras que un *mujāhid* se encuentra en un estado superior de piedad y abstinencia.

ISLAM Y EXTREMISMO

EL *AMERICAN HERITAGE DICTIONARY of the English Language* define el extremismo como la tendencia a situarse en los extremos o el hecho de adoptar una postura extrema; extremista es el que defiende o recurre a medidas que se escapan de las normas. Otros diccionarios incluyen definiciones como lo más alto y alejado posible, lejos de la moderación, muy grave, o en los límites más alejados. Lo contrario de extremismo y extremista es moderación y moderado respectivamente. A continuación, muestro un panorama general de los principios islámicos que le permitirá entender la relación entre extremismo e Islam. La extensión de este libro no permite desarrollar un análisis más profundo.

Consecuentemente, si el Islam permitiera o defendiera medidas que se escapan a las normas, entonces se podría decir que hay extremismo en el Islam; pero si el Islam sólo permite y promueve la moderación, entonces no se puede decir que hay extremismo en él. Y no hay ni un solo aspecto del Islam que se pueda considerar extremista; todas y cada una de sus enseñanzas y prácticas se basan en la moderación y en el sentido común. Por lo tanto, dado que no es posible encontrar nada que apoye el extremismo en ninguna de sus partes, se puede afirmar que no hay extremismo en el Islam.

El Islam es una forma de vida que cubre completamente todos los aspectos de la vida, incluyendo la muerte y el Más Allá. Contiene subsistemas que se adaptan perfectamente entre sí conformando un gran sistema. Los subsistemas islámicos de creencias, culto, predicación, moral, justicia, caridad, defensa, gobierno, política, economía, etc. son singularmente coherentes entre sí. Como sucede con cualquier otra máquina, si uno de los subsistemas no se ubica donde corresponde o no se encaja correctamente con los demás, no funciona bien y se desmorona al ponerlo en marcha. El Islam, como sistema de vida, ha funcionado y sigue funcionando para miles de millones de personas. Esto prueba de forma suficiente que todos sus subsistemas son coherentes y que encajan perfectamente en el marco general del Islam.

Dicho esto, a través del Corán y la *sunnah*, vamos a comprobar si se da algún extremismo en el Islam. Me gustaría recordarles una vez más que el Islam encaja perfectamente con la naturaleza humana. Ninguno de sus principios exige un acto extremo o inusual que la naturaleza humana no pueda cumplir sin extremismos. Por ejemplo, el sistema de adoración está perfectamente sincronizado con las necesidades del cuerpo y el alma. Todo musulmán que vive de acuerdo a las enseñanzas del Profeta ﷺ vive una vida satisfactoria, moderada y equilibrada que asegura la complacencia de Allah ﷻ.

A pesar de que el hombre fue creado para adorar al Señor, el Islam no exige a sus seguidores que permanezca ocupados veinticuatro horas al día adorándole de forma directa mientras dejan de lado las otras obligaciones de la vida. Cualquier acto de la vida cotidiana llevado a cabo de acuerdo con las normas y mandamientos de Allah ﷻ se convierte en un acto de adoración indirecta. De esa manera, la vida del seguidor pasa a ser automáticamente una vida de adoración constante. De entrada, esto puede parecer una exigencia extraordinaria, agotadora, pero lo cierto es que cientos de millones de musulmanes lo hacen con facilidad. Cuando se convierte en una rutina, la adoración indirecta se adapta perfectamente a la vida humana. De esa forma, los musulmanes disfrutan y obtienen grandes beneficios físicos y espirituales de la vida sin caer en extremismos de ningún tipo.

El Islam es una religión moderada. Todas sus prácticas son equilibradas y hacen que sus seguidores se vuelvan humildes, sinceros y modestos.

SALĀH: Los actos más importantes de adoración directa son los cinco *salāh* diarias (oraciones obligatorias de culto). El *Fajr Salāh* que se lleva a cabo antes del amanecer sólo requiere dos *rakāh* (conjunto de actos de oración de pie, inclinándose, arrodillándose y postrándose) sin las oraciones de la *sunnah*. Esto es porque la gente tiene cosas que hacer y por lo general el tiempo apremia por la mañana. Sólo se tardan unos cinco minutos en completar la Fajr Salā. En cambio, el Isha Salāh, el quinto salāh que se realiza aproximadamente dos horas después de la puesta del sol, requiere diecisiete *rakāh* más las oraciones de la *sunnah*. Normalmente a esas horas ya se ha cumplido con todas las obligaciones diarias y la gente tiene más tiempo libre, se siente más relajada y puede dedicar unos veinte minutos al *Isha Salāh*. Esto demuestra que las actividades cotidianas de las personas se tuvieron muy en cuenta cuando se prescribieron las oraciones diarias. Todo un signo de moderación.

SAUM: Ayunar durante el mes de Ramadhan es obligatorio, pero Allah ﷻ sabe que muchos de sus siervos son personas mayores o débiles o que están enfermas o se encuentran viajando. Por eso concedió un amplio margen de flexibilidad a esas personas permitiéndoles compensar los ayunos perdidos más adelante o bien, en algunos casos, compensarlos alimentando a un pobre con dos comidas por ayuno perdido. El ayuno es fácil de observar si se ajusta la rutina diaria sin necesidad de abandonarla o caer en otros extremismos. Y si una persona está enferma o se siente débil existe la flexibilidad suficiente como para aplazarlo e incluso substituirlo.

ZAKĀH: El acto de donar anualmente una cuadragésima parte de la riqueza personal sólo es obligatorio para los musulmanes que poseen cierto nivel de riqueza. La *zakāh* no es obligatoria para los musulmanes pobres, que en la mayoría de los casos son sus destinatarios.

HAJJ: para los musulmanes, la peregrinación a La Meca es obligatoria sólo una vez en la vida, y eso sólo si se disponen de los medios necesarios para emprender el viaje y cubrir los gastos. No incumbe a los musulmanes que no pueden permitirse el lujo de hacerlo.

Es interesante observar que un compañero del Profeta ﷺ le preguntó: "¿Es obligatorio emprender el hajj todos los años?" El profeta, sin embargo, no respondió. El compañero volvió a preguntar dos veces más y finalmente el Profeta ﷺ respondió: "No". Luego añadió: "No sigas preguntándome sobre algo una y otra vez hasta que te responda. Si hubiera dicho que sí a tu pregunta el *hajj* habría llegado a ser obligatorio cada año." [Muslim]. El silencio del Profeta ﷺ demuestra que el Islam no quiere forzar a sus seguidores, y mucho menos hacerles caer en extremos.

CORÁN: Es una bendición saber recitar el sagrado Corán en árabe, pero aparte de aprender unos versículos determinados en árabe para el *salāh* diaria, no es obligatorio estudiar el Corán en árabe. Sería difícil para los musulmanes que no son árabes recitar el Corán sólo en árabe. Sin embargo, cuanto más se recita en árabe mayor es la satisfacción. En cualquier caso, se concede la posibilidad de estudiar el sagrado Corán a partir de sus traducciones.

En otras facetas el Islam también reconoce el alcance y los límites de la naturaleza humana. Por ejemplo, no obliga a todos sus seguidores a ser eruditos del Islam, predicadores o sufíes. Tampoco obliga a sus seguidores a vivir vidas monacales o a alcanzar altas cumbres espirituales. Al musulmán no se le exige saber más que lo que es necesario para desempeñar sus funciones. Es cierto, eso sí, que cuanto más se sabe y más se practica mayores son las recompensas. No importa en dónde o cuánto se mire, en el Islam no hay extremismos.

En el Primer Capítulo y en cuarenta sitios más del sagrado Corán, el Islam es referido como *Sirāte Mustaquīn*. En *Al Mawrid*, un diccionario Árabe Moderno-Inglés, *sirāt* se define como camino o ruta y *Mustaquīn* como recto, directo, correcto o justo. Por lo tanto, *Sirāte Mustaquīn*

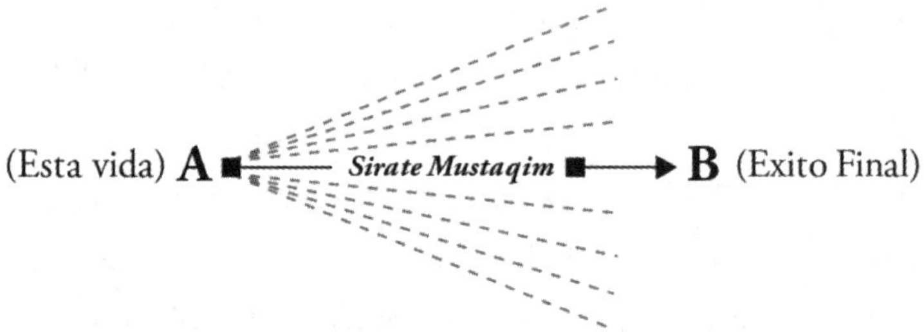

significa "el recto camino" y el camino recto es el más corto. La más mínima desviación, sin embargo, hace que el camino deje de ser el más corto.

Cualquier desviación en el *Sirāte Mustaquīn* supone un paso hacia el extremismo. El Islam no es compatible con ningún tipo de extremismo porque cualquier desviación del camino es un alejamiento del éxito definitivo. El Islam es una forma de vida moderada y también lo son sus enseñanzas y filosofía. Allah ﷻ dice en el sagrado Corán:

> Y éste es mi recto camino, seguidlo pues. Y no sigáis otros caminos, porque si lo hacéis, éstos os desviarán del camino de Allah… • [6:153]

> Quien se aparte del Profeta –después de habérsele evidenciado la guía y siga otro camino distinto al de los creyentes– lo abandonaremos y lo lanzaremos al Infierno, qué destino tan terrible. • [4:115]

> Eso será porque se habrán desviado de Allah y de Su Profeta. Y aquellos que se desvíen de Allah, sin lugar a duda, sepan que Allah es severo en el castigo. • [59:4]

En lo referente a la moderación en el gasto de dinero, Allah ﷻ dice:

No seáis avaros ni tampoco derrochadores, porque seríais censurados y os empobreceríais. • [17:29]

Aquellos que cuando gastan no dan todo lo que tienen ni tampoco escatiman, sino que dan en la justa medida. • [25:67]

... comed y bebed con mesura, porque Allah no ama a los extravagantes. • [7:31]

En cuanto a la moderación en obedecer Sus mandamientos, Allah ﷻ dice:

¡Oh, fieles creyentes! No convirtáis en *harām* (prohibido) las cosas *halāl* (permitidas) que Allah os ha concedido, y no transgredáis. Allah no ama a los transgresores. • [5:87]

En cuanto a ser moderado en caminar y hablar, Allah ﷻ dice:

Sé modesto en tu andar y no levantes tu voz, que ciertamente la voz más desagradable es la del asno. • [31:19]

Allah ﷻ es también moderado con Sus siervos.

Allah no exige a nadie por encima de sus posibilidades... • [2:286]

... Allah desea facilitaros las cosas y no dificultároslas... • [2:185]

El *salāh,* (oraciones obligatorias de culto), deben llevarse a cabo con moderación.

... moderad la voz en el *salāh*, no murmuréis ni la hagáis en silencio; mantener en todo momento el tono. • [17:110]

Al tomar venganza, los musulmanes no deben recurrir a los extremos.

... si se ha cometido una injusticia, es justo tomar represalias en justa medida, y temed a Allah y tener la certeza de que, sin duda, Allah está con los que se moderan. • [2:194]

Durante la jihad, los *mujāhideen* nunca deben cruzar los límites.

Y combatid por la causa de Allah a quienes os combatan, pero no seáis agresores; porque ciertamente Allah no ama a los agresores. • [2:190]

Con un carácter moderado se consiguen los mejores resultados.

Por misericordia de Allah eres compasivo con ellos. Si hubieras sido rudo y duro de corazón se habrían alejado de ti; perdónales, pide perdón por ellos y consúltales en las decisiones.... • [3:159]

No se equipara obrar el bien y obrar el mal. Si eres maltratado responde con una buena actitud... • [41:34]

Al predicar el Islam, hay que ser modesto y evitar extremismos.

Convoca al sendero de tu Señor con sabiduría y bellas palabras. Arguméntales de la mejor manera... • [16:125]

En cuanto a la modestia, el Profeta ﷺ dijo:

La modestia forma parte de la fe, y el lugar de la fe está en el Paraíso. [Ahmad y Tirmidhi]

La modestia conduce a lo mejor. [Bukhari y Muslim]

El creyente es sencillo y generoso, pero el derrochador es engañoso e innoble. [Ahmad, Tirmidhi, y Abu Dawud]

Zaid bin Talha informó que el Profeta de Allah ﷺ dijo:

Cada religión tiene un carácter, y el carácter del Islam es la modestia. [Malik]

Ibn Umar informó que el Profeta ﷺ dijo:

Modestia y fe son compañeras. Cuando una se retira, la otro también. [Baihaqi]

El Profeta de Allah ﷺ también dijo:

Haced que las cosas resulten fáciles y apropiadas, no duras y difíciles. Aplaudid y dad buenas nuevas, no incitéis al odio. [Bukhari y Muslim]

El Profeta ﷺ dijo:

Dos cualidades que Allah ama son la gentileza y la tolerancia. [Muslim]

Resulta patente, a partir de estos versículos y *hadīth*, que el Islam llama a la modestia y aleja cualquier extremismo. Ordena a sus seguidores que sean modestos en todo lo que hacen. Los musulmanes que se comportan de forma modesta y evitan extremismos disfrutan de vidas equilibradas. El Islam condena el extremismo y se opone a toda conducta, actitud o tendencia extremista. El Islam es *Sirāte Mustaquīn*, el recto camino que conduce a todos los que lo siguen a Allah ﷻ.

En la actualidad, debido al comportamiento de algunos musulmanes extremistas, toda la *ummah* (comunidad musulmana) está sufrimiento y muchos se han vuelto escépticos sobre el Islam. Con toda honestidad, los extremistas de todo tipo han puesto en peligro la paz mundial. Si los musulmanes hubieran seguido de verdad los pasos del Profeta ﷺ en lo que se refiere a la tolerancia, el perdón y la modestia, y algunos de los autodenominados musulmanes no se hubieran perdido en el camino del extremismo, se habría evitado el desastre. Solo un estudio honesto del Islam puede, por una parte, salvar al mundo del extremismo de algunos extremistas y, por otra parte, borrar la falsa idea de que el Islam defiende el extremismo y convierte a sus seguidores en extremistas.

¿El Fundamentalismo Forma Parte del Islam?

El fundamentalismo se origina y acaba en el extremismo y no tienen lugar en el Islam. Todo fundamentalismo tiene su origen en el extremismo/radicalismo ideológico. Cuando un fundamentalismo se lleva a la práctica conduce a comportamientos radicales, acciones extremistas, caos social, alteración del status quo e inseguridad generalizada. El fundamentalismo, por naturaleza, nunca ha traído ni traerá nada bueno a la sociedad. Como se dijo anteriormente, en el Islam no hay sitio para el extremismo, ya se trate de extremismo físico o mental, teórico o práctico Quiero dejar muy claro que el fundamentalismo no tiene nada que ver con el Islam. Lo que se conoce hoy en día como 'fundamentalismo islámico' no es más que un enfoque político con fines políticos. También reconozco que el fundamentalismo es un tema demasiado complejo como para ser abordado en un espacio tan reducido. Si bien es algo injusto dejar este tema incompleto y abierto a interpretaciones, también es cierto que tratarlo de forma truncada y precipitada no es aconsejable. Sin duda, esta puede ser una buena tarea para el futuro.

CAPÍTULO 15

La Igualdad de los Hombres en el Islam

LA IGUALDAD ES UN ASPECTO ESENCIAL EN UNA SOCIEDAD civilizada y moral. Los principios de igualdad son base más que suficiente para fundamentar una sociedad civilizada. El sistema de esa sociedad además debe reflejar de forma práctica, que la noción de igualdad se encuentra profundamente arraigada en su filosofía y constitución. Las prácticas cotidianas de sus ciudadanos y gobierno también deben responder de forma clara a los principios de igualdad. Por otra parte, si las leyes establecidas permiten a los ciudadanos acceder de forma automática a sus derechos básicos, podemos decir que esa sociedad está realmente basada en la igualdad. En una sociedad así, la función básica del gobierno es supervisar que se aplican los principios de igualdad y que se eliminan todas las barreras a fin de que los ciudadanos puedan disfrutar de sus derechos.

Según el Islam, Allah ﷻ es la máxima autoridad y ostenta la verdadera soberanía. Allah ﷻ es el Legislador y el Profeta Muhammad ﷺ trasladó y explicó Sus mandamientos divinos a la humanidad. Después del Profeta ﷺ, la autoridad de gobierno de la *ummah* musulmana es el brazo ejecutor de las leyes divinas.

El que, individual o colectivamente, no respeta las leyes divinas, no cumple con las responsabilidades que le corresponden o viola los derechos de las personas, no solo es responsable en este mundo, sino que también será objeto de severos castigos en el Más Allá. Como se señaló anteriormente, los musulmanes están obligados a respetar los derechos de Allah ﷻ y de las personas. También es importante destacar que si por una u otra razón se violan los derechos de Allah ﷻ, Allah ﷻ puede perdonar esa violación, excepto para los pecados sin arrepentimiento de *shirk* (politeísmo) y *kufr* (infidelidad). Sin embargo, se establece con claridad que el que viole los derechos de otras personas no obtendrá el perdón de Allah ﷻ el Día del Juicio, a no ser que sus víctimas le concedan primero el perdón.

En la descripción del Día del Juicio, Allah ﷻ revela en el Corán:

> Cuando el Sol sea arrollado, • las estrellas se extingan. • y las montañas sean pulverizadas. • ... **cuando a las niñas que fueron enterradas vivas, • se les pregunte por qué pecado las mataron** ... • Entonces, cada alma sabrá bien lo que hubo obrado. • [81:1-3, 8-9, 14]

El Día del Juicio no está destinado a restaurar los derechos denegados, sino a compensar de forma justa a las víctimas. Si los infractores no son capaces de compensar de forma justa a sus víctimas, que sin duda será el caso, tendrán que sufrir el correspondiente tormento por sus pecados y crímenes contra la humanidad.

Las estrictas reglas que declaran y ordenan el cumplimento de los derechos humanos, muestran de forma inequívoca la relevancia de la igualdad de los hombres y de los derechos humanos en los mandamientos de Allah ﷻ. En ese sentido, ningún otro sistema en el mundo puede competir con el Islam.

Cualquiera que cometa crímenes contra humanidad, musulmán o no, tendrá que pagar por esos crímenes. Los hay que ya son castigados de una forma u otra en este mundo, otros recibirán su castigo después de la muerte en el *Alam-e-Barzakh* (estado transitorio), pero al final, todos ellos –a no ser que sean perdonados– se enfrentarán al castigo definitivo en el Más Allá.

Después de las declaraciones de fe, todos los fundamentos y la aplicación práctica del Islam se basan en el principio de igualdad entre todos los hombres. Para el Islam no es solo un discurso teórico, todos sus mandamientos integran la igualdad de forma que aplican automáticamente los derechos humanos fundamentales que garantiza la igualdad y justicia para todos. Por otra parte, a este respecto, el Islam exige a sus seguidores que respeten de forma estrictas esos derechos. Para hacer frente al concepto de igualdad entre los hombres y cualquier aspecto filosófico relacionado, Allah ﷻ dice en el Corán:

> ¡Oh, humanos! Os hemos creado a partir de un hombre y una mujer, y os congregamos en pueblos y diferentes tribus para que os reconozcáis los unos a los otros. En verdad, el más honrado de vosotros ante Allah es el más temeroso de Allah. Ciertamente Allah es Omnisciente y está bien informado de lo que hacéis. • [49:13]

En este corto versículo el Corán lo explica todo, mientras que los sabios han escrito volúmenes para arrojar algo de luz sobre el mismo tema. El hecho de que todos los hombres provienen de un hombre y una mujer (nuestros padres), sin lugar a duda, demuestra que sólo existe una especie humana. No existen diferentes especies de hombres que puedan crear la más mínima desigualdad entre los seres humanos. Al ser todos hijos e hijas de un hombre y una mujer automáticamente se establece la igualdad inherente entre los humanos.

También es fácil deducir a partir del origen común del hombre, que no habría padres en su sano juicio que crearan desigualdades entre sus hijos o que inventaran clases sociales para diferenciarlos. Puesto que el Islam era la fe de nuestros "padres" Adán عليه السلام y Hawwa عليها السلام, si todos sus hijos hubieran seguido el Islam, no habríamos sufrido las desigualdades que han causado tantos males sociales. Debemos creer firmemente en la realidad que presenta este versículo, que todos compartimos la misma madre y el mismo padre, antes de embarcarnos en el gran reto de erradicar las desigualdades y las injusticias.

Este versículo y otros muchos del sagrado Corán muestran claramente que la igualdad es el ingrediente básico de una sociedad sana. Allah ﷻ quiere vernos prosperar en la Tierra, y por eso, desde el principio, promulgó el principio de igualdad entre los hombres. Entonces, ¿cómo no iba el Islam a proclamar los derechos necesarios y reclamar justicia para todos cuando su intención no es otra que la de establecer la paz, la prosperidad y la auténtica felicidad para que la humanidad pueda recorrer su camino hacia el éxito definitivo? ¿Podía el Islam ser injusto con las personas y esperar que éstas se sometieran a su voluntad? ¿Podía Allah llamarse a Si Mismo justo y no ser justo con los humanos? ¿El Omnisciente, El Omnipotente, El Compasivo,

El Misericordioso, podía contradecirse a Si Mismo no esta-bleciendo los medios necesarios para que los hombres pudieran lograr la igualdad y la justicia?

La gente no tiene que esperar mucho para descubrir la igualdad en el Islam. Por ejemplo, tan pronto como se entra en el redil del Islam, se es testigo de la igualdad en la práctica en congregación del *salāh*. No hay distinción entre reyes y esclavos, ricos y pobres; todos se postran, hombro a hombro, ante el Señor Supremo, Allah ﷻ. En las mezquitas no existen espacios reservados, ni siquiera para reyes, gobernantes u otros dignatarios. La primera persona en llegar es la que ocupa la primera fila. Si más tarde llega un rey, tiene que sentarse en la siguiente fila o espacio libre. A lo largo de la historia islámica, esa ha sido una práctica habitual. Este es un ejemplo más de como se aplica la igualdad.

El versículo citado anteriormente va dirigido a todos los seres humanos, no sólo a los musulmanes. El pertenecer a un país u otro no hace inferior o superior a nadie. La razón de que exista diversidad de pueblos es para que éstos aprendan a reconocerse entre sí. Según el Islam, las personas no se distinguen por el color de su piel, su origen étnico, su fortuna o cualquier otro factor físico o mundano, sólo por su piedad. Sin embargo, ni siquiera la distinción basada en la piedad otorga a nadie derechos o privilegios especiales; no se concede ni se puede solicitar ningún tratamiento especial. Por supuesto, la piedad otorga un rango superior ante los ojos de Allah ﷻ, que no es poco. El piadoso debe ser respetado y dignificado, pero siempre que no se alteren los principios de igualdad.

La mayor muestra de la igualdad en el Islam se observa durante el acontecimiento anual del Hajj (peregrinación sagrada), cuando millones de musulmanes de todo el mundo se reúnen en La Meca en Arabia Saudita. Los musulmanes visten dos piezas de tela blanca y las musulmanas ropas sencillas. Vestidos de esa manera circunvalan la Kaaba glorificando al Señor y Su Unicidad y expresan su sumisión. Esta es la mayor demostración de igualdad en el Islam. Nadie se distingue por su riqueza o estatus. No existen prejuicios ni intolerancia. Tampoco se distingue entre señores y empleados ni se discrimina por motivos de raza o color de piel. En el Hajj reina la igualdad demostrándose que blancos y negros, orientales y occidentales, ricos y pobres, todos somos hijos de los mismos padres y esclavos de Allah ﷻ Todopoderoso. El Hajj es una experiencia única y una muestra de igualdad sin par.

El encuentro durante el Hajj muestra que, aunque los peregrinos sean estadounidenses, chinos, rusos, indios, europeos, africanos o árabes, la unidad de su carácter, acciones y propósitos hacen de la *ummah* (comunidad) musulmana, no una agrupación de personas de diferentes nacionalidades, sino una nación en sí. Mientras persistan las distinciones basadas en el color de piel, la etnia o el idioma, no podrá prevalecer la verdadera paz. El Islam afirma que distinguir a las personas por motivos de nacionalidad, etnia, color, idioma, etc. es una invención humana que no tiene nada que ver con los designios celestiales.

El Profeta ﷺ dijo:

> Todos los seres humanos son iguales. Iguales como los dientes de un peine. No hay distinción ni preferencia por los árabes sobre los no árabes o por los no árabes sobre los árabes, ni por los blancos sobre los negros. A los ojos de Allah, la preferencia se basa únicamente en la piedad y en la rectitud. [Último Sermón del Profeta, Apéndice II]

El Corán ordena a los creyentes:

> ¡Oh, fieles creyentes! No os burléis de otros hombres, pues es posible que sean mejores que vosotros. Que las mujeres no se burlen de otras mujeres, pues es posible que sean mejores que ellas. Y no os difaméis ni os pongáis apodos ofensivos.... • [49:11]

El Profeta enseñó a sus seguidores que:

> Sin duda, Allah no se fija en tu situación, ni tampoco en tu cuerpo o riquezas. Él se fija continuamente en tu corazón y Allah se siente complacido con los que tienen buen corazón. Sin lugar a duda, eres descendiente de Adán. Y entre todos vosotros, los piadosos son los que complacen a Allah. [Mujma-ay-Zawaid]

Además, afirmó:

> Que todas las creaciones son como la familia de Allah. Allah ama a los que más aman Sus criaturas. [Sunan Behaqi & Mishkar Al-Masabih]

Queda patente que en el Islam se da la igualdad entre las personas y que el Islam no muestra una preferencia especial por nadie. El Corán y la *sunnah* evidencian con claridad que en el Islam no hay lugar para la desigualdad, el racismo, el favoritismo, el prejuicio, la discriminación o la intolerancia. Tales vicios son creaciones humanas y tienen sus raíces en el egoísmo. El Islam enseña a eliminar esos males de la sociedad para que el mundo pueda llegar a ser una réplica de los Cielos, lo que permitiría a las personas centrarse en el Cielo real. El Islam no provoca el mal, lo erradica.

Como se mencionó anteriormente, la obligación básica de un musulmán es cumplir con sus deberes con Allah ﷻ y con los demás. El Islam hace hincapié en el cumplimiento de deberes por encima de los derechos porque cuando los deberes se ejecutan correctamente, los derechos humanos y las libertades se cumplen automáticamente.

Del mismo modo, la obligación esencial de un gobierno islámico es garantizar –sobre la base de los principios islámicos– igualdad para todos los ciudadanos y erradicar las injusticias de la sociedad. Cualquier autoridad gobernante incapaz de cumplir con esa obligación básica debe ser cesada o reemplazada. A menudo, los gobiernos y sus funcionarios escapan de la justicia por crímenes cometidos contra la humanidad y no rinden cuentas. Permítanme recordar que Allah ﷻ es el único señor del Día del Juicio y que nadie podrá escapar de Su presencia ni eludir el castigo que se merece. Por lo tanto, es más beneficioso ser justo con la gente que oprimirla.

Las leyes mundanas sólo tienen un alcance limitado y aún así muchas veces son eludidas. A veces, es difícil diferenciar entre infractores y legisladores y son los pobres ciudadanos los que sufren las consecuencias. El Islam establece reglas estrictas para que se haga justicia y anima a la gente a luchar por sus derechos y en contra de la injusticia. El Islam ofrece grandes recompensas a aquellos que luchan por obtener justicia, pero sin embargo, si la víctima elige ser paciente o por alguna razón no se hace justicia, Allah ﷻ promete una compensación justa en este mundo y/o en el Más Allá.

Según un *hadīth* narrado por Abdullah ibn Amr:

> Un verdadero musulmán es aquel de cuyas manos y boca están a salvo los otros musulmanes. [Bukhari]

Esto significa que un verdadero musulmán es aquel que cumple con los derechos de Allah ﷻ, así como con los de las personas.

En otro *hadīth*, el Profeta ﷺ dijo:

> Allah no bendice la nación que deniega los derechos a un hombre débil. [Bukhari]

Otra muestra de igualdad en el Islam que garantiza los derechos de todos.

El Derecho a la Vida

De entre todos los derechos humanos, el derecho a la vida es el más importante. El Islam garantiza este derecho desde el feto hasta el último aliento de la vida. La vida del ser humano –musulmán o no musulmán– es sagrada. El derramamiento de sangre y la matanza indiscriminada son los peores crímenes que se pueden cometer en el Islam. Los responsables de esos crímenes no podrán escapar de su doloroso destino final. Ya hablé de este derecho en el capítulo 13, " El Valor de la Vida y su Preservación en el Islam".

El Derecho a la Libertad

El derecho a la libertad, a ser libre, es un derecho inalienable natural del hombre. Cuando un derecho se reconoce como 'natural', significa que las personas nacen con ese derecho – por el simple hecho de haber nacido. Dado que Allah ﷻ es el Creador, fue Él Mismo el que concedió a la gente el derecho natural de la libertad. Por lo tanto, el Islam, que es la religión de Allah ﷻ, debe asegurarse de que se respeta ese derecho natural de las personas. De todo esto se desprende que nosotros, como personas, no podemos conceder o denegar ese derecho o cualquier otro derecho natural, solo protegerlo. La gente debe, como lo viene haciendo desde hace tiempo, hacer todo lo posible para que se protejan esos derechos humanos.

El Islam se encuentra unos cuantos pasos por delante de las sociedades humanas, pues sus valores divinos y mandamientos se organizan de forma que nadie queda privado de sus derechos; y mucho menos de sus derechos naturales. Las sociedades pueden hacer todo lo que está a su alcance para que los hombres sean libres y no esclavos, pero ¿quién garantiza de verdad que un hombre no acabe convirtiéndose en un esclavo de la sociedad y, casi siempre, en un esclavo de si mismo, de sus deseos y necesidades? Las sociedades pueden liberar al hombre garantizando el derecho a la libertad, pero ¿quién impide que las personas libres, más allá de su propia elección, acaben convertidas en esclavas de su sociedad entregándose a ella?

El Islam, a través de sus enseñanzas, garantiza que el hombre no acabe siendo un esclavo de la sociedad. También establece las normas necesarias para que la sociedad no actúe de forma que el hombre no tenga más remedio que renunciar a su libertad. Con sus mandamientos, el Islam libera al hombre de todo tipo de esclavitud para que pueda someterse a Allah ﷻ y someter su voluntad a la voluntad de Allah ﷻ, porque no es posible exigir al hombre la sumisión completa si primero no se libera de cualquier otra atadura.

El hombre no puede someterse simultáneamente a si mismo, a la sociedad y al Todopoderoso. Tiene que elegir. Quien somete su voluntad de forma voluntaria y por completo al Omnipotente nunca será un esclavo de la sociedad o de si mismo, realmente se libera de toda atadura a lo demás. Por otro lado, el que se somete, voluntaria o involuntariamente, a la sociedad o a si mismo nunca sabrá lo que es la verdadera libertad, la felicidad eterna, ni el éxito definitivo.

El Islam primero libera al hombre y luego le exige que se entregue por su propio bien. Otros también prometen la libertad, pero al final todo acaba en algún tipo de esclavitud que impide al hombre alcanzar el éxito definitivo, aquí y en el Más Allá. ¿Cómo es eso? En el primer caso, Allah ﷻ, Todopoderoso y Creador, es Quién nos libera para que podamos someternos a Él y entrar en Su redil para así alcanzar el éxito en esta vida y en el Más Allá. Él tiene todo el poder y los conocimientos para hacerlo. En cambio, en el segundo caso, la entidad/sistema que promete la libertad y el éxito es débil y no tiene control sobre nada o, al menos, sobre lo que no es visible.

El hombre debe someterse al Ser Supremo, no a otro ser/ente inferior, pues Él le salva de cualquier humillación, dolor y sufrimiento y aporta la verdadera paz, felicidad y prosperidad, conduciendo al éxito definitivo. Cuando una persona se convierte esclava del Ser Supremo, se transforma en un ser superior al que nada ni nadie en este mundo puede esclavizar. Cuando nada esclaviza a un hombre, por fin es libre.

La sociedad islámica no fue creada para esclavizar al hombre, ni para que el hombre se convirtiera en su esclavo; sino para que el hombre, mediante la aceptación de la esclavitud y la servidumbre a Allah ﷻ, sirviera a la humanidad. Si Allah ﷻ tiene al hombre a su servicio no es para obtener beneficios personales de él, sino para liberarlo de forma que pueda disfrutar de su derecho a la libertad. El Islam libera y proporciona la verdadera libertad.

El Derecho a la Felicidad / La Búsqueda de la Felicidad

El Islam reconoce por completo este derecho del hombre y le ayuda a lo largo de su vida a lograrlo. Como requisito previo para alcanzar la felicidad o para embarcarse en su búsqueda, el hombre debe saber qué es la felicidad, donde reside y cómo alcanzarla. Si no lo sabe, ¿cómo puede alcanzarla? Si el significado de la felicidad es malinterpretado, cualquier persecución de ésta será en vano con la consiguiente pérdida de tiempo y energía. Además, es posible alejarse tanto del auténtico camino que se pierda para siempre. Por lo tanto, entender el verdadero concepto de la felicidad es crucial para poder buscarla con éxito.

El hombre se compone de cuerpo y alma, y fue creado de tal manera que no le basta con satisfacer sus necesidades físicas y materiales para ser realmente feliz, también debe satisfacerse sus necesidades espirituales. Sólo el Creador sabe que necesita el hombre para ser feliz de verdad, porque Él es el Creador del hombre, tanto de su cuerpo como de su alma, y sólo Él conoce sus auténticas necesidades. En ausencia de Su ayuda, guía y dirección, el hombre, por si mismo, no puede hacer nada; mucho menos alcanzar la verdadera felicidad. La experiencia de millones de personas demuestra que incluso después de haberse obtenido la riqueza material, la satisfacción de las necesidades físicas/materiales y de los deseos, tras la más obstinada búsqueda, la felicidad de verdad sigue sin aparecer y el alma no se encuentra en paz y sosiego.

Para ser feliz, una persona debe alcanzar sus metas, cubrir sus necesidades y cumplir sus deseos. Si los logros obtenidos no alcanzan las expectativas, es decir, no se cumple lo que se esperaba o lo que se deseaba obtener no aporta el cambio o la comodidad que se esperaba, la felicidad se desvanece rápidamente. El hombre es débil y no controla las circunstancias de su vida. Muchas veces, cuando se logran las metas propuestas, las circunstancias han cambiado o los resultados obtenidos no son los esperados. Muchos otros factores pueden obstaculizar la consecución de la felicidad y frustrar la búsqueda. Una búsqueda fructífera es aquella que proporciona una felicidad eterna; capaz de resistir el paso del tiempo, no sujeta a cambios coyunturales. Esa es la felicidad que vale la pena conseguir. Buscar una felicidad que se desvanece con facilidad es una pérdida de tiempo y esfuerzo.

La paz y felicidad verdaderas no se pueden comprar, sólo pueden ser concedidas por el Señor Todopoderoso. Lo que se compra se puede perder, pero lo que da el Señor es para siempre y nunca se desvanece. Buscar la felicidad en lo material es algo arriesgado, e incluso si se logra, no es permanente y se puede perder en un momento. En cambio, buscar la felicidad en la complacencia del Todopoderoso es una sabia elección y la forma más segura de alcanzar la verdadera felicidad. Cuando se complace al Señor, se aseguran la paz interior y la verdadera felicidad. La búsqueda de la verdadera felicidad en el Islam, mediante la complacencia de Allah ﷻ, nunca es una búsqueda en vano. Todo creyente tiene el derecho a obtener esa felicidad. Allah ﷻ revela claramente en el sagrado Corán:

> Él es Quien hizo descender el sosiego en los corazones de los musulmanes para aumentarles la fe... • [48:4]

Allah ﷻ reafirma:

> Aquellos que creen, sus corazones se sosiegan con el recuerdo de Allah. Es con el recuerdo de Allah que se sosiegan los corazones. • Quienes creen y obran correctamente serán los bienaventurados, y tendrán un hermoso destino. • [13:28-29]

> Por cierto que Allah se complació con los creyentes cuando le juraron fidelidad bajo el árbol; y sabiendo la fe que había en sus corazones hizo descender el sosiego sobre ellos y los recompensó con una victoria cercana. • [48:18]

Cuando los verdaderos seguidores, sirvientes y esclavos, de forma voluntaria, cumplen con sus obligaciones con el Señor, siguiendo los mandamientos que Él ha establecido, obtienen un placer único que sólo ellos pueden sentir y que no se puede describir con palabras. Observar de forma constante las obligaciones religiosas y de culto, fortalece la conexión espiritual con el Señor dando como resultado plena satisfacción, paz interior y verdadera felicidad. Cuando el hombre busca su origen su vida se llena porque al conectarse finalmente con su Señor, su Fuente, su corazón se llena. La presencia del Señor en el corazón aporta felicidad verdadera y eterna que automáticamente pasa a formar parte de cuerpo y alma. Esa felicidad no se separa nunca más del cuerpo y el alma. Ni siquiera después de la muerte cuando éstos se separan. Sólo así se adquiere la felicidad completa y cesa la búsqueda.

En el Islam, no hay que hacer nada extraordinario para alcanzar la felicidad, simplemente hay que practicar los actos de culto, directos e indirectos. De esa forma, el creyente no sólo cumple con sus obligaciones religiosas, sino que también, de forma automática, obtiene felicidad, satisfacción y un placer indescriptible. El Islam no prohíbe perseguir la felicidad en este mundo, ni está en contra de los placeres terrenales, pero da una importancia secundaria a esas cosas. Al creyente se le pide que aspire a placeres superiores que le otorgan una consideración más elevada liberándolo de cualquier atadura material obstáculo para la consecución de la verdadera felicidad. La felicidad artificial oculta nuestra realidad más profunda y sólo trae dolor. Los lazos materiales reducen los verdaderos placeres de la mente y el alma a un simple estado animal. Los placeres corporales son temporales, se desvanecen enseguida y se deben volver a buscar una y otra vez.

El Derecho a la Religión

Muchos piensan que el Islam es una religión intolerante que se niega a convivir con otras creencias. Debo decir que eso no es cierto, aunque espero que a estas alturas ya se haya dado cuenta. De hecho, una visión histórica bien documentada del Islam demuestra que es una religión tolerante por naturaleza.

El Islam se centra en la calidad, no en la cantidad; la coacción, la coerción, y la conversión forzada no aportan calidad. Las personas que abrazan el Islam lo hacen en beneficio propio. El Islam no gana nada cuando alguien se convierta ni pierde nada cuando alguien abandona la fe. Pero no hay duda de que aquellos que encuentran un gran beneficio en el Islam sienten compasión y desean que los demás disfruten también de esos beneficios. El Islam pretende revelar a las personas el verdadero propósito de la vida cobijándolas (en vida) bajo su paraguas, no acabar convirtiendo a las personas en cadáveres mediante la coerción y la compulsión. El Islam no pretende aumentar su número de seguidores para convertirse en la mayor organización humana, sino que quiere aportar calidad a la vida de las personas.

Por eso, el Islam establece el principio de libertad de religión y toma todas las medidas necesarias para protegerlo y salvaguardarlo. Los motivos para no obligar a adoptar el Islam se encuentran en estos versículos:

> No está permitido forzar a nadie a seguir el *deen* (religión). Ciertamente, la guía se ha diferenciado de la apostasía. Quien se aparte de Satanás y crea en Allah, se habrá aferrado al asidero más firme, que nunca se romperá. Y Allah es Omnioyente, Omnisciente. • [2:256]

> Si tu Señor hubiera querido, todos los habitantes de la Tierra habrían creído. ¿Puedes hacer que los hombres se conviertan en musulmanes? Nadie puede hacer que alguien abrace la fe sin la voluntad de Allah… • [10:99]

Estos versículos muestran claramente que el Islam es tolerante con las creencias de los demás y que el Islam no obliga a los musulmanes a convertir a nadie al Islam por la fuerza. Además, el Islam también prohíbe despreciar e insultar a las deidades de los demás.

> No insultéis o habléis mal de aquellos (ídolos y falsos dioses) invocados en lugar de Allah... • [6:108]

Allah ﷻ dirige a los musulmanes a actuar de la siguiente manera:

> Convoca al sendero de tu Señor con sabiduría y bellas palabras. Arguméntales de la mejor manera... • [16:125]

Y si los (no musulmanes) no escuchan entonces decidles:

> Vosotros seguid vuestro camino y yo seguiré el *deen* religión; (forma de vida) de Allah. • [109:6]

Con la gracia del Señor, todos los días miles de personas encuentran la paz verdadera bajo el paraguas del Islam, no hay necesidad alguna de coacción o coerción.

El Derecho a la Privacidad

LA IMPORTANCIA DE LA PRIVACIDAD y los efectos de su violación sólo pueden ser entendidos por aquellos cuya privacidad se ha visto violada en algún momento. Todo forma parte de nuestra esfera privada a no ser que decidamos compartirlo con los demás. Si comunicamos a alguien información personal que no queremos difundir, esa información debe ser preservada y no desvelarse. La privacidad es un derecho individual que se nos ha otorgado por algo. Aunque se puede dar la circunstancia de tener que renunciar a ese derecho si lo solicita una autoridad de gobierno legítima.

En los Estados Unidos, escucho casi a diario que el gobierno y otras organizaciones sociales y empresariales garantizan de forma rotunda la privacidad de las personas o de los datos de sus clientes. ¡Qué alivio da vivir en una sociedad con un gobierno que garantiza la privacidad de los ciudadanos! Por desgracia, ese no sucede en todos los países.

Con el fin de proteger la dignidad y el bienestar de los individuos, el Islam estableció las medidas necesarias hace unos 1.500 años. El Mismo Señor protege nuestra privacidad, dignidad y bienestar.

En el sagrado Corán, Allah ﷻ dice:

> ¡Oh, musulmanes! No entréis en ninguna casa que no sea la vuestra sin antes pedir permiso y saludar a su gente con *salam* ("paz"). Eso es lo mejor para vosotros, recapacitad pues. Si no encontráis a nadie en ella no entréis hasta que se os dé permiso. Y si se os denegara, entonces marchaos, pues es lo más correcto. Y Allah ﷻ ien sabe lo que hacéis. • [24:27-28]

Estos versículos, sin duda, prohíben la intromisión en la vida privada de los demás y salvaguardan el derecho a la privacidad. Todas y cada una de las palabras de Allah ﷻ infunden una profunda sabiduría. Por lo tanto, todas las medidas necesarias y relevantes relativas a la privacidad y las normas de etiqueta pueden formularse a partir de estos versículos fundamentales.

De acuerdo con un *hādith*, está estrictamente prohibido curiosear en las casas, espiar desde fuera, leer las cartas o el correo de alguien sin su permiso o construir casas más altas que la de los vecinos para poder observar que pasa dentro de ellas. Según las leyes islámicas sobre la privacidad, incluso la víctima que pega un puñetazo en el ojo al intruso que le espía está perdonada [Tirmidhi]. Ni siquiera a un ciego se le permite entrar en una casa sin el permiso de su propietario, ya que, aunque no ve nada, sin duda puede descubrir asuntos privados de sus habitantes, lo que supone igualmente una invasión de la privacidad.

Es más, los musulmanes deben pedir permiso incluso para entrar en casa de sus padres. Obsérvese lo específica que es la norma, si un niño/ menor pide permiso a un adulto para entrar en una casa y no se le concede, no puede entrar. El permiso para entrar sólo es válido si es concedido por un adulto, preferentemente el propietario. Además, nadie debe sentir rencor si no se le concede el permiso para entrar en un hogar

Otro *hadīth* dice que, si un musulmán merodea sin permiso en la propiedad de otra persona o se entromete en la vida de un hermano musulmán, Allah ﷻ expondrá su privacidad el Día del Juicio para que pruebe así lo que se siente [Muslim y Tirmidhi]. Sin embargo, siempre que sea con un fin justificado y necesario o en caso de emergencia, nunca con el fin de invadir la intimidad de nadie, se concede el permiso para entrar en una casa o buscar entre los objetos personales de un tercero sin permiso previo.

El Islam también salvaguarda la privacidad de las personas prohibiendo el chismorreo (más sobre el chismorreo en el Capítulo 21, *Vicios y Virtudes*)

Los Derechos de los Demás

A DIFERENCIA DE LO QUE SUCEDE CON OTROS CÓDIGOS artificiales, el Islam establece explícitamente los derechos de los demás. Esto incluye los derechos de los familiares, de los vecinos, etc. Esos derechos son de obligado cumplimiento para todos los individuos/ sociedad en su conjunto. Un examen cuidadoso y detallado de cada derecho y de lo que comporta, muestra el tipo de sociedad concienciada y solidaria que promueve el Islam. Sobra con decir que Allah ﷻ revela:

> Te preguntan acerca de la caridad. Diles: "Lo que deis, que sea para vuestros padres, parientes, huérfanos, pobres y viajeros insolventes. Ciertamente lo que hagáis de bien Allah lo sabe". • [Corán 2:215]
>
> Cumple tus obligaciones con tus parientes y sé caritativo con los necesitados y el viajero insolvente. Es lo mejor para quienes anhelan la complacencia de Allah, que serán los exitosos. • [Corán 30:38]
>
> Adorad a Allah y no Le asociéis nada. Sed benevolentes con vuestros padres, con vuestros parientes, con los huérfanos, con los necesitados, con los vecinos que son parientes y con los que no lo son, con el compañero y el viajero insolvente, y con aquellos que dependen de ti. Allah no ama al arrogante jactancioso... • [Corán 4:36]

No sólo la sociedad en su conjunto, sino que cada musulmán está obligado a cumplir con los derechos de los demás según sus capacidades y conocimientos. Los que van más allá de sus posibilidades con el fin de lograr la paz y la felicidad de los demás son los que reciben la mayor consideración y recompensas por parte Allah ﷻ.

Los Derechos de los Vecinos

El ISLAM HACE GRAN ÉNFASIS EN LOS DERECHOS de nuestros vecinos. Independientemente de su afiliación religiosa, los vecinos disfrutan de unos derechos específicos que los musulmanes deben cumplir.

El Profeta ﷺ subrayaba que los derechos de los vecinos eran tan importantes que pensaba que éstos también debían beneficiarse del legado [Tirmidhi]. El Profeta ﷺ decía que los habitantes de las 70 casas más cercanas a la tuya son tus vecinos. De esa forma tan breve, el Profeta ﷺ establecía una red de cooperación entre las personas. Las redes comunitarias no se establecen para promover el conflicto o sembrar el odio, sino para fomentar la cooperación y el amor mutuo. Construir ese tipo de intricadas redes sociales de cooperación y asistencia entre los pueblos, sin necesidad de una autoridad gubernamental, es una especialidad exclusiva del Islam.

Las sociedades ricas y desarrolladas, en las que se han implementado mecanismos modernos para hacer frente, en cierta medida, a los problemas de la gente y las situaciones de emergencia, no entiende realmente el alcance de la cooperación vecinal. Sin embargo, a lo largo de la historia de la humanidad, naciones y comunidades pobres se han beneficiado de los principios islámicos de cooperación. Incluso hoy en día, en muchas partes del mundo, los vecinos tienen que ayudarse unos a otros para poder hacer frente a los problemas de la vida cotidiana. Si no fuera así sus sociedades se verían sumidas en la penuria y la miseria.

Tanto en momentos de alegría como de tristeza, los vecinos pueden prestarse ayuda y beneficiarse mutuamente. En situaciones de enfermedad, emergencia, dificultades económicas, muerte y otras tragedias, la cooperación vecinal aporta confort inmediato y permite volver antes a la normalidad. En tiempos de celebración, la compañía de los vecinos aporta más felicidad y amor.

En muchos casos, las autoridades gubernamentales no saben o no pueden tomarse el tiempo necesario para saber sobre los demás o responder ante una situación determinada. Sin embargo, en la mayoría de los casos, los vecinos están ahí dispuestos a ayudar de inmediato. Frecuentemente las personas son víctimas de la burocracia y otras injusticias. Entonces, incluso cuando el gobierno puede ayudar, puede ser que la ayuda no se materialice. Por lo general, los vecinos se conocen bien y nada les impide ayudarse en tiempos de necesidad. Si los vecinos responden, los favores se devuelven. Eso crea una red de cooperación que aporta paz, felicidad y prosperidad a todos.

Para resumir esta sección, permítanme citar dos *ahadīth*:

> Cuando prepares comidas especiales, compártelas con tus vecinos (especialmente los pobres). Cuando traigas fruta a casa, compártela con los vecinos, y si no hay suficiente para todos, por lo menos no tires sus peladuras a la calle de forma que los hijos de los vecinos pobres puedan verlas y se entristezcan por no poder disfrutarlas. [Tirmidhi]

El que tiene un vecino que duerme con el estómago vacío no es creyente [Abu Dawud]

HERMANDAD ISLÁMICA [CORÁN 49:10]

EL MUSULMÁN QUE NO ELIGE PARA LOS otros musulmanes lo que elegiría para él mismo no es un *momin* (auténtico creyente). No se le da a un hermano lo que se rechaza para uno mismo. No se le da la espalda a un hermano cuando se le puede ayudar. El Día del Juicio, Allah ﷻ será amable con los que han sido amables con los demás en la tierra. El que no es capaz de agradecer los favores que recibe de otros no puede esperar el agradecimiento de Allah ﷻ. Estas enseñanzas y mandamientos del Corán y de la *sunnah* son la base de la hermandad universal islámica. A continuación se enumeran seis mandamientos que los musulmanes deben cumplir entre ellos [Bukhari].

(1) Saludar con "*assalamu alaykum*", que significa "la paz sea contigo", a lo que se responde: "Que la paz sea contigo también".
(2) Aceptar las invitaciones a las celebraciones.
(3) Mostrar solicitud cuando alguien lo solicita.
(4) Responder *yarhamukullah* ("que Allah sea bondadoso con usted") cuando un musulmán dice *alhamdūlillah* ("alabado sea Allah") después de estornudar.
(5) Visitar a los enfermos.
(6) Asistir a los funerales, mostrar el pésame y acompañar al difunto hasta el cementerio.

Cuando la persecución por parte de los Quraysh se hizo insoportable, el Profeta ﷺ y sus compañeros emigraron a Medina. Los musulmanes de Medina, más tarde conocidos como *Ansār* ("los que ayudaron"), dividieron todo lo que tenían a partes iguales para compartirlo con los *Muhayirūn* (los migrantes). Este acto de caridad sin precedentes aun no ha sido igualado. Esa fraternidad única, creada gracias al Profeta ﷺ, unió para siempre a dos pueblos bajo la bandera del Islam. Nada de eso habría sido posible si el respeto a los derechos humanos, la igualdad y la justicia.

JUSTICIA EN EL ISLAM

EN UNA SOCIEDAD, NO PUEDE LOGRARSE LA IGUALDAD SI NO impera la justicia y la ley. La justicia es una necesidad esencial para el desarrollo de la vida humana. Es tan fundamental que, para adquirirla, la gente a menudo sacrifica voluntariamente otros derechos.

Toda la estructura islámica se basa en la justicia. Allah ﷻ es Justo, Sus profetas trajeron la justicia, y el Corán contiene los mandamientos de la justicia, por lo que la justicia es prioritaria en el Islam. Las enseñanzas básicas del Islam se basan en ser justo con uno mismo, en la justicia social y en la justicia en general. No en vano, el principal objetivo del Día del Juicio es acercar la justicia a las personas y las personas a la justicia.

En el sagrado Corán, Allah ﷻ encomienda hacer justicia:

> ... y cuando habléis deberéis ser justos, aunque se trate en contra de un pariente... • [6:152]

> ¡Oh, fieles creyentes! Sed realmente equitativos cuando deis testimonio por Allah, aunque sea en contra de vosotros mismos, de vuestros padres o parientes cercanos, sean ricos o pobres; Allah está por encima de ellos. No sigáis las pasiones y seáis injustos. Si dais falso testimonio o rechazáis prestar testimonio sabed que Allah está bien informado de cuánto hacéis. • [4:135]

> ¡Oh, fieles creyentes! Sed firmes con Allah, dad testimonio con equidad, y que el rencor no os conduzca a obrar injustamente. Sed justos, porque de esta forma estaréis más cerca de ser piadosos. Y temed a Allah; Allah está bien informado de lo que hacéis. • [5:8]

> Ciertamente, Allah os ordena que restituyáis a sus dueños lo que se os haya confiado, y que cuando juzguéis entre los hombres lo hagáis con equidad... • [4:58]

> No devoréis vuestros bienes injustamente unos a otros, ni sobornéis con ellos a los jueces para devorar ilegalmente los bienes ajenos a sabiendas. • [2:188]
>
> ... a quien se le dé muerte injustamente le concedemos a su familiar directo o apoderado el derecho, siempre que no se excedan los límites del crimen. • [17:33]

Como nota final sobre las nociones islámicas de justicia, igualdad y derechos humanos, remito al Último Sermón del Profeta ﷺ (Apéndice II).

Por último, me gustaría añadir que es una práctica habitual entre los hombres sembrar la discordia con el fin de dividir a los demás, lo que hace más fácil gobernar sobre la gente. La política del "divide y vencerás" es y ha sido puesta en práctica en todo el mundo por las naciones más poderosas para subyugar a las demás obteniendo todo tipo de beneficios materiales. El Islam aplica una política diferente: une a la gente con amor para gobernar los corazones; no para obtener un beneficio egoísta sino por el bien de la humanidad. La unidad del pueblo y su bienestar no se consigue si no se aplica verdadera justicia e igualdad.

Los musulmanes que están en el poder y no gobiernan con justicia tendrán que rendir cuentas el Día del Juicio y no podrán escapar al justo castigo que se merecen. El Islam no es culpable de sus abusos de poder y comportamiento antiislámico. La justicia divina será para todos: musulmanes y no musulmanes. Se dice que el día del juicio tendrá una duración de cincuenta mil años, eso es mucho tiempo para hacer justicia.

CAPÍTULO 16

La Mujer en el Islam: Estatus y Rol

NINGÚN OTRO TEMA HA SUSCITADO TANTO interés como el del estatus y rol de la mujer en el Islam. Sin duda es un tema delicado. Pido al lector que preste mucha atención y que lea éste capítulo con la mente abierta.

Las reglas y mandamientos islámicos fueron revelados hace 1.400 años y tenían que definir y contemplar cualquier aspecto de la vida humana. Las leyes y principios del Islam debían tener en cuenta la psicología y los hábitos de las personas, el entorno y las circunstancias, las cualidades y los defectos, la naturaleza y sus posibilidades, las necesidades y los deseos, y los impulsos naturales y anhelos más profundos (buenos/malos), antes de poder prescribir un sistema de vida. Si el Islam no hubiera abordado hasta el más mínimo aspecto de la vida humana, no podría haberse proclamado como el modo de vida completo. Si existe la posibilidad de que algo ocurra, aunque solo sea una vez en la vida de una sola persona, el Islam tiene que contemplarlo.

El estatus y rol de la mujer en la sociedad, es un tema importante para el que el Islam proporcione todas las normas necesarias, determina los derechos correspondientes y ofrece su guía. De hecho, en muchos sentidos, el Islam es la única religión que lo hace. No sólo en la teoría, sino también en la práctica. El Islam ha elevado el estatus de la mujer durante casi 1.400 años haciendo posible, por primera vez en la historia de la humanidad, que la mujer descubra su auténtico ser.

Cuando el Sagrado Corán menciona a alguien o a algo, es que reviste gran importancia. Teniendo esto en cuenta esto, es fácil darse cuenta de lo importante que son el estatus, el rol y los derechos y los deberes de la mujer. El sagrado Corán dedica un capítulo completo titulado *Sura an-Nisa'* (La Mujer) a estos temas. Es el cuarto capítulo más largo y el tercero en el Corán.

La idea general entre los no musulmanes e incluso entre algunos musulmanes modernos es que en el Islam las mujeres no son como los hombres y son tratadas como ciudadanos de segunda clase. Esa es una idea errónea que se basa en conceptos erróneos y, en cierta medida, en la ignorancia. El Sagrado Corán dice claramente que lo único que distingue a las personas es la piedad [Corán 49:13]. Hombre o mujer, mientras más piadoso/a, más loable ante los ojos de Allah ﷻ.

Tanto los hombres como las mujeres son criaturas de Allah ﷻ creadas con el mismo propósito: adorarle desempeñando los papeles específicos asignados a cada uno. Entonces, ¿cómo puede ser tratado uno diferente que el otro? Tanto los hombres como las mujeres son esclavos de Allah ﷻ, no esclavos los unos de los otros. Ambos juegan en la sociedad los papeles específicos prescritos por el Señor. Esos roles fueron asignados de acuerdo con sus capacidades y habilidades en respuesta a una realidad física, psicológica y biológica. ¿Y quién podía asignar mejor los papeles que se adaptan a nuestra naturaleza que nuestro Señor? Nadie mejor que Él que es nuestro creador. Nadie conoce mejor nuestras posibilidades que el Señor.

Si intentamos hacer lo que no nos corresponde o no hacemos lo que se espera de nosotros, entonces estamos violando la promesa que hicimos aquel día cuando, como Sus criaturas, Él nos preguntó "¿No soy tu Señor?", a lo cual todos respondimos "Sí ..." [Corán 7:172]. También violamos el contrato que, como musulmanes, sellamos con Él el día en que voluntariamente nos sometimos a Él y accedimos a obedecerle – no a desobedecerle. Tanto hombres como mujeres debemos asumir las funciones que nos ha asignado el Señor en cumplimiento de su voluntad [Corán 16:91].

VERIFICANDO LA IGUALDAD

PARA VERIFICAR SI EXISTE IGUALDAD entre hombres y mujeres en el Islam, lo primero que hay que preguntarse es: ¿Hombres y mujeres disfrutan de los mismos derechos fundamentales? ¿Se considera a la mujer un ser de segunda clase o inferior? ¿Se trata a la mujer de forma diferente al hombre en lo que se refiere a justicia, respeto y dignidad, tanto en el ámbito del hogar (como madre, esposa, hermana o hija) como en el de la sociedad? ¿Se considera, premia y castiga a la mujer de forma diferente al hombre? Si la respuesta a esas preguntas es sí, entonces se puede concluir que hombres y mujeres no son iguales en el Islam. En ese caso se podría afirmar que los derechos y libertades de las mujeres son más limitados que los de los hombres. Si la respuesta a esas preguntas es no, entonces se puede concluir que hombres y mujeres son iguales en el Islam. Otra cosa es que ambos desempeñen roles y funciones diferentes. Diferencias necesarias para garantizar el equilibrio social y el progreso en la dirección adecuada.

Allah ﷻ, con Su divina sabiduría, asignó algunas funciones y roles diferentes a las mujeres. La asignación de diferentes roles no hace a las mujeres inferiores a los hombres. Si una mujer musulmana se considera a sí misma inferior puede ser debido a una falta de conocimientos islámicos y a una mala comprensión de sus derechos o a factores sociales y culturales que no tienen nada que ver con el Islam. Estoy firmemente convencido de que el Islam no tiene la culpa de esa situación.

El Islam ha hecho todo lo razonablemente posible para que las mujeres disfruten de una vida feliz y de la igualdad que Allah ﷻ les concedió. El Islam les da la oportunidad de exigir sus derechos cuando es necesario y las apoya por completo. Si, por una razón u otra, una mujer no lucha por sus derechos, el Islam no tiene la culpa. Si la cultura o las costumbres anti-islámicas de algunas sociedades que se autodenominan musulmanas reprimen a las mujeres y sus derechos, esos comportamientos no deben ser considerados islámicos.

Hago completamente responsable a los hombres musulmanes de haber hecho que a veces las mujeres se sientan inseguras, inferiores, degradadas, deprimidas y débiles. Los hombres musulmanes que no tratan a las mujeres con respeto y dignidad ignoran las enseñanzas y los principios islámicos que se refieren al estatus de la mujer y, en consecuencia, no actúan de forma islámica. Esos hombres no sólo pagarán por su comportamiento desigual e injusto en este mundo, sino que también tendrán que rendir cuentas el Día del Juicio. La ignorancia no es excusa. Puedo garantizar, basándome en mis conocimientos islámicos y en mi experiencia personal, que aquellos hombres y mujeres realmente conscientes de sus derechos y deberes que cumplen con diligencia sus respectivas funciones, disfrutan de una vida celestial en la tierra.

IGUALDAD CON EL HOMBRE

EN ESTE SENTIDO, ALLAH ι REVELÓ CON CLARIDAD que hombres y mujeres tienen obligaciones los unos con los otros, que deben cumplir sus funciones con diligencia y defender sus derechos mutuos.

Allah ﷻ establece en el sagrado Corán:

> Al creyente que obre rectamente, sea hombre o mujer, le concederemos una vida apacible y con toda seguridad le compensaremos y multiplicaremos las recompensas de sus obras. • [16:97]

> ¡Oh, humanos! Os hemos creado a partir de un hombre y una mujer, y os congregamos en pueblos y diferentes tribus... • [49:13]

> Y entre Sus signos está haberos creado pares de entre vosotros para que encontréis sosiego, y puso entre vosotros amor y misericordia. Por cierto que en esto hay signos para quienes reflexionan. • [30:21]

> ¡Oh, humanos! Temed a vuestro Señor Quien os ha creado a partir de un solo ser, del que creó a su compañera e hizo descender de ambos hombres y mujeres... • [4:1]

Estos versículos y otros muchos, muestran con claridad que no existe desigualdad entre hombres y mujeres. Ambos son iguales en la causa de la propagación de la humanidad en la tierra. Sin las mujeres, los hombres no habrían podido hacer nada. Los términos 'compañera' y 'par' definen claramente esa igualdad inherente. El mérito de haber poblado la tierra corresponde a todos por igual, aunque la alabanza final es para Allah ﷻ.

Igualdad de Derechos

Allah ﷻ dice en el sagrado Corán:

> ... las mujeres también tienen derechos sobre los hombres, como ellos los hombres tienen derechos sobre ellas las mujeres. Pero los hombres tienen un grado o una ventaja) sobre ellas. Allah es Poderoso y Sabio... • [2:228]

Que "los hombres tienen un grado (o una ventaja) sobre ellas" se refiere simplemente a la condición física de los hombres. También se refiere al hecho de que los hombres cargan con la responsabilidad y el deber de sustentar económicamente a sus familias, proporcionando a todos sus miembros los elementos necesarios para vivir. Eso convierte al hombre en el supervisor natural de los asuntos internos y externos de la familia. Sin embargo, si la mujer trabaja fuera y contribuye económicamente, entonces ambos cónyuges comparten ese grado o ventaja. Las mujeres que comparten las responsabilidades del sustento, reciben una mayor compensación.

En todo grupo u organización, independientemente de su tamaño y alcance, siempre hay una persona (por ejemplo, el líder, el CEO, el Presidente) designada como cabeza de grupo. Eso hace que esa persona lidere sobre el resto de los miembros de la organización. Del mismo modo, no hay nada de malo en que Allah ﷻ otorgue "un grado (o una ventaja)" a aquellos que soportan más responsabilidades y deberes. Esto no significa, de forma alguna, que las mujeres sean inferiores.

Sin embargo, para asegurarse de que el hombre no abusará de ese "grado (o ventaja)" suprimiendo los derechos de las mujeres, Allah ﷻ, declara que "las mujeres también tienen derechos". Por supuesto, esos derechos no pueden ser violados.

El versículo termina diciendo que "Allah es Poderoso y Sabio". Eso implica que, aunque al hombre se le concedió un "grado (o ventaja)", Allah ﷻ sigue siendo el Señor. Lógicamente, si el hombre abusa de sus poderes, recibirá el castigo de Allah ﷻ. Es más, cuando Allah ﷻ se refiere a Sí Mismo como "sabio" está diciendo que no ha otorgado un grado de superioridad al hombre para someter a la mujer o con la intención de hacer que la mujer sea inferior. Si Allah ﷻ ha otorgado poderes y obligaciones diferentes a hombres y mujeres es por el bien de ambos, en beneficio de las familias y, finalmente, por el bien de la sociedad.

Las Mujeres no son Inferiores a los Hombres

LOS SIGUIENTES VERSÍCULOS DEL SAGRADO CORÁN ilustran la situación de la mujer cuando el Corán fue revelado. Allah ﷻ dice:

> Cuando se anuncia a uno de ellos la buena nueva de una hija, se refleja en su rostro la aflicción y la angustia. • Por lo que se le ha anunciado se esconde de la gente avergonzado y duda si la dejará vivir a pesar de su deshonra o la enterrará viva. ¡Qué pésimo lo que hacen! • [Corán 16:58-59]

Hasta la época del Profeta ﷺ, enterrar vivas a la hijas recién nacidas era una práctica común entre algunas tribus árabes. El Islam puso fin a esa práctica. Hasta no hace mucho tiempo, en la India, cuando un hombre moría, su viuda era quemada viva junto al cadáver de su esposo. Este ritual hindú llamado *sati*, no fue proscrito hasta el año 1829.

En el Islam, una mujer, recién nacida o viuda, nunca es considerada una desgracia; ni individualmente ni por la sociedad la musulmana en general. Las mujeres son seres independientes que no están subyugadas a los hombres o a la sociedad. No pueden ser enterradas vivas o quemadas al lado del cadáver de su marido. De hecho, el Islam permite a las mujeres casarse de nuevo. De esa forma, ella y sus hijos pueden seguir viviendo, respectivamente, bajo la protección de un esposo legítimo y una figura paterna.

En el versículo citado anteriormente, Allah ﷻ establece que una mujer no es un ser inferior. Por eso no existe razón para llorar o entristecerse cuando nace una niña. En la actualidad, algunas personas pagan grandes cantidades de dinero para saber si el feto aun no nacido es varón o hembra. A menudo, la noticia de que es varón se recibe con gran alegría. En caso contrario, muchos se obstinan a tener una niña. Otros incluso recurren al aborto. Pero si hay musulmanes que se entristecen porque es niña, no es debido el Islam. Es más, demuestran su ignorancia sobre el Islam.

Según un hadīth del Profeta ﷺ, las hijas son una bendición de Allah ﷻ [Abu Dawud]. En otro *hadīth*, se dice que el padre que consigue casar a dos de sus hijas con éxito tiene el Cielo asegurado [Muslim]. El Profeta ﷺ dijo, además, que la mejor caridad que se puede hacer es cuidar de una hija sin amparo (huérfana o sin padres) [Mishkat]. Por otra parte, el Corán establece un severo castigo para aquellos que entierran vivas a sus hijas. De la misma forma, los que consideran que una niña es una carga, no la respetan o la discriminan en relación con sus hermanos varones, recibirán un castigo similar. Allah ﷻ revela el horror del día del Juicio Final:

> Y cuando los mares se enciendan, • cuando las almas sean reunidas, • **cuando a las niñas que fueron enterradas vivas se le pregunte • porque pecado las mataron,** • cuando el libro de las intenciones sea abierto, • el cielo sea eliminado, • y el fuego del Infierno sea avivado • y el Paraíso sea aproximado, • entonces, cada alma sabrá bien lo que hubo obrado. • [Corán 81:6-14]

Este es un asunto serio. El Islam establece de forma específica que las mujeres no son inferiores a los hombres. Además, el versículo que se cita a continuación muestra con claridad el rol de esposa. Allah ﷻ dice:

> ... ellas las mujeres) son vuestro abrigo y vosotros los hombres su abrigo... • [Corán 2:187]

Se puede escribir mucho a partir de esta sencilla declaración sobre la relación entre hombres y mujeres. Comparar a hombres y mujeres con prendas de vestir dice mucho sobre la moral, la confianza y la seguridad. Las prendas de vestir se usan para adornar y realzar la personalidad. Embellecen el aspecto y la apariencia. Esconden carencias y deformaciones del cuerpo físico. Cuando se usan correctamente, cubren las partes privadas del cuerpo con modestia. Reflejan la personalidad de quién las viste, su estado de ánimo, pensamientos, sensibilidad y otras muchas circunstancias. Siempre expresan algo. Además, sirven de protección ante los elementos, confieren respeto y dignidad, etc.

Supongamos por un momento que la mujer fuera inferior al hombre. En ese caso, ¿cómo podría la mujer ser abrigo del hombre de la misma forma que el hombre es abrigo de la mujer? Sólo si ambos son iguales pueden abrigarse el uno al otro, aportándose mutuamente todos los beneficios que se han mencionado. Este fragmento de un versículo del sagrado Corán lo dice todo.

Igualdad en las Recompensas

ESTÁ CLARO QUE NO SERÍA JUSTO recompensar de forma diferente a dos personas que desempeñan las mismas tareas. Ese tipo de injusticia no cabe cuando es Allah ﷻ Quien asigna las tareas y las recompensas. A pesar de que para las mujeres es más fácil, se les recompensa igual que a los hombres. Allah ﷻ dice:

> Quien obre piadosamente, sea hombre o mujer, y sea creyente, ingresará en el Paraíso y no será tratado/a injustamente en lo más mínimo. • [Corán 4:124]

> Tanto los hombres como las mujeres recibirán su merecido. Pedid a Allah que os conceda Su favor. Allah es conocedor de todas las cosas. • [Corán 4:32]

Allah ﷻ también dice:

> ... No dejaré de recompensar ninguna de vuestras obras, seáis hombres o mujeres. Procedéis unos de otros. Aquellos que emigraron, fueron expulsados de sus hogares, padecieron por Mi causa, combatieron y cayeron, les absolveré sus faltas y les introduciré en jardines por donde corren los ríos. Ésta es la recompensa que Allah les concederá. Sólo Allah concede la más hermosa recompensa. • [Corán 3:195]

> Por cierto a los hombres y mujeres que aportaron sus bienes por la causa de Allah, éstos les serán multiplicados y serán recompensados generosamente. • [Corán 57:18]

> Allah les tiene reservado Su perdón y una gran recompensa a los musulmanes y a las musulmanas, a los creyentes y a las creyentes, a los piadosos y a las piadosas, a los justos y a las justas, a los pacientes y a las pacientes, a los humildes y a las humildes, a aquellos y aquellas que hacen caridades, a los ayunadores y a las ayunadoras, a los pudorosos y a las pudorosas, y a aquellos y aquellas que piensan frecuentemente (en Él). • [Corán 33:35]

Si las mujeres fueran inferiores a los hombres, las recompensas por sus actos serían inferiores a las recompensas de los hombres que realizan los mismos actos. Sin embargo, ese no es el caso. La forma en que Allah ﷻ se dirige por igual a hombres y mujeres, más el hecho de que las recompensas son las mismas, muestra claramente que las mujeres no son inferiores a los hombres.

Igualdad en la Herencia

El Omnisciente y Omnisapiente Allah ﷻ sabía que la distribución de las riquezas y las propiedades se convertiría en un gran problema, por eso indicó claramente como hacer una distribución equitativa de acuerdo con las necesidades y responsabilidades de hombres y mujeres. Allah ﷻ dice en el sagrado Corán con respecto a las herencias:

> A los varones les corresponde una parte de lo que los padres y parientes más cercanos dejaren, y para las mujeres otra parte de lo que los padres y parientes más cercanos dejaren. Fuere poco o mucho. • [4:7]

Antes del Islam, las mujeres no tenían participación en la herencia, de hecho, en muchos casos, ellas mismas formaban parte de la propiedad heredada. El Islam concedió a la mujer un estatus en la sociedad que no tenía. En cuanto a la herencia, hay quienes sostienen que, dado que la participación de la mujer es menor que la del hombre –por lo general una mujer recibe la mitad del porcentaje que recibe un hombre con el mismo grado de parentesco sobre el fallecido– la hace inferior. El santo Profeta ﷺ no estableció los porcentajes, sino que fue el Mismo Señor, Conocedor y Sabio, que es Quien sabe la sabiduría que se esconde detrás de Su decisión.

Los eruditos del Islam entienden que dado que los hombres tienen más responsabilidades y deberes que cumplir, necesitan una porción mayor de la herencia; mientras que las mujeres al tener poco o ninguna responsabilidad financiera tienen suficiente con una dotación menor. Por ejemplo, en el Islam, los hombres están obligados a mantener económicamente a sus familias, lo que incluye a todas las mujeres solteras de la familia que también pueden ser herederas. Por el contrario, las mujeres están libres de toda responsabilidad económica. Eso implica que su dinero es estrictamente suyo – incluido el que se obtiene mediante una herencia. Las mujeres no están obligadas a emplear sus recursos para mantener a la familia. Así, mientras que la herencia del hombre es realmente una herencia para toda la familia, la herencia de la mujer es sólo para ella. Visto así, incluso puede afirmarse que el porcentaje que hereda una mujer, a efectos prácticos, es en realidad mayor que el porcentaje que hereda un hombre.

Proteción de la Mujer y de su Dignidad

Es importante regular medidas para proteger y salvaguardar la dignidad y la castidad de la mujer, en especial cuando no hay nadie que la defienda. Allah ﷻ dispone severos castigos para los que maltratan a las mujeres o se comportan injustamente con ellas.

Allah ﷻ revela en el sagrado Corán:

> Sin duda, quienes difamen a las mujeres honestas, inocentes y creyentes serán maldecidos en esta vida y en la otra, y sufrirán un duro castigo el día que sus propias lenguas, manos y pies atestigüen contra ellos por lo que cometieron. • [24:23-24]

> Y quienes ofenden a los creyentes y a las creyentes sin tener motivo, he aquí que tendrán que soportar el peso por haber cometido un pecado evidente. • [33:58]

Históricamente, las mujeres divorciadas/viudas eran consideradas personas desgraciadas por sus comunidades y sus ex esposos y otros familiares hacían todo lo posible para que no se volvieran a casar. El Islam eliminó todos esos obstáculos al permitir, e incluso incentivar, que las mujeres se volvieran a casar. De esa manera, las mujeres mantienen su honor y dignidad. Allah ﷻ dice en el sagrado Corán:

> A una mujer divorciada que ha cumplido el plaza de espera prescrito, no le impidáis que contraiga matrimonio con un marido de su elección, siempre que haya avenencia... • [2:232]

> Las viudas deberán esperar cuatro meses y diez días para volver a casarse. Pasado ese plazo no serán reprochadas por vosotros si se predisponen de manera decente a casarse de nuevo; y Allah sabe lo que hacéis. • [2:234]

> No incurrís en falta si insinuáis con discreción a esas mujeres que queréis casaros con ellas, u os calláis vuestras intenciones para desvelarlas más tarde... • [2:235]

Las mujeres tienen el derecho a pedir la separación de sus maridos y pueden iniciar los trámites de divorcio siempre y cuando no puedan seguir viviendo con sus maridos. En tiempos en los que abundan los divorcios, algunos esposos intentan sacar beneficios económicos de sus esposas poniendo todo tipo de trabas. A este respecto, Allah ﷻ dice:

> ¡Oh, fieles creyentes! No es lícito tomar a las mujeres como objeto de herencia, ni ponerles trabas o forzarlas para recuperar parte de lo que les hayáis dado. Excepto en los casos en que se da manifiesta infidelidad... • [Corán 4:19]

Los Diferentes Papeles de la Mujer en el Islam

LAS MUJERES, INDEPENDIENTEMENTE DE SU RELIGIÓN u otras circunstancias, básicamente desempeñan cuatro grandes roles en la vida: el de madre, el de esposa, el de hermana y el de hija. Las mujeres, en su rol de madre, son respetadas en todo el mundo y todas las sociedades atribuyen un estatus casi sagrado a ese rol. El Islam otorga un altísimo estatus a las mujeres que desempeñan el rol de madre. Los hijos exaltan a la madre por triplicado respecto al padre. No importa lo que se exalte a una madre, se dice que un hijo nunca podrá estar lo suficientemente agradecido a su madre ni siquiera por el día en que tuvo que soportar los dolores del parto o cualquiera de los días siguientes en que tuvo que cuidar de él. [Bukhari y Muslim]

El sagrado Corán dice de forma clara:

> Tu Señor ha ordenado que no adoréis sino a Él y que seáis benévolos con vuestros padres. Si uno de ellos o ambos llegan a la vejez, no seáis insolentes con ellos y ni siquiera les digáis: ¡Uf! Y háblales con dulzura y respeto. Trátales con humildad y clemencia, y ruega: ¡Oh, Señor mío! Ten misericordia de ellos como ellos la tuvieron conmigo cuando me educaron siendo pequeño. • [17:23-24]

Según numerosos *ahadīth*, el Profeta ﷺ solicitó a los musulmanes que cuidaran bien a sus padres evitando que éstos se convirtieran en una carga para la sociedad. Los musulmanes deben asumir la responsabilidad de cuidar a sus propios padres, de la misma forma que los padres cuidaron de ellos cuando eran pequeños. Un conocido *hadīth* dice que "El Cielo está a los pies de la madre" [Tirmidhi]. Esto significa que si cuidan de su propia madre y por supuesto, (también es aplicable al padre), los musulmanes están más cerca de alcanzar el Cielo.

El rol de hermana tampoco se descuida en la cultura islámica. Si es la mayor de todos los hermanos, comparte el rol de la madre y merece el mismo respeto. La hermana es aun más honrada si la madre no está viva, pues ocupa su lugar. Por lo general, la hermana es amable con todos sus hermanos, los hermanos la quieren y la respetan y le ofrecen su ayuda cuando es necesario. Incluso los hijos de la hermana, naturalmente, suelen ser más queridos por sus tías y tíos, y viceversa. En ausencia del padre, un hermano ocupa su lugar y está obligado a velar por el bien de sus hermanos(as).

Como se mencionó anteriormente, si bien algunas personas desorientadas pueden sentirse contrariadas por el nacimiento de una hija, no suele ser el caso entre los musulmanes. Incluso si en algún momento aparece ese sentimiento, desaparece pronto. Las hijas siempre resultan útiles a las madres en lo que se refiere a las tareas domésticas y confortan a los padres. Por lo general, los padres aman especialmente a sus hijas. El padre que consigue casar a dos de sus hijas con éxito tiene el Cielo asegurado.

Es responsabilidad de los padres educar a sus hijos en el mejor espíritu islámico. Es esencial que los padres preparen bien a sus hijas para que disfruten de una vida personal y matrimonial satisfactoria. La hija que no abandona la casa de sus padres hasta que se casa, es querida por todos. Recibe todo el amor y cuidado que ha dispensado a los miembros de su familia y lo revierte en la familia política. Los parientes ofrecen todo tipo de ayuda a los padres necesitados cuya hija se va a casar. El Islam no descuida o ignora a una sola mujer en cualquier etapa de su vida. La mujer es el centro de los hogares musulmanes.

La Esposa – La Compañera del Hombre

EL ROL MÁS IMPORTANTE DE LA MUJER EN LA SOCIEDAD, así como en el Islam, es el de esposa. Es el rol que suscita más preguntas en lo referente a estatus, tratamiento, derechos y obligaciones. Es aquí donde algunas mujeres pueden sentirse maltratadas y reprimidas por maridos que violan las normas islámicas debido a su propia ignorancia. Es aquí donde algunas mujeres islámicas pueden sentirse inseguras e infelices debido a los comportamientos no islámicos de sus maridos. Sin embargo, lo más habitual es que un matrimonio musulmán sea una generosa fuente de felicidad para la mujer que pasa a ser la reina del corazón de su marido, el rey de la casa. Aquí es donde reside el Cielo en la Tierra, para ella y su familia.

La mayoría de los mandamientos islámicos sobre la mujer tienen que ver con su rol de esposa. El Islam define y protege su persona, estatus, derechos, dignidad, castidad, bienestar, etc. El Islam establece y clarifica:

- *Derechos y deberes de la esposa* – nadie puede añadir nuevos requerimientos personales que anulen la justicia del Señor con las mujeres maltratándolas;
- *Derechos y deberes del esposo* – por lo que no se pueden sobrepasar los límites establecidos por el Señor y Su amado Profeta ﷺ;
- *Normas firmes y equitativas del matrimonio* – por lo que bajo este vínculo sagrado, hombres y mujeres pueden vivir juntos como marido y mujer convirtiéndose en compañeros que administran los asuntos de su familia y cumplen con el resto de funciones matrimoniales;
- *Mandato firme en materia de divorcio* – llegado el caso de tener que interrumpir el contrato de matrimonio, se hará de forma pacífica y equitativa dentro de los límites de la ley.

Por otra parte, el Islam no deja a la mujer desamparada, por ejemplo, cuando su marido muere. Para esos casos se establecen las directrices necesarias para que la mujer se vuelva a casar si así lo decide. El Islam incluso explica cómo y por cuánto tiempo hay que amamantar a los hijos [2:233]. Las recompensas por cumplir con las obligaciones y los castigos por no respetar los derechos de maridos y esposas están firmemente establecidos.

La familia es la unidad más importante de una sociedad. Si la familia se mantiene unidad y feliz, la sociedad en su conjunto se vuelve pacífica, próspera y feliz. ¿Qué tiene que hacer una familia para ser feliz? Eso sólo es posible cuando cada miembro de la familia actúa en aras del bien de toda la familia.

En la familia, por así decirlo, generalmente la esposa ocupa el cargo de 'ministro del interior' y el marido el de 'ministro de exteriores'. Las esposas normalmente no se ocupan de los asuntos de fuera del hogar. El marido suele ser el responsable de los asuntos externos al hogar, como trabajar duro para obtener los ingresos necesarios a final de mes. Del mismo modo, el marido no se ocupa de los asuntos internos del hogar, como el cuidado de los niños, el mantenimiento de la buena higiene, la disposición de la ropa adecuada, la preparación de comidas, el bienestar general de la familia, etc. Esos trabajos no suelen recaer sobre sus hombros, sino sobre los de su compañera en la vida, su esposa. Los maridos aportan ingresos a sus esposas, que los administran con mucho cuidado, porque saben que sus maridos han tenido que trabajar duro para ganarlos. Sin embargo, el marido y la esposa trabajan mano a mano por el bien más preciado de la familia, los hijos a los que hay que educar para que sean buenas personas, buenos musulmanes y ciudadanos leales.

Un marido debe aportar respeto, dignidad, seguridad, vivienda y las provisiones necesarias a su esposa [Último Sermón del Profeta, Apéndice II]. Cuando el marido se encuentra ausente, la esposa está obligada a proteger su castidad y dignidad y las propiedades de la familia [Tirmidhi]. Por lo general, cuando las esposas se sienten despreciadas o son maltratadas por sus maridos, el amor y el compañerismo se desvanecen y la inseguridad se impone. Por eso, tanto el esposo como la esposa deben inspirarse confianza y lealtad el uno al otro, por el bien de todos y para complacer a Allah ﷻ. Si el marido y la mujer no son compañeros por igual, por una razón u otra, o si ambos no cumplen bien con sus obligaciones, la familia se tambalea y, finalmente, puede desmoronarse. En amonestación a las esposas del Profeta ﷺ, Allah ﷻ envía un mensaje a todas las esposas musulmanas:

> ¡Oh, Profeta! Dile a tus mujeres: Si preferís la vida mundanal y sus placeres transitorios, venid que os dejaré en libertad de buena forma. • Pero si preferís a Allah y a Su Mensajero, y la morada que os aguarda en la otra vida, ciertamente Allah tiene una magnífica recompensa para vosotras. • [33:28-29]

En el Islam, el lugar apropiado para una esposa, por lo general, es el hogar. Sin embargo, por el bien de la familia, para ayudar al esposo, para compartir la carga familiar, para llevar a cabo tareas relacionadas con la vida familiar, o para ejercer un oficio o profesión adecuados, se permite a la mujer salir fuera. Siempre con la condición de que salvaguarde su castidad, respetabilidad y dignidad. Al fin y al cabo, ella es la compañera de su esposo en la vida.

Nadie debe dudar de los roles asignados a hombres y mujeres porque fueron establecidos por el Mismo Allah ﷻ por el bien de todos. Hombres y mujeres deben desempeñar el papel que les corresponde en esta vida. El cómo se lleven a cabo esos papeles será juzgado después. Si la gente se cuestiona su rol, nunca podrá desempeñarlo bien.

Las mujeres están obligadas por Allah ﷻ a cubrir su cuerpo y a llevar el *hijāb* (cubrirse la cabeza) cuando están en público. Si se presta atención y se medita con honestidad sobre las consecuencias de la inmodestia y la obscenidad, al final se llega a la conclusión, de una forma u otra, que la inmodestia y la obscenidad no traen nada bueno a la sociedad y que dañan de forma irreversible la dignidad de hombres y mujeres.

HIJĀB – VELO ISLÁMICO

HIJĀB SIGNIFICA VELAR, APANTALLAR O CUBRIR y es la palabra árabe para referirse al pañuelo que cubre la cabeza y cuello de la mujer. Literalmente significa "la barrera". En el Islam, las relaciones que se establecen entre hombres y mujeres musulmanes son de dos tipos: o *mahram* o no-*mahram*. La ne-cesidad o no del hijāb viene determinada por esas dos categorías. Con el fin de entender cuando se requiere el hijāb, es importante conocer el significado de *mahram* y *no-mahram*. De acuerdo con la ley islámica:

- *Mahram* – es la relación que se establece entre hombre y mujer que no pueden casarse entre sí. Por ejemplo, las relaciones de una mujer con su padre, abuelo, hijos, nietos, tíos, sobrinos y hermanos biológicos son *mahram*.
- *No-mahram* – la relación que se establece entre hombres y mujeres que pueden contraer o llegar a contraer matrimonio entre sí. Por ejemplo,

la relación entre un cuñado y una cuñada que pueden contraer matrimonio en caso de muerte o divorcio.

El *hijāb* es necesario entre individuos *no-mahram,* mientras que no es necesario entre individuos mahram. Las ancianas que ya no pueden casarse, pueden optar por eliminar el hijāb. Con el fin de cumplir con los requisitos del *hijāb*, una mujer musulmana (generalmente entre los 12 y los 45 años), debe hacer todo lo posible por mantenerse cubierta de cabeza a pies, dejando su rostro al descubierto. Nunca debe exponer su cuerpo a un *no-mahram* y deben vestir con modestia, incluso entre personas *mahram*. Mediante el *hijāb*, Allah ﷻ protege a las mujeres de los ataques de los hombres y de los genios, de Satanás y de otros entes. Por otra parte, mientras más se cubre y protege su castidad, más piadosa es una mujer.

Pero el *hijāb* no sólo implica cubrir la cabeza; el cuerpo no debe quedar, de una forma u otra, expuesto a las miradas. Eso es, de hecho, una burla al *hijāb*. Es necesario cubrir la cabeza pero también vestir con modestia para que las curvas del cuerpo no resulten evidentes, solo así se logra el *hijāb*. Pero el *hijāb* y el bajar la mirada ante los *no-mahram* no sólo concierne a las mujeres, los hombres también deben vestir con modestia y bajar la mirada ante las mujeres. El objetivo principal del *hijāb* es conseguir que hombres y mujeres sean más piadosos, castos y modestos. Allah ﷻ dice al Profeta Muhammad ﷺ:

> Diles a los creyentes que recaten sus miradas y se abstengan de cometer obscenidades, pues esto es más puro para ellos. Ciertamente Allah está bien informado de lo que hacen. • [Corán 24:30]

> Y diles a las creyentes que recaten sus miradas, se abstengan de cometer obscenidades, y que no muestren de sus adornos más de lo que está a simple vista. Y que cubran sus pechos con sus velos y que sólo muestren sus encantos a sus maridos... • [Corán 24:31]

> ¡Oh, Profeta! Dile a tus mujeres, a tus hijas y a las mujeres de los creyentes que se cubran con sus mantos; es mejor para que se las reconozca como mujeres respetables) y no sean molestadas por desconocidos)... • [Corán 33:59]

Lo que Allah ﷻ ha prescrito a hombres y mujeres, incluyendo el *hijāb*, es en beneficio propio y de la sociedad en general. A menudo, las personas no entienden la bendición eterna que es obedecer a Allah ﷻ, fracasan en la consecución del verdadero propósito de la vida y se sienten atraídas por los placeres temporales. Los placeres que emanan del poder, la riqueza, la fama y los actos sexuales suele eclipsar el resto de placeres. Sin embargo, Allah ﷻ quiere que las personas aprendan a controlar sus malos impulsos para así obtener placeres más elevados. Los auténticos triunfadores son aquellos que aprenden a controlar sus impulsos y deseos; los que no lo consiguen son los grandes fracasados.

Entre todos los placeres mundanales, posiblemente el más poderoso es el placer sexual, que es algo que el individuo debe aprender a controlar y restringir antes de emprender el camino de la justicia que tiene como destino la vida eterna en el Cielo. No todo el mundo lucha por el poder y la fama, y las personas inteligentes son conscientes de las limitaciones de la fama y el poder. Pero casi todo el mundo, de una forma u otra, ha deseado con voracidad saciar su apetito sexual. Por otra parte, es cierto que las circunstancias de las sociedades actuales hacen extremadamente difícil controlar los deseos sexuales. Ese es uno de los grandes males sociales del momento que han contribuido en gran medida a borrar los sagrados sentimientos religiosos y las responsabilidades personales.

Hoy en día, lo sagrado ha dejado de ser sagrado, lo privado ha dejado de ser privado, lo personal ha dejado de ser personal, la diferencia entre lo propio y lo ajeno se ha diluido y casi todo se ha sacrificado en nombre de la libertad, el sexo y otros placeres mundanales. ¿Es posible así alcanzar la piedad – o por lo menos embarcarse en su búsqueda? El que realmente sea lo suficientemente valiente como para superar los placeres mundanos y corporales, recibiendo así los placeres del Señor, sin duda, se erigirá como un ganador digno de ser llamado 'caballero' merecedor del éxito definitivo y ejemplo de 'la mejor entre todas Sus criaturas'. En este sentido, permítanme aclarar que las personas no están obligadas a reprimir por completo sus deseos naturales, sólo tienen que aprenden a controlarlos. No es necesario borrarlos por completo, pero si limitarlos.

El Islam no sólo nos guía en la resolución de nuestros problemas, también no dice como eliminar sus causas. Si no permitimos que broten, no habrá necesidad de actuar para solucionarlos. Sólo entonces podremos concentrar todas nuestras energías en causas más productivas y dignas. Atacar los problemas de raíz significa que no habrá que lidiar con ellos más tarde. Por eso, el Islam exige a las mujeres que respeten el *hijāb* y vistan con modestia.

El *hijāb* y la modestia en el vestir no están para hacer que las mujeres se sientan inferiores, sino para protegerlas. No están para discriminarlas, sino para sacralizarlas. No están para humillarlas, sino para conferirles honorabilidad. No están para quitarles la libertad, sino para protegerlas de los depredadores. No están para anularlas, sino para convertirlas en seres preciosos. No están para subyugarlas, sino para elevarlas de categoría. No están para ponerles trabas, sino para darles moral. No están para debilitarlas, sino para fortalecerlas. No están para insultarlas, sino para dignificarlas. No están para controlarlas, sino para controlar los deseos nocivos de los hombres. No están para degradarlas, sino para hacerlas más valiosas. No están para mostrar que pertenecen a un hombre, sino para liberarlas y salvaguardar su castidad – en ningún caso nadie puede considerar ni siquiera por un solo momento que una mujer es una propiedad. No están para quitarles sus derechos, sino para garantizarles el derecho a la intimidad previniendo cualquier mirada pervertida y lujuriosa que pueda poner en peligro su bienestar. No están para arrebatarles algo que les pertenece, sino para ayudarlas a conservar lo que es realmente suyo. Por último, el *hijāb* no está para denigrarlas, sino para otorgarles un estatus más elevado e impedir que otros hagan de ellas unos simples juguetes de placer. Cuando no hay nada que ver, nadie presta atención.

Ordenando a las mujeres que se cubran y protejan su privacidad y castidad, el Islam no sólo les hace un gran favor, sino que salva a los hombres de cometer los pecados relacionados con ver a las mujeres vestidas inmodestamente. El hijāb ahorra a la comunidad muchos problemas y evita que caiga en la inmoralidad en un mundo en el que el sexo indiscriminado se ha convertido en la norma y en el que las personas se ven reducidas a meros objetos sexuales y esclavos del deseo. El Islam no está a favor de ese tipo de sociedad, sino que desea edificar una sociedad en la que las conductas sexuales estén controladas y no sean éstas las que lo controlan todo.

El *hijāb* es necesario, tanto para los hombres como para las mujeres. Las mujeres deben cubrir su cuerpo y cabello correctamente, y los hombres deben bajar sus ojos, vestir con modestia y evitar cualquier situación pecaminosa o cometer "fornicio con los ojos" [Mishkat]. El *hijāb* desalienta las miradas de los hombres.

Por desgracia, en la actualidad, algunas mujeres utilizan el *hijāb* para otros fines; al añadir elementos de moda, en vez de repelar las miradas de los hombres las atraen. En lugar de mantener el carácter sagrado del *hijāb*, lo profanan. En el Islam, el estatus de la mujer es elevadísimo y Allah ﷻ guía a hombres y mujeres para que siga siendo así.

Los castigos que Allah ﷻ guarda para aquellos que, de una forma u otra, profanan o corrompen ese estatus son severos. Lo realmente precioso no se muestra en público, sino que se mantiene en privado.

Incluso cuando se realiza *salāh*, que incluye una reverencia, es preferible que la mujer realice su *salāh* en una habitación privada donde ni siquiera un *mahram* (incluido su marido) pueda verla. El Islam quiere protegerla a ella y a su castidad en todo momento, de manera que ni siquiera una mirada fugaz pueda penetrar en su ser.

Por lo general, cuando una mujer muere, no se permite que su marido toque el cuerpo porque podría recordar los momentos íntimos que pasaron juntos. El Islam protege la dignidad de la mujer incluso en aquellos momentos en que ella misma no puede hacerlo. Las mujeres y sus cuerpos son tan honorables y preciosos para el Islam que éste prevé todas las regulaciones necesarias para mantener su dignidad. Ninguna otra religión o sistema ideológico protege tanto el honor, la castidad y la dignidad de la mujer.

Esto muestra con claridad que el Islam no considera inferiores a las mujeres. Sin embargo, si las mujeres no cuidan su propio honor y castidad y muestran en público lo que debería guardar para sí mismas, las consecuencias son devastadoras, tanto para ellas como para la sociedad. En ese caso, ¿a quién se puede culpar que no sean ellas mismas?

Tenga en cuenta que hay distintos grados de flexibilidad en la aplicación de las normas islámicas de acuerdo con las diferentes circunstancias que se pueden dar y la sociedad en que viven los musulmanes. Los musulmanes deben tener presentes las normas y reglamentaciones islámicas, así como los grados de flexibilidad aplicables en cada caso.

El Matrimonio: Una Institución Sagrada

DECIR SIMPLEMENTE QUE EL MATRIMONIO es una institución sagrada no es suficiente. Para entender su carácter sagrado, es necesario comprender toda la sabiduría que se esconde detrás de él. Esto nos obliga a profundizar en la noción del matrimonio.

De acuerdo con el sistema biológico ideado por Allah ﷻ para propagar la humanidad en la tierra, la gente nace en este mundo a partir de las relaciones sexuales que se dan entre un hombre y una mujer, con la milagrosa excepción del nacimiento de Hawwa عليها السلام e Isa عليه السلام y, por supuesto, el primer hombre de la creación, Adán عليه السلام. No sólo los seres humanos nacen a partir de relaciones sexuales, pero para los humanos Allah ﷻ prescribió un sistema en el que, mediante el matrimonio, se nace en el seno de una "familia". En la familia un miembro es llamado madre, el otro padre, y su descendencia hijos. Más adelante, los hijos se convierten en padres y el ciclo de procreación sigue.

El matrimonio no tiene como único objetivo satisfacer las necesidades sexuales de un hombre y una mujer, los convierte en marido y esposa, y cuando nace un niño, en padre y madre. Mediante el matrimonio se crea una unidad familiar y las unidades familiares conforman la sociedad. Las personas pueden nacer al margen de la institución matrimonial, y aunque esto también aumenta la población humana no crea una "familia". Si esa práctica se generalizara, no sé en que tipo de sociedad viviríamos.

Entre los animales, no hay la necesidad de que alguien sea el padre, la madre o el hijo. Las necesidades de los animales se satisfacen de una forma u otra sin el requisito de crear un tipo de enlace especial como, por ejemplo, el del matrimonio. El propósito de la unión sexual entre los animales es sólo la procreación. No están obligados a establecer una familia o una sociedad, ya que, en casi todos los casos, son relativamente independientes desde que nacen hasta que mueren; no como los seres humanos.

Los seres humanos necesitan ayuda desde el principio, y de una forma u otra, hasta el último día de sus vidas. Esa ayuda la proporciona la familia y más tarde también la sociedad. En una familia, los padres son los responsables de criar a los hijos. Si en una familia no sabemos quién es la madre, quién es el padre o a quién pertenece un hijo, entonces ¿sobre quién recae la responsabilidad de criarlo? En esos casos, el niño recibe la ayuda de la sociedad, pero si no es así, como es el caso en muchas sociedades/comunidades pobres, el crecimiento y bienestar del niño corre peligro.

Si, por ejemplo, después de dar a luz, la madre desaparece, entonces puede que nunca se sepa quién es el padre del niño. Sin embargo, lo más habitual es que se sepa quien es la madre, por lo menos en el momento del nacimiento. Pero aun así, la sociedad debe confiar en la madre para saber quién es el padre e inscribir su nombre en el certificado de nacimiento. Si alguien acepta ser el padre, aunque la madre frecuentara más de un hombres antes de quedarse embarazada, la mayoría de las sociedades no tienen ningún problema en aceptarlo como tal. Sin embargo, si ningún hombre acepta el hijo como propio, entonces ¿sobré quién recae la carga de la paternidad: sobre la sociedad o sobre la madre en solitario? ¿Quién ocupará el lugar del padre?

Desde el principio, el matrimonio fue constituido para superar muchos de los problemas a los que nos enfrentamos hoy en día. Dado que el matrimonio evita a la gente grandes problemas y une a dos personas de la mejor manera posible, siempre ha sido considerado un vínculo sagrado. El matrimonio concede a la mujer el rol de esposa y el desempeño de ese rol varía de una sociedad a otra.

Las normas islámicas sobre el matrimonio asignan muchos derechos y deberes a las mujeres. Por lo tanto, con el Islam la mujer deja de ser un objeto sexual o la víctima silenciosa de la tiranía y la opresión de un hombre. Pasa a ser un ser digno al que se le otorgan derechos. La mujer no puede ser comprada ni vendida, enterrada viva o quemada, ni ser un objeto más que se hereda cuando muere el marido. Gracias a la libertad e igualdad islámicas, puede luchar por sus derechos y reclamar justicia.

Las relaciones sexuales entre hombres y mujeres que no están casados no sólo son uno de los mayores pecados en el Islam, sino que conllevan severas sanciones. A través del matrimonio y prohibiendo las relaciones íntimas fuera del matrimonio, el Islam crea un vínculo sólido y confianza mutua entre un hombre y una mujer. De esa forma el hombre y la mujer logran satisfacer sus impulsos naturales con dignidad, al mismo tiempo que saborean los placeres de la vida familiar. Las parejas musulmanas disfrutan de una buena relación privada y comparten las responsabilidades de la vida, son respetadas por la sociedad y ejercen la paternidad de forma honorable, mientras aumentan la población humana procreando de forma legítima.

Para disfrutar de una vida marital feliz y formar una familia apacible y próspera, el hombre y la mujer deben casarse por propia voluntad. Si una sociedad se basa en la libertad y en la libre elección, su unidad básica, la familia, debe estar libre de coerción y de represión innecesaria. Tanto el esposo como la esposa deben amarse, cuidarse, cooperar, protegerse, confortarse, entenderse y cumplir con todos sus derechos y deberes. Eso no se logra si las dos personas que se han unido (casado) no lo han hecho a partir de una elección personal consentida, sin reservas ni presiones de ningún tipo.

Sin embargo, incluso después de haber contraído matrimonio de forma voluntaria y consentida, si se producen presiones, represiones y/o coerciones, la relación entre los esposos se puede debilitar y complicar. El Islam no solo prescribe todas las reglas y regulaciones necesarias para establecer la unión entre un hombre y una mujer, sino que también guía sobre los problemas que pueden surgir más adelante. El Islam quiere que hombres y mujeres vivan felices sin sentirse oprimidos o coaccionados, en todas las circunstancias, dentro o fuera del matrimonio, de forma que puedan obrar para complacer al Señor y caminar hacia el Más Allá.

EL DERECHO A ELEGIR EL COMPAÑERO/A EN LA VIDA

EXISTE EL ERROR COMÚN DE PENSAR que en el Islam las mujeres son forzadas a contraer matrimonio, que no tienen derecho a elegir marido. Es cierto que a veces los matrimonios son concertados por los padres, los tutores u otras personas pero, en el Islam, el consentimiento de la mujer es absolutamente necesario. Un "matrimonio de conveniencia" significa simplemente que el matrimonio ha sido concertado por otras personas que no son la propia novia.

Dado que el Islam, con el fin de mantener la santidad del matrimonio intacta, no permite el noviazgo y el cortejo entre hombres y mujeres, a menudo los matrimonios son concertados por los mayores de las familias. No obstante, si una mujer es obligada a contraer matrimonio en contra de lo que regula Islam, los tribunales islámicos pueden anular la unión. Las familias deben considerar cualquier aspecto en juego, eso incluye el consentimiento expreso de la mujer, con el fin de evitar una posterior ruptura;

Allah ﷻ no desea la separación ni el divorcio. Por lo general, la propuesta de matrimonio es iniciada por el hombre a través de sus familiares mayores que trasladan la propuesta a la familia de la interesada. La propuesta puede ser aceptada o rechazada pero primero es necesario consultar a la joven.

El matrimonio no es un asunto sencillo, requiere tomar muchas decisiones complejas. En general, los jóvenes no tienen la experiencia necesaria para tomar esas decisiones. Por lo tanto, requieren del asesoramiento de sus padres/mayores. En especial, la familia de la novia debe aportar toda su experiencia para ayudar a la joven a tomar decisiones. Ese delicado proceso requiere sumo cuidado porque está en juego la vida y el bienestar de una hija/hermana y todos desean que el matrimonio sea un éxito. Es necesario llegar a un consenso mutuo con el consentimiento de la novia porque es su vida lo que se decide.

Desafortunadamente, no escasean los matrimonios a la fuerza en algunas sociedades autodenominadas "musulmanas" que no sólo oprimen a las mujeres, sino que son anti-islámicas e ignoran los principios islámicos. Pero, también es cierto que muchos matrimonios, aunque forzados, funcionan con éxito porque los contrayentes han hechos concesiones y sacrificios en aras de la convivencia y la felicidad familiar. Dado que la costumbre es que el hombre proponga matrimonio, y dado que el hombre es el responsable final del bienestar familiar, es muy recomendable que sea indulgente, paciente y amable con su esposa e hijos. Además, debe mostrarse sumamente tolerante.

El santo Profeta ﷺ dijo:

> Una mujer divorciada/viuda no debe ser casada sin ser consultada, y una virgen no debe ser casada hasta que concede su permiso. [Bukhari]
>
> Una mujer que ha estado casada, tiene más derecho sobre su persona que su tutor. Y una virgen también debe ser consultada, y (a veces) su silencio implica su consentimiento. [Muslim]

Khaula bint Huzam declaró al santo Profeta ﷺ que su padre la había casado con una persona que no le gustaba, el Profeta ﷺ revocó aquel matrimonio [Nisa'ī]. Abdullah bin Abbas cuenta que una mujer se acercó al santo Profeta ﷺ para decirle: "Mi padre me ha casado con una persona que no me gusta" y el santo Profeta ﷺ autorizó a la mujer a consentir o revocar el matrimonio [Mishkat].

Una vez, una joven se acercó al santo Profeta ﷺ y le dijo: "Mi padre me ha casado con un primo que no me gusta." Acto seguido, el santo Profeta ﷺ le dio permiso para consentir o revocar el contrato de matrimonio. Al oír esto, la mujer dejó escapar un suspiro de alivio y dijo: "Ya he dado mi consentimiento a lo que mi padre ha hecho, pero lo que quiero inculcar a las mujeres es que un padre no tiene derecho a dar la mano de su hija sin su consentimiento" [Nisa'ī].

Muchos otros casos parecidos llegaron a la corte de honor del santo Profeta ﷺ; no eran pocas las mujeres recién casadas que mostraban su disgusto por haber sido forzadas a contraer matrimonio sin su consentimiento. El Profeta ﷺ, o bien revocó los matrimonios, o bien autorizo a las mujeres a cancelar el contrato de matrimonio. Esto muestra de forma clara que las mujeres musulmanas se reservan el derecho a elegir marido. De acuerdo con el sagrado Corán:

> ... cumplido el plaza de espera prescrito, no le impidáis que contraiga matrimonio con un marido de su elección, siempre que haya avenencia... • [2:232]

La Poligamia en el Islam

La poligamia es la práctica consistente en tener más de una esposa a la vez. En el Islam, se permite que un hombre tenga más de una esposa, en concreto, hasta cuatro a la vez. ¿Pero cómo y bajo qué circunstancias se permite?

Antes del Islam, los hombres se otorgaron el poder para casarse con un número indefinido de mujeres. Por lo general, lo típico es que no pudieran corresponder a todas sus esposas. El Islam limitó el número de esposas a cuatro restringiendo la posibilidad de casarse con más. Y eso sólo si el hombre puede corresponder a todas sus esposas y tratarlas por igual. La práctica de la poligamia en el Islam ha sido difundida de forma muy negativa por parte de los no musulmanes, simplemente para difamar la religión islámica. Reitero aquí que el Islam no aumentó el número de esposas de una a cuatro, sino que lo redujo de un número ilimitado a sólo cuatro.

Aunque esté permitido casarse con cuatro mujeres a la vez, no es lo recomendable. Siempre se recomienda casarse con una sola mujer. Algunas reglas islámicas fueron establecidas en circunstancias extraordinarias, poco usuales o especiales. Qué se de a un hombre la posibilidad de casarse con un máximo de cuatro mujeres no significa que tenga que hacerlo o que sea lo habitual. Solo unos pocos hombres en toda la *ummah* (comunidad) musulmana optan por la poligamia. Debido a las implicaciones de esa norma, pocos hombres se animan a casarse con dos, tres o cuatro mujeres a la vez. También tenga en cuenta que la poligamia solo es practicada por algunos hombres árabes y que los árabes representan menos del quince por ciento de la población musulmana mundial. En ocasiones, los árabes tienen los medios necesarios y reúnen las condiciones que exige la ley islámica para practicar la poligamia. Por otra parte, la poligamia siempre ha formado parte de la cultura árabe. En cuanto a la posibilidad de tener más de una esposa, Allah ﷻ dice en el santo Corán:

> Si teméis no ser equitativos con las huérfanas, entonces casaos con otras mujeres que os gusten: dos, tres o cuatro. Pero si teméis no ser justos, casaos con una sola. Esto es lo recomendable para evitar cometer alguna injusticia... • [4:3]

Al estudiar este tema, hay que tener en cuenta que no se trata de un mandamiento divino de obligado cumplimiento. Sólo está permitido si es necesario y si se cumple la condición de equidad con todas las esposas. Un mandamiento que obligara a los hombres a ser polígamos, sería irracional, innecesario y poco natural. Del mismo modo, si se prohibiera de forma estricta en todas las circunstancias, también sería antinatural.

El Islam es una religión que se adapta por completo a la naturaleza humana y que proporciona soluciones y guía para cada circunstancia y necesidad de la vida. Sin embargo, tenga en cuenta que la disposición especial que permite a los hombres practicar la poligamia está sujeta a determinadas limitaciones, obligaciones y responsabilidades. El mandamiento dice con claridad que el número de esposas se limita a cuatro a la vez. Si el marido no puede cumplir física y económicamente sus obligaciones con todas sus esposas, o si no es capaz de actuar con equidad proporcionando el mismo trato a todas, entonces no puede tener más de una esposa. Esto queda bien establecido en el versículo anterior. Además, Allah ﷻ dice:

> No lograréis ser justos con vuestras mujeres aunque así lo deseaseis. No os inclinéis demasiado por una de ellas dejando a otra desa-tendida. Si sois rectos y teméis a Allah, sabed que Allah es Absolvedor, Misericordioso. • [Corán 4:129]

Esto también demuestra que, a pesar de concederse el permiso para tener más de una esposa, no es recomendable. Allah ﷻ dice que el hombre será incapaz de hacer justicia a todas sus esposas si contrae matrimonio con más de una.

Los siguientes son algunos escenarios en los que puede justificarse el hecho de que un hombre recurra al permiso para tener más de una esposa, siempre que, por supuesto, disfrute de capacidad física y financiera para cumplir sus obligaciones con ellas. Además, es recomendable que el marido consulte a sus primeras esposas antes de casarse con una nueva mujer. Desde la perspectiva de otras culturas, los siguientes escenarios pueden ser desagradables o injustificables, pero un análisis más detallado de estos y muchos otros escenarios puede revelar la sabiduría islámica detrás de permitir tener más de una esposa, y hasta cuatro.

(a) Un hombre que quiere tener hijos ama a su esposa pero resulta que ésta es estéril. En ese caso, ¿qué otra solución le queda si quiere tener hijos propios pero no quiere divorciarse de su esposa estéril? En ese caso, una solución es casarse con una segunda esposa que sí pueda tener hijos.

(b) Un hombre ya no se siente atraído por su esposa debido a su actitud, personalidad, etc. Sin embargo, el motivo de la desafección no justifica un divorcio que, además de separarle de sus propios hijos, dejaría económicamente desamparada a la ex esposa. En ese caso, una posible solución es tener otra esposa sin separarse de la primera.

(c) Un hombre es sexualmente muy activo y una sola esposa no puede satisfacer sus necesidades y deseos íntimos. ¿Sería buena idea que mantuviera relaciones ilegítimas con otras mujeres fuera del marco establecido por el Islam? No. En ese caso, puede casarse con otra mujer y satisfacer sus necesidades íntimas dentro de los límites de la ley islámica a la vez que satisface las necesidades de otra mujer.

(d) En la situación poco probable, pero posible, de que una mujer tenga que elegir entre ser la respetable esposa de un marido con otras esposas dispuesto a ofrecerle su protección o el juguete sexual de un hombre, o más de uno, que no la protege, creo que una mujer digna y casta elegiría la primera opción. Es más, si el Islam no permitiera a un hombre tener más de una esposa, ¿qué opción le quedaría a esa mujer? Esto muestra que el Islam aporta seguridad a las mujeres permitiendo que un hombre pueda tener a más de una mujer bajo su protección como esposa.

(e) En algunas sociedades, el porcentaje de mujeres supera de largo el porcentaje de hombres. Por otra parte, en los países en guerra se produce una disminución considerable en la población masculina, lo que aumenta la proporción de mujeres. En esos casos es cierto que muchas mujeres pierden a sus maridos o a otros miembros masculinos de su familia. Eso aumenta las posibilidades de que se conviertan en víctimas de injusticias o que se queden solas o abandonadas. Eso, a su vez, conduce a problemas de salud, al aumento de los gastos médicos, a la depresión y a otras complicaciones psicológicas y problemas sociales. Al permitir que los hombres se casen con más de una mujer, asumiendo las responsabilidades que eso comporta, el Islam soluciona muchos posibles problemas potenciales.

(f) ¿Qué resulta más fácil para una mujer y sus hijos: aceptar que su marido/padre se casa con una segunda esposa legítima y respetable o aceptar que su marido/padre mantiene una relación oculta, ilegítima y vergonzosa con otra mujer que, además, puede estar relacionándose con otros hombres? Supongo que si se da una razón justa y legítima, la alternativa más digna es la de tener una segunda esposa.

Millones de personas se enfrentan a las situaciones descritas anteriormente. El Islam provee una solución factible a esas situaciones al permitir que un hombre tenga más de una esposa.

Al fin y al cabo, es importante recordar que Quién concedió el permiso para casarse con un máximo de cuatro mujeres a la vez fue el Señor Omnisciente, Él conoce todas nuestras necesidades y las soluciones a nuestros problemas. El Islam no obliga a los hombres a practicar la poligamia, sólo unos pocos hombres musulmanes lo hacen. La inmensa mayoría de los hombres son monógamos. La práctica de la monogamia está condicionada a unas circunstancias particulares y comporta unas responsabilidades difíciles de cumplir por parte del marido.

Que alguien tenga conocimientos sobre la poligamia y hable sobre ella no implica automáticamente que la promueva o que le guste el concepto en sí. Sin embargo, sólo un estudio imparcial puede mostrar la sabiduría que se esconde detrás de ella y los beneficios que aporta a la sociedad. De todos modos, he presentado este asunto tal y como lo presenta el Islam. En lo personal, soy un hombre felizmente casado y me siento muy satisfecho de estar casado con una sola mujer desde hace más de treinta años. Una buena esposa puede crear un hogar celestial, mientras que más de una... no sé cómo lo hacen esos hombres. Preferí seguir el camino más sencillo y tener una sola esposa.

Corregir la mala Conducta

HAY UN VERSÍCULO EN EL CORÁN sobre las esposas que despierta confusión incluso entre personas informadas. Se discute sobre él con ignorancia, y algunos incluso lo usan para difamar el Islam. Preferiría no abordar este tema, pero si no lo hago los lectores pueden pensar que lo estoy haciendo a propósito.

Sin embargo, antes de empezar esta discusión, permítanme recordarles una vez más que toda ley islámica y enseñanza se basa en Allah ﷻ y en el Profeta ﷺ, con el consentimiento de Allah ﷻ. No hay ni un solo aspecto de la vida que no esté contemplado en el Islam. El siguiente versículo fue revelado como solución a problemas frecuentes entre esposos y esposas. Si Allah ﷻ no prescribe una solución, ¿quién más puede hacerlo? Los mandamientos de Allah ﷻ y sus resoluciones están llenos de sabiduría, porque Él es el Omnisciente, el Sabio.

Allah ﷻ revela en el sagrado Corán:

> Los hombres lideran sobre las mujeres porque Allah elevó a unos por encima de los otros, y porque los hombres las mantienen con sus haciendas; por lo que las esposas castas son leales a sus maridos y cuidan en su ausencia lo que Allah les ha encomendado. A aquellas de quienes temáis que se rebelen, exhortadlas y dejadlas solas en sus lechos, y pegarlas para que recapaciten. Entonces, si se vuelven leales no las acuséis. Allah es Sublime, Grande. • [4:34]

En el modelo de familia que promueve el Islam, al rol que se le asigna a la mujer no se le requiere, aunque se le permite, sostener económicamente a la familia. En general, su rol requiere estar en casa y cuidar de la familia. Obtener el sustento familiar corresponde al hombre. Dado que los hombres aportan los recursos necesarios para mantener a la familia, son los cabeza de familia. No reconocer el liderazgo de los maridos los debilita, inhabilitándolos para liderar la familia adecuadamente. Dado que corresponde a los esposos proveer las necesidades de sus esposas, aportar los medios de subsistencia necesarios y asegurar su confort y bienestar; las esposas, a cambio, tienen que ser virtuosas, obedientes y castas cuando sus maridos se encuentran ausentes. Es una demanda justa. El Islam se asegura de que el marido y la esposa desempeñan sus deberes para que la familia funcione correctamente. Consciente de que eso no siempre es así, en este versículo, Allah ﷻ revela como tratar de corregir el mal comportamiento de las esposas de una forma legal. Tenga en cuenta que el que no es justo, no tiene derecho a corregir a los demás.

Como primer paso, Allah ﷻ guía a los esposos para que amonesten correctamente a sus esposas pidiendo obediencia. Sin duda, eso es suficiente ante una esposa inteligente, sincera y buena. Si aun así la esposa sigue sin obedecer, lo siguiente que se recomienda, como segundo paso, es penalizarla dejándola sola y no dormir con ella. Esto, por norma general, resuelve el asunto. Si no es así y la esposa se niega a rectificar y continúa con su flagrante mala conducta, lo que significa que no se ha dado cuenta de la gravedad del asunto, entonces el Islam da permiso a su marido para que la pegue suavemente, sin cruzar nunca los límites. Este permiso de Allah ﷻ solo es aplicable como última medida, para proteger el matrimonio y evitar la desintegración de la familia, la separación y el divorcio. Este permiso, por supuesto, no se encuentra exento de restricciones y otras regulaciones estrictas.

Tras esos tres pasos, si en la esposa queda algo de dignidad y amor por la familia, ella misma corregirá la situación salvando a su familia y a su esposo de la agonía del divorcio. Allah ﷻ también dice en el mismo versículo que si lo empieza a entender, entonces no debe ser molestada más. Si no es así, en los versículos posteriores, Allah ﷻ dirige a ambas partes a buscar una mediación. Si tampoco funciona la mediación, entonces no queda más que la separación y el divorcio.

Sin embargo, aunque el divorcio está permitido, Allah ﷻ guía a las personas para que salven su matrimonio de una forma u otra, incluso si eso implica pegar con suavidad a la esposa. Pegar, en este caso, es un mal menor en comparación con lo que supone un divorcio que desestabiliza la vida de los hijos. No hay duda de que se trata de una medida incivilizada, pero se adopta para evitar un desastre total. Por eso sólo se prescribe como un último recurso. *Ahadīth* del Profeta ﷺ limitan este acto.

> No hay que pegar con saña, romper huesos o causar derrama-miento de sangre es decir, (pegar no debe equivaler a golpear, en ningún sentido de la palabra). [Tirmidhi]

> ...y no le golpees en la cara... [Abu Dawud]

En concreto, la palabra árabe *adraba* en 4:34 significa precisamente "pegar". A pesar de tener otros significados en árabe que van desde "abofetear" a "golpear". Pero ningún otro significado aparte del de "pegar" se corresponde con la intención del versículo. Los otros significados, además, no resultarían apropiados en el marco general de la filosofía islámica y contradecirían numerosos *ahadīth.*

La intención es corregir la mala conducta en privado, de forma que la esposa pueda conservar su dignidad. Si el marido "golpea" a su mujer es probable que lo acabe sabiendo todo el mundo y en ese caso la mujer pierde su dignidad. Incluso si ella rectifica después, su dignidad no se recuperará y eso no es deseable en el Islam. Pero "pegando", si el problema se resuelve, la dignidad de la esposa permanece intacta. El versículo también menciona claramente que si la conducta se corrige, el marido no debe seguir humillando a su esposa. Por lo tanto, no está permitido "golpear" y sólo se permite "pegar" en el caso extremo de que el problema se escape de las manos. Es más, "pegar" sólo está permitido si la conducta del marido con su familia se enmarca en el redil de las enseñanzas islámicas.

Una mujer educada, sincera, inteligente y sensata puede preguntarse: ¿cómo puede permitir el Islam que un marido pegue a su esposa? En ese sentido, el Islam, podría preguntar a su vez: ¿todas las esposas son educadas, leales, sinceras, castas y sensatas? En las familias en que ambos esposos son sinceros, educados y leales, nunca se llega a esa situación. Sin embargo, la guía divina debe contemplar incluso la situación más improbable. Pegar es el último recurso para salvar las familias y las relaciones de aquellas mujeres que, por una razón u otra, no son capaces de distinguir el bien del mal y preveer el desastre para ellas mismas y su propia familia. Pegar se permite como una cura, no como una práctica o para justificar abusos.

Un estudio minucioso demuestra que el Islam no está en contra de la mujer y que le otorga plenos derechos. Por otra parte, no hay lugar para la violencia doméstica en el Islam. Si un esposo abusa de su posición de liderazgo en la familia, viola los derechos de su esposa o ejerce un reinado de brutalidad, este es un asunto que no se puede tomar a la ligera, pues la mujer tiene todo el derecho a asegurar su bienestar y dignidad.

Debo concluir este capítulo mencionando dos de las mujeres más notables, elogiadas por el Mismo Allah ﷻ, mostrando así que el Islam no discrimina a las mujeres o las considera ciudadanos de segunda.

> Y cuando los Ángeles dijeron: "¡Oh, Maryam! ciertamente Allah te ha escogido y también te ha purificado. Te ha elegido entre todas las mujeres del mundo. • ¡Oh, María! Adora a tu Señor, póstrate continuamente e inclínate con los que hacen *ruku* (inclinación en el culto)" • [Corán 3:42-43]

> Y expone como ejemplo a la mujer del Faraón, cuando dijo: ¡Oh, Señor mío! Constrúyeme, junto a Ti, una morada en el Paraíso y sálvame del Faraón y de sus terribles obras, sálvame de los opresores; • y también a Maryam, hija de Imran, quien preservó su castidad. Infundimos en ella Nuestro Espíritu, y ella creyó en la veracidad de las Palabras y en Su Libro, y se contó entre las devotas. • [Corán 66:11-12]

CAPÍTULO 17

Importancia del Conocimiento/Educación en el Islam

EL CONOCIMIENTO ES LA LLAVE DEL ÉXITO Y EL conocimiento islámico es la llave del éxito definitivo. El conocimiento inculca superioridad, confianza y satisfacción. Da fe y sentido a las cosas. Abre nuevos caminos en la vida y pone las bases para el futuro. Permite explorar el espacio exterior y descubrir nuestro ser interior. Es el conocimiento lo que nos permite conocer nuestro propósito, nuestro principio y nuestro fin. Es el conocimiento lo que nos conecta con nuestro Creador y nos libera de toda esclavitud. Es el conocimiento lo que, si se utiliza correctamente, nos ayuda a ser la mejor entre todas las criaturas. En general, "el conocimiento es a la luz lo que la ignorancia es a la oscuridad". La importancia del conocimiento quedó establecida desde el principio y con la creación del primer ser humano:

> Y cuando tu Señor le dijo a los Ángeles: "He de establecer una generación vicerregente tras otra en la Tierra", dijeron: "¿Pondrás en ella quien la corrompa y derrame sangre siendo que nosotros te alabamos y santificamos?" (Allah) dijo: "En verdad Yo sé lo que vosotros ignoráis" • Y enseñó (Él) a Adán los nombres de todas las cosas, y luego (Él) se las expuso a los Ángeles y dijo: "Decidme sus nombres, si es que decís la verdad" • Dijeron: "¡Glorificado seas! No tenemos más conocimiento que el que Tú nos has concedido, Tú eres Omnisciente, Sabio" • (Allah) Dijo: "¡Oh Adán! Infórmales sus nombres". Y cuando les hubo informado sus nombres, (Allah) dijo: "¿Acaso no os he dicho que conozco lo oculto de los cielos y de la Tierra, y sé lo que manifestáis y lo que ocultáis?" • Y cuando dijimos a los Ángeles: "¡Haced una reverencia ante Adán!" La hicieron excepto Iblīs que se negó y se ensoberbeció, convirtiéndose en incrédulo. • [2:30-34]

Lo primero que Allah ﷻ concedió a Adán عليه السلام, Su vicerregente, fue el conocimiento, y el conocimiento hizo de Adán عليه السلام (los seres humanos) un ser superior a los ángeles, lo que le valió el estatus más elevado. Allah ﷻ enseñó a Adán عليه السلام los nombres de todas las cosas y al que se le enseñan los nombres de las cosas también aprende automáticamente las cualidades y los fines de esas cosas. El conocimiento, el activo inicial con el que el hombre empieza a vivir, se le entregó incluso antes de llegar a la Tierra. El primer maestro del hombre fue Allah ﷻ. Imagine lo importante que es saber que Allah ﷻ enseñó a la humanidad. Los primeros versos revelados del sagrado Corán revelan esencialmente el mismo mensaje:

> Lee en el nombre de tu Señor, Quien creó todas las cosas. • Creó al hombre de un coágulo de sangre. • ¡Lee! Que tu Señor es el más Generoso, • enseñó la escritura con el cálamo, • y le enseñó al hombre lo que no sabía. • [96:1-5]

La revelación del sagrado Corán al Profeta Muhammad ﷺ se inició con estos versículos que dan testimonio de la importancia del conocimiento y de la educación en el Islam. Los conocimientos básicos, a partir de los cuales los seres humanos más tarde desarrollaron su conocimiento, provienen del Señor. Sin esos conocimientos básicos el hombre habría tardado algunos miles de años más en llegar a donde está ahora.

> Allah el Clemente • Quien enseñó el Corán, • creó al ser humano • y le enseñó la elocuencia. • El Sol y la Luna discurren por órbitas establecidas, • y las vides y los arbustos se prosternan, • y Él elevó el cielo, y estableció la balanza de la justicia • para que no cometáis injusticias, • pesad con equidad, sin mermar en la balanza. • Y Él creó la Tierra para sus criaturas, • en ella hay árboles frutales, palmeras con racimos de dátiles, • granos con su forraje y plantas aromáticas. • ¡Oh, genios y hombres! ¿Cuál de las gracias de vuestro Señor negaréis? [Corán 55:1-13]

El conocimiento y la sabiduría son tan importantes para guiar a la humanidad y para ser bien guiado, que Allah ﷻ reveló el conocimiento y la sabiduría a todos Sus profetas, que a su vez los transmitieron a los sabios. En la hermosa historia de Yusuf (José) عليه السلام. Allah ﷻ dice:

> Y cuando alcanzó la madurez, le concedimos sabiduría y conocimiento; y así recompensamos a los benefactores. • [12:22]

Esto demuestra la importancia del conocimiento que le fue revelado a Yusuf عليه السلام como recompensa. Vea como Allah ﷻ alaba a Su Profeta Yaqūb (Jacob) عليه السلام en el Sagrado Corán:

> ... y sin lugar a dudas, era un hombre de saber al que enseñamos, pero la mayoría de la gente actúa por ignorancia. • [Corán 12:68]

Mientras interpretaba los sueños de dos prisioneros, Yusuf عليه السلام dijo:

> ... eso es porque el Señor me ha enseñado... • [Corán12:37]

A través del saber, Allah ﷻ exalta a Sus verdaderos siervos:

> ... elevamos en grado a quien queremos, y sabed que por encima de todo sabio está el Omnisciente.... • [Corán 12:76]

Al informar a Yahya (Juan Bautista) عليه السلام, hijo de Zakarya (Zacarías) عليه السلام, Allah ﷻ dijo:

> "¡Oh, Yahya! Aférrate al Libro con firmeza" Y le concedimos la sabiduría desde pequeño. • [Corán 19:12]

Cuando Ibrahim (Abraham) عليه السلام trató de convencer a su tío para que abandonara la idolatría emprendiendo el buen camino, en referencia a sus conocimientos, dijo:

> ¡Oh, tío mío! Se me ha revelado un conocimiento que tú no tienes. Sígueme, y te guiaré por el Sendero Recto. • [19:43]

En cuanto al Profeta Lut (Lot) عليه السلام, Allah ﷻ dijo:

> Y concedimos a Lot conocimiento y sabiduría,... • [Corán 21:74]

Allah ﷻ dijo lo mismo sobre Sulayman (Salomón) عليه السلام, Musa (Moisés) عليه السلام y Yusuf عليه السلام:

> Cuando se convirtió en adulto le concedimos conocimiento y sabiduría. Así es como retribuimos a quienes son benefactores. • [Corán 28:14]

El conocimiento y la sabiduría son las más altas recompensas, nada las iguala. El que es dotado con conocimientos y sabiduría es exaltado y honrado. Allah ﷻ dice:

> Concede la sabiduría a quien Él quiere, y a quien le haya sido concedida la sabiduría habrá recibido una inmensa gracia. • [Corán 2:269]

Para que comprendamos de verdad la importancia del auténtico conocimiento y lo que implica, Allah ﷻ revela:

> Y la gente, las bestias y el ganado son de varios colores. Pero entre todos Sus siervos, sólo las personas con conocimiento temen a Allah ... • [Corán 35:28]

Una de las mayores consecuencias de que Allah ﷻ otorgue el conocimiento es:

> Y aquellos que fueron agraciados con el conocimiento y la sabi-duría saben que el Corán es la Verdad que dimana de su Señor, y creen en él, y así se sosiegan sus corazones. Ciertamente Allah guía a los creyentes por el Sendero Recto. • [Corán 22:54]

> Y quienes recibieron la sabiduría y el conocimiento saben que lo que tu Señor te reveló es la Verdad que guía al sendero del Poderoso, Loable. • [Corán 34:6]

El gran propósito de los profetas era trasladar el conocimiento y la sabiduría a sus pueblos, educarlos acerca de su propósito y decirles cómo debían comportarse en la vida. Este también era el propósito de Muhammad ﷺ, el último profeta. Allah ﷻ dice:

> Él es Quien eligió de entre todos los iletrados un Profeta para que les recite Sus Preceptos, les purifique y les enseñe el Libro y la sabiduría sin duda alguna; y por cierto que antes de ello se encontraban en un evidente extravío. • [Corán 62:2]

A pesar de que la raza humana ha logrado aunar muchos conocimientos en un corto período de tiempo, sus conocimientos en general siguen siendo bastante limitados. Las personas no tienen más remedio que seguir luchando por obtener conocimientos hasta que entiendan por completo su propósito en la vida. Para mostrar los límites de nuestro conocimiento, Allah ﷻ dice en el sagrado Corán:

> Y si te preguntan acerca del espíritu. Diles: "El espíritu es una de las creaciones de Allah, de las que sólo Él tiene conocimiento. Y no se os ha permitido acceder sino a una ínfima parte del inmenso conocimiento" • [17:85]

> Sólo conocen la engañosa vida mundanal, y descuidan el Más Allá. • ¿Acaso no reflexionan en su propia existencia? Allah ha creado los cielos, la Tierra y lo que hay en ellos con un fin justo y verdadero, y con un plazo determinado, pero muchos de los hombres no creen que habrán de comparecer ante su Señor. • ¿Acaso no transitan por la Tierra y observan cómo fue el final de quienes les precedieron? Eran más fuertes, cultivaron la tierra y la poblaron más que ellos, y cuando se les presentaron sus Mensajeros con las evidencias les desmintieron. Allah no fue injusto con ellos, sino que ellos lo fueron consigo mismos. • [30:7-9]

> ¿Es que no observan los cielos y la Tierra que les rodea? Si quisiéramos, haríamos que se los tragase la tierra, o haríamos que cayese sobre ellos un castigo del cielo. Ciertamente en esto hay un signo para todo siervo que realmente presta atención. • [34:9]

> Y dicen que no existe otra vida más que la mundanal, que vivi-remos y moriremos una sola vez, y que sólo el transcurso del tiempo es lo que nos hace perecer. Pero en verdad no poseen un conoci-miento certero sobre lo que dicen, y no hacen más que conjeturar. • [45:24]

> Y no tienen ningún conocimiento sobre ello. Sólo siguen suposiciones, pero las suposiciones carecen de valor frente a la Verdad. • Apártate de quienes rechazan Nuestro Mensaje y no desean sino la vida mundanal. • Es el único conocimiento que les interesa... • [53:28-30]

Tras exponer los versículos anteriores, espero haber aportado una mejor comprensión de la importancia del conocimiento en el Islam.

LA ADQUISICIÓN DE CONOCIMIENTOS

EL CONOCIMIENTO ES UN BIEN TAN NOTABLE y deseable que Allah ﷻ instruyó a Sus profetas para que se esforzaran y suplicaran por él.

> ... y ora, "¡O Sustentador! Dame más conocimientos." • [20:114]

En el Islam, la adquisición de conocimientos es una forma de adoración indirecta. La adquisición, promoción y fortalecimiento de conocimientos es tan importante y beneficiosa que incluso el Profeta Musa عليه السلام, al descubrir que había un siervo de Allah ﷻ llamado Khidr que poseía el conocimiento divino, de inmediato se dispuso a aprender de él.

> Musa le dijo, " ¿Puedo seguirte para que me instruyas sobre aquello que se te ha enseñado?" • [Corán 18:66]

Por otra parte, innumerables *ahadīth* establecen la importancia de adquirir conocimientos. El Profeta ﷺ dijo:

> Los eruditos son los sucesores de los profetas [Bukhari].

> Allah facilita el camino al Cielo a aquellos que se embarcan en el camino del conocimiento. Por otra parte, los ángeles ponen sus alas bajo los pies de aquel que busca conocimientos, y todas las criaturas suplican por su éxito y salvación. Un erudito justo es superior a un adorador devoto, como la luna llena brilla sobre las estrellas [Mishkat].

> Es mucho mejor estudiar o adquirir conocimientos islámicos, aunque sólo durante unos momentos por la noche, que pasarse toda la noche adorando [Mishkat].

> Un solo jurista pesa más sobre Satanás que mil adoradores devotos [Bukhari].

En definitiva, son tantas las recompensas que se derivan de adquirir conocimientos y de formarse a uno mismo y a los demás, que no existe nada parecido. Los maestros y buscadores de conocimiento son exaltados en este mundo y sin duda serán coronados en el Más Allá.

El Islam y la Educación Secular

EL ISLAM ES LA FORMA DE VIDA completa que no descuida ni deja de cubrir ningún aspecto de la vida mundana.

A medida que los musulmanes adquieren conocimientos sobre el Islam a través del estudio del Corán, de la *sunnah*, de la jurisprudencia islámica (*fiqh*) y de otras especialidades, no sólo se convierten en estudiosos de la religión, sino que también se equipan con los conocimientos necesarios para afrontar los asuntos mundanos. Se convierten en filósofos, psicólogos, sociólogos, políticos, economistas, etc. El saber islámico les aporta conocimientos sobre leyes, asuntos de gobierno, jurisprudencia, sistemas económicos y sociales, bienestar social, gestión de conflictos, gestión de la guerra y de la paz, asuntos exteriores, derechos y deberes humanos, ética, formación del carácter, y cualquier otro conocimiento necesario para el desarrollo de la vida y de la sociedad.

Un estudio imparcial sobre las contribuciones de los musulmanes a la ciencia y a otros campos del saber muestra – lo que posiblemente le sorprenderá – que sus contribuidores no sólo eran expertos en asuntos profanos, sino que también eran perspicaces estudiosos del Islam. Han sido precisamente los conocimientos revelados en el Corán y en las enseñanzas del profeta Muhammad ﷺ los que han otorgado a los musulmanes las bases que han permitido a la humanidad avanzar hasta el punto en que se encuentra hoy. La limitada extensión de este libro no me permite entrar en más detalles sobre esos logros. Sin embargo, es cierto que hay áreas del saber a la que los musulmanes, por una razón u otra, no han aportado mucho. Eso no quiere decir que no sean capaces de hacerlo o que el Islam esté en contra de contribuir en ciertos campos del conocimiento.

El Islam no está en contra de la modernización o el avance de la ciencia y la tecnología. De hecho, el Islam estableció, en teoría, los fundamentos de todas las ciencias y dio la flexibilidad legal y religiosa necesaria para promover y abogar por la innovación en aras de la mejora de la humanidad. El Islam es compatible con cualquier innovación o desarrollo que facilite la vida a las personas o alivie el sufrimiento humano. Esos esfuerzos, además, se recompensan de una forma u otra. "Y sin lugar a dudas, tu Señor es el destino final" [Corán 53:42].

El Islam está en contra de las acciones e invenciones que sólo traen felicidad a corto plazo, que no son útiles para la humanidad en su conjunto, y que, en consecuencia, a largo plazo, conducen al dolor y a la miseria. En general, el Islam no es obstáculo para ningún área del conocimiento, la ciencia o la tecnología que aporte felicidad y prosperidad. Los no musulmanes que progresan con éxito en los campos de la ciencia, la tecnología y la innovación, cuentan con la completa aceptación del Islam. Creo que Allah ﷻ tampoco ignora el trabajo que hacen y les está recompensando en esta vida. Tenga en cuenta que, según el Islam, si los que avanzan en la causa de la humanidad también son bendecidos con la fe de Allah ﷻ, sus recompensas se extenderán al Más Allá, donde está asegurada la paz y la felicidad eterna.

Allah ﷻ invita a todos a prestar atención, a pensar, a reflexionar y a buscar y explorar Su mensaje, Su mundo y Su universo. Eso nos facilita alcanzar la verdad final. Dado que esa invitación se hace en nuestro beneficio, cualquier esfuerzo al respecto se alinea con el Islam. El Islam no es un obstáculo para ningún pensador, explorador, o científico que se encuentra en ese proceso.

Allah ﷻ dice en el sagrado Corán.

> Ciertamente en la creación de los cielos y de la Tierra, la sucesión de la noche y el día, el navío que surca el mar para beneficio de los hombres, el agua que Allah hace descender del cielo, para revivir con ella la tierra árida, en la que diseminó toda clase de criaturas, y en la variación de los vientos y de las nubes que están entre el cielo y la tierra hay señales para quienes razonan. • [2:164]

> Por cierto que Allah hace que germinen el grano y el hueso del dátil, y hace surgir lo vivo de lo muerto y lo muerto de lo vivo. ¡Ése es Allah!

¡Cómo podéis desviaros! • Hace que el alba despunte, dispuso que la noche sea para descansar, e hizo que el Sol y la Luna os sirvan para calcular el tiempo. Esto es el decreto del Poderoso, Omnisciente. • Y Él es Quien ha creado las estrellas para que vosotros podáis guiaros con ellas cuando os encontráis viajando en las tinieblas de la tierra y del mar. Por cierto que hemos evidenciado los signos para quienes reflexionan. • [6:95-97]

Y es Él Quién hace descender el agua del cielo; con la cual hacemos brotar toda clase de vegetación, y de ella resulta la cosecha de la cual producimos granos espigados. Y de los brotes de la palmera hacemos salir racimos de dátiles al alcance de la mano. Y plantaciones de vides, olivos y granados, parecido pero diferentes. Observad cómo es su fruto cuando aparece y luego cuando madura; ciertamente que en esto hay signos para quienes creen. • [6:99]

Él fue quien extendió la tierra, dispuso en ella firmes montañas y ríos, a cada variedad de frutos creó de a pares, y hace que la noche suceda al día. Ciertamente en esto hay señales para quienes recapacitan. • [13:3]

¿No habéis observado las aves balanceándose en el cielo? No las sostiene sino Allah. Ciertamente que en esto hay signos para quienes creen. • [16:79]

Glorificado sea Aquel que creó todas las especies que brotan de la tierra, a los humanos y otras criaturas que desconocéis. • [36:36]

Les haremos ver Nuestros signos en los horizontes, y en ellos mismos, hasta que se les evidencie la Verdad. ¿Acaso no es suficiente tu Señor como Testigo de todo? • Ellos siguen dudando de la comparecencia ante su Señor. Y por cierto que Él abarca todas las cosas con Su conocimiento y poder. • [41:53-54]

Sin lugar a dudas, estos versículos sagrados hablan con claridad de los signos de Allah ﷻ y de Su invitación a explorar la tierra, el universo y a nosotros mismos. Sin los avances de la ciencia y la tecnología, ¿sería posible? ¿Cómo podría Allah ﷻ, por un lado, invitar a la humanidad a buscar y a explorar y, por otro, limitar esa búsqueda y exploración con Su religión, el Islam? Basándonos en el sagrado Corán, hemos llegado a la conclusión de que cualquier esfuerzo destinado a rechazar a Allah ﷻ como el Creador es estéril, mientras que cualquier esfuerzo destinado a probar Su existencia es fructífero y beneficioso a la larga. En cualquier caso, está claro que Allah ﷻ no obstaculiza las acciones de los hombres.

Si presta atención al versículo 41:53, verá que cómo Allah ﷻ nos informa, cuando exploramos nuestro interior y el mundo que nos rodea, descubrimos sistemas dentro de otros sistemas y mundos dentro de otros mundos. ¿No es esto una evidencia más de que el sagrado Corán no fue escrito por un hombre, sino revelado por Allah ﷻ? Allah ﷻ dice: "Voy a seguir mostrando mis señales", y está haciendo lo que prometió, hacernos reconocer y abrazar la verdad, la verdad definitiva.

A pesar de que todas nuestras observaciones y exploraciones están probando la existencia del Ser Supremo y que el universo entero es Su obra de arte, muy pocos de nosotros creemos en Él. Pero por mucho que se intente refutar intencionadamente o demostrar la existencia de nuestro creador, una cosa es cierta: cuanto más buscamos, más evidencias muestran, confirman y prueban la existencia de un Ser Supremo [Corán 29:69].

Desde mi punto de vista, bajo la luz del conocimiento y la sabiduría, la ciencia y la tecnología, el intelecto y la experiencia, y Sus signos, deberíamos concentrar nuestras energías en explorar y entender el propósito por el cual el Creador nos creó, en lugar de intentar probar/refutar la existencia del Mismo Creador. Una vez que entendamos nuestro propósito, nos resultará más fácil determinar con precisión nuestro papel en el escenario de la vida; eso nos encaminará para resolver los problemas de la humanidad.

Ni el Islam ni nadie debería reprimir, descartar o rechazar ningún esfuerzo, del tipo que sea, dirigido a descubrir la verdad. Gracias a los avances de la ciencia y de la tecnología y a través de la cooperación mutua podemos alcanzar la realidad definitiva, sin importar el camino que, individual o colectivamente, tomemos para llegar a ella, siempre que nuestras intenciones sean honestas. Dado que la realidad definitiva es una, todas lo caminos deben conducir a ella. Para llegar a la realidad definitiva, algunos toman el camino de la filosofía, otros las herramientas de la biología, la psicología, la antropología, la arqueología, etc. Otros pueden optar por explorar el espacio o descubrir el fondo de los océanos. Otros meditan y otros observan las aves. Otros estudian el comportamiento de los animales y de los seres humanos. Pero todos llegarán a la misma conclusión: hay un Ser Supremo, el Creador, el Señor Todopoderoso.

El poder del Todopoderoso se hace evidente tanto cuando los investígadores en las disciplinas de la filosofía, la ciencia u otras actividades fracasan como cuando descubren algo. Cuando Darwin no explica el origen de los humanos, cuando Freud no es capaz de diseccionar la vastedad de la mente humana, cuando Rousseau no puede dar soluciones a los problemas sociales, cuando Newton y Einstein se dan cuenta de sus limitaciones, cuando los expertos médicos no puede salvar a los pacientes de la muerte, cuando con todos los poderes que tenemos no podemos detener los desastres naturales, cuando con todos los medios a nuestra disposición no podemos predecir el futuro, y cuando nosotros, con toda nuestra inteligencia, no podemos resolver nuestros propios problemas, es entonces cuando se llega a comprender el poder del Todopoderoso.

Todos, en un momento u otro, de un modo u otro, nos vamos a tener que rendir ante Él. Pero las recompensas y el éxito sólo son para aquellos que se someten voluntariamente. Todos tenemos derecho a investigar, a perseguir conocimientos y a observar con nuestro intelecto, pero a lo que no tenemos derecho es a confabular creencias sobre las verdades y realidades últimas, especialmente cuando nos basamos en informaciones incompletas o dudosas. Ciertamente, no debemos impedir a nadie que investigue y persiga conocimientos pero debemos difundir sólo conocimientos bien fundados y educar a la gente de la mejor manera posible. Por eso, el Islam concede gran importancia a la adquisición de conocimientos y a la educación.

De la misma forma que está en la naturaleza de las nubes flotar, de los ríos fluir, de los árboles florecer en primavera, del trueno rugir, de la luz brillar, de la oscuridad ensombrecer, del fuego quemar, y así sucesivamente, desde luego, forma parte de nuestra naturaleza pensar, razonar, discernir, mirar, sentir, actuar, cuestionar, hablar, elegir, decidir, diferenciar y perseguir; deberíamos y tenemos el derecho a cuestionar las cosas y a buscar la realidad final. El Islam recompensa con generosidad la fe por sí misma, pero si la fe proviene de la investigación y de la contemplación, el Islam dice "¡Qué así sea!". Es mejor llegar a la fe a través del conocimiento y la comprensión que no tener fe alguna. El conocimiento es importante en el Islam porque ayuda a generar fe y refuerza la fe de los fieles.

CAPÍTULO 18

Castigos en el Islam

AUNQUE EL SEÑOR TODOPODEROSO ES COMPASIVO y misericordioso, con el fin de que se hiciera justicia entre las personas, prescribió e implementó un sistema equitativo de castigo. Forma parte de la naturaleza humana saltarse las leyes, desviarse del buen camino y cometer delitos y pecados. Si las personas no reprimen sus malos deseos y no se abstienen de infligir daño a sus almas y a las de los demás, se debe aplicar un sistema de disuasión que proteja a las personas, sus derechos y propiedades, y que garantice la paz y la seguridad social.

Allah ﷻ creó dos sistemas de castigo. Uno que se aplica en este mundo y otro que se aplica en el Más Allá. Los castigos que se aplican en esta vida, tal y como sucede con los placeres terrenales, son temporales. De la misma forma, los castigos que se aplican en el Más Allá son eternos y muchísimo más dolorosos. Un estudio riguroso del Islam demuestra que sus sistemas de castigo se basan en la justicia, porque Allah ﷻ es Todo-Justicia y Omnisciente.

Allah ﷻ revela:

> Y si os aflige una desgracia, ello es a consecuencia de lo que cometisteis; y Él os perdona muchas más faltas. • [Corán 42:30]

En este mundo, no escasean las personas con buen corazón y compasivas. Sufren cuando sucede una tragedia y cuando las personas son víctimas de desastres naturales o enfermedades. Esas personas nunca infligirían daño a nadie, pero sí que aprobarían la amputación de una parte de un cuerpo enfermo con el fin de salvar una vida. También estarían de acuerdo en que no amputar esa parte enferma o podrida del cuerpo podría conllevar la pérdida de todo el organismo.

Los criminales son la parte podrida de una sociedad civilizada. Si no se aíslan correctamente, la sociedad entera se ve afectada negativamente e incluso puede llegar a ser destruida. Para proteger una sociedad, sus elementos criminales deben ser corregidos y castigados de la forma que corresponda. Si una sociedad se vuelve indulgente con los criminales o no hace cumplir las penas correspondientes para cada delito y violación, los ciudadanos respetuosos de la ley no pueden vivir en paz y progresar en la dirección adecuada.

Nadie niega que los criminales deban ser castigados, pero cuando se trata de legislar el castigo apropiado para un determinado delito, surgen muchas opiniones, en especial en lo que se refiere a la pena capital. Además, si los castigos no están bien ideados y ejecutados pueden perder toda su efectividad. Por lo tanto, la sociedad debe decidir que castigo es más apropiado para cada acto criminal. Lo primero es tener en cuenta la gravedad de los delitos. Es decir, determinar qué delitos son graves y cuáles no lo son tanto.

En el Islam, los musulmanes no formulan leyes, solo las respetan y las hacen cumplir. El legislador es Allah ﷻ. Él conoce de verdad nuestras necesidades, las soluciones apropiadas a nuestros problemas, nuestros dolores y sufrimientos y que los provoca, y la cura a los males de nuestra sociedad. Él sabe bien sopesar la gravedad de los delitos y como afectan a sus victimas y a la sociedad en general. Por lo tanto, Él es el que mejor puede juzgar los delitos y fijar los castigos apropiados.

En una sociedad civilizada, la vida y las propiedades de las personas se encuentran entre los bienes más importantes a proteger. Las leyes están hechas para protegerlos de la barbarie de los criminales. Las leyes disuaden a la gente para que no se apropie de la vida y los bienes ajenos y castiga cuando se hace. En circunstancias normales, las buenas personas siempre respetan la ley pero las penalizaciones y los castigos evitan que lleguen a delinquir, incluso cuando se dan circunstancias extremas. Las vidas y los bienes de muchas personas no se encuentran a salvo cuando las leyes flaquean o el sistema judicial no funciona. En esas sociedades, la anarquía es el pan de cada día.

Las Penas Capitales

El Islam, incluso con toda su bondad y perdón inherentes, establece un sistema de penas capitales para los delitos capitales. El Islam inculca tolerancia y paciencia a los musulmanes pero al mismo tiempo les obliga a cumplir las leyes islámicas sin resquicios. Esas leyes ordenan llevar a los criminales ante la justicia, en especial a los que han violado el derecho a la vida o a la propiedad. El Islam, con el fin de mantener a la sociedad islámica por el buen camino, ordena a sus fieles ser ecuánimes tanto con las víctimas como con los delincuentes. Ser ecuánime con las víctimas significa proporcionarles justicia y ser ecuánime con los delincuentes llevándolos ante la justicia. Si los delincuentes son castigados de forma adecuada, se abstienen de cometer más delitos y, lo más importante, pueden llegar a salvarse del tormento en el Infierno. Si los musulmanes no pueden castigar a los criminales, éstos son y serán responsables ante Allah ﷻ por las injusticias cometidas.

Dado que las leyes y los castigos disuaden a las personas para que no cometan crímenes, el Islam establece que las penas se apliquen en público para así lograr una disuasión efectiva y prolongada en el tiempo. Cuando un criminal es castigado en público, miles de espectadores son testigos directos de las consecuencias de cometer un crimen. De esa forma se consigue disuadir a todos sin más esfuerzos ni gastos.

Muchas veces, los que cometen delitos no son conscientes de las consecuencias de las acciones penales para si mismos y para los demás. La aplicación de las penas en público lleva a la gente a pensárselo mucho antes de cometer un acto criminal. A mi juicio, uno de los factores más importantes que conducen a delinquir es el no pensar en las consecuencias antes de cometer un acto criminal. Al tomar conciencia de las consecuencias y visualizarse a si mismos siendo castigado en público, muchos optan por no delinquir y salvarse a si mismos y a los demás de daños, gastos y otras cargas innecesarias. En mi opinión, en las sociedades en que las tasas de criminalidad son altas, los jóvenes deberían visitar las cárceles y los centros penitenciarios. Esto podría ayudar a reducir la criminalidad y evitar que se convirtieran en delincuentes.

En los versículos que se mencionan a continuación, la gravedad de los delitos se desprende de las sanciones decretadas por el Señor. Un estudio cuidadoso de esos delitos y de sus efectos sobre los individuos y la sociedad muestra que las penas decretadas por Allah ﷻ no son crueles o inapropiadas, sino absolutamente justas, viables y beneficiosas. Ciertamente, nuestro Señor no puede ser injusto con ninguna de Sus criaturas, incluyendo a los criminales, pero se debe hacer justicia con las víctimas y sus familiares a cargo para mantener el orden en la sociedad.

Homicidio

> ¡Oh, musulmanes! Se os ha establecido la ley del talión en caso de homicidio: el libre por el libre, el esclavo por el esclavo, la mujer por la mujer. A quien le sea concedido el perdón por su hermano, deberá pagar de buen grado la indemnización correspondiente en el plazo establecido. Esto es un alivio de vuestro Señor y una misericordia... • [Corán 2:178]

> La justa venganza es una medida para preservar vuestras vidas y amedrentar a los homicidas ¡Oh, dotados de intelecto! Temed a partir de ahora. • [Corán 2:179]

> Quien matare a un creyente intencionadamente será castigado con el Infierno eterno. Incurrirá en la ira de Allah, lo maldecirá y le tendrá reservado un castigo terrible. • [Corán 4:93]

> Les hemos prescrito en ella Torá: Vida por vida, ojo por ojo, nariz por nariz, oreja por oreja, diente por diente, y con las heridas la misma ley del talión.... • [Corán 5:45]

Quienes más sufren las consecuencias de un asesinato injusto son las personas a cargo de la víctima. El asesinato injusto de un hombre roba un amado esposo a una esposa que puede no tener otro defensor y guardián. Roba un padre que es cobijo de paz, seguridad y felicidad a unos hijos. También les roba su educación, protección, independencia y bienestar. Todo se pierde después de la muerte. Toda familia necesita un sostén. Todos los hijos necesitan un padre y sin él están indefensos. En ese caso se necesita de un hermano que actúe como un padre con los hermanos huérfanos. Perder a alguien comporta el caos y altera por completo la vida familiar. Si no se impone la pena de muerte para los asesinatos injustos, las violaciones y otros actos igualmente violentos, las sociedades se ven afectadas y debilitadas.

Ciertamente, Allah ﷻ sabe que las personas tienen emociones que pueden desempeñar un papel importante en la administración de justicia. Por eso, Allah ﷻ no permitió a las personas que decidieran los castigos para los crímenes capitales, porque por justas que quieran ser, nunca se sentirían satisfechas a la hora de castigar a los culpables y compensar a las víctimas. En cambio, las prescripciones de Allah ﷻ en materia de justicia son justas y equitativas, gusten o no, parezcan razonables o no. Hay una gran sabiduría en todos esos castigos. Además, en el caso de asesinato, Allah ﷻ concede el derecho exclusivo a la familia de la víctima a perdonar al asesino a cambio de un *diyat*, una compensación monetaria [Corán 4:92].

Robo

> Al ladrón y a la ladrona cortadles la mano como castigo por lo que han cometido. Esto es un escarmiento que ha dictaminado Allah. Allah es Poderoso, Sabio. • [Corán 5:38]

Ante el delito de robo, tras el debido proceso y la consideración de circunstancias atenuantes, Allah ﷻ ordena a las autoridades que administran justicia que amputen una mano al ladrón. Con ese castigo, Allah ﷻ muestra la importancia de proteger los bienes de las personas. Por ejemplo, un padre/madre puede haber estado ahorrando para la educación o el matrimonio de sus hijos, sacrificando el dinero de su propia jubilación u otras necesidades, y aparece alguien y se lo roba todo. Esos criminales no pueden librarse con penas leves. En ese caso, la amputación de una mano es un castigo muy apropiado y necesario, además de ser cien por cien efectivo para disuadir futuros robos.

Las sociedades modernas gastan miles de millones de dólares en proteger el dinero y las propiedades de las personas que son las que además soportan ese gasto. La ley islámica de amputar una mano al ladrón, tras el correspondiente proceso legal, se aplica actualmente en Arabia Saudita, donde si alguien pierde u olvida en algún lugar un objeto de valor, generalmente, lo recupera sin ningún problema y sin temor a un posible robo. El gobierno de Arabia Saudita y las empresas locales, según tengo entendido, apenas necesitan medidas de seguridad contra el robo, ni gastan grandes sumas de dinero para asegurar sus objetos de valor. El robo en Arabia Saudita prácticamente no existe.

Fornificación y Adulterio

> Apartaos de todo lo que os lleve a la fornicación, pues esto es una inmo-ralidad y conduce al mal. • [Corán 17:32]

> A la fornicadora y al fornicador aplicadles, a cada uno de ellos, cien azotes. Si verdaderamente creéis en Allah y en el Día del Juicio no permitáis que la compasión que podáis sentir por ellos os impida aplicar la pena establecida por Allah; y que un grupo de musulmanes sea testigo cuando se les castigue. • [Corán 24:2]

El adulterio, la fornicación y otros delitos y pecados relacionados no son considerados ilegales en las sociedades modernas de hoy en día, por lo tanto, generalmente no se reserva ningún castigo para ellos. Pero en el Islam, esos actos son pecados graves y deber ser castigados.

Si un hombre o una mujer soltera admite haber cometido el delito de fornicación o cuatro (4) testimonios, hombres adultos musulmanes cuerdos, lo testifican así, se aplica una pena de cien (100) latigazos, tal y como indica el versículo. Para el delito de adulterio, tanto para hombres como para mujeres, la *sunnah* del Profeta ﷺ y sus compañeros prescribe el castigo de *rajm* (lapidación hasta la muerte).

Antes de analizar la severidad del castigo por este acto pecaminoso, primero tenemos que valorar la gravedad del adulterio para poder comprender el castigo que asigna el Islam. Sobra decir que este acto sexual es una bofetada en la cara de la sagrada institución del matrimonio. Es una vergüenza para la pareja casada porque rompe el pacto que la unió. Se rompe el vínculo de confianza entre esposo y esposa, trae el desastre a la familia y daña las relaciones con los hijos. Despoja a los hijos de toda esperanza y dignidad y, a menudo, incluso de padres. Desequilibra y avergüenza a los hijos y rompe la unidad familiar. Es vergonzoso y da la espalda a la religión a la que uno dice pertenecer. El adulterio destruye el respeto de una persona ante amigos, colegas y familiares. En general, es suficiente decir que Allah ﷻ no lo tolera, es algo vergonzoso e inmoral y que sólo hace daño.

Cometer fornicación/adulterio provoca enfermedades, depresión, desconfianza, problemas económicos, inseguridad, irresponsabilidad y a menudo también conduce a un comportamiento criminal. Grava a la sociedad con abortos y gastos médicos y de control de natalidad. Aumenta los problemas de salud, el número de madres solteras y el nacimiento de hijos ilegítimos que pueden crecer en la indisciplina y la inmoral. Pero no sólo causa dolor y penalidades a las personas en este mundo, sus consecuencias también se pagan en el Más Allá en forma de castigo.

Las relaciones extramatrimoniales y otros pecados inmorales son actos que ignoran por completo los mandamientos de Allah ﷻ. El adulterio es un claro desacato a la existencia de Allah ﷻ y sus mandamientos. Allah ﷻ no obliga a nadie a temerle, pero cometer esos actos muestra que se ignora su existencia y que se menosprecian Su ira y Su justicia. Entre otros atributos, Allah ﷻ posee los atributos del Omnisciente, el Omnioyente y el Sabio. Los que comenten esos pecados ignoran esos atributos. Allah ﷻ tiene poder absoluto sobre todo: que calle temporalmente o aplace un castigo no quiere decir que al final no tengamos que responsabilizarnos de nuestras acciones y declarar ante Él o que Él no exista. Nadie puede escapar del poder de Allah ﷻ ni de Su justicia ni de la aplicación de las penas correspondientes a cada pecado, y eso es exactamente lo que la gente olvida cuando peca.

Cuando las personas se involucran en actos pecaminosos, Allah ﷻ lo considera una declaración de guerra [Corán 2:276-9]. Por supuesto, nadie puede derrotar a Allah ﷻ, por lo tanto, es más que tonto y peligroso cometer actos inmorales. Él, sin duda, destruirá a los pecadores y los castigará con severidad. El Islam no sólo prohíbe los actos inmorales, sino que también ofrece soluciones para controlarlos y reprimirlos. La abstinencia y la moderación son la mejor alternativa. No vale la pena ganarse la displicencia permanente de Allah ﷻ por unos momentos de placer. Espero que el lector sea consciente de la gravedad de esos actos pecaminosos y entienda el porque de la severidad de su castigo en el Islam.

ALCOHOL

EL SAGRADO CORÁN PROHÍBE de forma explícita el consumo de alcohol. La *sunnah* establece el castigo correspondiente por el consumo de alcohol; la ijma (consenso de los expertos) determinó el número de ochenta (80) latigazos. [Tirmidhi y Abu Dawud]. No hay una sola persona madura que no sea consciente de los nefastos efectos del alcohol. Un simple mandamiento ha evitado que millones de personas caigan en la bebida – obsérvese de que forma tan exquisita el Islam describe y declara *harām* (prohibido) el consumo de alcohol entre sus seguidores.

> ¡Oh, fieles creyentes! El alcohol, las apuestas, adorar ídolos y la adivinación son obras inmundas de Satanás. Absteneos y así obtendréis el éxito... • [Corán 5:90]

> Te preguntan acerca del alcohol y las apuestas. Diles: "Son de gran perjuicio, a pesar de que también hay en ellos algún provecho para los hombres; pero su perjuicio es mayor que su provecho..." • [Corán 2:219]

> Satanás sólo pretende sembrar entre vosotros la enemistad y el odio valiéndose del alcohol y los juegos de apuesta, y apartaros del recuerdo de Allah y la oración. ¿Acaso no vais a absteneros? • [Corán 5:91]

El Islam es realista y admite que el alcohol puede tener algún beneficio, tal y cómo se revela en el Corán, pero también dice con claridad que sus prejuicios son muy superiores a sus beneficios. Las personas que venden alcohol o se ganan la vida con él, y las que lo beben, a menudo acaban contribuyendo a incitar deseos carnales. Entre los perjuicios del alcohol se encuentran la humillación, el deterioro de la mente y de la visión, la discapacidad física temporal, las complicaciones cardiacas, el deterioro de la salud y el malgastar dinero en placeres efímeros. Las personas que buscan paz y consuelo en la bebida nunca lo encuentran. Al contrario, sufren más estrés, depresión y otros problemas físicos y psicológicos.

Muchas veces, las personas que beben y conducen acaban arruinando su vida y la de los demás; bajo la influencia del alcohol se acaban cometiendo crímenes atroces. El alcohol es una de las principales causas de accidentes y mortalidad en casi todas las sociedades civilizadas en las que la bebida es algo cotidiano. A pesar de que la sociedad es consciente de los perjuicios del consumo de alcohol, parece que algo la incapacita para acabar con el alcohol por completo. Por eso, el Señor decidió prohibir el alcohol librando así de sus efectos perniciosos a cientos de millones de musulmanes.

El Islam no se beneficia de la aplicación de los castigos que determinan las leyes islámicas para los diferentes delitos/pecados. Quienes se benefician son las personas porque así pueden disfrutar de una vida sana y en paz. El Islam proporciona paz en esta vida y éxito eterno en el Más Allá. En los tiempos que corren, algunos musulmanes chocan frontalmente con los principios y las prohibiciones islámicas. Eso no hace más que perjudicarlos. Allah ﷻ es justo con todos y la justicia se encuentra entre sus atributos. Algunos de sus castigos, de entrada, pueden parecer severos y crueles, pero todos Sus castigos son justos, adecuados y se basan en la gravedad del crimen/pecado.

Falsa Acusación

> Y a quienes difamen a mujeres decentes y no presenten cuatro testigos de ello, aplicadles ochenta azotes y nunca más aceptéis su testimonio. Ellos son los descarriados. • [Corán 24:4]

Al incluir en el Corán de forma específica el castigo por acusar a una mujer casta de adulterio, Allah ﷻ manifiesta la gravedad del pecado. En principio, puede parecer un pecado/delito menor, pero en el Islam es un crimen tan grave que se merece un castigo tan severo como el que prescribe Allah ﷻ. La castidad de una mujer es sagrada a los ojos de Allah ﷻ y todo el que difama falsamente a una mujer casta recibe 80 latigazos y la displicencia del Todopoderoso. Aunque pueda parecer cruel, es un castigo proporcionado que se aplica en defensa de las mujeres.

CAPÍTULO 19

El Concepto de Estado y Gobierno en el Islam

En el Islam, el estado y el sistema de gobierno no son objetivos en si mismos, sino medios para alcanzar un fin superior. Para decirlo claro, el sagrado Corán y la *sunnah* no proponen una estructura de estado específica, como estado, estado-nación, reino o imperio. Tampoco proponen una organización política o tipo de gobierno concreto, como democracia, monarquía, dictadura, república, etc. Entonces el lector se puede preguntar: "Dado que el Islam aborda todos los aspectos de la vida y es la forma completa de vida, ¿por qué Allah ﷻ o el Profeta ﷺ no determinaron una estructura política y una forma de gobierno para la ummah musulmana?"

Para responder a esa pregunta de forma completa y satisfactoria para todos, tendría que entrar en tantos detalles que me alejaría del objetivo de este libro. No obstante, no quiero dejar esa pregunta sin respuesta, así que trataré de ser lo más breve posible. Pido al lector que tenga paciencia y se apoye en los conocimientos adquiridos hasta el momento para entender este tema.

Como se dijo anteriormente, Allah ﷻ envió a los primeros seres humanos, Adán عليه السلام y Hawwa عليها السلام, a la Tierra para que vivieran aquí temporalmente. Ellos y su futura descendencia (la humanidad) iban a ser los habitantes de esta tierra, donde debían multiplicarse para que todas las almas que debían venir a la Tierra pudieran vivir y obrar para lograr su fin, que no es otro que prepararse para el Más Allá. Éramos y seguimos siendo los habitantes de la Tierra. Éramos y seguimos siendo las mismas criaturas que creó Allah ﷻ y que llamó seres humanos. Nuestro propósito era y sigue siendo el mismo. Para conseguirlo, lo único que necesitábamos, tanto deforma teórica como práctica, era la guía que íbamos a recibir a través de los profetas.

Ciertamente, no hacía falta nada más. Y mucho menos clasificaciones basadas en el color, el origen étnico, la nacionalidad, etc. de las personas. Esas clasificaciones son invenciones humanas que no juegan ningún papel en lo que se refiere al Más Allá. Sin embargo, el Islam clasifica las personas en tres grupos: (1) creyentes,(2) no creyentes, y (3) hipócritas.

Como he dicho antes, una vez que alguien muere deja su cuerpo. Por eso, no existe nada semejante a un muerto "negro" o "blanco". Todos los cadáveres son eliminados de una forma u otra, independientemente de su color, raza o religión. Esas clasificaciones no cambian nuestro propósito en la tierra o en cualquier otro lugar. Sencillamente no significan nada para Allah ﷻ. Frente a Allah ﷻ, sólo están aquellos que pertenecen a la *ummah* (comunidad) musulmana y los que no. Es más, dentro de la *ummah* musulmana no existen diferentes "naciones". Todos los musulmanes son miembros de la misma *ummah*. En eso consiste la universalidad del Islam. No distingue entre blancos y negros, americanos y chinos, árabes y no árabes – todos son musulmanes.

Dado que el Corán y la *sunnah* es todo lo que se necesita para gobernar a los musulmanes, Allah ﷻ y el Profeta ﷺ no determinaron ninguna estructura de gobierno concreta. Para el Islam eso era algo secundario. Sin embargo, el Corán y la *sunnah* contienen y perfeccionan todas las directrices necesarias para que los musulmanes puedan establecer un sistema de gobierno justo.

La sabiduría inherente en no determinar una estructura de gobierno concreta permitió a los musulmanes elegir lo que consideraban necesario, justo y apropiado. Por eso, tras el fallecimiento del Profeta ﷺ, los musulmanes eligieron a un *khalīfa* (califa / líder). Entre los musulmanes se produjo el proceso natural y equitativo de elegir un líder para dirigir la *ummah* musulmana. De esa manera, desde el principio, incluso mucho antes de que se hablara de estructuras de gobierno, se incorporó en el sistema islámico el principio democrático de elegir por aclamación popular la forma de gobierno. El pueblo estableció el proceso para elegir a un líder, en este caso el califa, y con él una estructura de gobierno llamada *khilāfat* (califato) refrendada por el voto/consentimiento mutuo de los musulmanes.

El sagrado Corán no establece un sistema político, como tampoco lo hizo el Profeta ﷺ. Cuando el Profeta llegó a Medina y selló diferentes tratados con las tribus locales para convivir en paz y avanzar en la religión del Islam, nunca asoció ningún tipo de entidad política al Islam, ni tampoco se nombró líder político de los musulmanes. Él sólo se refería a sí mismo como el Profeta del Señor. Incluso cuando escribía cartas invitando al Islam a reyes y gobernantes de imperios vecinos, nunca mencionó una entidad política islámica ni se otorgó a si mismo ningún título político, excepto el de Profeta de Allah [Apéndice III].

El Profeta ﷺ no tenía que escoger un título político para si mismo, como el de gobernador o rey, porque su condición de profeta, sin duda, estaba por encima de eso. Además, nunca estableció un límite geográfico para el Islam, requisito necesario para establecer un estado autónomo.

Dado que el Islam iba a ser para todo el mundo y para todas las personas por venir, tanto el Corán como la *sunnah* se refieren a la *ummah* musulmana, una entidad que puede abarcar desde pocas a miles de millones de personas, sin ningún tipo de restricción. Tanto el Corán como la *sunnah* enseñan a los musulmanes como gestionar la *ummah*. Por ejemplo, como ser un líder, servir al pueblo, establecer reglamentos y leyes, administrar justicia, ejecutar castigos, deducir nuevas leyes a partir del Corán y la *sunnah*, propagar el Islam, servir a las minorías, establecer sistemas financieros y sociales, tratar asuntos exteriores, defenderse y protegerse, sellar tratados, fortalecer la *ummah*, llegar a consensos, asignar y administrar el poder, seguir a los líderes, formular oposición, y así sucesivamente. Todo fue enseñado por el sagrado Corán y ejemplarizado por el Profeta ﷺ.

El propósito principal de la vida de un musulmán es adorar a Allah ﷻ mediante el cumplimiento de todos Sus derechos y los derechos de las personas. Siempre que los musulmanes cumplan sus deberes con Allah ﷻ y con la gente según lo establecido en el Corán y la *sunnah*, el Islam les otorga completa libertad para elegir o fundar cualquier estructura política o de gobierno que consideren necesaria para sus circunstancias; siempre a condición de que sus fundamentos se basen en los siguientes puntos:

- Allah ﷻ es el Gran Soberano.
- El Corán y la *sunnah* son la ley suprema de la nación.
- Los gobernadores son servidores del pueblo y nunca deben abusar de su autoridad. Tanto el gobierno como los gobernados deben observar la *sharia* (ley islámica).
- La justicia debe ser administrada de forma equitativa y nadie está por encima de la ley. En materia de justicia, no debe hacerse distinción entre ricos y pobres, funcionarios y administrados, y así sucesivamente.
- Un líder debe cumplir todos los requisitos necesarios para servir y representar a los musulmanes. Debe aunar todas las virtudes que establece el Islam.
- Los asuntos de la *ummah* deben consultarse con un *shura* (consejo asesor).
- Por encima de todo, debe ser respetados los derechos de Allah ﷻ y de las personas (tanto musulmanas como no musulmanas).
- Los musulmanes tienen el derecho, el poder y el deber de retirar a los líderes injustos e impíos, pero están obligados a seguirlos de forma incondicional siempre que actúen conforme a la *sharia* islámica.

Sistemas de Gobierno

Teocrácia

El gobierno islámico ideal no puede ser referido como teocrático, porque a pesar de regirse por normas/mandamientos religiosos, sus administradores no pueden proclamarse enviados divinos. No pueden reclamar algo así porque equivaldría a una blasfemia. Por otra parte, no existe una jerarquía religiosa en el Islam. En un gobierno islámico, las autoridades musulmanas sólo pueden aplicar las leyes descritas o deducidas a partir del Corán y la *sunnah*. En ningún caso nadie puede estar por encima del Corán y la *sunnah*. Ningún individuo o grupo tiene derecho o autoridad para gobernar a la gente en nombre del Islam si realmente no observa los principios islámicos. Allah ﷻ y el Profeta ﷺ son los que mandan, todos lo demás obedecen. No se puede exigir ningún tipo de obediencia o lealtad que viole los mandamientos de Allah .

Iglesia y Estado

Un gobierno islámico es fundamentalmente diferente a uno secular en el que la religión no cuenta ni determina como se gestionan los asuntos de estado. Un gobierno secular se mantiene al margen de cualquier religión o guía sobrenatural. Las instituciones eclesiásticas o religiosas se hacen cargo de los aspectos religiosos y los estados gobiernan los aspectos seculares.

Cuándo y cómo se separaron iglesia y estado es un tema que dejo a los historiadores. Sólo puedo suponer que esa separación entre iglesia y estado se debió a que la iglesia no estaba jugando bien su papel y abusaba de la confianza depositada en ella, *o* a que no se interesaba en solucionar los problemas de la gente y se había vuelto demasiado política/autoritaria, *o* a que ya no le interesaban los asuntos públicos, *o* a que la ideología que representaba había perdido su capacidad de aliviar el sufrimiento humano, *o* porque su carácter era demasiado sagrado para involucrarse en asuntos de estado, *o*, finalmente, porque tal vez se había convertido en un obstáculo para el estado y sus objetivos y no tuvo más remedio que separarse de él. Fuera por las circunstancias que fuera, esa separación resultó ser una sabia decisión, porque, como muestra la historia, ha dado sus frutos.

Como he mencionado anteriormente, en el Islam, no hay ninguna faceta de la vida que se puede definir como secular. El Islam no es sólo una religión, y no se ocupa sólo de los asuntos del otro mundo, es el modo de vida completo y proporciona una guía completa para todos los aspectos de la vida en este mundo y en el otro. Cuando los musulmanes realmente practican el Islam y los gobiernos islámicos hacen cumplir la ley islámica, no queda nada que se pueda llamar secular.

Las normas islámicas se aplican tanto en una mezquita como en cualquier otro lugar del mundo. Por lo tanto, no es posible erigir un muro visible o invisible entre "mezquita y estado". De hecho, para los musulmanes el mundo entero es una mezquita [Bukhari y Muslim], es decir, las reglas islámicas se aplican en todas partes. Los musulmanes siempre están obligados por alguna norma islámica, donde quiera que estén y hagan lo que hagan. No hay conjuntos de reglas para diferentes lugares y ocasiones. En el Islam, no cabe decir "los negocios son los negocios", "lo que importan son los resultados" o "todo vale en el amor y la guerra". Todos los musul-manes deben observar de forma estricta la ley islámica, ya se encuentren solos o en público.

Un imán (líder de la oración) de una mezquita y un gobernador de un estado musulmán no están por encima de la ley – ambos están sujetos a las mismas leyes que los demás. Sólo hay un conjunto de reglas para todos, la ley islámica (*sharia*). Ante una eventual violación de la ley islámica, un estado basado en los principios islámicos puede interferir en los asuntos de una mezquita y una mezquita en los asuntos de un estado islámico. Ambas instituciones se cobijan bajo el gran paraguas del Islam para atender las necesidades de los individuos y de la sociedad. Por lo tanto, no es posible separar "iglesia" y "estado" en el Islam.

Una de las características del Islam es que no permite la violación de ninguno de sus principios, no importa lo que suceda, o el bien que se pueda hacer; al final todo es por Allah ﷻ. Asimismo, no hay contradicciones en el Islam que puedan dar pie a conflictos entre sus principios. El Islam no permite a sus seguidores a alcanzar sus objetivos por "todos los medios". No existe excusa alguna para violar de forma consciente un solo principio del Islam, ni siquiera en nombre de un bien mayor. Si esto afecta a las ambiciones de alguien, él o ella tiene que cambiar su rumbo, no las reglas islámicas. Siempre deben respetarse los principios islámicos

AUTORITARISMO

Dado que el Islam exige el cumplimiento estricto de la ley islámica, ¿tiene alguna relación con el autoritarismo? No. Autoritarismo es el dominio de una persona o de un grupo. No existe ningún sistema de este tipo que pueda denominarse islámico. En el Islam, la soberanía y la autoridad recaen en el Señor y en sus reglas. Puesto que la corrupción forma parte de la naturaleza del poder, un régimen autoritario es por definición corrupto e injusto. Allah ﷻ es poderoso, pero no es injusto. Y dado que Allah ﷻ no es injusto, ¿cómo podría Él respaldar el autoritarismo, que es una fuente de injusticias?

MONARQUÍA

La monarquía tampoco se puede considerar el tipo de gobierno que propone el Islam, dado que no emana del consentimiento de las personas. Un monarca es el dueño absoluto de su reino y manda sobre todos sus súbditos. Eso facilita que el monarca abuse de su poder sin oposición alguna porque las personas no tienen voz ni voto y sólo se someten a su régimen autoritario. Por otra parte, la autoridad suele pasar del rey a su hijo, esté capacitado o no para gobernar. El Islam no puede permitir un régimen así porque se opone a sus principios fundamentales, según los cuales Allah ﷻ es el soberano absoluto y sólo el pueblo está sujeto a su soberanía.

DEMOCRACIA

Siempre que un gobierno democrático se establezca y sea elegido y controlado por el pueblo, y realmente se ocupe del bien común, la democracia es el único sistema de gobierno que se acerca a lo que el Islam espera y propone. De hecho, la estructura del califato, tal y como lo fundaron los primeros musulmanes, era lo que más se acercaba a una forma democrática de gobierno. Sin embargo, a diferencia de lo que sucede en una democracia actual, en el Islam, la gente no tiene el derecho ni el poder para cambiar las leyes fundamentales, los principios de vida y los sistemas económicos, sociales y judiciales, porque todo eso ya fue establecido por Allah ﷻ y Su Profeta ﷺ. Eso significa que ningún grupo de opinión puede moldear las políticas del estado ni inclinarlo hacia un lado u otro en beneficio de unos u otros. De hecho, no hay necesidad de lobbies en el Islam. El gobierno está obligado a cumplir con todas las necesidades de la gente de forma justa y equitativa, sin favoritismos ni elitismo.

El Islam no habría favorecido el modelo actual de nación-estado porque no fomenta una *ummah* musulmana, sino diferentes nacionalidades. En el marco de la nación-estado, la identidad de una persona se basa en su lugar de nacimiento. Sin embargo, en el Islam, ser musulmán es en sí mismo suficiente identidad. En el Islam, todo el mundo forma parte de una misma *ummah* musulmana y no de diferentes naciones. En las naciones-estado, la interacción entre las personas está limitada por límites geográficos, controles fronterizos y otros factores políticos/económicos. En el contexto actual de naciones-estado, la hermandad musulmana se diluye. En lugar de ser hermanos musulmanes por encima de todo, los musulmanes son pakistaníes, bangladesíes, egipcios, marroquíes, etc. Si no fuera por el *Hajj*, ocasión en que la unidad, la igualdad y la hermandad de los musulmanes se ponen de manifiesto, los sentimientos nacionalistas habrían abolido casi por completo la hermandad musulmana.

Dado que los musulmanes, por una razón u otra, han llegado muy lejos en el establecimiento de naciones-estado, no hay necesidad ni sería posible abolir ese sistema para crear un nuevo sistema geopolítico que unificara toda la *ummah*. Es suficiente con que las naciones-estado musulmanas adopten democráticamente un verdadero sistema islámico que implante los beneficios de los principios islámicos y su estilo de vida.

A partir de un estudio en profundidad de los mandamientos de Allah ﷻ y de los ahadīth del Profeta ﷺ es fácil trazar una imagen clara y un plan real para un gobierno islámico. Se trataría de un sistema de gobierno exactamente igual al establecido por los compañeros del Profeta ﷺ después de su fallecimiento; un sistema realmente islámico e integrador de los principios democráticos. Todo aquel interesado en un sistema de gobierno así, al que humildemente propondría llamar "Islamocracia", debería tener en cuenta que:

- Allah ﷻ, el Omnipotente, es el Único Soberano. Toda la autoridad recae sobre Él y ostenta el poder absoluto.
- Los mandamientos de Allah ﷻ y las enseñanzas del Profeta ﷺ fundamentan y guían todos los asuntos gubernamentales.
- El "responsable" del gobierno es elegido por el pueblo, de forma directa o indirecta a través de sus representantes, actúa como vicegerente del Profeta ﷺ y con la autoridad que le confiere la ley islámica (*sharia*).
    - ➢ El "responsable", vicegerente o cualquier otro título apropiado que se le otorgue, no "manda", sino que sirve a la *ummah* musulmana. No disfruta de ningún derecho especial, privilegio o inmunidad. No está por encima de la ley.
    - ➢ Su mandato no se limita a un periodo determinado, pero puede ser expulsado de su responsabilidad si no actúa según las normas islámicas o si deja de ser competente.
    - ➢ Debe administrar los asuntos de estado consultando la *shura* (consejo islámico), un organismo de dignatarios elegidos por él o por el pueblo.
    - ➢ Debe disfrutar de buena forma física, estar mentalmente equilibrado, poseer gran sabiduría y conocimientos, mostrar una gran talla moral y ser amable, piadoso y justo. Debe encarnar el resto de virtudes islámicas y no tener vicios.
- El propósito de un estado islámico es establecer y/o aplicar los principios islámicos; recolectar y distribuir adecuadamente la caridad prescrita obligatoria (*zakāh*); proteger la vida, los derechos y la propiedad de su gente, tanto musulmanes como no musulmanes; defender el Estado;

administrar justicia de forma justa y equitativa; satisfacer las necesidades básicas de las personas, etc.

En general, la función fundamental y más importante del estado islámico es establecer y facilitar la instauración de los principios de *amar bil ma'ruf* (fomentar el bien) y *nahī anil munkar* (prohibir lo perjudicial) De los siguientes versículos coránicos y *ahadīth*, se desprende una imagen clara del estado islámico:

> Aquellos que, si los afianzamos en la Tierra, practican la oración prescrita (*salāh*), pagan la caridad prescrita (*zakāh*), ordenan el bien y prohíben el mal. Y a Allah vuelven todos los asuntos. • [Corán 22:41]
>
> Sois la mejor nación que haya surgido de la humanidad: Ordenáis el bien, prohibís el mal y creéis en Allah... • [3:110]
>
> ... ayudaos unos a otros a obrar el bien y apartarse del mal, y no cooperéis con el pecado y la trasgresión, y temed a Allah... • [5:2]
>
> Y hemos destinado el Más Allá para quienes no se ensoberbecen en la Tierra ni la corrompen, y por cierto que la bienaventuranza será para los piadosos. • [28:83]
>
> Obedecen a su Señor, practican la oración prescrita *salāh*), y se consultan en sus asuntos... • [42:38]
>
> ... y ¡(Oh, Profeta!)... consulta con ellos los asuntos... • [3:159]
>
> ... y (dijo), "se me ha ordenado ser justo con vosotros..." • [42:15]
>
> ¿No sabes que a Allah pertenece el reino de los Cielos y de la Tierra, y que no tenéis protector ni salvador excepto Allah? • [2:107]
>
> ... y Suyo es el mando... • [28:70]
>
> ... la decisión sólo pertenece a Allah... • [6:57]
>
> ... diles, "el único que rige es Allah"... • [3:154]
>
> ... lo primero y lo último es la voluntad de Allah... • [30:4]
>
> ...Allah dispone lo que Le place. • [5:1]
>
> ... ¿no es Allah el Señor de todos los señores? • [95:8]

Di: "¡Oh, Allah, Soberano del Reino! Tú concedes el poder a quien quieres y se lo quitas a quien quieres, dignificas a quien quieres y humillas a quien quieres. El bien está en Tus manos. Allah tiene poder sobre todas las cosas" • [3:26]

... ciertamente, la tierra pertenece a Allah, y la dará en herencia a quien Le plazca entre Sus esclavos... • [7:128]

... hay límites establecidos por Allah, no los crucéis; y aquellos que crucen los límites establecidos por Allah, ésos son los opresores. • [2:229]

... quienes no juzgan conforme a lo que Allah ha revelado, ésos son los incrédulos. • [5:44]

... quienes no juzgan conforme a lo que Allah ha revelado, ésos son los impíos. • [5:45]

... y quienes no juzgan conforme a lo que Allah ha revelado, ésos son los descarriados. • [5:47]

¡Oh, fieles creyentes! Obedeced a Allah, obedeced al Profeta y a aquellos de vosotros que tengan autoridad y conocimiento. Y si discrepáis acerca de un asunto remitidlo al juicio de Allah y del Profeta... • [4:59]

Y no obedezcáis las órdenes de los que se extralimitan, • de los que provocan el caos en la tierra y no rectifican. • [26:151-152]

... y que cuando juzguéis entre los hombres lo hagáis con equidad... • [4:58]

... y cumplid con vuestros compromisos, porque se os interrogará por ellos el (Día del Juício). • [17:34]

... si aquellos con quienes habéis pactado cumplen lo pactado, cumplidlo vosotros también. Ciertamente Allah ama a los piadosos. • [9:7]

... excepto para aquellos que no quebrantaron la tregua que habéis sellado con ellos ni apoyaron a nadie contra vosotros. Respetad pues, la tregua convenida con ellos hasta su plazo acordado. Ciertamente Allah ama a los piadosos. • [9:4]

Y cuando sepas de la traición de un pueblo, hazles saber que rompes la tregua igual que ellos. Por cierto que Allah no ama a los traidores. • [8:58]

Y si se inclinan por la paz, acéptala tú también y encomiéndate Allah; ciertamente Él es Omnioyente, Omnisciente. • Pero si quieren engañarte sabe que la protección de Allah es suficiente. • [8:61-62]

Allah no os impide ser benevolentes y equitativos con quienes no os han combatido por causa de la religión ni os han expulsado de vuestros hogares, pues ciertamente Allah ama a los justos. • [60:8]

... si os oprimen oprimidles en igual medida. Temed a Allah y sabed que Allah está con los piadosos... •[2:194]

Si os agreden, responded del mismo modo que se os ha agredido. Pero si sois pacientes, sin duda, será lo mejor para vosotros. • [16:126]

El Profeta Muhammad ﷺ dijo:

Las naciones que os precedieron fueron destruidas porque castigaron a los criminales de clase baja de acuerdo con la ley y perdonaron a los de clase alta. Te juro por el que tiene mi alma en Sus manos, que incluso si Fátima, la hija de Muhammad, robara le haría cortar las manos. [Bukhari]

A cualquier gobernante a cargo de los asuntos de una comunidad musulmana que muera habiéndola engañado o traicionado, Allah le prohibirá el Cielo. [Bukhari y Muslim]

Todo gobernante que forma parte de un gobierno musulmán y no cumple su deber de todo corazón y con sinceridad, sin duda, no entrará en el Paraíso con los musulmanes. [Bukhari y Muslim]

Es obligatorio que todo musulmán escuche y obedezca a su soberano, tanto si le gusta como si no le gusta; excepto si le ordena llevar a cabo actos pecaminosos. Si le ordena cometer un pecado, entonces debe dejar de escucharlo y seguirle. [Bukhari y Muslim]

El siguiente es un famoso *hadīth* del Profeta:

No hay que seguir al que desobedece a Allah; sólo hay que seguir el bien. [Muslim]

Esto significa que si una persona a cargo de los asuntos de los musulmanes desobedece las reglas y los mandamientos de Allah ﷻ, no hay que seguirla. Sólo se requiere obediencia cuando se realizan obras justas y buenas.

Si estudiamos con detalle el *Khilāfat-e-Rashidūn*, el periodo de los primeros cuatro califas, podemos aprender qué tipo de entidad política y sistema de gobierno propone el Islam y sus resultados.

El Honorable Abu Bakr Siddiq رضي الله عنه, el compañero más cercano del Profeta ﷺ, fue elegido primer califa inmediatamente después de la muerte del Profeta ﷺ. Se dirigió a la *ummah* de la siguiente manera:

> Obedecedme mientras obedezca a Allah y a Su Profeta, y si dejo de hacerlo, entonces dejad de obedecerme. [Bukhari y Muslim]

En otra ocasión, el primer califa dijo:

> El que se hace cargo debe andarse con cuidado y aceptar que el Día del Juicio correrá gran peligro, pues es el que más fácilmente puede causar daño a las personas. El que oprime a su pueblo traiciona a Allah. [Bukhari]

El segundo califa, el Honorable Umar bin al-Khattab رضي الله عنه, en Medina, dijo:

> Me temo que, incluso si se pierde una oveja en las lejanas orillas del río Farat Eufrates), Allah me hará responsable. [Abu Dawud y Muslim]

En otra ocasión, dijo:

> No hay *khalīfa* sin consejo (*shura*). [Kanzul Ammal]

El cuarto califa, el Honorable Ali رضي الله عنه, dijo una vez:

> Mientras obedezca a Allah, todo lo que ordene, debéis acatarlo y cumplirlo, tanto si es de vuestro agrado como si no lo es. Pero si decreto algo que desobedece a Allah, entonces nadie está obligado a obedecerme. [Kanzul Ammal]

Una vez, el califa Umar رضي الله عنه, se cruzó con una anciana mientras paseaba por un lugar lejano y la oyó maldecir al califa porque no se ocupaba de su situación y eso le causaba sufrimiento e impotencia. Entonces él se detuvo y le preguntó: "¿Y si el califa no conoce su situación?" Ella respondió: "Entonces no tiene derecho a ser califa de la ummah musulmana". [Kanzul Ammal]

Esos eran los principios de gobierno establecidos por las enseñanzas islámicas y algunos ejemplos sobre como los primeros musulmanes los aplicaban al gobierno y administración de sus asuntos. En la actualidad no existe nada parecido. Eso no quiere decir que el Islam flaquee, sino que, lamentable para los musulmanes, no han conseguido estar a la altura y replicar los ejemplos de sus antecesores.

Es importante recordar que el Islam no depende de ningún gobierno islámico. Un sistema de gobierno islámico es bueno para los musulmanes y vivir en un estado islámico, por supuesto, les ayuda. Sin embargo, los musulmanes han sobrevivido y pueden seguir sobreviviendo sin comprometer sus creencias y prácticas religiosas sin un gobierno islámico.

Es Islam, es la gran prioridad para un verdadero musulmán. Si por una razón u otra, un musulmán no puede observar sus deberes religiosos en un lugar determinado, el Islam guarda grandes recompensas para los que migran a otros lugares con más libertad religiosa. Si la migración no es posible y se deben soportar sufrimientos y opresión, Allah ﷻ lo tendrá en cuenta. Los musulmanes están obligados a mantener sus creencias y a observar las prácticas islámicas hasta donde resulte humanamente posible. Por supuesto, se da el grado de flexibilidad necesario para aquellos musulmanes que no viven en países musulmanes. Sin embargo, no hay excusas o justificación alguna para no observar las prácticas requeridas en cualquier circunstancia.

El Sistema Económico en el Islam

El principal objetivo del modelo económico islámico es eliminar cualquier dificultad económica y fomentar la independencia y la prosperidad económica entre todas las personas de manera justa y equitativa. Las bases de este modelo, obviamente, no pueden contradecir los principios islámicos y deben traducirse en felicidad y tranquilidad para las personas de modo que puedan concentrarse en su meta final.

El Islam no se opone a que la gente gane y acumule riquezas, pero sí establece límites sobre como hacerlo para evitar que se perjudique a los demás de forma manifiesta.

El Islam no quiere que unos ganen siempre y otros pierdan siempre. El Islam no puede aprobar aquellos sistemas económicos en que unos pocos se van a dormir tranquilos, sin temor a perder nada, mientas que a otros se les impide la independencia económica. A partir de los siguientes versículos coránicos y *ahadīth*, es fácil comprender el sistema económico islámico. Allah ﷻ dice:

> Y trata de ganarte el Paraíso con lo que Allah te ha concedido, y no te olvides que también puedes disfrutar de lo que Allah ha hecho lícito en esta vida. Sé generoso como Allah lo es contigo, y no corrompas la Tierra; ciertamente Allah no ama a los corruptores. • [28:77]

> Y os hemos establecido en la Tierra y dispuesto los medios para que viváis en ella. ¡Qué poco agradecidos sois! • [7:10]

> Y cuando haya culminado la oración (*salāh*) dispersaos por la Tierra y procurad el sustento, y recordad mucho a Allah que así triunfaréis. • [62: 10]

> ... Allah permitió el comercio y prohibió la usura... • [2:275]

> Los que se lucren con la usura saldrán de sus tumbas el Día del Juicio como aquel al que un demonio ha poseído dejándolo trastornado. Esto porque dicen que el comercio es igual que la usura... • [2:275]

> Allah hará que todo lo que provenga de la usura no tenga ninguna bendición, y Allah no ama al incrédulo pecador. • [2:276]

> Y si no dejáis la usura, sabed que Allah y Su Profeta os declaran la guerra; pero si os arrepentís tenéis derecho al capital original... • [2:279]

El Profeta Muhammad ﷺ dijo:

> Los comerciantes honestos y dignos de confianza se encontrarán entre los profetas, los justos y los mártires. [Tirmidhi]

> No hay comida que sepa mejor que la que se gana con las propias manos. [Bukhari]
>
> Obtener ganancias limpias con honestidad es la segunda obligación después del *salāh.* [Abu Dawud y Nisa'i]

También dice:

> El cuerpo alimentado con ganancias ilícitas es el que más se merece arder en el Infierno. El que comercia con honestidad en el mercado obtiene grandes recompensas y el que atesora es como un apóstata. [Bukhari]
>
> El que trae mercancías al mercado (comerciante) obtiene beneficios y el que atesora es condenado. [Kitabul-Bayya]

El Profeta también prohíbe por completo cobrar intereses por préstamos y condena con severidad la usura. El sistema económico islámico no se centra en el dinero y las riquezas, sino en el bienestar de los individuos y de la sociedad en su conjunto. Su objetivo es fomentar una sociedad humanista, no materialista. En el Islam, acumular riquezas no es un fin en si, sino un medio para procurar la paz, la prosperidad y un entorno sano en que todos puedan obrar en aras del éxito definitivo. La razón de la actividad económica no es multiplicar beneficios, sino aumentar la producción de bienes para poder satisfacer las necesidades de las personas y expandir la economía. De la misma forma que sucede con todo lo demás, las riquezas también pertenecen a Allah ﷻ y se las concede a quién quiere. Allah ﷻ revela:

> ... y no temáis empobreceros, Allah pronto os proveerá con Sus bendiciones... • [Corán 9:28]

Las riquezas se conceden como fideicomiso y la gente tiene la obligación de administrarlas como Allah ﷻ prescribe. El Día del Juicio, todo el mundo al que se le ha confiado riquezas tendrá que responsabilizarse por cómo las ha empleado.

CODICIA – A menudo, la codicia hace que los hombres se vuelvan egoístas, lo que provoca caos económico y social para muchos. La brecha entre pobres y ricos se ensancha, y al final los ricos se convierten en amos y los pobres en esclavos. El santo Profeta ﷺ consideraba la codicia el más vil de los males humanos. Hoy en día, muchos de los delitos que se cometen tienen su origen en la codicia. Allah ﷻ también revela:

> Creed en Allah y en Su Profeta. Haced caridad con los bienes que Él os agració. Quienes de vosotros hayan creído y hecho caridades recibirán una gran recompensa. • [Corán 57:7]

> Y sabed que vuestros bienes y vuestros hijos son una prueba en esta vida. Y ciertamente Allah tiene reservada una inmensa recompensa. • [Corán 8:28]

Es evidente que las riquezas en el Islam no sólo están para vivir con comodidad, sino también para lograr la complacencia de Allah ﷻ haciendo un uso correto de ellas.

OFICIOS Y PROFESIONES – En el Islam, todos los oficios, profesiones, ocupaciones, servicios y medios de vida deben ser *halāl* (permitido) por definición. El trabajador y empresario musulmán debe abstenerse de toda acción o relación *harām* (prohibido), como por ejemplo, mentir, engañar, ocultar información, sobornar, robar, aprovecharse de la debilidad de los demás u obtener ganancias con el juego, las apuestas, el comercio de carne de cerdo, la venta de alcohol, drogas ilícitas y otros productos perjudiciales. Gastar el dinero que se ha obtenido con comercio *harām* es como llenarse el estómago con brasas [Qurtabi]. Bajo ninguna circunstancia se permite el comercio *harām* en el modelo económico islámico o musulmán.

No es sólo beneficioso, sino que también es necesario, que todo musulmán sepa qué es *harām* (prohibido) y qué es *halāl* (permitido), en especial si se dedica al comercio o a los negocios.

- El Islam prohíbe **acaparar**. Es decir, acumular bienes para crear una escasez artificial de productos básicos con el fin de aumentar los precios y obtener beneficios a costa de la desventaja manifiesta de los demás. Ese es uno de los peores pecados que se puede cometer y conduce al Infierno. Está completamente prohibido.

- El comercio basado en la **especulación** es otra forma de comercio/negocio *harām* (prohibido). En este caso se comercia en ausencia de los bienes o fuera del mercado físico. Este tipo de comercio puede ser perjudicial, tanto para el vendedor como para el comprador. Es más, no es posible inspeccionar las mercancías que se compran o venden.
- El **contrabando** de mercancías es una forma de traición que perjudica a los comerciantes locales, crea escasez de productos, aumenta los precios y disminuye los ingresos por derechos de aduana que el gobierno destina a inversiones en beneficio de los ciudadanos.
- Cobrar **intereses** está completamente prohibido. Esta es la característica más notable y singular del sistema económico islámico. Los que negocian con intereses, tanto los prestamistas como los beneficiarios, declaran la guerra a Allah ﷻ y Su Profeta ﷺ y se convierten en habitantes del Infierno. [2:279] Como se señaló anteriormente, Allah ﷻ destierra los intereses financieros y promueve el comercio.

  La *riba* (usura, interés) sólo hace que los ricos sean cada vez más ricos y los pobres cada vez más pobres. El prestamista no tiene que trabajar duro ni esforzarse para obtener ganancias, mientras que el que recibe el préstamo, el deudor, es explotado. En muchos casos, incluso después de un duro trabajo, el deudor sigue sin poder pagar todos los intereses.

  Dado que Allah ﷻ es el Señor de las bendiciones y la prosperidad, desobedecer sus mandamientos, en concreto los referidos a la *riba*, nuca trae bendiciones, prosperidad, felicidad, seguridad, satisfacción o estabilidad social. [30:39]. La economía islámica se basa en el comercio, no en el cobro de intereses. Existe cierta flexibilidad al respecto para los musulmanes que no viven en países musulmanes, cuyos detalles no son expuestos aquí debido a las limitaciones de espacio de este libro.

ZAKĀH – La *zakāh* (caridad obligatoria), en combinación con otras formas de caridad, proporciona un fuerte impulso y estímulo económico a las sociedades musulmanas. Millones de musulmanes donan anualmente la *zakāh* a personas necesitadas, lo que contribuye a evitar la acumulación de riquezas en unas pocas manos. La *zakāh* fomenta la circulación de recursos, reduce el número de pobres y estrecha la brecha entre los que tienen y los que no tienen. La *zakāh* ha sido tratada con más detalle en el Capítulo 9.

BIENESTAR SOCIAL – Un sistema económico sólido siempre incluye un sistema de bienestar social que proporciona sustento a los pobres y a los necesitados. En el Islam se integra de forma natural un sistema de bienestar social. En vez de conferir esa obligación al gobierno, en el Islam incumbe a los hombres musulmanes apoyar a sus familias, a los hijos mantener a sus padres, a los hermanos apoyar a sus hermanas, a los ricos apoyar a los pobres mediante la *zakāh* y otros mecanismos de caridad, etc. Todo eso también contribuye a la prosperidad económica y alivia en gran medida la pobreza y el sufrimiento.

Además, el Profeta dijo: "Busco conocimientos desde la cuna hasta la tumba", una clave para el bienestar social que ha generado cambios revolucionarios. También dijo: "¡Oh Allah! Busco Tu protección para que me libres de lo que no aporta ningún beneficio a la gente" [Nisai]. Una crisis económica se produce cuando el gasto no está determinado por las necesidades, sino por los deseos y los caprichos. Prohibiendo los gastos extravagantes, el Islam salva a las sociedades del desastre económico y pavimenta el camino que conduce a una economía del bienestar.

SIMPLICIDAD

ES INCREÍBLE que un concepto aparentemente tan poco importante como el de simplicidad pueda haber causado tanto impacto en la vida de las personas y de la sociedad en general. Desafortunadamente, muchas personas no se dan cuenta, ni remotamente, de la importancia de esa virtud.

En el Islam, la simplicidad es una virtud que contribuye en gran medida a generar prosperidad económica, felicidad y alegría. Esta vida mundana, como explica el Islam, es un alto en el camino que conduce a nuestro destino final. Simplemente hacemos una parada en este mundo que no es nuestra morada permanente. Por lo tanto, deberíamos simplificar lo máximo posible nuestra estancia aquí y dedicar más tiempo a prepararnos para el Más Allá. La simplicidad facilita mucho esa tarea.

En el Islam, un estilo de vida simple no implica renunciar a los lujos de la vida, sino ser modesto en todo lo que se hace y evitar la superficialidad. De hecho, la simplicidad es lo que nos permite disfrutar del lujo de vivir porque nos salva de las preocupaciones y de las incontables penurias físicas que normalmente comporta una vida basada en la persecución de lujos. Incluso si conseguimos aquello por lo que hemos trabajado y luchado, en realidad sólo habremos logrado cosas que aportan fama, respeto, placer y disfrute efímeros. Todo eso se desvanece con el paso del tiempo y desaparece por completo cuando abandonamos este mundo.

Un estilo de vida sencillo permite acumular riquezas que, por ejemplo, se pueden emplear con fines filantrópicos que no sólo aportan felicidad de verdad, sino también el sincero respeto y amor de la sociedad y bendiciones en el Más Allá. Por otra parte, otros pueden seguir el ejemplo dado, lo que aportará más felicidad y prosperidad a la sociedad. La satis-facción eterna, el buen nombre, la fama creciente y el sincero respeto que despiertan esas acciones, no se adquieren con una vida basada en el despilfarro y el lujo. El estilo de vida fastuoso de muchos famosos es infame y sólo genera gran dolor y sufrimiento, tanto en el ámbito personal como en el público. El Islam, con sus enseñanzas, sustituye ese dolor y sufrimiento, a menudo invisibles, por el lujo de verdad y la liberación.

AVARICIA – La codicia y la tacañería no están permitidas en el Islam. Esas actitudes impiden que circule la riqueza y los recursos. El Islam aboga por gastar en uno mismo, en la familia y en nombre de Allah ﷻ pero al mismo tiempo desalienta estrictamente el gasto superfluo o extravagante. En el gasto, como en cualquier otro asunto, el Islam enseña a los musulmanes a ser modesto. La modestia, como la simplicidad, contribuye al bienestar económico.

HERENCIA – Para evitar confusiones y conflictos, Allah ﷻ prescribe la distribución justa y equitativa de una herencia. Las leyes de la herencia muestran con claridad que Allah ﷻ no quiere que la riqueza se concentre en unas pocas manos. El Islam, a través de las leyes de la herencia, enseña lo importante que es distribuir la riqueza para que regrese a la sociedad. Un musulmán no puede dejar toda su herencia a una sola persona de su elección, a excepción de un tercio (1/3) de la misma, el resto (2/3) debe distribuirse entre familiares con hijos, padres, cónyuge, hermanos, etc. según ordena Allah .

CONSERVACIÓN – El Islam fomenta la conservación de los recursos naturales y de los bienes básicos. Eso afecta a la economía de forma positiva posibilitando que todos tengan acceso a los recursos básicos. Que algo abunde no justifica su desperdicio. Los siguientes son algunos ejemplos sobre conservación de recursos. El vivir al lado de un río no da derecho a arrojar aguas residuales. Lo último que se debe tirar o dejar estropear es la comida. La misericordia y las bendiciones de Allah ﷻ no son para aquellos hogares en los que se desperdicia comida, agua u otros bienes esenciales.

CAZA Y AGRICULTURA – El Islam permite cazar para comer pero no por diversión/deporte. El animal cazado debe ser consumido, de lo contrario se comete pecado. Las tierras cultivables deben ser cultivadas con fines agrícolas. En caso de no cultivarlas ni permitir que las cultiven hermanos o vecinos pobres que sufren hambre o pobreza, se comete un pecado y se considera opresión. Si el propietario no puede cultivarlas, debe cedérselas a alguien que pueda hacerlo. Las subvenciones para mantener los precios altos o limitar la oferta constituyen un pecado en el Islam.

TRABAJO Y NEGOCIOS – Para los musulmanes, trabajar para ganarse la vida para uno mismo y para la familia forma parte de la adoración indirecta. Recibir prestaciones por desempleo, asistencia pública o mendigar sin causa justificada se considera indigno. El Islam no solo permite emprender negocios privados, así como el libre comercio, sino que lo aconseja siempre que se desarrollen según los principios islámicos. Esto proporciona la oportunidad al emprendedor trabajar duro de forma eficiente ganándose la vida y si es posible ahorrando por el bienestar de uno mismo y de los demás. El Islam apoya la iniciativa privada y el emprender negocios porque beneficia el crecimiento económico.

En resumen, el Islam establece un sistema económico con características únicas que fomenta el estrechamiento de la brecha entre clases sociales, minimiza y erradica la pobreza, elimina la competencia innecesaria, evita sufrimientos físicos y mentales, y aporta auténtica felicidad y prosperidad. Lamentablemente, por muchas razones, hoy en día no existe una muestra práctica del modelo económico islámico. Sin embargo, están floreciendo pequeñas comunidades y negocios individuales y familiares gracias a la aplicación de los principios económicos islámicos. No hace mucho tiempo, cuando musulmanes virtuosos gobernaban la *ummah* (comunidad) musulmana, la economía y el comercio islámico maravillaban a todo el mundo. Pero aquellos días dorados ahora son historia. Es cierto que en este mundo, se recoge lo que se siembra. Suerte que Allah ﷻ no deja los esfuerzos de nadie sin recompensa. Según el Islam, las recompensas eternas serán para los justos.

CAPÍTULO 20

Tasawwuf en el Islam

TASAWWUF SE SUELE TRADUCIR COMO "sufismo", "misticismo" o "espiritualidad islámica". Muchos no musulmanes desconocen el *tasawwuf* y los que saben algo sobre él muchas veces desconocen su realidad y significado reales. El objetivo del *tasawwuf* es acercarse al Todopoderoso hasta donde lo permiten los límites que Él ha establecido. Los sufíes buscan la cercanía con Allah ﷻ haciendo todo lo que está en sus manos para elevar su alma y alcanzar el estado más elevado donde el yo y la consciencia no existen, testimoniando así la existencia del Señor Todopoderoso y nada más.

Para muchos, un sufí es aquel que purifica su ser interno y externo con el fin de convertirse en un devoto esclavo de Allah ﷻ y acercarse a Él; el Islam requiere la purificación para ambas cosas. Para muchos, un sufí es simplemente alguien que se pone un traje de lana gruesa, conocido como *suf*, y se separa de este mundo.

Aunque en el *tasawwuf* reside la esencia de la doctrina islámica y el sufí se embarca en un viaje para alcanzar un estado superior, éste no está exento ni puede violar la ley islámica. El que dice ser un místico islámico pero no sigue los preceptos del Islam (*sharia* islámica) no es más que un mentiroso. Se engaña a sí mismo y a los demás. Como he dicho antes, el Islam no permite la violación de ninguno de sus principios. No importa la razón o lo elevada que sea la meta propuesta. Eso hace que el *tasawwuf* no tenga nada que ver con otras formas de misticismo no islámicas. Según el sagrado Corán, unos de los deberes del Profeta ﷺ era purificar a sus discípulos. Esa purificación es lo que busca el sufismo islámico. Allah ﷻ dice:

> Ciertamente Allah concedió un gran favor a los musulmanes alzando un profeta entre ellos que les recitó las revelaciones de Allah purificándolos y enseñándoles el Corán y la *sunnah*, cuando antes habían estado sumidos en un error manifiesto. • [Corán 3:164]

En eso basan los sufíes el *tasawwuf*: en la idea de purificar y ser purificado.

La mejor forma de describir el *tasawwuf* es mediante el símil de la fruta. Lo que se encuentra dentro de la cáscara/piel de la fruta es lo esencial y lo que importa. El exterior, aunque no resulte deseable, debe ser aceptado como parte de la fruta. La parte exterior es necesaria para proteger la parte interior y para llegar al interior, además, hay que familiarizarse con la parte exterior. Contemplar sólo la parte exterior de la fruta e ignorar que existe algo dentro, no sólo es pura ignorancia sino que además impide obtener beneficio alguno de ella. Por eso, por indeseable que pueda parecer el exterior, los sufíes lo aceptan como medio para llegar a su destino: el interior.

Del mismo modo, el Islam presenta dos aspectos: *sharia* (ley islámica), que se refiere al exterior, y *tarīqa* (el camino espiritual hacia Allah ﷻ), que se refiere al interior. El *tarīqa* no se puede comprender ni seguir si se rechaza o se ignora la *sharia*. Igualmente, los musulmanes que rechazan o desafían el *tasawwuf* nunca disfrutarán de la belleza interior del Islam. El propósito del sufí es acercarse al interior, al alma del Islam, y por eso cumple con todos los requisitos de la sharia. La sharia purifica el cuerpo y el tarīqa purifica el alma/corazón en el que se refleja el resplandor de Allah .

El Profeta ﷺ de Allah exclama: "¡Morid antes de morir." [Ttrmidhi]. Con esto, quiere decir que hay que matar el 'yo' antes de morir físicamente; es decir, matar cada parte del 'yo' que impide el acercamiento a Allah ﷻ y que llena de impurezas el fondo del corazón de los corazones [Corán 87:14-15]. El *tasawwuf* es un proceso de purificación que permite alcanzar elevadísimos estados de espiritualidad. El Señor dice al alma purificada:

> ¡Oh, alma que estás en paz! • Vuelve a tu Señor complacida y satisfecha. • Únete con Mis siervos • y entra en el Cielo. • [Corán 89:27-30]

Este es el fruto del continuo *dhikr* (recuerdo de Allah). Un sufí nunca pierde su enfoque en Allah ﷻ. Visualiza a su Señor en cada una de Sus creaciones, de esa forma Él siempre mora en su corazón. Como señala el Corán "Su Trono se extiende en los Cielos y en la Tierra ..." [Corán 2:255]. Entonces, ¿puede algo abarcar a Allah ﷻ? No. Aunque se dice que el corazón de un creyente sí puede hacerlo. Cuando el creyente vacía su corazón de deseos mundanos y consigue purificarlo con éxito de pasiones e instintos animales, entonces su corazón está listo para convertirse en morada de Allah ﷻ. Cuando siente la presencia de Allah ﷻ, entra en éxtasis. No quiere perder nunca ese estado de gloria y cuando la muerte real se acerca, en realidad, siente cómo su alma se libera de este estado mundano de encarcelamiento y se une a la vida eterna junto a Allah ﷻ. Es en este momento cuando Allah ﷻ se dirige a él:

> ¡Oh, alma que estás en paz! • Vuelve a tu Señor complacida y satisfecha. • Únete con Mis siervos • y entra en el Cielo. • [Corán 89:27-30]

El alma viene a este mundo en su forma pura pero es atrapada en un cuerpo humano durante un período de tiempo limitado. El alma es como un pájaro en una jaula. El alma se puede encontrar en tres estados de pureza diferentes, tal y como describe el sagrado Corán:

- *Nafs al-Ammara* – el en que se obra mal.
- *Nafs al-Lawwama* – en el que se es autocrítico; se lucha por el bien y se evita el mal.
- *Nafs al-Mutmainna* – es el de la complacencia y la satisfacción; es al que se refiere el versículo anterior.

Un sufí siempre se encuentra sumido en la lucha interior, es decir en la *Jihad bin Nafs*, con el fin de alcanzar el estado superior de pureza. Lo hace recordando siempre a Allah ﷻ. Esto le impide desviarse del buen camino, desobedecer al Señor u olvidar Sus bondades. En todo momento se muestra temeroso de Allah ﷻ, es consciente de Su presencia y se mantiene firme en el cumplimiento de sus obligaciones con el Señor. Siempre mantiene limpio su corazón para Allah ﷻ.

... sus corazones se sosiegan con el recuerdo de Allah. • [Corán13:28]

Según los sufíes, las personas que viven la vida sin adentrarse en el sentido profundo del Islam lo hacen porque se sienten satisfechos con la belleza formal del Islam y nunca experimentarán su belleza interior. Para los sufíes, sin embargo, lo externo no es más que un medio para adentrarse y comprender lo interno; es decir, la esencia del Islam. Por lo tanto, cuando los sufíes recitan la *kalimah*, es decir, "No hay más dios que Allah ﷻ ", no sólo dicen eso, sino que también niegan literalmente la existencia de "algo" más. De esa forma abarcan por completo a Allah ﷻ. Los sufíes, de hecho, son los testigos de la verdad suprema. A medida que inhalan el significado de la *kalimah* sus voces provienen realmente de sus corazones, que dicen: "No hay nada más que Allah ﷻ".

El Profeta ﷺ enseñó a sus discípulos a realizar el *salāh* (oraciones obligatorias de culto), como si tuvieran delante a Allah ﷻ. Si no es así, entonces deben saber que Allah ﷻ. sin duda, los está viendo a ellos [Mushkat]. La gente sólo puede ver a los sufíes realizando el *salāh*, la mayor obligación del Islam. Es decir, agachándose, inclinándose y postrándose, pero esos santos devotos, cuando llevan a cabo el *salāh*, se encuentran realmente frente a Allah ﷻ, el centro del culto, para quien es la adoración. Es en esa forma de rendir culto donde radica la espiritualidad del Islam, no en agacharse, inclinarse y postrarse sin saber realmente lo que se hace. El propósito del *salāh* no es llevar a cabo un movimiento físico corporal sino reforzar un compromiso espiritual del corazón y la mente.

Cuando los sufíes donan la *zakāh* (caridad obligatoria) no sólo dan dinero a los pobres, en realidad apartan de sus corazones las tentaciones del dinero. Cuando donan caridad, no donan el 2,5% que requiere la *zakāh*, sino que hacen todo lo contrario, donan el 97,5% y se quedan con el 2,5% restante. De esa forma se eximen de las cargas y las tentaciones asociadas al dinero. Eso les permite estar siempre al servicio del Señor.

Cuando los sufíes llevan a cabo la Hajj, no sólo circunvalan la Kaaba sino que disfrutan de la compañía del Señor mientras dicen:

> Labbaik, allahumma labbaik. Labbaika; la shareeka laka, labbaik. Innal-Hamdah, wan nematah laka wal-Mulk, la shareeka lak.

> Aquí estoy, oh Allah, aquí estoy. Aquí estoy. Nada te iguala; aquí estoy. Para Ti son todas las bendiciones y de Ti (provienen todas) las bondades, (la soberanía es Tuya). Nada te iguala.

En esos momentos se separan físicamente de este mundo. Sólo cubiertos con dos piezas de tela blanca, se presentan ante el Señor y, espiritualmente hablando, dejan de existir.

De estas y otras maneras, los sufíes no sólo viven sus vidas de acuerdo a la ley islámica (sharia), sino que también acatan la doctrina más esencial del Islam. Esto es lo que significa entrar por completo en el Islam:

> ¡Oh, creyentes! Entrad en la religión del Islam por completo y no sigáis los pasos de Shaytān Satanás). Ciertamente él es para vosotros un enemigo manifiesto. • [Corán 2:208]

El Profeta ﷺ dijo:

> Este mundo, para el creyente, es una prisión. [Za'd al-Mua'd]

También dijo:

> La muerte para un creyente es un don. [Za'd al-Mua'd]

En una prisión, los reclusos no tienen libertad para hacer lo que quieren. Deben seguir unas reglas estrictas. Para ellos, la libertad es un don. Del mismo modo, en este mundo un verdadero creyente sigue estrictamente las reglas del Señor y sólo el don de la muerte le libera para que pueda disfrutar de la vida en el Más Allá. En eso consiste el misticismo islámico o *tasawwuf*.

CAPÍTULO 21

Virtudes y Vicios

TODAS LAS CIVILIZACIONES SE RIGEN por algún sistema moral. Dado que las virtudes y los vicios pueden ser interpretados de diferente forma, creo necesario darle a conocer las definiciones del Corán y la *sunnah*.

FOMENTAR EL BIEN Y PROHIBIR EL MAL

NOS ENCONTRAMOS ANTE LO QUE NO SÓLO ES UNA GRAN VIRTUD en el Islam, sino que también es una obligación fundamental para los musulmanes. Por algo la *ummah* (comunidad) musulmana fue nombrada "la mejor entre todas las *ummahs* de la humanidad". El Islam no sólo exige a los musulmanes que sean buenos y que huyan del mal, sino que también les obliga a fomentar el bien y prohibir el mal con todas sus fuerzas.

En el Islam, hay que predicar con el ejemplo. Fomentar el bien y prohibir el mal es una forma de jihad. Las recompensas por actuar así son inmensas porque salva a uno mismo y a los demás de perderse en el camino y del fracaso en el Más Allá. Este es el favor más grande que se puede hacer a uno mismo y a los demás. Hay tres maneras de practicar esta virtud.

- Si alguien es testigo de una fechoría o injusticia, debe intervenir y tratar de detenerla físicamente.
- Si alguien no es capaz de evitar una fechoría o injusticia, debido a su falta de fuerza física o a que no es materialmente factible, entonces debe expresar su más enérgica oposición.

- Si la situación no permite ninguna de las dos opciones anteriores, entonces uno debe, por lo menos, solidarizarse con lo que ha sucedido y distanciarse.

El Islam, de forma general y de forma específica a través de las virtudes/obligaciones, tiene por objeto fomentar el bien y erradicar el mal. Todo lo que hace un buen musulmán revierte en los demás y se multiplica porque constituye un ejemplo a seguir que otros imitan. Del mismo modo, cuando se hace el mal todo el mundo pierde.

Por desgracia, de forma bastante generalizada en la actualidad, muchos de los que se llaman a si mismos musulmanes perpetran maldades, injusticias y otros pecados que arraigan en sus entornos porque ignoran esta virtud o no la practican correctamente. Los musulmanes que viven en países no musulmanes deberían, por lo menos, fomentar esta virtud en sus propias comunidades, pero si no cesan de cometerse pecados a su alrededor, entonces deben centrarse en salvar a su propia familia. Si las cosas se ponen feas, siempre queda la opción de mudarse.

IKHLĀS

IKHLĀS SIGNIFICA LITERALMENTE SINCERIDAD/PUREZA. Sin embargo, en las prácticas islámicas *ikhlās* significa realizar un acto con la sincera intención de complacer a Allah ﷻ. Como se comentó anteriormente, cualquier acción realizada con la única intención de complacer a Allah ﷻ es un acto de adoración. *Ikhlās* es algo imprescindible para ser recompensado como corresponde por las acciones realizadas.

Los musulmanes pueden cometer buenas acciones con la intención de ganar títulos o fama. Pero todas las buenas acciones que se llevan a cabo con la intención de obtener algún tipo de beneficio material o similar están muy lejos de ser *ikhlās*. El trabajo puede ser arduo y las intenciones puras pero si una buena acción no se lleva a cabo con la única intención de complacer a Allah ﷻ no recibe recompensa alguna por parte de Allah ﷻ . Los musulmanes creen y saben bien que volverán a Allah ﷻ; por lo tanto, sus corazones no deben albergar otro propósito que no sea complacer a su Creador. Sin duda, la clave para obtener la complacencia de Allah ﷻ es la *ikhlās*. Sin embargo, también es importante aclarar que los musulmanes no tienen derecho a juzgar a nadie. Solo Allah ﷻ sabe de verdad quien alberga *ikhlās* en su corazón.

SIDQ

SIDQ SIGNIFICA HONESTIDAD, VERACIDAD Y SINCERIDAD. En el Islam, *sidq* es una de las mayores virtudes. A los musulmanes que cultivan de forma más notable esa virtud se les concede el título de *sddiq*, que quiere decir, veraz y digno de confianza. En el Islam, ser musulmán equivale a ser honesto y veraz en todas las circunstancias. Allah ﷻ es la verdad y quiere que Sus esclavos sean y se encuentren entre los veraces (*sadiqūn*).

Se dice que la mentira hace que flaquee el corazón incapacitándolo para reflejar y observar los atributos divinos. El hombre fue creado para ser el vicegerente de Allah ﷻ en la Tierra, por lo que debe ser capaz de reflejar Sus atributos, y eso no es posible sin ser *sddiq*. Los musulmanes siempre deben decir la verdad, defenderla y estar a su lado. También deben ser honestos en sus acciones e interacciones. La honestidad y la veracidad son parte integral de la vida de un musulmán. De hecho, los musulmanes alcanzan el estado de *momin* (creyente devoto) a través de la práctica del *sidq*. La honestidad y la veracidad son sinónimo de *iman* (fe). No se puede confiar en los musulmanes que no son *sidq*. Para un musulmán es una vergüenza no poseer la virtud del *sidq*. Antes de declarar su profecía, Muhammad ﷺ era reconocido por cultivar la virtud del *sidq* entre la tribu de los Quraish de La Meca, que lo llamaban 'Sddiq' y 'Ameen' es decir, digno de confianza.

TAWAKKUL

TAWAKKUL SIGNIFICA CONFIAR, DEPENDER Y APOYARSE EN ALGO. Los musulmanes sólo dependen de Allah ﷻ y confían ciegamente en Él porque Él es todo lo que necesitan. La virtud de la *tawakkul* es absolutamente necesaria a los ojos de Allah . Cuando alguien confía y se apoya firmemente en Allah ﷻ, Él nunca le defrauda o deja desamparado.

Cuando los fieles ponen toda su confianza en manos de Allah ﷻ demuestran que creen que Él siempre estará cuando se le necesite.

Ser fieles, confiar y depender de Allah ﷻ no significa que los musulmanes se queden de brazos cruzados y no aprovechen los recursos que se les prestan. De hecho, hacen todo lo que pueden, pero no ponen toda su confianza en sus recursos y esfuerzos. En el fondo de sus corazones saben que sus esfuerzos pueden fracasar, pero no el poder y la voluntad de Allah ﷻ. Por ejemplo, la gente contrata abogados buenos y experimentados y confía en ellos, pero aun así las posibilidades de perder un caso son reales. No obstante, mientras más experiencia tiene el abogado, más tranquilo se siente el cliente. Confiando en Allah ﷻ, lo musulmanes se sienten completamente tranquilos porque saben que no pueden ser derrotados. El éxito está totalmente garantizado con Allah ﷻ porque Él es Todopoderoso.

Allah ﷻ quiere que todos Sus siervos confíen en Él. *Tawakkul* no quiere decir que no hay que esforzarse para lograr las metas que uno se propone o volverse imprudente o negligente, o ponerse en peligro. *Tawakkul* significa confiar en Allah ﷻ, y cuando las cosas se escapan de nuestras manos, mantener la confianza en Él y aceptar con buena actitud lo que tenga que ser. Los musulmanes deben confiar en Allah ﷻ antes y después de emprender cualquier acción. Muchas veces los recursos son limitados y los objetivos ambiciosos, en esas situaciones, los musulmanes no deben echarse atrás, sólo deben confiar ciegamente en Allah ﷻ. Allah ﷻ nunca defrauda a los que confían en Él. *Tawakkul* es más que una gran virtud para los musulmanes; es también una gran herramienta para lograr el éxito.

HUMILDAD

LOS SERES HUMANOS NO SOMOS NADA cuando nos comparamos con el impresionante poder de creación y el control absoluto de Allah ﷻ. Él nos creó, y no podemos hacer nada en contra de Su voluntad. Somos intrínsecamente débiles. Nos creemos poderosos, pero en realidad no tenemos ningún control sobre nada. Por nosotros mismos, no somos capaces ni siquiera de rascarnos la espalda o de levantar nuestras dos piernas para mantenernos a flote en el aire. Necesitamos la ayuda de Allah ﷻ en todo momento, en esta vida y en la otra. Allah ﷻ quiere que nos mostremos humildes y que admitamos que no somos nada ante Su vasto poder. Allah ﷻ no quiere que nos mostremos orgullosos y arrogantes, porque no somos dueños de nada, ni siquiera nos podemos controlar a nosotros mismos. Él es el dueño de todo.

La virtud de la humildad se puede ver cuando los musulmanes realizan la oración obligatoria (*salāh*). En ese momento, se inclinan físicamente, (se postran con la frente en el suelo) y espiritualmente sus corazones se inclinan y se postran ante Allah ﷻ aceptado Su grandeza la de Él y su debilidad la de ellos. La humildad aporta compasión, amistad y cercanía entre los seres humanos. El orgullo y la arrogancia, al contrario, dividen a la gente y pueden hacer que alg-uien odie a alguien honorable a los ojos de Allah ﷻ. La humildad es una de las enseñ-anzas básicas del Corán. El Profeta Muhammad ﷺ la encarnó en sus acciones.

Amor

El amor es la virtud central en el Islam. De hecho, es la madre de todas las obras virtuosas. Aporta muchos beneficios a los individuos y a la sociedad y el Señor Todopoderoso lo premia con abundantes recompensas. La hermandad, la tolerancia, el perdón, el respeto, la benevolencia, la gratitud, el sacrificio, la lealtad, la amistad, la hospitalidad, la simpatía, etc. nacen del amor. Quien no tiene amor en su corazón carece de todas esas virtudes/bendiciones. Dado que todas esas virtudes tienen un peso específico en la Lista de Títulos y son formas de adoración en el concepto más amplio de adoración islámica, es fácil comprender la importancia y el estatus del amor en el Islam.

En el Islam, el amor lícito a las personas/cosas está por detrás del amor a Allah ﷻ y a Sus queridos profetas, en especial Muhammad ﷺ. El amor a

Allah ﷻ y al Profeta ﷺ facilita que los musulmanes respeten los mandamientos divinos y que se conviertan en auténticos creyentes. Cuando el amor de las personas es verdadero y desinteresado, entonces, ciertamente reciben las recompensas del amor del Todopoderoso. Los esclavos que aman a Allah ﷻ, sienten Su amor y esa es la mayor recompensa que pueden recibir. El sincero amor de nuestro Benefactor garantiza y facilita nuestra salvación. De todos modos, independientemente de lo que Él nos haya concedido o lo que nos pueda conceder en el futuro, merece ser amado y debemos sentirnos agradecidos en cualquier circunstancia.

TEMOR Y ESPERANZA

EL TEMOR Y LA ESPERANZA SON DOS VIRTUDES IMPORTANTES en el Islam. La esperanza es comprensible, pero ¿cómo puede ser el temor una virtud? Dado que el propósito de esta vida es la preparación para el Más Allá, todo lo que ayuda a lograr el éxito en el Más Allá se convierte en una virtud. En este contexto, temer significa temer a Allah ﷻ, temer el Día del Juicio y el castigo; y el mayor de todos los temores es el temor a desagradar a Allah ﷻ. El miedo a la rendición de cuentas mantiene a los musulmanes en el camino correcto. De esa forma, el temor a Allah ﷻ se convierte en una virtud que conduce al éxito.

La esperanza es generalmente aceptada como una virtud importante por todas las sociedades. Allah ﷻ no ama a los que pierden la esperanza. Un buen musulmán nunca pierde la esperanza. El temor y la esperanza son dos virtudes que suelen ir cogidas de la mano. Por ejemplo, la fe es como un pájaro con dos alas. Las alas de la fe son el temor y la esperanza. Para que un pájaro vuele en línea recta, ambas alas deben permanecer equilibradas. Del mismo modo, para que alguien se mantenga fiel, el temor a la responsabilidad y la esperanza de la salvación deben permanecer juntos y equilibrados. Por un lado, una falta de temor a la responsabilidad y una esperanza excesiva en la salvación fomentan que no se cumplan las obligaciones requeridas. Por otro lado, un temor excesivo e irracional a la responsabilidad y una ausencia completa de esperanza en la salvación producirían el mismo efecto. Una ligera desviación cambia el curso y cualquier desequilibrio puede abocar gradualmente en la destrucción. Mantener el equilibrio entre el temor y la esperanza ayuda a los musulmanes a encaminarse hacia un final feliz.

Paciencia y Perseverancia

NADIE PUEDE AFIRMAR QUE LA VIDA es apacible o que está libre de preocupaciones. En muchas ocasiones, en la vida de todos, las cosas no salen como uno quiere o espera. El Islam premia mucho la paciencia y la perseverancia de los musulmanes. Allah ﷻ pone a prueba a sus siervos con situaciones y circunstancias difíciles y/o desfavorables. El que permanece firme, no pierde la fe, y no se impacienta ni se da por vencido, sale victorioso. Incluso cuando los musulmanes no ven cumplidos sus deseos legítimos aquí, saben que les esperan grandes recompensas en el Más Allá.

A veces en la vida, a las buenas personas la fortuna parece darles la espalda y eso hace que la gente pierda la fe. Ciertamente, no es fácil, pero el resultado final de la paciencia y la perseverancia siempre es bueno y satisfactorio. Para los musulmanes, esas cualidades conllevan la complacencia de Allah ﷻ y, por supuesto, el éxito en el Más Allá.

Corregir el Ser Primario

TODOS SOMOS VIAJEROS y simplemente estamos de paso en este mundo en nuestro camino al Más Allá. Nuestra estancia aquí es corta y el apego que sentimos por este mundo nos engaña y nos aparta de nuestro verdadero propósito. Nuestro ser primario siente inclinación por las cosas y los deseos materiales, tiene tendencias maliciosas, es venenoso, y siempre está dispuesto a engañarnos y a desviarnos de nuestro camino. Es, de hecho, una de las armas de Satanás.

El Islam exige a los musulmanes que se mantengan siempre en alerta para evitar que el ser primario les engañe y esclavice. El Islam da a los musulmanes los recursos necesarios para tener al ser primario en jaque y bajo control. Los musulmanes luchan en contra de Shaytān y tratan de derrotar y mantener a raya el *Nafs-e-Ammara*, es decir, el ser primario. Los musulmanes deben ganar la guerra a sus grandes enemigos para tener éxito en este mundo y en el Más Allá. Como se explicó anteriormente, esa lucha también se conoce como *Jihad bin Nafs*.

Tener la Muerte Presente

¿Quién considera una virtud tener la muerte presente? El Islam lo hace porque recordar la muerte tiene efectos beneficiosos. Dado que nadie sabe cuando va a morir, los musulmanes tienen presente la muerte en todo momento. Eso les da la oportunidad de centrarse en cometer buenas acciones porque nadie quiere que la muerte le atrape en pecado. La vida es incierta, pero la muerte es segura. El tener siempre la muerte presente recuerda a los musulmanes que algún día se encontrarán con su Señor. Eso les reafirma en la convicción de que deben vivir una vida piadosa que les ayude a cumplir su propósito en este mundo. Son muchos los beneficios para los que tienen siempre presente la muerte.

Gratitud

A menudo, los favores no pueden ser devueltos de la misma forma en que se reciben. Entonces, como mínimo, hay que corresponder con el agradecimiento. El Islam muestra que las personas que no saben agradecer los favores que les hacen los demás, no pueden estar agradecidas con el Señor [Muslim]. Por pequeño que sea un favor, requiere gratitud porque a Allah ﷻ no le gusta la gente desagradecida y arrogante [Corán 40:76 y Muslim].

Allah ﷻ bendijo a Sus creaciones con tantos favores/recompensas que merece más agradecimientos que nadie. El simple reconocimiento verbal no es suficiente. La forma más sencilla de agradecer a Allah ﷻ Sus favores/recompensas es utilizándolos de la forma que Él ha prescrito. Por ejemplo, cuando a los funcionarios del gobierno se les entregan coches para uso oficial, esos coches nunca deben ser empleados para asuntos personales. Hacer eso equivale a hacer un uso ilegítimo de bienes de Estado, lo cual es delito. Del mismo modo, los favores/recompensas de Allah ﷻ son de Su propiedad, cualquier uso ilegítimo que se haga de ellos es pecado y demuestra que no se aprecian de verdad. En el Islam, la ingratitud es un horrible vicio en la misma medida que la gratitud es una gran virtud.

Cumplir las Promesas

ALLAH ﷻ REVELA MUCHOS VERSÍCULOS relacionados con la importancia de cumplir las promesas. En cerca de 6.600 versículos, el sagrado Corán revela de forma exhaustiva todos los conocimientos y la sabiduría que la gente necesita para lograr la salvación en el Más Allá. Cada versículo es importante y ofrece información valiosa. La importancia de cumplir las promesas se resume en los siguientes versículos del Corán. Allah ﷻ dice:

> ... cumplid con vuestro compromiso que Yo cumpliré con el Mío... • [Corán 2:40]

> Por cierto que triunfarán los creyentes... y respetan los acuerdos que celebran. • [Corán 23:1, 8]

> ... y cumplid con vuestros compromisos, porque se os interrogará por ellos. • [Corán 17:34]

Cumplir las promesas y los pactos es una virtud que los profetas de Allah ﷻ siempre profesaron y practicaron. El Corán también dice:

... ciertamente él Ismael) siempre cumplió sus promesas, fue profeta y mensajero de lo invisible. • [19:54]

A lo largo de su vida, el Profeta Muhammad ﷺ siempre cumplió sus promesas y nunca rompió un pacto. Un ejemplo de esto es cuando el emperador bizantino preguntó al Profeta ﷺ si alguna vez había roto una promesa y el Profeta ﷺ respondió con un rotundo NO. [Bukhari]. Cuando el Profeta ﷺ daba su palabra siempre la mantenía, incluso cuando eso significaba un claro perjuicio para él o sus seguidores. [Tratado de Hudaibiyah]

En el Islam, no cumplir las promesas es una hipocresía y un pecado. Hoy en día, muchos pueden incumplir sus promesas, pero los musulmanes saben con certeza que Allah ﷻ es Omnisciente y Omnioyente. En el Islam, cumplir las promesas y los compromisos es una obligación para los musulmanes. Históricamente, esa virtud ha calado hondo en los musulmanes de muchas maneras. El cumplimiento y el no cumplimiento de las promesas será contemplado el Día del Juicio. Sin duda, mantener la palabra es parte de la fe y es una de las grandes virtudes.

SIMPLICIDAD

PRACTICAR LA VIRTUD DE LA SIMPLICIDAD y llevar un estilo de vida sencillo ahorran a la gente muchos problemas. La sencillez nos protege de convertirnos en esclavos de los caprichos, de los deseos y de los demás. Un estilo de vida islámico simple refleja que esta vida no es más que una morada temporal y que la vida real reside en el Más Allá.

El resultado de la simplicidad es tener menos necesidades y satisfacerlas más fácilmente, así el tiempo y los valiosos recursos que se ahorran se pueden destinar a fines más elevados. Los Compañeros del Profeta ﷺ lo sacrificaron todo por la causa del Islam y siempre estuvieron dispuestos a hacer cualquier cosa que él les pidiera. Muhammad ﷺ pudo haber vivido con más extravagancias que cualquier rey que haya existido jamás, pero eligió alimentarse, vivir y vestirse de la forma más simple posible. Incluso, a pesar de que le habían regalado exquisitos caballos y camellos, montaba animales de poco valor. Sus Compañeros vivieron exactamente igual, a pesar de dominar medio mundo y de disfrutar de poder y prestigio ilimitados. Por desgracia, esos ejemplos han pasado a la historia, incluso entre los musulmanes.

Limpieza

En un hadīth del Profeta ﷺ, se afirma que la limpieza es la mitad de la fe, lo que significa que todo aquel que se mantiene limpio cumple con la mitad de los requisitos del Islam. La limpieza física y espiritual juega un papel fundamental en la configuración del carácter musulmán, pues facilita una mejor interacción entre las personas. Mientras más cerca están las personas, más se refuerza la comunidad humana. Por lo tanto, es más fácil alcanzar los objetivos comunes de la paz, la prosperidad y la felicidad.

El Islam hace mucho que estableció la idea de un cuerpo, un corazón y una mente limpios. Por ejemplo, la *sunnah* del Profeta ﷺ dice que hay que lavarse las manos antes y después de comer. Hoy en día, todas las sociedades son conscientes de la importancia de una buena higiene. En el Islam, limpieza de corazón significa tener el corazón vacío de arrogancia, envidia, codicia, odio, celos, prejuicios, venganza, engaño/hipocresía, enemistad, y otros vicios. El corazón de un *momin* (creyente devoto) es la morada del Señor. La limpieza ilumina el corazón y el ser interior al mismo tiempo que adorna la apariencia física. Esta es la razón por la que se considera la mitad del Islam.

La lista de virtudes en el Islam es bastante más larga. Estas sólo son algunas de las más importantes. A continuación detallo los principales vicios. Éstos también deben ser explicados con el fin de mostrar que considera pernicioso el Islam y que debe evitarse a toda costa.

HABLAR DEMASIADO (CHISMORREAR)

SEGÚN UN HADĪTH: "Debido al mal uso de la lengua, muchos serán lanzados al Infierno" [Bukhari]. Un famoso erudito y filósofo, Imam Ghazali ﷺ, dijo: "Hablar en exceso marchita el corazón y lo incapacita para recibir manifestaciones divinas" [Kimiya-e-Sa'adar]. Controlar la lengua y moderar su uso es algo importante en el Islam. Hablar innecesariamente es algo que se desaconseja por completo. Hablar por hablar todo el tiempo no hace más que dañar a uno mismo y a los demás, causa un daño irreparable y borra la admisión en el Cielo.

Los musulmanes deben decir cosas buenas, apartarse de las conversaciones dañinas y tratar de permanecer callados la mayoría del tiempo. Es comúnmente sabido que las habladurías y los chismes destruyen muchas relaciones y que causan largas disputas familiares, por decir lo menos. De entre todos los vicios quizás éste es el más dañino. La mentira, la difamación, la discusión gratuita y la burla no son más que algunos de los resultados de hablar demasiado.

MENTIR

EL ISLAM CONSIDERA LA MENTIRA uno de los grandes vicios, al igual que lo hacen otros. Según el Profeta Muhammad ﷺ, mentir es un pecado y es incompatible con el carácter musulmán [Bukhari]. La fe y la mentira no pueden convivir en el corazón de un creyente devoto. Al igual que muchos otros vicios, la mentira flaquea el corazón. Ni siquiera es aconsejable mentir en broma. La mentira es la madre de todos los vicios. El Islam condena a los mentirosos y sus mentiras y no acepta el testimonio de un mentiroso en un tribunal de justicia [Corán 24:2]. El Islam prohíbe la mentira en todas sus formas y fomenta decir la verdad.

DIFAMAR

Allah ﷻ dice:

> ¡Oh, fieles creyentes! Evitad sospechar demasiado los unos de los otros, pues ciertamente algunas sospechas son un pecado; y no os espiéis,

ni habléis mal del ausente, pues ello es tan repulsivo como comer la carne de un hermano muerto. ¿Acaso alguno de vosotros desearía hacerlo? • [49:12]

El Corán equipara la difamación con comer la carne de un hermano muerto, que es y debe ser el acto más abominable posible. Según el Profeta Muhammad ﷺ difamar es peor que cometer adulterio [Bukhari y Muslim]. Difamar es decir algo malo a espaldas de alguien, algo que disgustaría y heriría los sentimientos de esa persona si lo escuchara. Burlarse en broma o en serio de la altura, el peso, el aspecto físico o la inteligencia de alguien, ya sea verbal o gestualmente, entra en la categoría de difamación. Es un pecado y puede causar daños irreparables.

El Islam quiere que sus seguidores protejan la dignidad de los demás. Sin embargo, el Islam permite a los musulmanes compartir información negativa sobre alguien con el fin de advertir y proteger a terceros. En lugar de buscar las faltas en los otros, el Islam ordena a los musulmanes que busquen las faltas en si mismos para corregirlas y pedir perdón. Una posible razón por la que buscamos faltas en los demás es porque creemos que estamos libres de ellas, sin embargo, esa creencia es totalmente errónea y debemos corregirla de inmediato. A los musulmanes sólo se les perdona la difamación si primero piden pedón a la persona difamada y después a Allah ﷻ.

Ira

EL ISLAM PROHÍBE CASI TODAS las formas de ira. La ira es como una bola de fuego de la que, en general, uno tiene que apartarse tanto como pueda. Según un *hadīth*:

> Batir a un luchador no hace más fuerte a nadie. Fuerte es aquel que bate su ira en momentos de furia. [Tibrani]

De la misma forma que un líquido amargo arruina la dulzura de la miel, la ira arruina la fe [Kanzul Ammal]. La ira engendra malas palabras, odio y celos, atenta contra la intimidad, difama y es la causa de muchos otros pecados. En un ataque de ira la gente puede acabar diciendo cosas que hieren los sentimientos de los demás, lo cual es totalmente contrario al espíritu y la moral del Islam.

No obstante, el Islam permite la ira ante las injusticias o actitudes o entornos pecaminosos. La ira debe mantenerse bajo control. Sólo se puede desatar para reparar agravios y siempre dentro de los límites de la ley islámica. La ira es valentía cuando la controlamos, no cuando ella nos controla.

Según otro *hadīth*:

> A los ojos de Allah, lo mejor que puede hacer un musulmán es tragarse su ira. [Abu Dawūd]

Allah ﷻ recompensa abundantemente a las personas que controlan su ira y perdonan a aquellas que la causaron, especialmente en el caso de subordinados y empleados. Allah ﷻ aporta paz al corazón, fortalece la fe y eleva el estatus de los musulmanes.

ARROGANCIA/ORGULLO

FUE PRECISAMENTE LA ARROGANCIA Y EL ORGULLO lo que enemistó a Satanás con el hombre. Tras crear el primer hombre, Adán عليه السلام, Allah ﷻ ordenó a los ángeles que se postraran ante él. Iblīs/Satanás, un genio que vivía entre los ángeles, se negó a postrarse debido a su arrogancia y orgullo. Cuando Allah ﷻ le preguntó por su negativa, Satanás respondió: "Yo soy mejor que Adán. Tú me creaste de fuego y a Adán de suelo/polvo… por lo tanto, yo soy superior". La arrogancia/orgullo es una de las actitudes que más desagradan a Allah ﷻ.

No hace falta decir que este terrible vicio ha perjudicado y ha causado grandes daños a la humanidad durante toda la historia ni tampoco que sigue siendo la principal causa de derramamiento de sangre. Millones de hombres, mujeres y niños inocentes han sido asesinados en el nombre de un complejo de superioridad u otro. Este crimen fue iniciado por Satanás pero los seres humanos pronto tomaron el relevo. A lo largo de la historia, el mundo ha sido testigo de demasiados faraones y dictadores despóticos sobrados de arrogancia y orgullo.

El Señor Todopoderoso nos hizo humanos, pero muchos han decidido convertirse en pequeños "satanes". Pero si nos negamos incluso a darnos cuenta de que somos arrogantes u orgullosos, ¿cómo podemos corregir o extinguir ese vicio? En el espíritu de cada enseñanza islámica reside la intención de mantenernos alejados del orgullo, el odio, la arrogancia, el complejo de superioridad, la ira, los prejuicios, la enemistad, etc.

CELOS Y MALICIA

EN GENERAL, LA GENTE DESAGRADECIDA es celosa, se vuelve maliciosa y desea que le pasen cosas malas a los demás. Ese vicio es la peor enfermedad del corazón y está explícitamente prohibido en el Islam. Las personas celosas nunca se sienten felices con la distribución que hace Allah ﷻ de Sus bendiciones y no se sienten agradecidas. Los celos hacen más daño al celoso que a sus víctimas. El Profeta ﷺ dijo: "Los celos se comen las buenas acciones como el fuego consume la madera" [Abu Dawud]. Nadie puede llegar a ser un devoto creyente si primero no cura sus celos. Sin duda, el más tonto de todos los tontos es el tonto que se daña a sí mismo.

BUKHL (TACAÑERÍA)

GASTAR PROFUSAMENTE Y DESPILFARRAR no está permitido en el Islam de la misma forma que no está permitido el *bukhl*, es decir, ser tacaño o mezquino. Esa es una de las enfermedades mortales de corazón. Allah ﷻ dice en el Sagrado Corán:

Que no crean los que mezquinan lo que Allah les ha concedido por Su gracia que es un bien para ellos. Al contrario, es un mal. Todo lo que escatimaron lo tendrán alrededor del cuello el Día del Juicio. A Allah pertenece la herencia de cuanto hay en los cielos y la Tierra. Allah está bien informado de lo que hacéis. • [3:180]

El profeta Muhammad ﷺ dice:

Sálvate a ti mismo de la tacañería, porque ha destruido las naciones anteriores. [Abu Dawud, Nisa'ō]

No le sirve de nada a un musulmán ser un avaro y acabar en el infierno. La tacañería es una consecuencia directa del amor por lo material que mengua el amor por Allah ﷻ. Cuando un avaro parte de este mundo su corazón está tan lleno de amor por todo lo material que deja atrás, que no queda el más mínimo espacio para albergar algo del amor por Allah ﷻ que es tan necesario para salvarse en el Más Allá. En vida, no desea encontrarse nunca con Allah ﷻ y preferiría quedarse para siempre al lado de su fortuna, pero ese es un deseo que nunca se cumple para nadie.

El avaro puede acumular riquezas materiales pero con las riquezas también acumula mucho dolor para sí mismos y para todos aquellos que siguen su ejemplo. El tacaño pierde de vista el auténtico propósito de la vida y olvida que inevitablemente tendrá que rendir cuentas ante Allah ﷻ. Para los musulmanes, eso es la muerte en sí mismo. Por otra parte, acumular riquezas conduce a un estilo de vida pecaminoso que hace aún más difícil practicar la fe, la paciencia y abstenerse de los pecados. Todo eso va en contra de la filosofía fundamental del Islam.

Mientras más amor por las riquezas materiales alberga un corazón, más dolorosa se vuelve la muerte. Por lo general, una persona avara muere sumida en la tristeza, el dolor y el pesar. Que los musulmanes censuren la tacañería no quiere decir que gasten de forma indiscriminada, sino que gastan con moderación y alegría. No aman las riquezas materiales sino a Allah ﷻ y parten de este mundo en paz. La muerte les resulta más fácil porque lo que más desean es el reencuentro con Allah ﷻ. Los fieles dejan atrás de buen grado lo que pertenece a este mundo y se quedan con lo que es útil en el Más Allá. Ahorrar guiado por la tacañería y vivir como un pordiosero no hace del avaro una persona sabia.

Amor al Renombre y a la Fama

Allah ﷻ dice:

> Se reservan las bondades del Más Allá para aquellos que no desean renombre, fama o el reconocimiento mundano. • [Corán 28:83]

El Profeta Muhammad ﷺ dijo:

> Un lobo en un rebaño de ovejas no hace tanto daño como puede hacer a la fe de un creyente el amor a la riqueza, el renombre o la fama. [Tirmidhi]

Cabe recordar que el amor al renombre y a la fama es en realidad una enfermedad. Es fuente de hipocresía, enemistad y malicia. Un verdadero creyente nunca actúa guiado por el amor al reconocimiento y si llega a ser famoso sigue siendo humilde. El deseo de ser famoso y adquirir prestigio en este mundo es un deseo insensato porque al final todo se queda atrás. Sólo el nombre y el estatus que concede el Señor son eternos y nadie puede arrebatarlos - ni siquiera la muerte. Es Allah ﷻ Quien concede los títulos y el prestigio que certifican el honor y el éxito en este mundo y en el Más Allá.

Los que no desean ser famosos en este mundo pero, en cambio, desean ser coronados en el Más Allá, demuestran inteligencia y sabiduría. Uno debe recordar los miles de personas coronadas en esta vida terrenal que ahora están enterradas bajo tierra y que poco pueden hacer con su fama y poder para alcanzar el triunfo en el Más Allá – muy sabios no debían ser.

Complejo de Superioridad

El complejo de superioridad se enmarca en la categoría del orgullo. La única diferencia es que el orgulloso se cree superior a otros mientras que aquel que sufre complejo de superioridad afirma ser perfecto y superior a todos los demás. Como resultado, la persona que sufre complejo de superioridad da por sentadas las bendiciones del Señor, se cree con derecho a todo y no siente que tenga que agradecer nada al Señor. Ignora el hecho de que Aquel que da también puede quitar. Ni que decir tiene, que el mundo ha sido testigo de eso una y otra vez. Por eso, para una criatura, es un complejo y no una realidad. El único ser superior es el Creador, no sus criaturas.

RIYA (APARENTAR)

RIYA SIGNIFICA LITERALMENTE APARENTAR. En el Islam, técnicamente significa aparentar para engañar a los demás o para conseguir alabanzas y fama. *Riya* es lo contrario de *ikhlās* (sinceridad/actuar sólo para complacer a Allah ﷻ). Los musulmanes deben llevar a cabo todos sus actos con *ikhlās*, no con *riya*. *Riya* es equiparable a *shirk* (politeísmo, asociar otros entes a Allah ﷻ) porque cuando un acto se lleva a cabo con *riya* no se hace para complacer a Allah ﷻ, sino para complacer a otros [Corán 107:5-6]. Es como poner a alguien que no es el Señor en su lugar.

El Profeta ﷺ dijo:

> Cualquier acción que tenga el más mínimo *riya* será inaceptable en el tribunal de Allah. [Bukhari y Tirmidhi]

¿Cómo se puede saber si una persona actúa con *riya* si sólo Allah ﷻ sabe lo que esconden los corazones? Por supuesto, no podemos ni tenemos derecho a juzgar las intenciones de nadie, sin embargo, no es difícil ver *riya* en un acto. Se ve fácilmente observando el comportamiento/actitud de una persona. No tenemos derecho a etiquetar a nadie de pretencioso, pero al menos podemos salvarnos a nosotros mismos de seguir su ejemplo.

Una práctica cotidiana de algunos es vestirse como personas piadosas sin albergar piedad en sus corazones; orar como siervos devotos sin la más mínima intención de complacer a Allah ﷻ; caminar, hablar y comer como sufíes sin saber el significado del *tasawwuf* (espiritualidad/misticismo islámico); llevar a cabo actos nobles sólo cuando hay gente delante pero descuidar las obligaciones con el Señor cuando están solos; o gastar dinero buscando la alabanza de los demás en lugar de la de Allah ﷻ . Esas personas están llenas de *riya*; se engañan a sí mismas y a los demás mientras acumulan fuego en Más Allá.

Hipocresía

El Corán menciona tres tipos de personas: los creyentes, los incrédulos y los hipócritas [Corán 2:3-10]. Técnicamente, los hipócritas son aquellos que *dicen* ser creyentes pero que en realidad no tienen fe en Allah ﷻ ni en el Día del Juicio. De hecho, son incrédulos y en muchos casos el peor tipo de persona. Los hipócritas son considerados traidores que intentan engañar a Allah ﷻ y a los musulmanes [Corán 2:9].

Allah ﷻ dice:

> Pretenden engañar a Allah pero, sin advertirlo, sólo se engañan a sí mismos. • [Corán 2:9]

Los *munāfiqeen* (hipócritas) fingen ser musulmanes, pero realmente nunca entran en el Islam [Corán 2:8]. No someten su voluntad a la del Señor y siguen sus propias agendas. En lugar de ser leales al Islam, lo difaman. Se sientan junto a los creyentes pero no hacen más que conspirar contra ellos [Corán 2:14]. Dicen las mismas cosas que dicen los musulmanes pero en el fondo se burlan de la ideología y de las creencias del Islam. Interpretan el Corán a su manera y son manipuladores. Cuando recitan los artículos cardinales del Islam y llevan a cabo las oraciones obligatorias de culto, sólo mueven los labios y hacen un ejercicio físico. Para ellos está reservado el lugar más profundo del Infierno. Allah ﷻ dice:

> Sus corazones están enfermos y Allah agravará aún más su enfermedad. Sufrirán un castigo doloroso por haber mentido. • [Corán 2:10]

No son fácilmente reconocibles entre los musulmanes porque parecen y actúan como musulmanes creyentes. Entre sus muchas características, se encuentra la de no practicar lo que predican [Corán 9:67-68]. El corazón de un verdadero creyente nunca se siente atraído por ellos y no pueden ocultar su verdadero rostro por mucho tiempo. Sea como sea, ni los hipócritas ni sus hipocresías tienen cabida en el Islam. Los condena el sagrado Corán [2:11-16] y los musulmanes de verdad enseguida descubren su traición.

No es posible ni necesario enumerar y explicar todos los vicios del ser primario. Sin embargo, se han mencionado aquellos vicios sobre los que el sagrado Corán y los *ahadīth* hacen hincapié. Los musulmanes deberían familiarizarse con ellos. El propósito de explicarlos aquí en detalle es mejorar los conocimientos de las personas que quieren saber más sobre el Islam.

CAPÍTULO 22

Conceptos Islámicos

A **ESTAS ALTURAS**, USTED HA APRENDIDO MUCHO sobre el Islam, ya que sus principales conceptos y prácticas han sido explicados en detalle. Aquí, me gustaría hacer un alto para dar a conocer a mis compañeros no musulmanes algunas de las prácticas más com-unes entre los musulmanes para que cómodamente, si lo desean, puedan inter-actuar y participar en ellas con amigos musulmanes, clientes, colegas y vecinos.

SÚPLICA

Cuando los musulmanes emprenden algo, recitan:

بسم الله الرحمن الرحيم

BISMILLA HIR-RAHMA NIR-RAHIM

("En el nombre de Allah, el Compasivo, el Misericordioso")

Cuando los musulmanes emprenden una actividad "en el nombre de Allah ﷻ" se abstienen de cometer actos pecaminosos. Ningún musulmán de verdad tendría la audacia de hacer algo malo en el nombre de Allah ﷻ. Recitar este versículo [Corán 27:30] aporta abundantes bendiciones y facilita el trabajo. Otra ventaja es que comunica de forma constante a los musulmanes con el Señor Todopoderoso.

SALUDOS

Los musulmanes usan los saludos correspondientes siempre que escriben o dicen los nombres sagrados de Allah ﷻ, de Sus profetas o de Sus queridos santos. De esa forman reconocen su importancia, les hacen una reverencia y les muestran todo el afecto que sienten por ellos. Esas personalidades no pueden ser referidas de la misma forma que nos referimos a nosotros mismo. Algunos de los saludos más comunes aparecen al principio de este libro.

Máximo Respeto por el Sagrado Corán

El sagrado Corán no es un libro cualquiera. Es la palabra de Allah ﷻ y contiene las leyes y los principios divinos. Los musulmanes deben manipular el sagrado Corán con el máximo cuidado y respeto. El capítulo 6 aborda este tema en detalle.

Saludar con "Assalāmu Alaykum"

Cuando los musulmanes se ven, se reúnen, escuchan la voz de otro musulmán por teléfono o se envían saludos a través de alguien, el saludo que se intercambian es *assalāmu alaykum* ("la paz sea contigo"). Su forma abreviada es '*salām*'. La respuesta correcta a ese saludo es *wa alaykum assalām* que (la paz también sea contigo). Saludar con *salām* es una *sunnah* y todos los musulmanes están obligados a responder a ese saludo. [Corán 4:86]. En realidad es una súplica que se hace a Allah ﷻ a favor de otro musulmán. El que saluda con *salām* recibe más bendiciones que el que responde al saludo. *Salām* aumenta el amor propio y el respeto entre musulmanes.

Ciertamente, si los musulmanes suplican paz los unos para los otros, ¿cómo puede haber animosidad entre ellos? El poder natural de *salām* es tal que los musulmanes comienzan a quererse los unos a los otros incluso cuando no se conocen y se reúnen por primera vez. *Salām* no es un saludo que se limite a la mañana, la tarde o la noche. Es el mejor saludo posible y la mejor forma de iniciar una conversación en cualquier momento.

Uso De La Mano Derecha

En el Islam, la mano derecha tiene preferencia sobre la mano izquierda. Es una *sunnah* del Profeta ﷺ usar la mano derecha para comer, dar y recibir. Algunas personas escriben con la mano izquierda. No hay nada de malo en ello; sin embargo, seguir la *sunnah* trae muchas bendiciones. Allah ﷻ conoce bien nuestra naturaleza y es Indulgente.

Estornudar

Al estornudar, los musulmanes dicen *alhamdūillah* ("alabado sea Allah") y aquellos que lo escuchan debería responder diciendo *yarhamukullah* (que las bendiciones de Allah sean contigo). Cuando Allah ﷻ embebió el alma en el cuerpo de Adán υ, éste cobró vida, estornudó y dijo: "*Alhamdūlillah*", a lo que los ángeles respondieron: *Yarhamukullah*" [Abu Dawud]. Inves-tigaciones científicas revelan que al estornudar el corazón humano se salta un latido. Diciendo *alhamdūillah*, los musulmanes alaban al Señor y aceptan que sólo Él controla y sostiene la vida. Nuestra vida y nuestra muerte se deben sólo a Allah ﷻ y la forma de darle las gracias por este precioso don es alabarle.

Tahāra (Limpieza)

El estado de *tahāra* (pureza/limpieza) es de gran importancia para los musulmanes que siempre deben mantener sus cuerpos y almas limpios y libres de pecado. El Islam enseña a los musulmanes cómo hacerlo. La *tahāra* espiritual se obtiene con las diversas prácticas obligatorias del Islam, como el *salāh* (oraciones obligatorias de culto), el ayuno, la donación de *zakāh* (caridad obligatoria) o la Hajj. Observar los mandamientos de Allah ﷻ elimina todo tipo de impurezas en el corazón. La *tahāra* física se logra con el uso de agua, por ejemplo, después de orinar o defecar. Los musulmanes deben lavar adecuadamente sus partes íntimas con agua y no utilizar productos fabricados con papel, excepto en circunstancias extremas. Como señala el Profeta ﷺ, los musulmanes deben lavarse las manos antes y después de comer. A continuación se detallan algunos procedimientos de *tahāra* /limpieza [Bahar-e-Shariat]:

- Los hombres y las mujeres musulmanes deben afeitarse el vello que rodea sus partes íntimas y axilas. El vello no debe llegar a ser más largo que el tamaño de un grano de arroz (un cuarto de pulgada).
- Las uñas deben recortarse regularmente.
- Los bigotes nunca deben crecer de forma que puedan sumergirse en líquidos cuando se bebe.
- Los musulmanes no deben oler mal. Deberían utilizar siempre perfumes sin alcohol (*itar*) para eliminar el mal olor corporal, en especial cuando realizan las oraciones obligatorias en grupo.
- Las mujeres no pueden utilizar cuchillas de afeitar. Deben eliminar el vello corporal con cremas o cualquier otro método permitido.

GHUSL (BAÑO/DUCHA)

Ghusl es el baño/ducha prescrito en el Islam. Es obligatorio bañarse/ ducharse inmediatamente después de eyacular esperma o tras el período menstrual. Es tan importante que no se debe demorar cuando corresponde. Los musulmanes no deberían hacer nada sin adquirir primero el estado de *tahāra* (limpieza).

HALĀL Y HARĀM

Los musulmanes deben saber lo que es *halāl* (permitido) y lo que es *harām* (prohibido) para poder hacer lo *halāl* y evitar lo *harām*. Lo que no está prohibido está permitido o es *makrūh* (permitida en ciertas condiciones, pero generalmente desaconsejado). Los musulmanes no tienen derecho a prohibir o permitir cosas por propia voluntad, Allah ﷻ y Su Profeta ﷺ ya determinaron que estaba prohibido y que estaba permitido.

Por ejemplo, los musulmanes sólo pueden comer determinados animales que, además, deben ser sacrificados mediante un procedimiento especial llamado *zabīha* cortar el cuello del animal hasta la mitad mientras se invoca el nombre de Allah ﷻ y luego dejar que la sangre drene (completamente). De la misma forma que está prohibido robar, mentir o engañar, está estrictamente prohibido el alcohol, la carne de cerdo, las relaciones extramaritales, la obscenidad, la prostitución, maldecir, la desnudez, la desvergüenza y los juegos de apuestas.

Los pecados de esa naturaleza se castigan con severidad en esta vida y si el pecador no se arrepiente de verdad la penitencia se extiende al Más Allá. Involucrarse o involucrar a otros en el visionado de videos que contienen desnudos, leer literatura pornográfica o consumir bebidas alcohólicas, drogas u otras sustancias tóxicas, también está estrictamente prohibido. Como medida preventiva, cuando un musulmán se involucra en ese tipo de actos, su *iman* le aparta de las actividades de la comunidad islámica hasta que rectifica [Mishkat]. Los verdaderos musulmanes no deben ni se toman a la ligera esas prohibiciones; deben abstenerse de todo lo prohibido.

Nikah (Matrimonio)

Nikah es una *sunnah* del Profeta ﷺ. Es la única forma legítima de que un hombre y una mujer se conviertan legalmente en esposos. Se trata de un contrato vinculante entre el esposo y la esposa que los hace *halāl* entre sí. Sólo mediante ese contrato se puede fundar una unidad familiar legítima y concebir hijos.

Matrimonio Entre Primos

En los Estados Unidos y en Occidente, es raro que los primos hermanos se casen entre sí. El sagrado Corán dice con claridad con quien no puede casarse uno y los primos hermanos no se encuentran en esa lista. Un gran porcentaje de musulmanes/as se casan con sus primos/as hermanos. De hecho, en el Islam es recomendable y deseable escoger un compañero de vida entre los parientes cercanos. [Bukhari]

TALAQ

Talāq es lo que comúnmente se conoce como "divorcio". Es un acontecimiento desagradable que no se desea en el Islam. Sólo se debe recurrir a él en circunstancias extremas. El *talāq* anula la relación de esposos establecida a través del nikah. Entre otras cosas, Allah ﷻ desprecia el *talāq*. Cuando eso ocurre, se dice que se tambalean los cimientos de la Tierra y el Cielo.

Poner buenos nombres

Los padres musulmanes buscan buenos nombres significativos para sus hijos. Los nombres influyen directamente en la personalidad de los hijos [Corán 49:11]. Por eso, los padres suelen elegir nombres de personalidades espirituales u otros nombres significativos. En cualquier caso, siempre hay que elegir nombres que ayudan al niño a ser moralmente bueno.

<u>Nombres Para Los Nuevos Musulmanes</u>: Cuando alguien abraza el Islam entra en un nuevo estado de tranquilidad divina, sus conocimientos crecen e inicia el viaje al éxito definitivo; lo que complace a Allah ﷻ. El primer paso en ese viaje sagrado, a menudo, es escoger un nombre musulmán, especialmente uno que invoque los atributos de Allah. Sea cual sea el nombre elegido, ese será el nombre por el cual será llamado el Día

del Juicio. Por lo tanto, es mejor elegir un nombre que muestre afiliación con el Islam, aunque no es un requisito.

El Carácter Musulmán

Los auténticos musulmanes se reconocen por su carácter y comportamiento excepcional inspirados en el ejemplo del Profeta ﷺ. El Islam ordena a los musulmanes ser respetuosos y hospitalarios, especialmente con los padres, los familiares y los vecinos. Deben evitar rencores, pedir disculpas por sus errores y mantener sus corazones libres de odio y envidia. El Islam enseña a las personas a ser respetuosas con los ancianos, justas con los iguales y compasivas con los pequeños. Los mentores y maestros deben ser tratados respetuosamente por los estudiantes musulmanes.

Los forasteros, los viajeros y los pobres deben ser atendidos igual que los miembros de la familia. Allah ﷻ ama a aquellos que se apresuran a ayudar a los necesitados, tanto a los que han pedido ayuda como a los que no. Cuando se trata de ayudar a los demás, los musulmanes no se lo piensan dos veces ni reparan en los costes/beneficios. Los musulmanes de todo corazón recuerdan que Allah ﷻ conoce los pensamientos y las intenciones más profundas de cada uno. El Profeta ﷺ dijo: "Ser sinceros, aunque duela". [Abu Dawud]

Baños y Servicios

A los musulmanes no se les permite orinar de pie [Tirmidhi]. Tienen que ser extremadamente cuidadosos al orinar y asegurarse de que la orina no entra en contacto con su cuerpo o la ropa. Eso es necesario para mantener el correcto estado de *tahāra* (limpieza). Se recomienda no pasar más tiempo del necesario en los baños, permanecer en silencio y, por supuesto, no llevar ningún tipo de literatura (religiosa) al cuarto de baño.

El Atuendo Musulmán

El Islam no describe ningún atuendo específico para los musulmanes, pero está claro que tanto hombres como mujeres deben vestir con modestia y cubrir sus cuerpos según corresponda. En cuanto a cómo deben vestir las mujeres se explica en el Capítulo 16. Los hombres musulmanes por lo menos deben cubrirse de cintura para abajo hasta por debajo de las rodillas. Para el *salāh* (oración obligatoria), los hombres deben vestir con modestia, excepto en circunstancias especiales. Es una *sunnah* del Profeta ﷺ cubrirse (la cabeza topi, kufi, etc.). Aunque la barba no es obligatoria, es deseable y una *sunnah* del Profeta ﷺ. Entre los *imanes* (líderes de oración en congregación) y otras figuras religiosas, es habitual dejarse barba. Algunos eruditos no se oponen a la corbata pero sugieren ropa ancha para facilitar el *salāh*. Cualquier grado de desnudez es sumamente desalentado, pecaminoso y está prohibido. En lo que se refiere a vestirse como una persona del sexo opuesto, ya sea a través de la ropa, el maquillaje, el pelo o la forma de actuar, está estrictamente prohibido. Según el Islam, la ropa refleja la personalidad y afecta la dignidad y el respeto a las personas. Los musulmanes han de ser conscientes de eso.

Desnudez

Visitar baños públicos y piscinas en las que las partes privadas de las personas están total o parcialmente expuestas es pecaminoso. La exposición intencionada de las partes íntimas del cuerpo está totalmente prohibida. En una nota aparte, los pacientes y los médicos musulmanes deben proceder con la máxima discreción durante los chequeos médicos. Lo que los musulmanes no están autorizados a ver de forma directa, tampoco lo pueden ver por televisión u otros medios.

CIRCUNCISIÓN

El Islam exige que todos los niños musulmanes sean circuncidados. Es una *sunnah* del Profeta Ibrahim ﷺ. Hoy en día, la ciencia ha llegado a reconocer los beneficios de la circuncisión. El hombre adulto que se convierte al Islam debe circuncidarse a sí mismo o con la ayuda de su esposa, pues no se le permite exponer sus partes privadas a otras personas. Sin embargo, la *sharia* islámica le da la opción de permanecer sin circuncidar.

AQIQA

Aqiqa es la práctica consistente en sacrificar un animal cuando nace un hijo. Según la *sunnah* del Profeta ﷺ, por lo general, se lleva a cabo el séptimo día después del nacimiento del niño. Es una ofrenda a Allah ﷻ en agradecimiento a su gracia. La carne del animale(s) se reparte entre familiares y personas pobres y también se consume en familia.

SADAQA (CARIDAD)

Sadaqa es una forma de caridad diferente a la caridad obligatoria de la *zakāh* muy alentada entre los musulmanes para seguir en el camino de Allah ﷻ. Los musulmanes que creen haber cometido alguna injusticia o decepcionado de alguna forma a Allah ﷻ donan *sadaqa* como muestra de (arrepentimiento) a musulmanes necesitados para complacer a Allah ﷻ.

Allah ﷻ muestra Su descontento con los musulmanes –a causa de sus conductas pecaminosas– infligiéndoles dolor. De esa forma, Allah ﷻ los purifica y los salva del castigo eterno. Los musulmanes, en respuesta a ese dolor, enfermedad o miseria, donan su dinero u objetos de valor como *sadaqa* para librarse de esa situación.

La idea es que mientras más dinero se dona a los pobres, siguiendo la guía de Allah ﷻ, más se purifica la persona. Y mientras más puros son los musulmanes, menos problemas y dificultades tienen en la vida. Ciertamente, es una forma de acercarse un poco más al éxito definitivo. Sin embargo, cualquier cantidad de dinero que se done no es nada en comparación a las bendiciones del Más Allá.

SADAQA-E-JĀRIAH (CARIDAD PERPETUA) - *Sadaqa-e-jāriah* es cualquier aportación positiva que hace un musulmán a los demás inspirado por la guía de Allah ﷻ. Por ejemplo, una buena descendencia, servicios a la comunidad, fondos para fines sociales, literatura islámica, o cualquier otra aportación que beneficie a la humanidad. *Sadaqa-e-jāriah* garantiza la recompensa eterna, incluso después de su muerte. En el Registro de Acciones de aquellos que han realizado *sadaqa-e-jāriah* se suma todo el bien realizado hasta el Día del Juicio.

JANĀZA/ENTIERRO MUSULMÁN

El Islam requiere que los muertos sean enterrados tan pronto como sea posible. La cremación, el embalsamamiento, o cualquiera de los métodos que se emplean en la actualidad para eliminar o conservar el cuerpo de un difunto, están totalmente prohibidos en el Islam.

El cuerpo fallecido debe recibir primero el *ghusl* (lavado ritual) y después ser envuelto entre telas de algodón blanco sin costuras. Es muy recomendable que sea el pariente más cercano el que proceda al *ghusl* porque aporta muchas bendiciones a ambos. Las partes privadas del cuerpo deben permanecer cubiertas durante el lavado. Si la persona fallecida es una mujer, ningún hombre, ni siquiera el marido, el padre, un hermano o un hijo, debe ver el cuerpo. Sólo las mujeres pueden participar en el *ghusl* de un cuerpo femenino.

Una vez que se le ha dado el *ghusl*, debe procederse al *salāh janaza* (oración fúnebre) en congregación. Los cuerpos son enterrados a una profundidad de entre seis y ocho pies, entre dos metros y algo más de dos metros y medio. Los rituales funerarios musulmanes son muy sagrados y simples. Los musulmanes visitan las tumbas de sus seres queridos y piden en sus oraciones a Allah ﷻ que los perdonen. Además, los musulmanes deben visitar los cementerios con frecuencia para recordar que ellos también morirán algún día.

Dado que los muertos pueden oír, es muy recomendable recitar el sagrado Corán a su lado [Abu Dawud]. Sin embargo, no se recomienda llorar profusa o exageradamente. Por lo general, el período oficial de luto es de tres días, menos para la viuda que tiene que guardar luto durante cuatro meses y diez días. Los fallecidos tienen derecho a ser enterrados tan pronto como sea posible y es un deber de los musulmanes acompañar la *janāza* (procesión fúnebre) hasta el lugar del entierro observando todos los ritos que corresponden. Cuando reciben la noticia de una muerte, los musulmanes dicen:

"INNA LILLAHĪ WA INNA ILAYHĪ RAJIŪN"
("De Allah venimos y a Allah volveremos")

EL CALENDARIO ISLÁMICO

El calendario islámico es un calendario lunar. Tiene 12 meses, y cada mes tiene 29 o 30 días. El principio de cada coincide con la luna nueva. A los musulmanes se les recomienda mirar la luna al final de cada mes. Por lo general, las autoridades y las organizaciones islámicas anuncian la luna nueva y establecen el comienzo de un nuevo mes. Los 12 meses del calendario islámico son:

1) Muharram
2) Safar
3) Rabi al-Awwal
4) Rabi ath-Thani
5) Jumadi al-Awwal
6) Jumadi ath-Thani
7) Rajab
8) Shaban
9) Ramadhan
10) Shawwal
11) Dhul-Qada
12) Dhul-Hijjaj

El primer mes, Muharram, conmemora el año nuevo islámico. *Āshura*, el décimo día de Muharram, es un día significativo en la historia de la humanidad. Ese día sucedieron muchos acontecimientos importantes:

1) Allah ﷻ aceptó el arrepentimiento de Adán عليه السلام.
2) Allah ﷻ salvó a Nub (Noé) عليه السلام y sus acompañantes en el arca.
3) Allah ﷻ extinguido el fuego al que Ibrahim عليه السلام fue lanzado por Namrud Nimrod).
4) Allah ﷻ curó a Ayyub (Job) عليه السلام de lepra.
5) Allah ﷻ reunió a Yusuf (José) عليه السلام con su padre Yaqub (Jacob) عليه السلام
6) Allah ﷻ sacó a Yunus (Jonás) عليه السلام del vientre del pez.
7) Allah ﷻ se dirigió a Musa (Moisés) عليه السلام y le entregó los 10 mandamientos. Un año antes, ese mismo día, Musa abrió las aguas y liberó a la nación de Israel de su cautividad y Allah ﷻ destruyó al faraón y su ejército.
8) Allah ﷻ perdonó a Dawūd (David) عليه السلام.
9) Allah ﷻ devolvió el trono a Sulayman (Salomón) عليه السلام.
10) Allah ﷻ elevó a los cielos a su Profeta Isa Jesús) عليه السلام.
11) El nieto del Profeta Muhammad ﷺ, Imam Husein عليه السلام y su familia, fueron martirizados por el ejército de Yazīd.
12) Se cree que *Yaum-e-Qiyamah* (El Último Día) también tendrá lugar un décimo día de Muharram [Mishkat].

Debido a su carácter sagrado, el santo Profeta ﷺ ayunó el día de *Āshura*. Muchos musulmanes siguen su ejemplo y ayunan el día de *Āshura*. La vigésimo séptima noche del mes de Rajab es la noche de Isra wal-Mirāj. Esa fue la noche en que, por invitación de Allah ﷺ, el Profeta Muhammad ﷺ viajó desde la Meca a Jerusalén y desde allí al Cielo. Según la *sunnah* del Profeta ﷺ, Shaban era su mes favorito. Fue en ese mes cuando ayuno el decimoquinto día e inició los preparativos para el mes de Ramadhan.

Ramadhan es el mes más sagrado del Islam. Es en Ramadhan cuando los musulmanes ayunan durante todo el mes. En la vigésimo séptima noche de Ramadhan (*Lailatul Qadr* – Noche de Poder) fueron revelados los primeros cinco versículos del Corán. Los musulmanes lo celebran orando durante toda la noche.

La Hajj se inicia el octavo día del doceavo mes.

Los musulmanes celebran tres *eids*(festividades):

1) *Eid-e-Mildd-un-Nabi* ﷺ – El duodécimo día de Rabi al-Awwal – Celebración del nacimiento del Profeta Muhammad ﷺ.
2) *Eid-ul-Fitr* – El primer día de Shawwal – Celebración del final del mes de Ramadhan.
3) *Eid-ul Adha* – El décimo día de Dhul-Hijjah – Toda familia musulmana que se lo puede permitir sacrifica un animal para rememorar cuando el Profeta Ibrahim عليه السلام sacrificó a su hijo Ismail عليه السلام. Allah ﷻ aceptó el sacrificio del Profeta Ibrahim (Abraham) عليه السلام y reemplazó a su hijo Ismail (Ismael) con un cordero. La carne de los animales sacrificados se reparte entre los pobres y se disfruta con la familia y los amigos.

CAPÍTULO 23

Preguntas sobre el Islam
QUE MUCHA GENTE PREGUNTA O PUEDE PREGUNTAR
y sus respuestas

AUNQUE HE TRATADO UN AMPLIO abanico de materias en este libro, me encuentro con que aun quedan muchas preguntas por responder. Como se señaló anteriormente, el Islam es un océano de conocimientos; y a pesar de haber cubierto mucho, lo tratado hasta aquí sigue siendo sólo *algo* sobre el Islam.

Aunque a veces el mundo puede parecer pequeño, en realidad es muy grande y en él hay todo tipo de personas. Algunos sólo quieren saber algo sobre el Islam, mientras que otros quieren profundizar en su conocimiento y algunos, incluso, están considerando adoptar el Islam y necesitan respuestas más satisfactorias y completas. He tratado de satisfacer las expectativas de todos en este libro, por lo tanto, los lectores pueden haber omitido algunas secciones o haberme acompañado durante todo el camino. Independientemente de eso, siempre es interesante aprender cosas nuevas y conocer el Islam siempre resulta, de una forma u otra, enriquecedor.

¿DE QUIÉN DEBERÍAMOS APRENDER EL ISLAM?

HAY COSAS EN LA VIDA de las que es mejor saber poco mientras que hay otras de las que es mejor tener mucha información de calidad. Es cierto, que hay mucha información sobre el Islam en todas partes, pero esa información dispersa y sin contextualizar suele conducir a malos entendidos e inexactitudes. Los conceptos, los principios, las prácticas y la sabiduría profunda del Islam requieren una interpretación rigurosa para ser comprendidos de verdad.

Este libro puede ayudar a entender muchas cosas sobre el Islam, pero nada puede sustituir una conversación personal (cara a cara) para adentrarse de verdad en el Islam. Entonces la pregunta es, ¿con quién debería consultar aquel que está realmente interesado en profundizar en el Islam? De la misma forma que un fontanero no puede hacer el trabajo de un electricista y viceversa, sólo los eruditos musulmanes cualificados pueden y deben predicar el Islam.

Los requisitos básicos para que un musulmán pueda difundir el Islam es que tenga los conocimientos necesarios y que practique lo que predica [Corán 61:2-3]. Los musulmanes no cualificados o que no practican pueden inducir a error y, en mi opinión, nunca deberían ser consultados o tenidos en cuenta. Expresiones arrogantes como: "yo sé mucho" o "debería enseñar todo lo que sé" no se corresponden con el espíritu islámico y pueden hacer mucho daño, en especial al Islam. Allah ﷻ dice:

> Convoca al sendero de tu Señor con sabiduría y bellas palabras. Arguméntales de la mejor manera... • [16:125]

Es cierto que no todo el mundo dispone de la sabiduría y de las habilidades necesarias para enseñar adecuadamente. Se requieren muchos conocimientos y experiencia y, además, el erudito debe ser cortés y poseer ciertas habilidades personales. De la misma forma, corresponde al estudiante elegir cuidadosamente a la persona que le va a instruir en el Islam.

¿CUÁNTO HAY QUE SABER PARA SER UN BUEN MUSULMÁN (PRACTICANTE)?

UNO DEBE AFERRARSE A LAS CREENCIAS BÁSICAS en cualquier circunstancia, porque son el requisito mínimo para obtener el éxito en el Más Allá. Los que deseen librarse del castigo en el Más Allá deben seguir rigurosamente todas las tareas básicas obligatorias (capítulo 9). Creo que lo que el Islam nos pide en esta corta vida no es nada en comparación a la recompensa eterna que nos ofrece. Los que desean ser más piadosos, elevarse sobre lo mundanal, alcanzar altas cotas espirituales y acercarse más a Allah ﷻ deben profundizar en el Islam. También es cierto que Allah ﷻ no nos obliga a hacer nada que no podamos hacer.

¿'LA VERDAD' SÓLO SE PUEDE OBTENER MEDIANTE LA RELIGIÓN?

POR NORMA GENERAL, APRENDEMOS A TRAVÉS DE NUESTROS SENTIDOS. Pero si nuestros sentidos no pueden percibir *algo*, no importa lo inteligentes que seamos, ¿cómo podemos aprender sobre ese *algo* a través de ellos? Incluso recurriendo a nuestros sentidos, muchas veces, se nos hace difícil comprender verdades simples, entonces ¿cómo podemos llegar a comprender las verdades absolutas si no recurrimos a medios extraordinarios? Las religiones y la sabiduría espiritual en general son medios extraordinarios pero, incluso con ellos, no nos es posible comprender las verdades absolutas. Necesitamos la ayuda del Señor. Sólo el Señor puede ayudarnos a comprender las verdades absolutas con Su guía divina.

La mejor manera de conocer y entender la verdad es a través de las revelaciones divinas inspiradas por el Señor a Sus profetas. Sólo una verdadera comprensión de la sabiduría más profunda de las revelaciones conduce a la creencia inquebrantable en lo invisible. Los que han sido dotados con la fe en lo invisible no necesitan más, pero los que necesitan ver para creer nunca alcanzarán las verdades absolutas porque "las verdades invisibles" no pertenecen a este mundo y están fuera de su alcance.

La ciencia es un "esfuerzo humano" y la religión está "más allá del esfuerzo humano". La religión anticipa mucho a la ciencia pero, sin embargo, se puede decir que la ciencia va por buen camino, aunque muy lejos de alcanzar la verdad definitiva.

Allah ﷻ dice:

> Les haremos ver Nuestros signos en los horizontes, y en ellos mismos, hasta que se les evidencie la Verdad. ¿Acaso no es suficiente tu Señor como Testigo de todo? • Ellos siguen dudando de la comparecencia ante su Señor. Y por cierto que Él abarca todas las cosas con Su conocimiento y poder. • [41:53-54]

Tener fe significa creer sin ver. Cuando todas las verdades sean reveladas, creer no servirá para nada ni aportará nada. Los millones de seguidores de la ciencia que no han llegado a creer en la verdad y en la realidad definitivas, han desperdiciados sus vidas esforzándose en ver lo invisible. Sólo el camino del Señor, es decir, la religión, y en concreto el Islam, conducen a la verdad y a la realidad definitivas.

¿SE PUEDE VIVIR EN EE.UU./OCCIDENTE Y SER UN BUEN MUSULMÁN?

TODO AQUEL QUE DE VERDAD ha leído este libro y comprende los principios islámicos, observa los rituales y cumple con las obligaciones prescriptas, sin duda, sabe cómo ser un buen musulmán, así como un buen ciudadano, en los Estados Unidos o cualquier país europeo. El Islam está por encima de nacionalidades o ciudadanías y para ser un buen musulmán no hace falta vivir en un país islámico.

De hecho, creo que vivir en Occidente y ser un buen musulmán es más gratificante. Si un musulmán vive en un país en el que no puede actuar de forma antiislámica –a pesar de que no existe ningún sitio así– ¿encontrará algún mérito en vivir una vida islámica? Por otro lado, si un musulmán vive en un lugar donde puede hacer lo que quiere, se sentirá mucho más gratificado si consigue controlar sus deseos y cumplir sus deberes islámicos con éxito.

Los musulmanes estadounidenses están integrados en casi todas las facetas de la sociedad norteamericana. A ellos, como estadounidenses y musulmanes, les corresponde preservar su religión y al mismo tiempo acatar todas las normas y regulaciones de los Estados Unidos. Por otra parte, la sociedad tiene el deber de respetar a sus conciudadanos musulmanes y su fe. En base a mi experiencia personal, estoy más que satisfecho de cómo la sociedad estadounidense respeta a todos sus conciudadanos, incluidos los musulmanes. Personalmente, me siento muy agradecido de vivir en los Estados Unidos.

En general, ni un solo país occidental impide a los musulmanes cumplir con sus deberes religiosos o les obliga a cometer actos *harām* (prohibidos por el Islam). He vivido en los Estados Unidos los últimos 30 años y nadie me ha impedido orar, ayunar, ir a la Hajj o donar la *zakāt* (caridad obligatoria). Tampoco nadie ha interferido en mis creencias o me ha obligado a beber, bailar, comer cerdo o hacer el loco. Cuando alguien se convierte al Islam, no es despedido ni discriminado en su trabajo y nadie le fuerza a cometer actos no islámicos. Los incidentes aislados son tan pocos que ni siquiera vale la pena mencionarlos.

Es probable que algunos musulmanes débiles o perversos justifiquen haber cometido un acto *harām* (prohibido por el Islam) alegando que han sido presionados por el entorno o las circunstancias en lugar de sentirse avergonzados por no haber actuado como auténticos musulmanes. Por supuesto, ni los Estados Unidos ni Occidente son responsables de esos comportamientos. Esos musulmanes no tienen ningún derecho a culpar a los Estados Unidos o al estilo de vida occidental. Son ellos los culpables por no vivir de acuerdo a los preceptos islámicos. Forma parte del Islam reprimir los deseos mundanos en aras del triunfo final, tanto si se reside en los Estados Unidos, como en Europa, La Meca o Medina.

Allah ﷻ protege y ayuda a lo creyentes fieles, pero no a aquellos que viven en la hipocresía. En los Estados Unidos y Europa hay libertad de religión y si algún musulmán encuentra alguna dificultad, por una razón u otra, sólo es algo temporal. Cuando todo el mundo comprenda realmente el Islam, estoy seguro de que reinará la comprensión mutua y la felicidad para todos. En términos generales, los musulmanes son recompensados por su paciencia y perseverancia. Por eso, deben hacer todo lo posible para mejorar la comprensión del Islam, especialmente a través de su persona.

¿EXISTE FLEXIBILIDAD EN LA PRÁCTICA ISLÁMICA?

EL ISLAM NO SE ADAPTARÍA A LA NATURALEZA HUMANA si no contemplara cierta flexibilidad de acuerdo con las situaciones y circunstancias de cada individuo. Puesto que el Islam es una guía que se adapta a todos los tiempos y situaciones, proporciona la flexibilidad necesaria para practicar sus mandamientos en cualquier circunstancia.

Permítanme asegurarles que el Islam proporciona flexibilidad para todos y para todas las circunstancias y situaciones especiales que se puedan dar. El propósito principal del Islam no es someter a los seres humanos mediante estrictas normas y prácticas, sino conectarlos con su Creador. De esa forma pueden alcanzar la piedad en base a sus capacidades y esfuerzos. Para lograr esa meta, el Islam requiere, siempre que sea necesario, el cumplimiento de una serie de normas y prácticas fundamentales. Pero al mismo tiempo proporciona la flexibilidad necesaria para no excluir a las personas con menos capacidades u oportunidades. Las circunstancias personales de cada individuo son determinantes. Allah ﷻ conoce nuestras habilidades, circunstancias y las intenciones que se esconden detrás de todas nuestras acciones. Podemos engañar a los demás y a nosotros mismos, pero no Allah ﷻ.

En los lugares donde la mayoría de la población es musulmana, resulta relativamente fácil practicar y hacer cumplir las normas/deberes islámicos porque la sociedad lo facilita. Sin embargo, en otras partes del mundo, a las que nos podemos referir como no islámicas, practicar el Islam no siempre resulta tan fácil. Son muchos los ejemplos que muestran la rigidez, pero también la flexibilidad, de las normas islámicas. Los musulmanes deberían ser conscientes de las limitaciones y de los grados de flexibilidad del Islam. Los no musulmanes que decidan abrazar el Islam, para no lamentar una decisión tan importante en el futuro, también deberían ser conscientes de la rigidez y la flexibilidad de las normas islámicas.

Por ejemplo, los cinco *salāh* (oraciones) diarios son obligatorios, sin embargo, si uno no puede mantenerse de pie debido a que se encuentra débil, enfermo o cualquier otra razón admisible, se le permite llevar a cabo el *salāh* sentado. Si tampoco es posible realizar el *salāh* sentado, entonces, puede hacerse acostado y es suficiente con el gesto de los ojos. Las mujeres están liberadas de las obligaciones que requieren salir fuera de casa, pero si es necesario también pueden salir a la calle. El ayuno en Ramadhan es obligatorio para todos los musulmanes, pero a aquellos que se encuentran de viaje o están enfermos se les permite aplazar el ayuno. La Hajj es obligatoria una vez en la vida para todos los musulmanes, pero sólo si es factible. Si la ruta requiere pasar por lugares no seguros, por ejemplo, debido a una guerra, entonces la Hajj debe posponerse hasta que resulte segura. Estos son sólo algunos ejemplos entre muchos. En circunstancias extremas, incluso lo prohibido es lícito, pero sólo en la medida en que resulte necesario. [Corán 2:173]

¿POR QUÉ PROHIBE EL ISLAM EL ALCOHOL Y LA CARNE DE CERDO?

ME GUSTARÍA SER MUY FRANCO Y DECIR que en lo que se refiere a los mandamientos de Allah ﷻ los musulmanes no deberían sentirse alentados a preguntarse por qué. No obstante, si es para mejorar los conocimientos sobre el Islam y descubrir la sabiduría que se esconde tras ellos, no hay nada de malo en preguntarse por qué.

Toda regla, regulación, permiso o prohibición del Islam es en beneficio de la humanidad. Los daños derivados del consumo de alcohol y de comer carne de cerdo son muy superiores a los beneficios que aportan. Estimulan el comportamiento pecaminoso y contribuyen al desarrollo de muchas enfermedades físicas y espirituales. El objeto inherente del Islam es proteger a las personas de todo daño, deseos perjudiciales y conductas inmorales, con el fin de que puedan alcanzar el propósito para el que fueron creadas. Por lo tanto, el Islam permite todo lo que contribuye a ese fin mientras que prohíbe lo que no.

En todo el mundo, los efectos del consumo de alcohol son bien conocidos. No hace falta arrojar más luz sobre este tema. En cuanto a comer carne de cerdo, la ciencia médica ha demostrado sus efectos nocivos para el cuerpo humano. Los daños espirituales, psicológicos y conductuales derivados del consumo de carne de cerdo no son evidentes a simple vista, pero son reales y un estudio detallado de la conducta humana lo demuestra. Allah ﷻ no tiene nada que perder si bebemos alcohol o comemos carne de cerdo; sin embargo, si el Islam se refiere a este asunto por algo será.

Si el Islam es tan gran religión ¿por qué hay tantas facciones, y cuál es La Buena?

No hay duda de que el Islam es la religión más grande porque la prescribió Allah ﷻ, el Señor Todopoderoso. También es un hecho que no hay diferentes versiones del Islam. Las distintas divisiones/facciones no son del Islam, sino de los musulmanes. El Islam es uno, los musulmanes son muchos. El Islam no se debe a los musulmanes, los musulmanes se deben al Islam. El Islam no puede ser dividido, pero los musulmanes pueden y han sido divididos. Allah ﷻ concedió libre albedrío a las personas para que pudieran elegir entre el bien y el mal, el éxito y el fracaso, etc. Allah ﷻ ordena a los musulmanes:

> Y aferraos todos a la cuerda de Allah y no os dividáis.... • [Corán 3:103]

En un famoso *hadīth*, el Profeta Muhammad ﷺ dijo:

> Hay 72 facciones en bani (hijos de) Israel, la familia de Yaqub (Jacob), y en mi *ummah* (comunidad), habrá 73 facciones, de las cuales sólo una será la buena, la reivindicada. Los Compañeros preguntaron cuál. Él respondió: "La que me sigue a mi y a mis Compañeros, la *Ahle-Sunnah wa jama'a*". [Muslim]

El Profeta ﷺ vivió según el Corán, y sus compañeros según el Corán y la *sunnah*. Gracias a los Compañeros y a la *sunnah*, el Corán y la *sunnah* llegaron a los musulmanes, y los verdaderos musulmanes es lo que han seguido desde entonces. Todo el que se desvía o intenta seguir un camino diferente al marcado por la *Ahle-Sunnah* (la gente de la Sunnah), es él responsable de esa desviación y separación. Un estudio minucioso de cualquier facción que se desvía de la *Ahle-Sunnah* demuestra que está basada en la mala interpretación de un principio o más del Islam. En cambio, la *Ahle-Sunnah wa Jama'a* se basa y se rige completamente por el Corán y la *sunnah*.

Es sorprendente saber que, a pesar de las muchas facciones y/o sub-facciones que existen, las creencias fundamentales de todos los musulmanes son las mismas. TODOS los musulmanes:

- Creen en la *tawhid* (Unicidad de Allah ﷻ)
- Creen en la finalidad de la profecía. No hay más profetas después del Profeta Muhammad ﷺ.
- Creen en el sagrado Corán como la palabra de Allah ﷻ.
- Miran hacia la Ka'ba durante *salāh* (oraciones obligatorias de culto)
- Ayunan en el mes de Ramadhan.
- Donan caridad a los pobres y a los necesitados.
- Si pueden llevan a cabo la obligación de la Hajj.
- Creen en la llegada del Día del Juicio.
- Creen en el Cielo y en el Infierno.
- Creen en la vida eterna en el Más Allá.

Las diferencias básicas entre las diferentes facciones son de carácter secundario y terciario. Algunas facciones son extremistas, otras son innecesariamente liberales, mientras que la verdadera *Ahle-Sunnah wa Jama'a* es moderada, como requiere el Islam para ubicarse en el camino correcto. Tenga en cuenta que el verdadero camino sólo puede ser uno, que en el Islam es el *Sirāte Mustaqīm* (el camino recto). El que sigue ese camino de corazón será reconocido el Día del Juicio. Todo musulmán debe esforzarse por entender y seguir el camino correcto. La mayoría de la *ummah* musulmana pertenece a la *Ahle-Sunnah wa Jama'a* (gente de la Sunnah), que es la que sigue el camino correcto.

¿Qué Dice El Islam Sobre La Predestinación?

Si el hombre, sus acciones y su destino están predestinados, entonces la pregunta es, ¿quién nos ha predestinado? Si es nuestro Señor Quien nos ha predestinado, entonces nos podemos preguntar, ¿nuestro Señor lo ha predestinado todo para luego ponerlo en el injusto torbellino de la vida? Y si todo está predestinado, entonces ¿qué sentido tiene dotar de libre albedrío al hombre y luego ponerlo a prueba? ¿Qué sentido tiene el Día del Juicio? En ese caso, simplemente nos podría haber creado y luego enviado directamente a algunos al Paraíso y al resto al Infierno.

Según el Islam, nuestro éxito o fracaso no está predestinado. Allah ﷻ no ha tomado ninguna decisión sobre nuestro destino, aunque sabe sobre él de la misma forma que sabe sobre todo lo demás. Qué Él sepa algo no quiere decir que Él sea la causa de ese algo. Él lo controla todo y administra los asuntos del universo, eso incluye a los humanos, pero al mismo tiempo Él ha concedido a los humanos el poder necesario para que vivan su vida en la Tierra y decidan su destino en el Más Allá.

Los hombres no controlan cuándo, dónde o cómo morirán, pero desde luego sí que controlan si viven una vida piadosa o pervertida. Allah ﷻ sabe lo que hacemos y lo que haremos en el futuro, pero Él no es la causa de lo que hacemos. La idea de la predestinación se basa o bien en la arrogancia o bien en la ignorancia. Nadie está predestinado a ir al Cielo o al Infierno. El Islam no aprueba la arrogancia y condena la desesperanza.

¿GARANTIZA EL ISLAM PAZ ABSOLUTA Y PROMETE UNA VIDA SIN PROBLEMAS EN ESTE MUNDO?

HEMOS VENIDO A ESTE MUNDO PARA SER PROBADOS y no hay prueba exenta de problemas o contratiempos de algún tipo. ¿Cómo podría ponerse a prueba la paciencia y la constancia de la gente si todo estuviera en paz y no surgieran problemas? Si la vida careciera de problemas, ¿se acordaría la gente de su Señor, oraría o trataría de complacerlo? ¿Cómo se puede ayudar a los demás y obtener las bendiciones del Señor si todo el mundo es feliz y nadie tiene de que preocuparse?

Este mundo no es el Cielo, pero sí refleja algunas de las características del Infierno, eso nos enseña y nos predispone a evitar el Infierno. Si en esta vida no hubiera problemas y todo fuera paz, ¿cómo podríamos ni siquiera intuir el dolor y la miseria del infierno? El Islam garantiza la paz interior en este mundo, no la paz absoluta. Sin embargo, si alcanzamos el éxito definitivo, ambas están garantizadas en el Más Allá. El Islam no promete una vida en la Tierra exenta de problemas, pero si capacita a sus seguidores para que se enfrenten a ella con éxito. Proporciona suficiente paz y felicidad para emprender el camino que conduce al éxito definitivo.

Si la gente quiere lograr la paz interior debe rendirse al Señor liberándose de las cadenas del ser y de la sociedad. En cuanto a la solución de los problemas del hombre, un famoso filósofo francés llamado Jean Jacques Rousseau, sugirió que el hombre debía dejar la sociedad para volver a la naturaleza. En mi opinión, dado que eso no es posible, no es una solución. El hombre ya no puede volver a su estado natural. ¿Es posible abandonar las prosperas metrópolis para volver al estado natural? No. El hombre ya ha recorrido un largo camino, así que eso no es una solución.

El problema no son las ciudades o la sociedad, el problema está en el hombre mismo. Mientras elija ser esclavo de la sociedad, seguirá teniendo problemas. El hombre sólo puede liberarse de la esclavitud a la sociedad, los deseos, la lujuria, etc. sometiéndose a la esclavitud del Señor, su verdadero Amo. Siendo el esclavo del Señor de los señores, el hombre encuentra la paz allá donde está. El verdadero Señor no pide al hombre que se aparte de la sociedad para logra paz y felicidad. Él hace que el hombre encuentre lo que necesita en sí mismo. Para un musulmán, la paz absoluta y una vida sin problemas no es el objetivo. Su objetivo es el complacer a su Señor y Amo.

¿CUÁLES SON LOS BENEFICIOSRECOMPENSAS DE ABRAZAR EL ISLAM?

CUANDO ME MUERA DEJARÉ DE SER AMERICANO, ruso o británico. Entonces no seré nadie, sólo un cadáver. Sin embargo, incluso en ese momento, seguirá siendo importante la fe a la que pertenecía. Mi ceremonia funeraria no se llevará a cabo de acuerdo con mi nacionalidad sino de acuerdo con mi religión. Una vez muerto, los lazos con éste mundo se cortan, pero no los lazos con mi religión que nunca se rompen. Incluso después del entierro, la fe aun cuenta.

Como se comentó anteriormente, la estancia en el *A'lam-e-Barzakh* (estado/punto/lugar transitorio) viene determinada por la fe y las prácticas religiosas. Según el Islam, la salvación no es posible a través de otras religiones. No ser musulmán significa ser un perdedor absoluto. La mayor recompensa que se obtiene al abrazar el Islam es la salvación eterna. Todos los pecados previos son perdonados al someter la propia voluntad a la voluntad del Señor y embarcarse en el viaje de la complacencia a Allah ﷻ, no siguiendo los deseos propios, sino de acuerdo con Su guía. El converso al Islam vuelve a la casa a la que pertenece. El Islam no promete menos, ni sus seguidores necesitan nada más.

¿Si alguien está interesado en abrazar el Islam, pero primero desea conocer un Musulmán que refleje por completo el Islam, dónde debe buscar?

Todo musulmán debería ser un completo reflejo del Islam y la encarnación de sus virtudes y valores. Si realmente fuera así, la gente no tendía problemas en encontrar cerca un *momin* (creyente devoto). Es más, ni siquiera tendría que haber escrito este libro porque esas personas ya habrían encontrado un *momin* que les instruyera sobre el Islam. A pesar de no escasear los verdaderos creyentes en la *ummah* (comunidad) musulmana, ¿conoce algún *momin* que se encuentre cerca de usted? No lo sé. E incluso si encontrara uno, ¿dispondría del tiempo y de la paciencia necesarios para observar de cerca su carácter y su vida?

Para encontrar un verdadero reflejo del Islam, ¿el aspirante debe buscar entre las élites musulmanas, como por ejemplos los reyes y sus cortes, los líderes y sus seguidores, los políticos y sus grupos de influencia, las autoridades religiosas, los maestros y los predicadores, los eruditos o los medio-sufíes medio-farsantes? No lo creo.

Si usted realmente desea e insiste en encontrar ese reflejo del Islam, no busque en los medios de comunicación. Observe las decenas de millones de fieles que llevan a cabo cada día el *salāh,* oraciones obligatorias de (culto) en las mezquitas de todo el mundo. Busque entre los miles de sinceros *imams* que han dedicado toda su vida a la causa del Islam sin importarles las riquezas materiales, la fama o el poder. Busque entre los mil seiscientos millones de musulmanes que no son líderes sino esclavos de su Señor. Siempre irradian amor, son generosos y modestos y siguen el Islam de todo corazón y encarnan las virtudes que promueve. Son el vivo reflejo del Islam. Hacen todo lo que pueden y por eso Allah ﷻ confía en ellos. De esa forma su deseo se hará realidad. Es posible que tenga que recorrer un largo camino para encontrarse con ellos, pero le garantizo que no se sentirá decepcionado.

En respuesta a la pregunta anterior, le sugiero que estudie bien el Islam y no pierda el tiempo buscando encarnaciones de él. Lo que está en juego es su éxito final. Creo que el camino más corto es leer sobre musulmanes que realmente encarnaron el Islam.

¿EL ISLAM ENSEÑA A ODIAR A LOS NO MUSULMANES, SUS ENSEÑANZAS Y ESTILO DE VIDA?

EL ISLAM NO SÓLO ES UNA GUÍA PARA LOS MUSULMANES, sino una guía para toda la humanidad. Fue revelada por el Señor, que es el Creador, no sólo a los musulmanes, sino también al resto de la humanidad. El Profeta Muhammad ﷺ fue enviado por el Señor a toda la humanidad, no sólo a los musulmanes. El sagrado Corán no sólo ordena a los musulmanes, sino que también invita a toda la humanidad a seguir el camino de la paz, la justicia y el éxito. ¿Cómo puede entonces enseñar a odiar el Islam?

Con odio, no se puede avanzar. Con odio, no se puede lograr la paz y la felicidad. Con odio, no se puede mostrar amor y generosidad y aumentar el número de fieles. Con odio, no se puede acercar a las personas entre sí, guiarlas e iluminar sus corazones. Con odio, no se puede hacer que un hombre se convierta en un ser humano de verdad que se somete de corazón a su Señor.

No hay nada en el Islam que ni siquiera sugiera odio a los demás. El único odio que enseña el Islam es el odio a la conducta pecaminosa y a la opresión. Enseña a odiar la lujuria, la transgresión, y todo aquello que hace daño a la humanidad. Pero aún así, ese "odio" no es por razones mundanas o personales, sino en aras de un objetivo superior: el éxito en el Más Allá. Este libro ha sido escrito para dejar claro que ninguna de las enseñanzas, principios o prácticas islámicas enseñan a odiar a los demás o sus creencias. Los lectores juzgarán por sí mismos.

¿AMERICA DEBE TEMER AL ISLAM?

SI SIMPLEMENTE DIGO "NO", EL LECTOR PUEDE PREGUNTARSE, ¿Y POR QUÉ NO? *Alhamdulillah* (todas las alabanzas sean con Allah ﷻ), he estudiado a fondo el Islam y he vivido en los Estados Unidos durante más de un cuarto de siglo y no he encontrado nada en el Islam que pueda despertar el temor de nadie.

Si ese miedo se debe a algunos malos elementos en la comunidad musulmana en todo el mundo, mi pregunta de sentido común es: "¿Hay alguna comunidad sobre la faz de la Tierra que se libre de esos malos elementos?" Entonces ¿por qué sólo temer al Islam? Si ese temor se debe a que el Islam es la religión que más crece en el mundo, debo decir que es un fenómeno mundial y que no se limita a los Estados Unidos. De hecho, son muchas las religiones que han florecido en los Estados Unidos sin causar perjuicios a la sociedad. Más bien al contrario, han contribuido a enriquecer la experiencia americana. Sólo que ahora le ha llegado el turno al Islam. Esta es una sociedad bien estructurada, inteligente, educada, creyente y patriótica que sabe distinguir bien entre el bien y el mal y que no va a permitir que nadie la dañe.

Se estima que el número total de musulmanes en los EE.UU. oscila entre los siete y los nueve millones, esa estimación incluye a los inmigrantes de primera y segunda generación y a los conversos al Islam. Los inmigrantes musulmanes han llegado de todas las partes del mundo musulmán. Durante décadas o, según algunos, siglos, los musulmanes han vivido aquí pacíficamente y han contribuido de manera significativa a mejorar la sociedad estadounidense. Llaman a América su casa. Respetan la ley y son médicos, ingenieros, arquitectos, empresarios, maestros, trabajadores sociales, etc. Aman y protegen a los Estados Unidos y continuarán trabajando por el bienestar de este gran país. Los verdaderos musulmanes nunca traicionan a la tierra en la que viven.

Por supuesto, los americanos tienen todo el derecho a protegerse y a fortalecerse, pero una cosa es cierta: no hay que temer al Islam. Una mayor comprensión del Islam y de los musulmanes ayudaría a superar muchas preocupaciones y temores sobre el Islam, si es que realmente existen. Mi mensaje a mis compatriotas es que aprendan sobre el Islam, no que lo teman.

¿POR QUÉ ABRAZAR EL ISLAM SI UNO YA HACE TODAS LAS COSAS BUENAS QUE PROMUEVE?

ESPERO QUE MI TONO HUMILDE Y LA FORMA en que he presentado el Islam no conduzcan a nadie a pensar que pretendo convertirle. He presentado los hechos sobre el Islam de la forma que mi personalidad y mis creencias me lo permiten. Estoy convencido de que hay muchas bellas personas en el mundo que hacen mucho bien por los demás, de la misma forma que lo hacen muchos musulmanes. Entonces, ¿por qué deberían abrazar el Islam? Humildemente lo único que puedo decir es que yo no he puesto las normas. Es el camino del Señor, no es una creación mía o de cualquier otra persona. Si el Señor quiere que le complazcamos sólo a través del Islam, ¿qué puedo decir? Él es el Señor. Mi deber es hacer llegar el mensaje, simple y llanamente.

Según el Islam, uno puede tener éxito en este mundo haciendo el bien, pero para lograr el éxito definitivo en el Más Allá, uno tiene que hacer mucho más: reconocer a Allah ﷻ, obedecer a Allah ﷻ y obrar para complacerle. Las personas que hacen buenas obras son recompensadas sólo en este mundo, mientras que los musulmanes hacen buenas obras para obtener las recompensas eternas del Paraíso y de la complacencia de Allah ﷻ. El Señor es misericordioso, pero tenemos que reconocer Su supremacía tal y como Él prescribe para lograr Su misericordia. En el Islam, los musulmanes reconocen primero Su supremacía y luego esperan Su misericordia.

CAPÍTULO 24

Qué Dice el Islam a los Judíos y a los Cristianos

ALLAH ﷻ REVELA EN EL CORÁN QUE todas las almas juraron Su supremacía y que todas las criaturas eran Sus siervos. Ese es el mensaje esencial que difundieron los profetas para recordar a la humanidad que debían adorar al Único y verdadero Señor, Allah ﷻ. Allah ﷻ también reunió a las *arwah* (almas) de todos los profetas que iban a venir para que juraran difundir la fe y seguir y ayudar al último profeta, Muhammad ﷺ, si coincidían en la tierra. [Corán 3:81-2]. Todos aceptaron incondicionalmente.

Todos los profetas informaron a sus naciones de la futura llegada del Profeta Muhammad ﷺ pero, cómo revela Allah ﷻ en el Corán, las naciones corrompieron las enseñanzas y los libros sagrados que les habían sido revelados. Los que creían en Musa (Moisés) عليه السلام e Isa (jesús) عليه السلام, judíos y cristianos respectivamente, negaron la llegada del Profeta Muhammad ﷺ ignorando así el anuncio de sus respectivos profetas. No obstante, siguiendo las enseñanzas de sus profetas, muchos judíos y cristianos sí reconocieron y abrazaron el Islam.

Las enseñanzas y los mandamientos revelados a los Profetas Musa عليه السلام e Isa عليه السلام guiaron a los judíos y a los cristianos respectivamente. Esas enseñanzas fueron las *sharias* en los tiempos de Musa عليه السلام e Isa عليه السلام. Sus normas y prácticas sólo fueron aplicables entonces. Dado que los tiempos y las circunstancias eran diferentes, las leyes y las enseñanzas reveladas fueron diferentes, aunque las creencias básicas de las diferentes *sharias* siempre fueron las mismas.

Las enseñanzas del Profeta Musa عليه السلام y del Profeta Isa عليه السلام fueron corrompidas por los hombres, pero algunos judíos y cristianos que querían seguir viviendo según las enseñanzas originales se apartaron de sus respectivas comunidades en busca de refugio. Sabían muy bien que la llegada del Último Profeta ﷺ renovaría el compromiso con Allah ﷻ y aportaría confort y paz eterna [Corán 2:89].

En el sagrado Corán, Allah ﷻ recuerda a los judíos y a los cristianos las enseñanzas de Musa عليه السلام e Isa عليه السلام y les ordena que, si realmente confían en ellos, tengan fe en el Profeta Muhammad ﷺ para lograr el éxito definitivo [5:12]. Muchos judíos y cristianos de verdad conocían –gracias a sus respectivos libros– las señales que indicaban la llegada del Profeta Muhammad ﷺ y cuando llegó no dudaron en abrazar el Islam. [Corán 61:6]

Con la llegada del Profeta Muhammad ﷺ, los judíos y los cristianos que habían creído en él, por fin, recibían consuelo y alivio tras la larga espera. Allah ﷻ los liberaba de los mandamientos y las prácticas más pesadas que formaban parte de sus respectivas *sharias* e instauraba el Islam como la religión para la humanidad. Desde entonces, la salvación y el éxito definitivo sólo son posibles a través del Islam. [Corán 3:85]

Para informar a mis amigos lectores de fe judía y cristiana, les presento algunos de los muchos versículos que Allah ﷻ reveló sobre ellos en el sagrado Corán. En muchos versículos son referidos como *Ahle-Kitāb* (Gente del Libro), *Yahūdi* (judíos), *Nasrāni* (cristianos), *Bani Israel* (Pueblo de Israel) y *Āle-Yaqūb* familia del Profeta Yaqūb (Jacob) عليه السلام. El Profeta Yaqūb también es referido como Israel.

Allah ﷻ revela:

> Los hombres de la antigüedad constituían una sola *ummah* (comunidad/religión) pero luego discreparon y se dividieron. Si no fuera por el designio de tu Señor, ya habrían sido juzgados. • [Corán 10:19]

Allah ﷻ también dijo y afirmó que:

> Ibrahim (Abraham) no fue ni Yahūdi (judío) ni Nasrāni (cristiano), sino que fue un recto musulmán sometido a Allah que, apartado de la falsedad, no se contó entre los idólatras. • [Corán 3:67]

El Profeta Ibrahim عليه السلام fue el antepasado de otros muchos profetas y el abuelo de Yaqūb (Jacob) عليه السلام. Yaqūb عليه السلام hizo jurar la fe a sus hijos. El sagrado Corán nos dice:

> ... Y Yaqūb dijo: "¡Oh, hijos míos! Allah os ha elegido el *deen* religión, forma de vida completa) y no muráis si no es siendo musulmanes. • [Corán 2:132]

El sagrado Corán revela la historia de Bani Israīl y sus profetas. Muchos *surahs* (capítulos) del sagrado Corán, por ejemplo los titulados al-Baqarah, Āle- Imran, al-Maida, an-Nisa, Banī Israīl, Maryam, etc., narran la historia detallada de los pueblos judíos y cristianos, la piedad y la pureza de Maryam (María) عليها السلام y el milagroso nacimiento y ascensión de Isa (jesús) عليه السلام a los Cielos. El sagrado Corán y el Profeta Muhammad ﷺ invitan repetidamente a la Gente del Libro (judíos y cristianos) a abrazar el Islam. Allah ﷻ dice:

> Di: "¡Oh, Gente del Libro! Convengamos en una creencia común a nosotros y vosotros: No adoraremos sino a Allah, no Le asociaremos nada y no tomaremos a nadie de entre nosotros como divinidad fuera de Allah". Y si no aceptan decid: "Sed testigos de nuestro sometimiento a Allah" • [Corán 3:64]

Allah ﷻ ordenó al Profeta ﷺ:

> Y a quienes te discutan acerca de (él Isa/Jesús υ), si aparecen, diles: "¡Venid! Convoquemos a nuestros hijos y a los vuestros, a nuestras mujeres y a las vuestras, y presentémonos todos nosotros. Luego roguemos seriamente que la maldición de Allah caiga sobre los mentirosos". • [Corán 3:61]

Pero nunca aparecieron y Allah ﷻ les preguntó:

> ¡Oh, Gente del Libro! ¿Por qué mezcláis la verdad con lo falso y ocultáis la verdad que conocéis? • ¡Oh, Gente del Libro! ¿Por qué no creéis en los signos que Allah os ha enviado, siendo cómo sois testigos de su veracidad? • [Corán 3:70-71]

Pero ellos siguieron sin responder. Entonces Allah ﷻ dijo:

> ... si la Gente del Libro creyera, sin duda, sería mejor para ellos... • [Corán 3:110]

Sin embargo, el sagrado Corán reconoce:

> ... algunos de ellos son creyentes pero la mayoría desviados. • [3:110]

> Entre la Gente del Libro hay quienes creen en Allah y en lo que ha sido revelado a vosotros y a ellos. Están sometidos a Allah, y no tergiversan Sus preceptos por ningún precio. Éstos obtendrán una recompensa junto a su Señor. Allah es rápido en ajustar cuentas. • [3:199]

El sagrado Corán reconoce, además:

> Y si la Gente del Libro creyera y temiera a Allah, les borraríamos sus pecados y les introduciríamos en los Jardines de las Delicias. • [5:65]

> Y si observaran la Taurat (Torá), el Injīl (Evangelio) y lo que les ha sido revelado el Corán) por el Señor a través de Su mensajero Muhammad ﷺ), serían sustentados con las gracias del Cielo y la tierra... • [5:66]

> Di: "¡Oh, Gente del Libro! No tendréis fundamento alguno mientras no observéis la Taurat (Torá), el Injīl (Evangelio) y lo que os ha sido revelado el Corán por el Señor a través de Su mensajero Muhammad ..." • [5:68]

La invitación de Allah ﷻ a unirse al sagrado Corán siempre estará abierta a todos:

> Por cierto que los que crean (musulmanes), junto con los judíos, sabeos y cristianos que también crean en Allah y en el Día del Juicio y obren con rectitud, no temerán ni se entristecerán. • [5:69]

El sagrado Corán también nos revela que el Día del Juicio, Allah ﷻ preguntará a Isa عليه السلام:

> Y Allah dirá: "¡Oh, Isa (Jesús) hijo de Maryan (María)! ¿Eres tú quien ha dicho a los hombres: Tomadnos a mí y a mi madre como divinidades en vez de Allah?". A lo que él responderá: "¡Glorificado seas! No me corresponde decir algo sobre lo que no tengo derecho. Si lo hubiera dicho Tú lo sabrías. Tú conoces lo que encierra mi alma, mientras que yo ignoro lo que encierra la Tuya. Tú eres Quien conoce lo oculto. • No

les he dicho sino lo que Tú me has ordenado: Adorad a Allah, mi Señor y el vuestro. Mientras permanecí con ellos velé por ellos, pero después de que me llevaste contigo fuiste Tú Quien les vigiló. Tú eres testigo de todas las cosas" [5:116-117].

Debido a sus creencias erróneas, Allah ﷻ les dice:

Son incrédulos quienes dicen: "Allah es el Mesías hijo de María". El mismo Mesías dijo: "¡Oh, Hijos de Israel! Adorad a Allah, pues Él es mi Señor y el vuestro". A quien atribuya copartícipes a Allah, Él le vedará el Paraíso y su morada será el Infierno. Los inicuos jamás tendrán auxiliadores. • Son incrédulos quienes dicen: "Allah es parte de una trinidad". No hay más que una sola divinidad. Si no desisten de lo que dicen, un castigo doloroso azotará a quienes hayan caído en la incredulidad. • ¿Acaso no van a arrepentirse y pedir perdón a Allah por eso (*shirk*)? Allah es Absolvedor, Misericordioso. • El Mesías hijo de María es sólo un Mensajero, igual que los otros Mensajeros que le precedieron, y su madre fue una fiel y veraz creyente. Ambos comían alimentos como (el resto de los mortales). Observa cómo les explicamos las evidencias y observa cómo se desvían. • [5:72-75]

Para obtener más información acerca de la Gente del Libro, le remito al sagrado Corán. Dado que no es posible incluir aquí todos los versículos relacionados, me he limitado a reproducir algunos versículos representativos sobre lo que dice el Islam a los judíos y a los cristianos. En ningún momento mi intención ha sido faltar el respeto ni deshonrar a nadie ni a sus creencias. Mi deseo no es otro que dar a conocer la palabra del Señor a aquellos a los que les interesa saber que dice el Islam a la Gente del Libro.

CAPÍTULO 25

Qué Han Dicho Otros Sobre el Islam

EN LUGAR DE SUGERIR A MIS LECTORES QUE BUSQUEN en diferentes fuentes lo que han dicho otros sobre el Islam para mejorar sus conocimientos sobre el tema, he incluido numer-osas citas de personalidades muy dispares en este capítulo. Espero que estas citas refuercen lo expuesto en este libro las citas se reproducen (en orden cronológico).

Simon Ockley (1678 – 9 de agosto de 1720) fue un orientalista británico nombrado Profesor de Árabe Sir Thomas Adams por la Universidad de Cambridge en 1711. En su libro *History of the Saracens* escribió:

> No es la propagación sino la permanencia de su religión lo que merece nuestra admiración, los caracteres que él grabó en la Meca y Media aun se conservan intactos a pesar de doce siglos de revoluciones protagonizadas por indios, africanos y prosélitos turcos del Corán .... Los mahometanos han resistido con firmeza la tentación de reducir el objeto de su fe y devoción a los sentidos y a la imaginación del hombre. 'Creo en un solo Dios y Mahoma es el Mensajero de Dios' es la simple e invariable profesión del Islam. La imagen de la Deidad nunca ha sido degradada por ningún ídolo visible; los honores del profeta nunca han transgredido la medida de la virtud humana, y sus preceptos de vida han refrenado la gratitud de sus discípulos dentro de los límites de la razón y la religión. [Londres, 1870, p. 54]

Canon Taylor, un distinguido historiador y filólogo que mientras leía de un documento en el Congreso de la Iglesia de Walverhampton (Reino Unido) el 7 de octubre de 1887, declaró lo siguiente:

> El (Islam) reemplaza el monjerío por la hombría. Da esperanza al esclavo, hermana a la humanidad, y reconoce los hechos fundamentales de la naturaleza humana.

Edward Montet, en *La Propaganda Chretienne et ses Adversaries Musulmans* ("La propaganda cristiana y sus adversarios musulmanes"), declaró que:

> El Islam es una religión esencialmente racionalista, en el sentido más amplio de este término considerado etimológica e históricamente. La defini-ción de racionalismo como el sistema que basa su creencia religiosa en principios facilitados por la razón se refiere a él exactamente ... No se puede negar que muchas doctrinas y sistemas teológicos, también muchas supersticiones, desde la adoración de los santos al uso de rosarios y amuletos, se han integrado en el tronco principal del credo musulmán. Pero a pesar del rico desarrollo, en todos los sentidos de la palabra, de las enseñanzas del profeta, el Corán ha mantenido invariablemente su punto de partida fundamental, el dogma de la unidad de Dios proclamado siempre con una grandeza, una majestuosidad y una pureza invariables y con un tono de convicción que es difícil encontrar más allá de los confines del Islam. Esa fidelidad al dogma fundamental de la religión, la simplicidad elemental de la fórmula en la que se enuncia, la prueba que se desprende de la convicción fervorosa de los misioneros que lo propagan, son algunas de las razones que explican el éxito de los esfuerzos misioneros mahometanos. Un credo tan preciso, tan despojado de complejidades teológicas, y por consiguiente tan accesible a la comprensión ordinaria, es de esperar que posea, y de hecho posee, un maravilloso poder para adentrarse en las conciencias de los hombres. [Paris, 1890. También en *The Preaching of Islam* de T.W. Arnold, Londres 1913]

S.H. Leeder, autor británico conocido por su libro *Modern Sons of the Pharaohs* (publicado en inglés en 1918), escribió en su libro *Veiled Mysteries of Egypt and the Religion of Islam*:

> ¿Cómo, por ejemplo, puede interponerse cualquier otra objeción en contra de los musulmanes quienes, cuando se acercan al pagano, le dicen, por oscuro o degradado que pueda ser "abraza la fe y serás un igual y un hermano"? El Islam "no conoce la línea que separa los colores". [Nueva York: Charles Scribners' Sons, 1913]

Sarojini Naidu, popularmente conocida como el Ruiseñor de la India, fue la primera mujer india que presidió el Congreso Nacional Indio en 1925. Naidu escribió:

El sentido de la justicia es uno de los ideales más maravillosos del Islam, a medida que leo el Corán lo descubro, no en un sentido místico sino en un sentido ético y práctico aplicable a la vida diaria y adaptable a todo el mundo. [Conferencias sobre "Los Ideales del Islam", *Speeches and Writings of Sorijini Naidi*, Madras, 1918, p. 167]

De Lacy O'Leary, clérigo británico, arabista y semitista, escribió en su obra *Islam at the Crossroads*:

La historia aclara, sin embargo, que la leyenda de musulmanes fanáticos arrasando el mundo y obligando a las razas conquistadas a adherirse al Islam es uno de los mitos fantásticos más absurdos que los historiadores han perpetuado. [Londres, 1923, p.8]

Sir Hamilton Alexander Rosskeen Gibb comúnmente referido como H.A.R. Gibb), orientalista escocés y profesor distinguido por la Universidad de Harvard, escribió en su libro *Whither Islam*:

Pero el Islam aún tiene que prestar más servicios a la causa de la humanidad. Al fin y al cabo se encuentra más cerca de Oriente de lo que se encuentra Europa, y posee una magnífica tradición de comprensión y cooperación interracial. No hay otra sociedad en la humanidad que haya logrado con tanto éxito unir en igualdad de condiciones y oportunidades a tantas y tan diversas razas ... El Islam aún tiene el poder de reconciliar las aparentemente irreconciliables realidades de la raza y la tradición. Si alguna vez la oposición entre las grandes sociedades de Oriente y Occidente es reemplazada por la cooperación, la mediación del Islam será una condición indispensable. En sus manos está en gran parte la resolución del problema con que se enfrenta Europa en su relación con Oriente. Si se unen, la esperanza de una resolución pacífica es inmensamente mayor. Pero si Europa, rechazando colaborar con el Islam, se lanza a los brazos de sus rivales, la resolución será desastrosa para ambos. [Londres, 1932, p. 379]

Donald S. Rockwell fue un poeta, crítico y escritor, que se ganó el grado de coronel durante su participación en la Segunda Guerra Mundial, cuando los Estados Unidos estaban luchando en contra de Alemania y Japón. En uno de sus libros, *Beyond the Brim and Bazaar of Dreams*, escribe:

> La simplicidad del Islam, el poderoso atractivo y la atmósfera de sus mezquitas, el fervor de sus fieles seguidores, la confianza que inspira comprobar que millones de musulmanes en todo el mundo responden a las cinco llamadas diarias a la oración – son los factores me atrajeron al principio. Pero cuando decidí convertirme en seguidor del Islam, encontré razones mucho más profundas para confirmar mi decisión. El concepto meloso de la vida – fruto de la combinación de la acción y la contemplación del Profeta – los sabios consejos, las exhortaciones a la caridad y a la misericordia, el sincero humanitarismo, la declaración pionera del derecho a la propiedad de la mujer – estos y otros factores de las enseñanzas del hombre de La Meca eran para mí evidencias más que obvias de que me encontraba ante una religión práctica que cómo tan concisamente y acertadamente resumen las palabras crípticas de Mahoma se basa en: "Confía en Dios y ata tu camello". A pesar de nuestra propia negligencia, él nos dio un sistema religioso de acción normal, no una fe ciega en la protección de una fuerza invisible. Nos dio la confianza de que si hacemos las cosas bien y lo mejor que podamos, podemos confiar en lo que viene como la Voluntad de Dios.
>
> La hermandad universal del Islam, en la que no importa la raza, la política, el color o la nacionalidad, me ha hecho sentirme realmente en casa muchas veces en mi vida; esa es otra característica que me atrajo hacia la fe. [Publicado en Islamic Review, 1935]

George Bernard Shaw, dramaturgo irlandés co-fundador de la Escuela de Economía de Londres y la única persona que ha sido galardonado con el Premio Nobel de Literatura y un Oscar, afirmó en su libro *The Genuine Islam*:

> Siempre he tenido en alta estima la religión de Mahoma por su maravillosa vitalidad. Es la única religión que me parece que posee esa capacidad de asimilación del cambio de fase de la existencia que se hace atractiva para todas las edades. Yo lo he estudiado – a ese hombre maravilloso y en mi opinión lejos de ser un anti-Cristo, que debería ser llamado el Salvador de la Humanidad. Creo que si un hombre así

asumiera la dictadura del mundo moderno resolvería con tanto éxito sus problemas que al final se instaurarían las tan necesitadas paz y felicidad: he profetizado que la fe de Mahoma podría se aceptable en la Europa de mañana como lo está empezando a ser en la Europa de hoy. [Vol. 1, No. 8, 1936]

Arnold J. Toynbee, historiador británico que escribió un análisis en doce volúmenes sobre el auge y la caída de las civilizaciones titulado *A Study of History*. En su libro *Civilization on Trial* escribió:

> La extinción de la conciencia de raza entre los musulmanes es uno de los logros más destacados del Islam y en el mundo contemporáneo, es un hecho, se da la necesidad imperiosa de propagar esa virtud islámica. [Nueva York, 1948, p. 205]

Arthur Stanley Tritton, historiador británico y estudioso del Islam que fue nombrado profesor de árabe en la Escuela de Estudios Orientales y Africanos de la Universidad de Londres en 1938, también dedicó algún tiempo a enseñar en la Universidad de Aligarh. En su libro *Islam* afirma:

> La imagen del soldado musulmán avanzando con una espada en una mano y el Corán en la otra es completamente falsa. [Londres, 1951, p. 21]

James A. Michener, (1907-1997) escritor estadounidense con más de 40 títulos publicados. Michener era conocido por sus meticulosos trabajos de documentación. En un artículo titulado,"Islam: The Misunderstood Religion," Michener escribe:

> Ninguna otra religión en la historia se extendió tan rápidamente como el Islam.
>
> Occidente ha creído de forma generalizada que ese crecimiento de la religión se debió a la espada. Pero ningún erudito moderno acepta esa idea y el Corán es explícito en lo que se refiere a la libertad de conciencia. [Reader's Digest, Mayo de 1955, p. 68-70]

John Alden Williams, autor afroamericano, periodista y académico, escribió en su libro *Islam*:

El Islam es mucho más que una religión formal: se trata de una forma integral de vida. En muchos sentidos, ese factor es más determinante en la experiencia de sus seguidores que en cualquier otra religión del mundo. El musulmán ("el que se somete") vive cara a cara con Dios en todo momento y no separa su vida de su religión, su política de su fe. Con su fuerte énfasis en la fraternidad de los hombres que cooperan para cumplir la voluntad de Dios, el Islam se ha convertido en una de las religiones más influyentes en el mundo de hoy. [George Braziller, Nueva York, 1962, cubiertas del libro]

William Montgomery Watt, historiador escocés, Profesor Emérito de Estudios Árabes e Islámicos de la Universidad de Edimburgo, uno de los más destacados intérpretes no musulmanes del Islam en Occidente. En su libre *Islam and Christianity Today* escribe:

No soy musulmán en el sentido usual, aunque espero ser "musulmán" en el sentido del que "se entrega a Dios", pero creo que embebida en el Corán y en el resto de expresiones islámicas se encuentra una vasta reserva de verdades divinas, de las que yo y otros occidentales aun tenemos mucho que aprender. 'El Islam es sin duda un fuerte candidato para abastecer la estructura básica de la religión del futuro'. [Londres, 1983, p.IX]

Jared Diamond, sociólogo y fisiólogo de la UCLA mundialmente conocido que ganó el Premio Pulitzer por su libro, *Guns, Germs, and Steel*; en él dice:

El Islam medieval era tecnológicamente avanzado y estaba abierto a la innovación. Logró unos niveles de alfabetización superiores a los de la Europa coetánea. Asimiló el legado de la civilización griega clásica hasta el punto de que muchos clásicos han llegado a nosotros a través de copias sólo en árabe. Inventó los molinos de viento, la trigonometría, las velas latinas e hizo importantes innovaciones en metalurgia, mecánica, ingeniería química y métodos de riego. En la edad media el flujo tecnológico corría abrumadoramente del Islam a Europa en lugar de Europa al Islam. Sólo 1.500 años después el flujo se invirtió. [Nueva York, 1997, p. 253]

Hillary Rodham Clinton, actualmente la 67 ª secretaria de Estado de los EE.UU. bajo la presidencia de Barack Obama, declaró:

> El Islam es la religión que más rápido crece en los Estados Unidos, guía y pilar de estabilidad para mucha de nuestra gente... [Los Angeles Times, 31 de mayo de 1996, p.3]

William Jefferson "Bill" Clinton, el 42º Presidente de los Estados Unidos, dijo en una recepción Iftar en la Casa Blanca en 1999:

> Me pareció especialmente conmovedor cuando el Imam leyó el pasaje del Corán que dice que Allah creo a las naciones y a las tribus para que se conocieran entre sí, no para que se despreciaran las unas a las otras.
>
> Hay un pasaje maravilloso en la Torá hebrea, que advierte a las personas que nunca desprecien al extranjero, porque eso es como despreciar al Altísimo Dios. Y la Biblia cristiana dice que la gente debe amar a su prójimo como a uno mismo. Pero es absolutamente maravilloso decir que Allah creó a las naciones y a las tribus para que se conocieran mejor entre ellas, reconociendo que las personas tienen que organizar sus pensamientos y clasificar sus ideas, pero sin que eso divida a unos y otros ...
>
> Permítanme decir también que el mundo puede aprender mucho del Islam. En la actualidad lo practican una de cada cuatro personas en el mundo. Los estadounidenses están aprendiendo más sobre él en nuestras escuelas y universidades. De hecho, recuerdo que nuestra hija siguió un curso sobre historia del Islam en la escuela secundaria y que leía muchos pasajes del Corán. Luego volvía a casa y por la noche nos enseñaba al respeto, más tarde nos hizo que le preguntáramos...
>
> Les pido a todos ustedes que nos ayuden con eso, que compartan las fuentes de su fe con aquellos que son diferentes, que ayuden a la gente a entender los valores y la humanidad que tenemos en común, y el tramado y el núcleo de las creencias y las prácticas del Islam ...
>
> El Corán también enseña, además, que debemos tratar a los demás como nos gustaría que nos trataran a nosotros, que debemos rechazar

para los demás lo que rechazaríamos para nosotros mismos, que debemos comprometernos a vivir en paz ...

George W. Bush, el 43rd Presidente de los Estados Unidos, organizó, por primera vez en la historia de los Estados Unidos una cena iftar cena que rompe el ayuno (en Ramadhan). A esa cena asistieron los embajadores de los países musulmanes y jefes de organizaciones musulmanas. En su discurso, el presidente elogió el Islam y llamó al diálogo y a la comprensión entre religiones:

> El Ramadhan es tiempo de ayuno y de oración para los fieles musulmanes. Así que esta noche nos recuerda la grandeza de Dios y de sus mandamientos para vivir en paz y ayudar a los vecinos necesitados ... Todo el mundo se sigue beneficiando de esta fe y de sus logros. El Ramadhan y las festividades que se aproximan son un buen momento para que las personas de diferentes religiones aprendan las unas de las otras. Y cuanto más aprendemos los unos de los otros, más nos damos cuenta de los muchos compromisos compartidos. Compartimos nuestro compromiso con la familia, protegemos y amamos a nuestros hijos. Compartimos la creencia en la justicia de Dios y en la responsabilidad moral del hombre. Y compartimos la misma esperanza en un futuro de paz. Tenemos mucho en común y mucho que aprender los unos de los otros.

Barack H. Obama II, el 44rd y actual Presidente de los Estados Unidos, cuando se dirigió al mundo musulmán en la Universidad de El Cairo (El Cairo, Egipto) el 4 de junio de 2009, dijo:

> América y el Islam no son incompatibles y no necesitan competir. En lugar de eso, priorizan y comparten los principios comunes de justicia y progreso y de tolerancia y dignidad para todos los seres humanos.

Conclusión

COMO LECTOR, USTED HA RECORRIDO UN LARGO camino y espero que haya adquirido amplios conocimientos sobre el Islam. Confío en que se hayan cubierto sus expectativas. Al acabar este libro, me doy cuenta de que he cubierto más materia de la que inicialmente me propuse bajo este título. Mi propósito era aclarar y explicar de la forma más completa posible todos los conceptos fundamentales del Islam, de forma que el lector, por lo menos por ahora, no tuviera que recurrir a otras fuentes.

A estas alturas, usted tendrá una idea clara sobre el modo de vida que promueve el Islam y como se espera que se comporten sus seguidores. Por supuesto, hay musulmanes que profesan su fe con convicción, lo que se hace evidente en su día a día, y otros que no lo hacen. Si se poseen los conocimientos adecuados sobre el Islam, es fácil distinguirlos y al mismo tiempo con la comunidad musulmana y la *ummah* en general.

Para resumir todo esto, es necesario distinguir entre los seres humanos y los otros dos seres que más se les asemejan: los ángeles y los animales. También es necesario conocer la relación de atracción magnética y repulsión que se da entre la *aql* (el poder de la razón y el intelecto) y la *nafs* (el ser primario).

Los seres humanos no son ni ángeles ni animales. Sin embargo, poseen cualidades angelicales y animales. Los seres humanos se componen de cuerpo y alma con necesidades físicas y espirituales. Tienen una naturaleza única que es considerablemente diferente a la de los ángeles y a la de los animales, y disfrutan de unas potencialidades que ellos no tienen. Son capaces de llevar a cabo acciones, tanto buenas como malas, que los ángeles y los animales no pueden. Se les ha dotado de la voluntad de superar a los ángeles o de caer por debajo de los animales si así lo quieren.

A diferencia de los ángeles y de los animales, los seres humanos están dotados de *aql* y *nafs*. La *aql* desea que el hombre triunfe mientras que la *nafs* quiere convertirlo en un esclavo de sus propios deseos. La *aql* es modesta y la *nafs* extremista. La *aql* empuja a hacer el bien y a evitar el mal, mientras que la *nafs* hace todo lo contrario. La lucha interna y la colisión entre esas dos fuerzas es la que hace que el hombre cometa actos buenos y malos, dependiendo de lo que él decida al final.

La *aql* tiene las cualidades del agua (frescor, tranquilidad, alivio, etc.), y la *nafs* las cualidades del fuego (destrucción, corrosividad, aniquilamiento, etc.). Ambas son igualmente poderosas, aunque es el hombre el que reina sobre ellas. Las demandas de la *aql* pueden parecer austeras y espartanas, mientras que las demandas de la *nafs* se muestran entretenidas y placenteras. La *aql* promete un mañana mejor, mientras que la *nafs* busca la satisfacción inmediata. Los placeres físicos y mundanales ayudan a la *nafs* a superar la *aql*, especialmente en aquellos que carecen de un poyo religioso/espiritual. Por otra parte, la *nafs* no está sola, su mejor aliado es Iblis (Satanás), el mayor y más antiguo enemigo del hombre. Él ayuda a la *nafs* para que derrote la *aql* de forma que el hombre tambalee y no logre su objetivo. Esa guerra interna no cesa hasta que una se impone sobre la otra.

Sin embargo, Allah ﷻ asiste a la *aql* del hombre con la guía que envió en las diferentes formas del Islam a través de sus profetas y que perfeccionó con Su último profeta, Muhammad ﷺ. De esa forma, si la *aql* no se rinde a la *nafs*, el hombre seguirá la senda del Islam. Sólo si el hombre escucha de verdad y obedece la llamada de su *aql* y controla las riendas de su *nafs* en la medida que es necesario, logrará el éxito en el Más Allá. Pero si la *nafs* toma el control de las riendas, gana Satanás y pierde el hombre. Esto significa que un hombre más se escapa por el desagüe del infierno, por decirlo así.

En resumen, esta es la filosofía básica de las enseñanzas de todos los profetas de Allah ﷻ enviados para que la humanidad lograra el éxito final. Allah ﷻ eligió el nombre de "Islam" porque era el que mejor se adaptaba a la naturaleza inherente del hombre y a sus necesidades. Islam significa paz, y en todo el mundo, ricos y pobres, sanos y enfermos, jóvenes y viejos, blancos y negros, poderosos y débiles, religiosos y seculares, por citar algunos, buscan la paz. Gracias al Islam, se alcanza la auténtica paz, se derrota a Shaytan (Satán) y se complace a nuestro Señor Allah ﷻ, todo al mismo tiempo. Básicamente eso es el Islam y lo que intentan hacer un musulmán a lo largo de su vida.

Unas Palabras al Sabio

Cuando un individuo o un grupo hace daño a la sociedad, es natural que afloren los sentimientos de odio y el deseo de venganza hacia el infractore(s). La gente sabia y justa, sin embargo, debería ser cauta y no generalizar. Cuando los hechos son conocidos y el infractore(s)/conspiradores) descubierto, todas las acusaciones injustas, odios, confusiones e inseguridades, deberían ser rectificadas para que la sociedad vuelva a la normalidad.

En base en mi experiencia personal, los estadounidenses tienen la cualidad y el deseo de buscar la verdad y saben reconocerla cuando la tienen delante. Mientras la mayoría de los habitantes de una nación continúen buscando la verdad y sepan reconocerla, serán capaces de seguir manteniendo su alto estatus entre todas las naciones.

Es Islam deja claro a todos, musulmanes y no musulmanes, que no se debe seguir el camino que conduce al Infierno si lo que se desea es llegar al Paraíso. El Islam obliga a sus seguidores a actuar de acuerdo con sus preceptos. Es incorrecto e injusto pensar que uno acabará en el Paraíso sólo porque cree que el camino que sigue es el correcto aunque no actúe de la forma correcta. El Islam dice a todos: "Sed conscientes de que el Día del Juicio – al que *todos* llegaremos – lo que se debatirá será el Cielo o el Infierno"

El Islam no pide a sus seguidores que lo impongan por imposición o por cualquier otro medio de coerción - mental o física, social o política. El deber fundamental de un musulmán es difundir el conocimiento del Islam de la mejor manera que pueda y siempre según sus capacidades. Eso es precisamente lo que he tratado de hacer aquí.

Una petición a los predicadores no Musulmanes

Pido a todo predicador no musulmán que predica la paz, el amor y la convivencia, que estudie el Islam a fondo. Una mejor comprensión del Islam por parte de los no musulmanes estrechará la brecha existente entre ellos y los seguidores del Islam. Trabajando juntos podemos lograr la paz y la felicidad para todos. Les pido que no critiquen los conceptos islámicos sin conocer primero la estructura del Islam. Por otra parte, no hay que responsabilizar al Islam de las acciones de algunos musulmanes.

Petición de Observaciones

Como he dicho anteriormente, considero este libro una gota más en el océano de los intentos por lograr la paz mundial, la felicidad y una mayor comprensión del Islam. Pido a mis lectores que comenten mis esfuerzos. Aunque soy consciente de mis limitaciones, me gustaría leer y escuchar que opinan ustedes. Les doy las gracias por adelantado. Que Allah ﷻ nos bendiga a todos.

APÉNDICE I

La Constitución de Medina (Carta Magna)

En el Nombre de Allah, el Más Compasivo, el Más Misericordioso.

(1) Este es el documento de Muhammad, el Profeta que gobierna) entre los creyentes y los musulmanes de Quraysh y Yathrib y quienes los siguen, se les unen y colaboren con ellos.

(2) Todos componen una comunidad (*ummah*) distinta al resto de los hombres.

(3) Los emigrantes de Quraysh pagan su tributo del mismo modo que lo hacían antes de que llegara el Islam, y pagan el rescate para liberar a sus cautivos conforme a lo acostumbrado y la justicia entre los creyentes.

(4) Banu 'Auf (las gentes de 'Aud) continúan su vida según su estado antiguo, y cada clan rescata a sus prisioneros según lo acostumbrado y la justicia entre los creyentes.

(5) B. Sa ida (las gentes de Saida) continúan su vida según su situación anterior, y cada clan rescata a sus prisioneros según lo acostumbrado y la justicia entre los creyentes.

(6) B. 'l-Harith (las gentes de 'l-Harith) continúan su vida según su situación anterior, y cada clan rescata a sus prisioneros según lo acostumbrado y la justicia entre los creyentes.

(7) B. Jusham (las gentes de Jusham) continúan su vida según su situación anterior, y cada clan rescata sus prisioneros según lo acostumbrado y la justicia entre los creyentes.

(8) B. al-Najjar (las gentes de al-Najjar) continúan su vida según su situación anterior, y cada clan rescata sus prisioneros según lo acostumbrado y la justicia entre los creyentes.

(9) B. 'Amr B. 'Auf continúan su vida según su situación anterior, y cada clan rescata sus prisioneros según lo acostumbrado y la justicia entre los creyentes.

(10) B. al-Nabit continúan su vida según su situación anterior, y cada clan rescata sus prisioneros según lo acostumbrado y la justicia entre los creyentes.

(11) B. Al- 'Aus continúan su vida según su situación anterior, y cada clan rescata sus prisioneros según lo acostumbrado y la justicia entre los creyentes.

(12) (a) Los creyentes no abandonan a un endeudado entre ellos sin ayudarle a través del rescate o según lo acostumbrado. (b) Ningún creyente realiza una alianza con el representante de otro creyente sin pedir su permiso.

(13) Los creyentes que temen a Allah cooperan entre ellos contra cada creyente de ellos que es injusto o percibe un pago por cometer una injusticia o el pecado o el daño o la corrupción entre los creyentes, y todos ellos cooperan contra él, incluso si es el hijo de uno de ellos.

(14) Ningún creyente puede matar a otro creyente por la causa de un incrédulo, y no se auxilia a un incrédulo en vez de a un creyente.

(15) Todos los creyentes son iguales para Allah y los creyentes son aliados entre sí, a diferencia del resto de los no creyentes.

(16) Debemos auxiliar y tratar con igualdad a los judíos que nos siguen sin tratarles con injusticia y sin ayudar a sus enemigos.

(17) Los creyentes son una unidad, ninguno de ellos puede establecer una tregua cuando combaten por Allah sin contar con la aprobación de los otros creyentes, sino cuando estén de acuerdo según la justicia.

(18) En cada incursión de un jinete otro debe ir detrás de él.

(19) Los creyentes deben vengar el derramamiento de sangre de otros creyentes cuando luchan por la Causa de Allah.

(20) (a) Los creyentes que temen a Allah siguen la mejor y la más recta guía. (b) Ninguno da la protección a los bienes o la persona de un politeísta, ni le asiste contra un musulmán.

(21) Quien mata a un creyente sin ninguna razón justa será ejecutado salvo si el familiar responsable del muerto acepta una compensación económica (por la sangre derramada), todos los creyentes deben cooperar contra el asesino, y no se les permite hacer cualquier otra cosa sino esto.

(22) No se le permite a ningún creyente que aceptó este el documento y creyó en Allah y en el Último Día auxiliar o proteger a un innovador que pretenda introducir otra ley fuera de lo que está en el documento, y sobre quien lo auxilie o lo proteja recaerá la Maldición y la Ira de Allah en el Día de la Resurrección, y no se aceptará ninguna de sus buenas obras.

(23) Si discrepáis acerca de cualquier asunto, sea cual sea, se remite al juicio de Allah y de Muhammad.

(24) Los judíos ayudan a los creyentes en los gastos mientras estén en guerra.

(25) Los judíos de B. ‘Auf son súbditos de la misma nación que los creyentes. Los judíos tienen su propia religión y los musulmanes tienen las suya, y sus aliados y ellos mismos, salvo el que cometa una iniquidad o corrupción en cuyo caso se destruirá a sí mismo y a sus familia.

(26) Los judíos de B. al-Najjar tienen los mismos derechos y deberes que los judíos de B. ‘Auf salvo quien cometa una iniquidad o corrupción.

(27) Los judíos de B. al-Harith tienen los mismos derechos y deberes que los judíos de B. 'Auf salvo quien cometa una iniquidad o corrupción.

(28) Los judíos de B. Sa idah tienen los mismos derechos y deberes que los judíos de B. 'Auf salvo quien cometa una iniquidad o corrupción.

(29) Los judíos de B. Jusham tienen los mismos derechos y deberes que los judíos de B. 'Auf salvo quien cometa una iniquidad o corrupción.

(30) Los judíos de B. al-Aus tienen los mismos derechos y deberes que los judíos de B. 'Auf salvo quien cometa una iniquidad o corrupción.

(31) Los judíos de B. Tha'labah tienen los mismos derechos y deberes que los judíos de B. 'Auf salvo quien cometa una iniquidad o corrupción.

(32) Jafna es una división de Tha'labah, y tienen los mismos derechos y deberes.

(33) B. al-Shutayba tienen los mismos derechos y deberes que B. 'Auf, y el bien debe aplicarse no el mal.

(34) Los aliados de Tha'labah tienen los mismos deberes y derechos.

(35) Los aliados de los judíos tienen los mismos deberes y derechos.

(36) Ninguno de ellos saldrá a la guerra excepto con el permiso de Muhammad, pero no se les impide tomar venganza por los agravios. El que mata a un hombre sin permiso se mata a sí mismo y a su casta, excepto si es por alguna causa que acepte Allah.

(37) Los judíos deben cubrir sus propios gastos y los musulmanes deben cubrir sus propios gastos, y ambos deben cooperar mutuamente durante las guerras contra quien ataque a la gente que firma este documento, y ellos deben aconsejarse y tratarse bien mutuamente, no mal. Ningún hombre será castigado por culpa de su aliado, y se debe auxiliar al oprimido.

(38) Los judíos participan con los creyentes en los gastos mientras haya guerra.

(39) Yazrib (Medina) se considera inviolable para la gente que firma este documento.

(40) Se trata al forastero como a uno mismo siempre que no haga ningún daño ni cometa algún pecado.

(41) Una mujer sólo será protegida con el consentimiento de su familia.

(42) Los problemas o las discordias que ocurran entre la gente de este documento, se remiten al juicio de Allah y Muhammad, el Mensajero de Allah. Allah acepta lo piadoso y lo bueno en este documento.

(43) No se protegerá a los Qurysh ni a sus protectores.

(44) Las partes que contraen este acuerdo están obligadas a defender a las otras partes de los ataques de los Yathrib.

(45) (a) Si llaman a la reconciliación, se tiene que aceptar y adherirse a ello; y si los creyentes son invitados a lo mismo, deben adherirse a ello, salvo quien ha luchado contra la religión. (b) Cada parte es responsable de lo acordado.

(46) Los judíos de al-Aus, sus aliados y ellos mismos tienen los mismos deberes y derechos que la gente de este documento según la condición de seguir el mejor trato con las partes de este documento, procurar el bien antes que el mal, y cada persona es responsable de sus actos. Y además, Allah aprueba este documento.

(47) Este documento no protege a ningún injusto o pecador. Quien salga de Medina, estará seguro; y quien permanezca en ella estará seguro; excepto quien se comporte injustamente o cometa pecados. Y Allah Protege a quien cumple su promesa y Muhammad, el Mensajero de Allah.

Este texto, con revisiones editoriales menores, está tomado de A. Guillaume, *The Life of Muhammad - A Translation of Ishaq's Sirat Rasul Alla*h, Oxford University Press, Karachi, 1955, pp 231-233. Numeración añadida.

APÉNDICE II

El Último Sermón del Profeta Muhammad ﷺ

Librado: el año 632, el día 9 de Dhul Hijjah, a las diez horas después de la migración a Medina en el Valle de 'Uranah del monte Arafat.

Después de alabar y agradecer a Allah ﷻ, él dijo:

¡Oh, Pueblo¡, escuchad con atención, porque yo no sé si después de este año estaré de nuevo con vosotros. Escuchad lo que yo estoy diciendo muy cuidadosamente y TRASMITIR ESTAS PALABRAS A AQUÉLLOS QUE NO PUDIERON ESTAR HOY AQUÍ.

¡Oh, Pueblo!, así como consideráis este mes, este día y esta ciudad sagrados, de igual manera considerad la vida y las propiedades de cada musulmán como sagradas. Devolved las cosas que os fueron confiadas a sus dueños. No dañéis a nadie para que nadie os dañe. Recordad siempre que os encontrasteis con vuestro SEÑOR, y que ÉL os preguntará por vuestras acciones. Allah ha prohibido la práctica de la usura (*riba*); por consiguiente, toda usura queda abolida de aquí en adelante. Sin embargo, es una obligación devolver el capital de un préstamo. No perjudiquéis y no seréis perjudicados. Allah ha declarado ilícita la usura, y todo el interés que se deba a 'Abbas ibn Abd al Muttalib queda cancelado de aquí en adelante.

Todos los derechos derivados del homicidio durante los días anteriores al Islam quedan abolidos a partir de ahora y los primeros que quedan abolidos son los procedentes del asesinato de Rabi'ah ibn al-Harith ibn 'Abd al-Muttalib.

¡Oh hombres!, los incrédulos disfrutan manipulando el calendario con el fin de hacer lícito lo que Allah prohibió, y prohibir lo que Allah hizo lícito. Con Allah los meses son doce en número. Cuatro de ellos son sagrados, tres de ellos son sucesivos y sólo uno se da por separado entre los meses de Jumada y Sha'ban. Cuidado con el diablo, por vuestra religión. Él ha perdido toda la esperanza de extraviaros en lo importante, así que tened mucho cuidado en no seguirlo en las cosas pequeñas.

¡Oh, Pueblo!, es verdad que tenéis ciertos derechos sobre vuestras mujeres, pero ellas también tienen ciertos derechos sobre vosotros. Recordad que las habéis tomado como vuestras esposas con el consentimiento de Allah y con Su permiso. Si ellas cumplen con vuestros derechos entonces a ellas les corresponde ser correspondidas con sus derechos a ser alimentadas, vestidas y tratadas con bondad. Tratad bien a vuestras mujeres y sed amables con ellas porque ellas son vuestras compañeras. Y estáis en vuestro derecho de que ellas no hagan amistad con quienes vosotros no aprobáis, así como que nunca se comporten de manera impúdica.

¡Oh, Pueblo! escuchadme bien y adorar a Allah El Único Creador del universo), realizad las cinco oraciones diarias (*salāh*), ayunad durante el mes de Ramadhan, y donad la parte correspondiente de vuestras riqueza (*zakāh*). Llevad a cabo la Hajj si os lo podéis permitir.

Toda la humanidad proviene de Adán y Eva. Un árabe no tiene ninguna superioridad sobre un no árabe, ni un no árabe tiene superioridad sobre un árabe; el blanco no tiene superioridad sobre el negro, ni el negro sobre el blanco; excepto por la piedad y las buenas acciones. Sabed que todos los musulmanes son hermanos. Nada es legítimamente de un musulmán si pertenece a otro musulmán, a menos que fuera entregado libremente y de buena gana. No cometáis injusticias con vuestros semejantes.

Recordad, que algún día seréis presentados ante Allah (El Creador) para responder por vuestras acciones. Así que tened cuidado, no os desviéis del camino de la rectitud después de mi muerte.

¡Oh, Pueblo! NINGÚN PROFETA VENDRÁ DESPUÉS DE MÍ, Y NINGUNA NUEVA FE NACERÁ. Por consiguiente, razonad bien y reflexionad sobre mis palabras. Os dejo dos cosas, el Libro de Allah (el CORÁN) y mi SUNNAH, y si los seguís, jamás os desviareis.

Que los presentes informen a los ausentes; puede ser que los últimos entiendan mis palabras mejor que aquéllos que me escucháis directamente. ¡Oh, mi Señor! ¡Sé testigo de que he llevado Tu mensaje a Tu gente!"

APÉNDICE III

Las Cartas del Profeta Muhammad ﷺ

En el Nombre de Allah, el Más Compasivo, el Más Misericordioso.

DE MUHAMMAD, EL MENSAJERO DE ALLAH, A CHOSROES, REY DE PERSIA

"La paz sea con aquel que sigue la verdadera guía, cree en Allah y en Su Enviado, y da testimonio de que no hay más dios que Allah que no tiene asociados, y que Muhammad es Su siervo y Mensajero. Le invito a aceptar la religión de Allah. Yo soy el Mensajero que Allah envió a la humanidad para infundir el temor de Dios en cada persona viva y cargar contra los que rechazan la Verdad. Acepte el Islam como su religión para que puedad vivir seguro, de lo contrario, usted será responsable de todos los pecados de los Magos."

'Abdullah bin Hudhafa As-Sahmi fue el elegido para entregar la carta. La carta fue entregada al rey de Bahrein, pero no se sabe si este último se la envió a Chosroes por uno de sus hombres o si fue entregada por el mismo 'Abdullah.

El orgulloso monarca se enfureció por el estilo de la carta que anteponía el nombre del Profeta al suyo. Rompió la carta en pedazos e inmediatamente dictó una orden a su virrey en Yemen para que enviara un par de soldados a detener al Profeta para llevarlo ante su presencia. El gobernador, llamado Bazán, inmediatamente envió a dos hombres a Madinah en cumplimiento de la orden. Tan pronto como los hombres llegaron a Medina, el Profeta fue informado mediante revelación divina de que Pervez, el emperador de Persia, había sido asesinado por su hijo. El Profeta les comunicó la noticia y ellos se sorprendieron. Acto seguido les pidió que comunicaran a su nuevo monarca que el Islam prevalecería en todas partes y que estaba por encima de la soberanía de Chosroes. Los soldados se apresuraron a regresar a Bazán y le comunicaron lo que el Profeta les había dicho. Mientras tanto, Sherweh, el nuevo monarca envió una carta a Bazán confirmando la noticia y pidiéndole que detuviera cualquier acción en contra del Profeta hasta nuevo aviso. Bazán, junto con los persas de Yemen, se adhirieron al Islam y comunicaron con mucho gusto su adhesión al Profeta.

[Fath Al-Bari 8/127,128]

Al-Bukhari describe con detalle los contendidos de la carta que envió el Profeta a Hércules, Rey de los bizantinos:

En el Nombre de Allah, el Más Compasivo, el Más Misericordioso.

DE MUHAMMAD, EL ESCLAVO Y MENSAJERO DE ALLAH,

A HÉRCULES, REY DE LOS BIZANTINOS

La paz sea con aquel que sigue la verdadera guía. Le invito a abrazar el Islam de forma que pueda vivir seguro. Si entra en el redil del Islam, Allah duplicará su recompensa; pero si rechaza esta invitación, la carga de todos los pecados de su gente caerá sobre sus hombros.

> Di: "¡Oh, Gente del Libro! Convengamos en una creencia común a nosotros y vosotros: No adoraremos sino a Allah, no Le asociaremos nada y no tomaremos a nadie de entre nosotros como divinidad fuera de Allah". Y si no aceptan decid: "Sed testigos de nuestro sometimiento a Allah" • [Corán 3:64]

El correo musulmán Dihyah bin Khalifa Al-Kalbi recibió la orden de entregar la carta al rey de Busra, quien, a su vez, debía enviársela al César.

> Dicho sea de paso, Abu Sufyan bin Harb, que por aquel entonces no había abrazado el Islam, fue llamado a la corte y Hércules le hizo muchas preguntas sobre Muhammad y la religión que predicaba. El testimonio que este enemigo declarado del Profeta dio sobre la excelencia de carácter personal del Profeta y el bien que el Islam estaba haciendo a la raza humana, dejó a Hércules maravillado.

Glosario

A

A'MEEN – recitado al final de una oración, para indicar que ha finalizado.

AMEEN – digno de confianza, título otorgado al Profeta ﷺ.

AHADITH – (sing. *hadīth*) – dichos del Profeta ﷺ.

AHLE SUNNAH WA JAMA'A – Los musulmanes que creen en el Islam tal y como fue enseñado por el Profeta ﷺ. Siguen la *sunnah* del Profeta y de los santos Compañeros.

AL–HIJRI – el año del calendario islámico que comenzó con la migración del profeta Muhammad ﷺ de La Meca a Medina, el 12/13 de septiembre de 622 dC.

ALHAMDULILLAH – en árabe "Todas las alabanzas sean con Allah ﷻ"

ALIM – un erudito musulmán, un estudioso.

ALLAH – el Creador Todopoderoso, de Quien se deriva todo el poder y la energía.

AQEEDAH – creencias y principios básicos.

ASAR – (entre *Zuhar* mediodía) y *Maghrib* puesta del sol), cuando se realiza el *Asar Salāh*.

ASMA–E–HUSNA – los 99 Nombres de Allah ﷻ que representan sus cualidades y atributos.

AWLIYA–ALLAH – los amigos de Allah ﷻ con los que Allah ﷻ eligió compartir Sus secretos. Conservan los secretos de Allah ﷻ y llevan a cabo las tareas que tienen asignadas.

AYAH (pl. *ayaat*) – un versículo del sagrado Corán.

D

DEEN – modo de vida; religión.

E

EID – "Festividad" en árabe. Hay dos festividades: Eid-ul-Fitr, la fiesta musulmana que marca el fin del Ramadhan, y Eid-ul-Adha, el día en que se sacrifican animales en el nombre de Allah ﷻ para recordar el sacrificio del Profeta Ibrahim (Abraham) عليه السلام y su hijo Ismail (Ismael) عليه السلام.

F

FAJR – el amanecer; cuando se lleva a cabo el Fajr Salāh.

FÁJIR – pecador.

FALAH – En árabe "el éxito final, la felicidad y el bienestar".

FARDH – obligatorio; acciones que competen a un musulmán.

FÁSIQ - transgresor

FATWA (pl. *fatawa*) – edicto religioso; mandato.

FATIHA – el título del primer capítulo del sagrado Corán; la invocación de los muertos; El Principio.

FITNA – maldad; provocación del caos; perturbación de la paz; corromper las enseñanzas originales del Islam; causar fricción; dividir y confundir.

G

GHUSL – baño/ducha de acuerdo con las reglas establecidas por el Profeta ﷺ para recuperar la limpieza después de un estado de impureza.

H

HADITH – dichos y tradición del Profeta Muhammad ﷺ.

HADITH–E–QUDSI – *hadith* sagrado que tienen un estatus especialmente importante porque emana por completo de Allah ﷻ, aunque con las palabras de Profeta Muhammad ﷺ.

HAFIZ – el que memoriza el Corán completo.

HAJJ – la santa peregrinación a La Meca durante el mes de Dhul-Hijja (el doceavo mes del calendario islámico); el quinto pilar del Islam, una obligación para todo musulmán capaz de cumplirla, por lo menos una vez en su vida.

HALAL – lo que es permisible; permitido.

HANAFI – una de las cuatro escuelas de pensamiento de la Ahle-Sunnat wa Jama'a; establecida por el Imam Abu Hanīfa, uno de los más grandes eruditos y juristas musulmanes.

HARAM – lo que está prohibido; ilegal, restringido.

HIJRA – la emigración del Profeta ﷺ de La Meca a Medina.

I

IBLĪS – (nombre propio de Shaytān Satanás), el diablo; enemigo declarado del hombre como reveló Allah ﷻ y de quien debemos protegernos a nosotros mismos y a los demás.

IMAN – fe inquebrantable; creer en la Unicidad de Allah ﷻ a través de las enseñanzas del profeta Muhammad ﷺ y creer que el Profeta Muhammad ﷺ es el Último Profeta de Allah ﷻ.

INSHA'ALLAH – "Si Allah ﷻ quiere", frase recitada por los musulmanes cada vez que emprenden algo.

ISHA – tiempo entre el Maghrib y el Fajr en el que se lleva a cabo el *Isha Salāh.*

ISLAM – significa "sumisión", rendirse a Allah ﷻ. Un partidario del Islam es un musulmán, que significa "el que se somete (a Allah ﷻ)"

ISRA WAL MI'RAJ – la noche de la ascensión del santo Profeta ﷺ a los cielos para reunirse físicamente con Allah ﷻ y ver Su poder divino; el Profeta ﷺ recibido el don de los cinco *salāh* diarios para que los practicaran sus seguidores y pudiesen prepararse para el Más Allá.

J

JANAZA – procesión fúnebre de un musulmán.

JIHAD – luchar según Allah ﷻ y sólo por el bien de Allah ﷻ.

JINN – una creación de Allah ﷻ hecha de fuego; invisible para el ojo humano; unos pocos son fieles pero la mayoría son malos.

K

KA'BA – la Casa de Allah ﷻ (La Meca, Arabia Saudita)

KAFIR (pl. *kuffar*) – incrédulo; hereje; el que niega a Allah ﷻ, a Muhammad ﷺ y el Islam.

KALIMAH – un credo islámico.

KHALIFA – califa; vicegerente; diputado; representante.

KHATIMUN–NABIYYFEN – Sello de los Profetas ; título del Último Profeta de Allah ﷻ, Muhammad ﷺ.

KUFR – infidelidad; herejía; Allah ﷻ aborrece esta creencia del hombre.

KUN – "Sé", orden de Allah ﷻ que hace realidad todo lo que Allah ﷻ quiere.

L

LAUH–E–MAHFOOZ – la Tabla Sagrada en la que están escritos los destinos de los mundos.

M

MADINAH AL–MUNAWWARAH – la segunda ciudad sagrada del Islam, y el lugar de descanso del Profeta Muhammad ﷺ.

MADRASSA – Escuela islámica; academia; institución de educación islámica.

MAGHRIB – parte del día entre Asar y Isha; es cuando se lleva a cabo el *Maghrib Salāh*.

MAKKAH – ciudad de Arabia Saudita; la primera ciudad santa del Islam, fundada por el Honorable Profeta Ibrahim (Abraham) عليه السلام.

MALAK (pl. *Malaika*) – ángel; criatura que Allah ﷻ creó con el resplandor divino *nur*).

MALAK–UL–MAUT – el Ángel de la Muerte.

MASJID (pl. *masajid*) – lugar de culto para los musulmanes; casa de Allah ﷻ.

MASJID–E–NABWI – Masjid del santo Profeta Muhammad ﷺ en Medina.

MASLAK – escuela de pensamiento, creencias.

MOMIN (pl. *momineen*) – creyente; fiel; el que tiene fe absoluta en el Islam y lo practica rigurosamente.

MUHAMMAD ﷺ – el Profeta del Islam y el último Mensajero y Profeta de Allah ﷻ. El nombre de Muhammad significa literalmente "Aquel que es abrumadoramente elogiado"

MUHARRAM – el primer mes del calendario islámico.

MUNÁFICL – hipócrita.

MURTAD – apóstata.

MUSHRIK– politeísta; idólatra.

N

NABI – profeta; al que se le confían secretos divinos y se le revela lo que Allah ﷻ desea.

NIJĀSAT – estado de impureza tal como describe en la *sharia* (ley islámica); suciedad; mugre

NUR – luz.

Q

QARI – recitador del sagrado Corán.

QASR – *salāh* breve; las personas que viajan a una distancia superior a 57,5 kilómetros de su hogar pueden llevar a cabo el *qasr salāh* (una forma abreviada de *salāh*)

QAZA – recuperar un *salāh* perdido.

QIBLA – dirección a la que miran los musulmanes cuando oran; de cara a la Santa Ka'aba.

QUR'AN – es el texto religioso central del Islam. El Corán es la guía divina para la humanidad. El texto su original árabe, es la última revelación divina de Allah ﷻ revelada al Profeta Muhammad ﷺ.

QURAYSH – la tribu más antigua y poderosa de La Meca.

R

RAHEEM – misericordioso; uno de los 99 Nombres de Allah ﷻ.

RAHMAN – compasivo; uno de los 99 Nombres de Allah .

RASUL - mensajero de Allah ﷻ.

RASULLULLAH ﷺ – el Mensajero de Allah ﷻ, Muhammad ﷺ.

RIVAYAT – tradición; narracióne(s).

RUH – alma; espíritu; orden divina de Allah ﷻ; energía, poder.

S

SADIQ – veraz.

SAFARAL–MUZAFFAR – el segundo mes del calendario islámico.

SAHABA – los santos Compañeros de *Rasullullah* ﷺ.

SAHIH – la forma auténtica de un *hadīth*.

SALĀH – las cinco oraciones diarias obligatorias.

SAUM – to fast; the third pillar of Islam, without which faith is incomplete.

SHAFA'Ī – la escuela de pensamiento fundada por el *Imam* Shafa'i.

SHARIA – jurisprudencia islámica, ley.

SHAYTĀN – (ver Iblis)

SUNNAH – guía espiritual; lo que dijo e hizo realmente el Profeta Muhammad ﷺ relacionado con la religión.

SURAH – capítulo del sagrado Corán, (hay 114 en total).

T

TAHĀRA – estado de pureza total.

TALĀQ – divorcio; separación.

TARĪQA – camino espiritual a Allah ﷻ.

TASAWWUF – misticismo, sufismo, aspecto espiritual del Islam.

TAWHID – la Unicidad de Allah ﷻ.

TAYAMMUM – limpiarse con arena limpia, rocas, etc. en la ausencia de agua para hacer *wudu* (ablución).

U

UMMAH – los creyentes del Islam; la comunidad que forman todos los fieles musulmanes.

W

WITR – el *Witajib* con *Salaat–ul–Isha*.

WUDU – ablución con agua antes de comenzar un acto de culto (por ejemplo, el *salāh*, la recitación del sagrado Corán, etc.)

Z

ZAKAT – caridad obligatoria igual al 2,5% de la riqueza acumulada o cierto porcentaje de la producción agrícola.

ZUHAR – oración obligatoria al mediodía.